民和文庫研究会 編

体育・スポーツ書集成

第Ⅱ回　戦後学校武道指導書

第一巻　学校柔道(1)

クレス出版

『戦後学校武道指導書（全五巻）』の刊行について

民和文庫研究会代表（福島大学名誉教授）　中村　民雄

平成二十年三月に告示された小・中学校学習指導要領（高等学校は平成二十一年三月告示）は、「生涯にわたる豊かなスポーツライフの実現に向けて、小学校から高等学校までの十二年間を見通して、各種の運動の基礎を培う時期、多くの領域の学習を経験する時期、卒業後に少なくとも一つの運動やスポーツを継続することができるようにする時期といった発達の段階を踏まえ」て、中学校一・二年生の「武道」領域を必修化した。また、「武道」領域は、「我が国固有の伝統や文化に、より一層触れる事ができるようにすることが重要である。」ことも銘記され、改正された教育基本法第二条の「教育の目標」第五項に繋がる内容となっている。なお、この方針は次期の学習指導要領においても踏襲され、「グローバル化する社会の中で、我が国固有の伝統と文化への理解を深める観点から、日本固有の武道の考え方に触れることができるよう、内容等について一層の改善」が求められている。

そこで、本シリーズの『体育・スポーツ書集成　第Ⅱ回・戦後学校武道指導書（全五巻）』は、「我が国固有の伝統と文化への理解を深め」、そうした考え方に触れるためにも、武道が禁止されていた昭和二十年代、先人達が「伝統として武道の何を残し、何を民主化し、文化として残そうとしたのか」、自問自答しながら作り上げられた「学校武道」の手引書とその解説書を採り上げた。

そのことはまた、二〇二〇年東京オリンピック・パラリンピック競技大会の開催に向けて準備が本格化している今日、招致の席上で世界にアピールした「おもてなし」の心、それは何なのか、ひとり一人の行動が問われているのである。メダルの数もさることながら、東京で開催することを機に、日本及び日本人のアイデンティティを再認識し、体育・スポーツ分野の伝統を考え、「民族固有の伝統や文化」を次世代に引き継いでもらうためにも、その原点である昭和二十年代の「学校武道」、そこで培われた成果と課題を再検討したい。

伝統とは、旧態依然として変わらなければ因循姑息なものとして時代から取り残されてしまう。内や外からの衝撃によってある部分を新しい様式と結合させて再構成し、新たな伝統を創造する契機としなければならない。そうした武道の伝統の再構成を試みた昭和二十年代の「学校武道」をふり返ることは、「おもてなし」の心や日本及び日本人のアイデンティティを繙くカギとなるのではなかろうか。

体育・スポーツ書集成　第Ⅱ回　戦後学校武道指導書　各巻収録目次

第五巻　学校剣道(2)

学校剣道指導の手びき

●文部省／一九五七年／東洋館出版社

学校剣道の指導——指導の手びき解説——

●学校剣道研究会篇／一九五八年／修文社

すぐ活用できる 中学校剣道の指導

●学校剣道研究会編／一九六一年／修文社

別冊　解　題

戦後学校武道指導書（全五巻）解題

●矢野裕介　坂本太一

学校柔道指導の手引（案）

昭和二十六年一月

講習會資料

學校柔道指導の手引（案）

學校柔道指導の手引目次

附　録

（参考資料）

第一章　新しい學校柔道

今世紀のはじめ頃から學校體育の教材として學徒に親しまれてきた柔道は、特に今次の戰爭を契機としての武術としての面が極度に强調されたために、次第に性格のちがつたものに發展するようになつた。

そこで文部省は、昭和二十年十一月學校教育から軍事色を一掃する必要上柔道をも學校體育の教材から除去し、學校においては一切これを實施しない方針を明らかにした。

しかるにその後柔道は、專ら民間において民主的なスポーツとしての性格、內容をそなえつゝ堅實な發展をし、その組織や運營も新らしい國民生活に即應するように工夫改善され愛好者の數も著るしく增大するようになつたので文部省としてもこの新らしい柔道界の現狀にかんがみ、柔道を學校體育教材として實施するのは差しつかえないと認めるに至つた。

そこで昭和二十五年（一九五〇年）五月文部大臣からマツカーサー元帥に對し請願書を提出した。

これに對して同年九月十三日付で總司令部から學校で實施することは差しつかえない旨の覺書きが交付された。

右のような次第で文部省はこのたび柔道を學校體育の中にとりあげスポーツの一教材として中學校以上の實施可能な學校で行つてもよいことにしたのである。從つてこれからは中學校以上の學校で適當な施設がありよい指導者が得られ、その他の事情に無理のない場合には自由時體育は勿論必修時體育でもこれを實施してもよいわけである。

このことについては、昭和二十五年十月十三日付文部事務次官通知「學校における柔道の實施について」(附錄)を參照して戴きたい。

第二章　目標と指導の方針

一、目　標

柔道はすもうやレスリングなどと同じように格技系統の對人スポーツの一つとして行われるものであるから、その目標も他の教材と同じく身體的發達、知的發達、社會的發達、情緒的發達、安全や餘暇活動についての發達等の側面から考えられなければならないであろう。(中等學校學習指導要領體育篇)

従つて柔道の具體的目標は次のように考えられる。

(1) 身體を調和的に發達させる

(2) 循環、呼吸、消化、排泄などの內臓諸器官の機能を向上させる

(3) 引く、押す、ねぢる、まげる、かわす、ころがす、その他の對人的な技術によつて基礎的な運動能力を身につける

(4) 瞬間的な筋力、持久的な筋力筋神経の調整力を發達させ、機敏、器用、强靱な身體をつくる

(5) 相手の動きを敏速、正確に判斷し、それに應ずる能力を發達させる

(6) スポーツマンシップを理解する

(7) 指導力、協同性、積極性、勇氣、自制、禮儀、正義、寛容、忍耐、正しい權威への服從、同情などの社會生活に必要な態度を發達させる

(8) 柔道の技能を習得することによつて自然に得られる安全能力について理解させ技能を高める

(9) 柔道一般についての知識を得させ興味を喚起し、餘暇を利用してすゝんで柔道をたのしむ態度や習慣を養う

二、指導方針

柔道の指導方針は體育一般の方針に含まれるものであるが、ここでは特に柔道を指導する場合に必要と思われることがらを次の六項目にまとめて述べることにした。

(1) 目標を明らかにして指導する。

柔道を指導するには、體育の目標や柔道の目標にてらし、個々の運動の具體的目標を明らかにしておくことが大切である。學習する學生生徒に對しても、それぞれの到達目標をもつように指導する。

スポーツの性格をもつ柔道は當然競技が中心であり、投げ技、固め技をもつて自由に練習し、試合することによつて柔道の目指す教育的目標を達成しようとするものである。

(2) 計画的に指導する。

柔道の指導は學生生徒の心身の發達の程度に應じて、計画的、能率的にすすめることが必要である。即ち保健體育の綜合的な年間計画の中に適當に組み入れて、他の教材と連絡調整を保ちながら指導しなければならない。

(3) 自發的學習を重んじて指導する。

柔道を實際に指導する場合、出來るだけ樂しく行い得るように指導する。そして柔道に理解と興味を持たせ、よい態度を身につけ、必修時以外にも自發的に行うよう導びく。

(4) 機會均等の原則にもとずいて指導する。

設備や用具についてはすべての學生生徒が均等な機會をもつように管理することが必要である。又練習や、試合においても、身體の强弱、體重の輕重、技術の巧拙などを考慮して指導することが望ましい。

(5) 合理的に指導する。

練習や試合は出來るだけ段階的に指導し、勝敗にとらわれず基礎的技能を普遍的に習得させることが大切である。なお、中等學校の指導に當つては、學習の目標、技術習得の順序、心身の發育狀態などから考えて投げ技を中心とすることが望ましい。

(6) 環境を整えて指導する。

柔道實施の最大難関は現在の諸施設と用具の不備にあるから體育関係者は、それらについて創意工夫をこらすことが必要である。専用の練習場がない場合は、體育館や教室等を使用し、經費の許す範圍內でこれが整備につとめ、環境を着々完備するよう努力することが必要である。

第三章　指導內容

柔道指導の內容は、柔道一般、受身、投げ技、固め技及び試合等である。

柔道一般とは、柔道に對する理解を深め、指導を教育的、効果的にするためにおかれたものである。技は學生生徒の心身發達の段階に應ずることを考え、試合に多く使用される技に重点をおき、危險まぬき易いと思われる技を除外する方針によつて選擇した。次にかかげる中學校、高等學校、大學の各指導內容は、各學校に適當と思われるものを選んで示したものである。各學校においては、これを參考にして種々の條件を考慮し、實情に應じた諸計画を立案して指導することが望ましい。

中學校の部

柔道一般　1・歷史　2・練習法　3・補助運動　4・規則と審判法　5・競技會の運營　6・例話

受け身　1・後受け身　2・側受け身　3・前受け身

投げわざ　1・ひざ車　2・出足拂い　3・浮き腰　4・大外刈り　5・つりこみ腰　6・送り足拂い　7・背負い投げ　8・大內刈り　9・體落し　10 拂い腰　11 ささえつりこみ足　12 ともえ投げ　13 內また　14 はね腰

固めわざ　1・けさ固め　2・上四方固め　3・横四方固め

試　合　1 簡易な試合

高等學校の部

柔道一般　1歴史　2練習法　3補助運動　4規則と審判法　5競技會の運營　6例話

受け身　1後受け身　2側受け身　3前受け身

投げわざ
- 1ひざ車　2出足拂い　3浮き腰　4大外刈り　5つりこみ腰　6送り足拂い
- 7背負い投げ　8大内刈り　9體落し　10小内刈り　11拂い腰　12小外刈り
- 13ささえつりこみ足　14ともえ投げ　15拂いつりこみ足　16内また　17はね腰

固めわざ
- 1けさ固め　2肩固め　3上四方固め　4横四方固め　5縦四方固め
- 1腕がらみ　2十字固め　1十字じめ　2送りえりじめ

試合　1簡易な試合　2正式の試合

大學の部

柔道一般　1歴史　2練習法　3補助運動　4規則と審判法　5競技會の運營　6例話

受け身　1後受け身　2側受け身　3前受け身

- 1ひざ車　2出足拂い　3流き腰　4大外刈り　5つりこみ腰　6送り足拂い
- 7背負い投げ　8大内刈り　9體落し　10小内刈り　11拂い腰　12小外刈り

投げわざ　13ささえつりこみ足　14ともえ投げ　15肩車　16拂いつりこみ足　17内また　18はね腰　19小外掛け　20後腰　21移り腰　22隅返し　23浮き技

固めわざ　1けさ固め　2肩固め　3上四方固め　4横四方固め　5縦四方固め　1腕がらみ　2十字固め　1十字じめ　2送りえりじめ

試　合　1範易な試合　2正式の試合

第四章　管理と指導法

一、指導計画

體育の効果を十分果たすためには計画的な指導が大切であるが、その指導計画は言うまでもなく組織的でなければならないとともに發展的、合理的にしかも具體的に立案される必要がある。

學校はそれぞれの實情にふさわしい年間計画を立案し、それに基づいて學期又は教材の指導計画を作り、さらにそれらの計画を週案、日日の指導案に展開するのであるが、柔道も他の教材と同じように指導目標と指導內容を具體化し、生徒のクラブ組織などをも考慮して、このような指導計画の段階の中に系統的、發展的に配當されることになる。

A　必修時の計画

年間計畫で敎材は一般に循環的に每學年に配當される方法がとられるが、學校によつては或る學年だけで直進的に配當されることもあろう。又或る學年に中心敎材として大部分の指導週數を配當し他の學年では選擇敎材として配當することもあろう。何れにしても一應まとまりのある學習經驗を生徒に得させるためには或る一定の期間繼續して實施する單元配當的な方法がとられるべきであるが、豫め他の敎材との比率をよく考慮して指導週數を決定し、それをどの學年にどの時期にどう配當するかを計畫せねばならない。

年間計畫については參考のため附錄に二例を示したが、それは柔道を中心敎材として扱い得る學校の場合について作成したものである。文部省（學習指導要領作成協議會）の方針としては我が國の現狀から柔道も選擇敎材とし、三―六週の指導週數を配當する案を考えたが、それを中心敎材とするか選擇敎材とするか、更に指導週数や時期をいかにするか等は勿論學校の事情に應じて計畫されるべきものである。

（別表）　敎材計畫例（イ）（ロ）

B　特別教育活動時の計畫

必修時に於て基礎的な學習をなされたものが、自巳の選擇によつて學習される事が主となる特別教育活動としての柔道によつて、よりその経驗が深められその効果が增大するものである。この爲教師はその指導を必修時体育に準ずる計畫によつてなされなければならないが生徒の活動の實際は自由時体育の活動と共通している爲自由時体育の計畫と密接な関係をもつて課せられることが望ましい。

C　自由時の計畫

自由時における柔道の諸行事は學生生徒が、必修時體育で學習した技能を彼等自身の手で練磨向上させるよい機會となるものであるから、彼等にその練習目標を與え、練習意欲を喚起して自發的に活動するように各學校の事情に應ずる最も適切な計畫を立てることが肝要である。

二、必修時における管理と指導

A、必修時における柔道の特色

中等學校、學習指導要領保健体育科体育篇によれば、柔道は、中心教材ではなく選擇教材の一つである。しかし學校に必要な條件が揃い、學校が實施することを望ましいと考えた時には中心教材と同格となつてやむを得ない障害のない生徒はすべて一定の時間は必修すべきものとなる。

必修時における柔道の目標は、一般体育のそれと同様である。それゆえその目標をねらうことがまず必要であるが、なにぶん實施の時間が少いから必修時においては柔道に関する概括的な理解を得させることゝ、一應の練習及び試合を經驗させる程度の方針をもつて、自由時における活動に方向づけそこで指導を浸とうさせることをねらうべきであろう。必修時においては一人の教師が一時間主として學級を對象として指導することが多いであろうが、一學級の中には成熟度、健康度、或いは能力を異にする生徒が多數含まれているのが中學校の實情であるから柔道學習の特色に應じ、組分け、その他の管理や指導を適切にして弊害を未然に防ぎ十分の効果をあげるようにしなければならない。

B、學習の過程と教師の任務

生徒の學習は場所、服裝、教師、仲間、學習の內容、季節的條件等の環境內において行われる。しかし生徒は學習能力、學習意欲、成熟度、健康度、情緒的條件等それぞれに個人的な條件を異にしている。從つて學習の指導に當つては、生徒の條件に應ずる望ましい環境的條件を整備調整することが必要である。

生徒が學習する場合には、生徒自身の中には、身体活動を求める衝動があり、これが柔道をしようという動機となれば、生徒はわざの練習、或いは試合などをしようとする目的を定めて柔道の學習活動を行うようになる。

活動に對しては種々の抵抗が現われるが、この抵抗に合うと生徒は種々の方法を講じ緊張と努力とをもつてこれを克服しようとし、これを克服した時に目的を達成して滿足感を味う。生徒はこの過程において適當なる方法を獲得し技術を身につけ心身ともに發達してゆくのであるが、この際における緊張と努力が過大又は過少でなくて適當である時に、よい發達が促される。適當なる努力や緊張は動機の強度目的の設定、抵抗の大いさ等が適當である時に現われる。それゆえ教師は、動機の喚起要求水準や抵抗の調整、方法の示唆、或いは激勵等をする必要がある。

また生徒は一たん目的を達して滿足感に浸るとそれで活動をうち切りがちであるが、學習したことがらを一層身につけるために反省の機會をつくり、これを援助することも必要である。

C、學習の形態

生徒が自ら學習の計畫を立て、環境を整備調整して、全く自律的に學習する形態は理想であるが一般的には困難である。しかしながら、教師の一方的な指導に基いて全く他律的に學習する形態は決して望ましいものということは出來ない。

それゆえ中等學校の場合には、指導を仰ぎながらもなるべく自律的に學習するように導くことが必要である。

生徒が個別的に教師について學習する形態は個人差に應ずる學習が出來てよいけれども教師が一人

で生徒が多數の場合には、教師に接する生徒一人當りの時間は少くなつて能率的に學習することが困難となる。生徒全員が一人の教師について一齊に學習する形態は、基礎的なことや共通なことを學習する時にはよいけれども個人差に應じて徹底した學習をするために不便である。

それゆえ生徒が多い場合には、これを体格、成熟度、技能等の似通つたいくつかの分團に分けある程度個人差に應じながら、しかも能率的に學習させることが比較的望ましく、從つて必修時においては分團による學習に重点をおくのがよい。しかしながら教師の立場からいえば、生徒を個別的に指導する精神は常に忘れてはならないし、また時によつては一齊に學習させる方がよい場合もあるから、單に分團學習のみにとらわれることなく必要に應じて個別的にあるいは一齊に學習させることも肝要である。

多數の生徒が、それぞれ自己の發展を目指し、各自の進歩の程度に應じて別な內容をばらばらに學習する形態は生徒の個性化という面からみれば、一應はよいように思はれる。けれども眞の個性化は社會化の面を離れては考えられず、かつ生徒の社會化はばらばら學習では期待することが出來ない。生徒が共通の目的をもつて、各自責任を分担し、共同して學習する形態は生徒の社會化という面からみればよいけれども、あまり全体を强調すると、時に個人を犧牲にする危險もある。しかしながら、生徒が共通の意しきをもつて有機的に結合し、しかも個人を忘れないで、共同學習をすることが出來れば、生徒の個性化と社會化が同時に出來て効果があるから、教師としては生徒がこのような高い立場の共同學習を行うように導くことが大切である。

生徒が問題をつかんで、これを知的に解決する學習の形態は、柔道の學習においてもある程度は必要である。また例えば、わざの解說圖解などを自から計畫して、これを具体的に製作する學習の形態も時にはよいであろう。あるいは他人の試合や模範的な演技を見學して、これを鑑賞する學習も効果多いことであろう。しかしながら柔道の場合においてはけつきよく一對一で相對し、相手の變化に應じてわざをねり、こゝろをみがくことが中心となるから、練習や試合による學習に重点をおくことが肝要である。

いづれにしても必修時においては、多數の生徒が一人の教師のもとにおいて限られた期間内に、一應まとまりのある柔道教材を學習するのが普通であるから、生徒は指導を仰ぎながらもなるべく自律的に分團またはその成員が互に共同して、練習を重んじつつ、かつ綜合的に學習するように導き、いわゆる單元學習的な形態によつて學習させることが望ましい。

D　學習活動の展開例

學習活動の展開の仕方は、學習目標、學習內容、これに割り當てられる時間、設備、生徒や教師等の能力等によつて異るから一概にいうことはできない。しかしながら前記の如く、柔道を單元的に學習させるのが望ましいとするならば一應その場合の展開例について解説することも必要であろう。ただし以下に記すことは、あくまでも一例に過ぎないから、指導者はこれにとらわれることなく、常に研究と工夫とを以つて、更によい展開に導くことが必要である。

イ、學習內容及び學習目標の決定

どの學年において、どのような內容を指導するか、それは身体的、知的、社會的その他の目標に關して、どのような点をねらうかなどということは、既に指導計畫の立案の時に定められているけれども、生徒が柔道を學習する時期に入る場合には、一應生徒が自分達のものとしてこれを設定するように導くことが望ましい。

しかしながら久しく柔道の行われていなかつた現在においては、生徒が豫め持つている理解は極めて低いものと思われるから、當分の間は敎師が主となつてこれを決定することが多いであろう。

ロ、學習方針の決定

敎師は生徒が割り當てられた時間數や、一定の設備條件內において定められた學習內容をどの程度まで學習するかの方針を立てゝ日程表をつくつてなるべく自律的に着々と學習をすすめるように指導することが望ましい。この場合、學習內容としては、例えば、柔道の歷史や効果等について知的に理解しようとすることもあろうし、或る種のわざを研究し、かつ練習しようとすることもあろうし、また試合によつて互に心身の練磨の程度を競うこともある。しかし限られた時間に凡ての者が同時にこれらのすべてを同じ深さに學習することは困難であるから、似通つたことがらをいくつかにまとめて、いわゆる小單元のようなものを作り、分團によつて分担研究するとよいであらう。しかし當分の間は、この仕事も恐らく教師が主となつて進める方がよいであろう。

ハ、分團の編成

柔道の歴史に關する幾つかの分野、或いは柔道實施に關する衛生的事項等主として知的に研究するものに關しては、興味や動機を同じくする者をまとめていくつかの分團を作るとよい。知的活動の場合には一般的に四名―六名をもつて一分團を構成するのがよいとされる。わざの練習や試合などの如く、身体活動を主とする學習の場合には、体格、成熟度、技能、性格等を考慮していくつかの分團をつくるとよい。

分團には班長及副班長をおき、有機的な活動が出來るようにするのがよい。

ニ、研究、發表、練習活動

柔道の學習においては、身体的活動による學習が中心となるべきであるから、知的な研究に多數の時間をさくことは出來ない。それ故例えば歴史等に關して研究する場合には、各分團が分担研究できるように方向を定め、方法を示唆して、これをプリント又は圖表等にまとめ或は黑板等を利用して短時間に要領よく、しかも出來れば練習の合間などに發表できるように指導すのがよい。

わざの學習の場合には一應の基礎が出來たならば、いくつかの分團がそれぞれ別なものを分担研究し教師の指導を仰ぎながら分團內で互いに檢討練習し、適當な時期に學級全員に發表し全員で一齊に練習するように指導するのがよいであろう。

ホ、練習と試合

柔道においては單に知るだけでなく、知つたことを身につけることが大切である。それ故、自己の分團で研究したことだけでなく、他の分團の研究したことをとり入れてこれを實地に數多く練習しなければならない。練習の場合は、分團每に重点を定めて練習することや、既習のわざを綜合的に練習することもあり、時々は勝敗の基準を定めて試合による學習をすることもあろうが、いずれにしても研究、發表、練習、試合等は、適宜に織りまぜて、なるべく練習の機會を多くすることが必要である。

へ、反省及び評價

必修時における柔道の學習期間が終了しようとする時間に反省會を開いて今までの學習を反省し、今後の生活にいかにとり入れるかを話し合うことは、學習されたことがらを活用する面において有効である。

反省會の方法には、各班から代表者を出してこれらの間で討議するのを全員がきくとかまた、座長を定めて全員で感想を述べ或いは討議するなどいろいろあるが、いずれの場合においても、豫め議題を定めて計畫的に行うように指導するのがよい。議題としては、例えば次のようなことがらが考えられるが、このほか更に必要と思われるものをいくつか加え、それらの中から重要なものを選び時間内に行い得るように指導するのがよい。

議題の例……學習方針は適當であつたか、組分けの仕方は適當であつたか、分團内の研究や練習はよく行われたか、他の分團の研究を受け入れてこれをよく練習に活用したか、技能がどれだけ進歩したか、各組が正しい態度で仲よく樂しく練習や試合をしたか、自由時における活動にどれだけとり入れたか、安全に對する心構えは適當であつたか、設備や服装で改善すべきものはないか、實施の時期は適當であつたか、先生に對して希望することはないか、その他、以上は生徒は自ら學習について評價することであるが、これは同時に教師にとつても學習指導に關するよい評價となる。しかし教師としては更に柔道に關する諸概念の理解、生活にとり入れる習慣、技術向上の程度及び參加等に關して或は平素の觀察により、或はテストなどによつて學習の効果を評價すべきであるが、評價については別に述べる機會があるのでここで省略する。

ト、學習活動展開の日程例

柔道は選擇教材であるから三カ年の間に三十六週（九―十八時間）實施することが基準である。この時間を一ヵ年にまとめて行うか、二ヵ年か三ヵ年に分散して行うかは、學校の事情によつて異るであろうが、一般的にいえば、なるべく一ヵ年にまとめて出來るだけ早く行う方がよい。

今一例として一ヵ年間にまとめ五週間（十五時間）で實施する場合の日程例を示すと次の通りである。

学習活動展開日程の一例

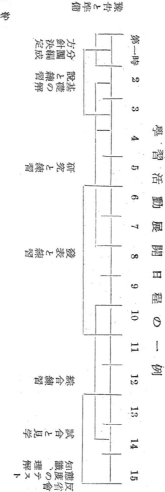

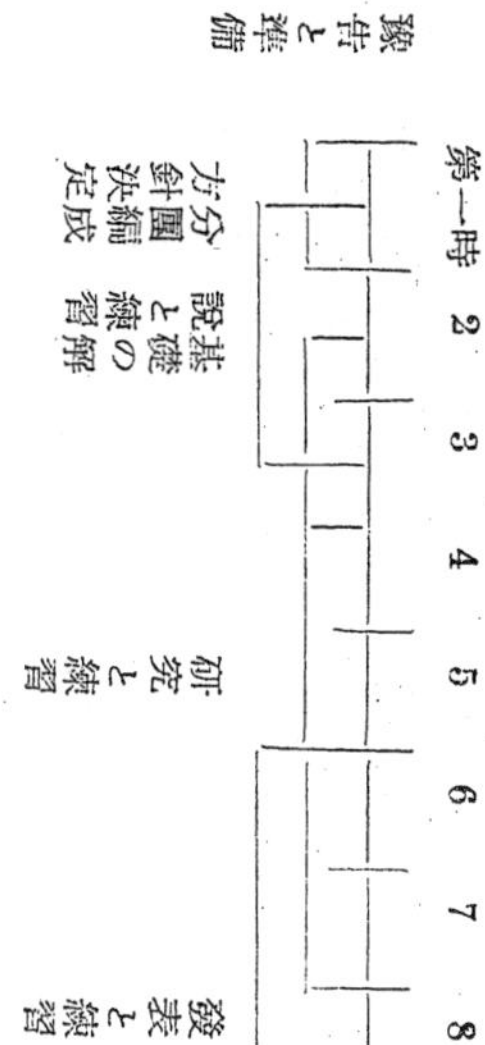

備考

(1) 最初の約五時間の練習は教師中心の一齊学習（分團を同時に指導する）に重点をおき、受け身その他の基礎的な事項について学習させ、これに並行して種々の分擔研究を進める。以後の練習は主として分團毎に行い、教師は巡回指導と一齊指導とその他を併用する。

(2) 知的活動の分團は第一時に行うが、身體活動のための分團は、教師が豫め定めて生徒に示達する。

(3) 實施時間數は必ずこれにとらわれる必要はない。

中心教材として取り扱う場合は第四章指導計畫例を參照されたい。

E　練習を主とする一時限の指導過程の例

柔道指導の初期においては、基礎技術の解説と練習に重点がおかれ、これに併行して種々の研究問題を把握させ後期においては主として生徒が自律的に分團毎に重点を定めてわざの練習や試合を導くことが多いであろう。從つて一時限の指導過程は學習の時期に應じて、それぞれ異なるべきであるけれども、こゝでは比較的多く行われると思はれる、練習を主とする一時限の指導過程について一例をあげ敎師の研究や工夫の手がかりを示すことにする。

イ、事前の準備

環境の整備についてはいうまでもないが、その時間にいかなることをどの程度まで學習させるかということを豫め明確にしておくことが大切である。

これについては班長又は生徒の代表者に日程に應じて、班毎の豫定や目標を一覧表に書き出させ、これをはり出さておくようにするか、或いは常にこれを敎師の手許において、いつでも見られるようにしておくのがよい。また生徒が更衣の爲に時間をとりすぎると學習時間が少くなるから、定められた時間以内に素早く行動して集合するように導くことが大切である。

ロ、集合、挨拶、出席調査、點檢等

時間の始めには次のようなことがらが必要であろう。

(1) 定められた隊形に生徒が集合していること。

(2) 生徒と教師が禮儀正しく挨拶を交わす。

(3) 生徒の代表者が出席簿を讀み上げ出缺の記録とする。

(4) 教師は返事をする生徒の健康度や態度を観察する。

(5) 教師は出席の記録を確認する。

(6) 爪や服装などの點検を生徒相互、もしくは教師によつて行う。

ハ、話し合い

この前は何を學習したか、これからは何を學習しようとするか、それぞれの學習の重点は何か、準備運動はどのように行うか、特に必要な注意事項は何かなどということを話し合い、これを確認して學習に移るように導く。この際は、豫め用意された一覧表を利用すれば時間を節約することが出來る。

ニ、準備運動

準備運動は練習の程度にもよるが、話し合いによりなるべく生徒が自律的に行う習慣を作るのがよい。準備運動として全身の各筋肉、關節を十分に動かし內臓諸器官にも機械的な刺戟を與える体操を行うことと、受け身、その他既習の教材による輕い練習を行うのがよい。

ホ、主な練習

主な練習としては、新教材に重点をおく場合、既習教材に重点をおく場合、既習教材と新教材に重点をおく場合など色々あるが、要するに、ここではその時間に主としてねらうところの練習を行う。練習の形式としては同じわざについて、一齊に行う場合、分團にわかれて行う場合、分團毎にちがうわざを行う場合等色々あるが、これらの方法や注意事項については第十六頁及び第二十六頁を參照されたい。

なお、わざは一方にかたよることなく廣く練習するのが大切であるから、重点はたとえあるわざにおくにしても、繼續してそれだけを行うよりは適宜既習のわざの練習をおり込むように指導するのがよい。

へ、整理運動

緊張と努力を伴う身体活動のあとには、調整的な輕い体操などを、生徒がなるべく自律的に實行して練習を終る習慣を養うことが必要である。

ト、話し合い

學習の終りに當つては、例えば、本時の學習の要点は何であつたか、その目標は達せられたか、發表や練習の仕方や態度はどうであつたか、衛生的な環境で行われたか、この次にはどのような學習をするのがよいかなどのいくつかについて話し合うことは、學習の結果を反省させ、かつ次の學習に貢献する。しかしこれは簡潔に短時間に行うことが必要である。

チ、挨拶、解散、後始末等

一時限の學習を終る時には、開始の時と同様に生徒と教師が互に挨拶を交わして解散する。しかし解散後にもその場所の後始末や個々の生徒の更衣、洗面等も行われるべきであるから自主的に何人かの生徒が交代で後始末をしたり、全員が秩序正しく必要な處置をするように指導することが大切である。

リ、指導過程と時間配分

指導過程に應ずる時間配分は、その時々の事情に應じて種々異なるべきであるが、練習を主とする場合としては、次の如きものがほゞ普通であろう。

練習を主とする指導過程と時間配分の例

(1) 最初2〜3回の場合

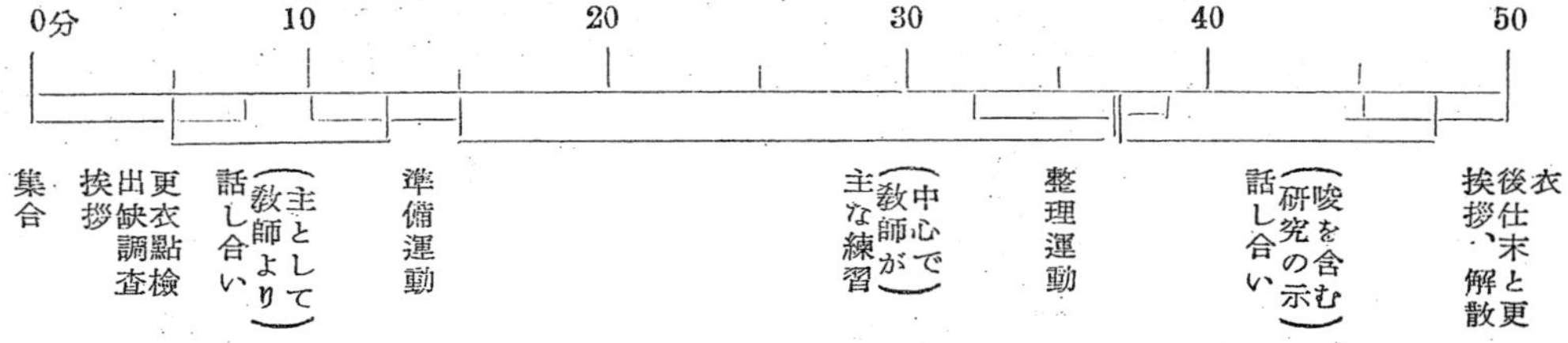

(2) 普通の場合

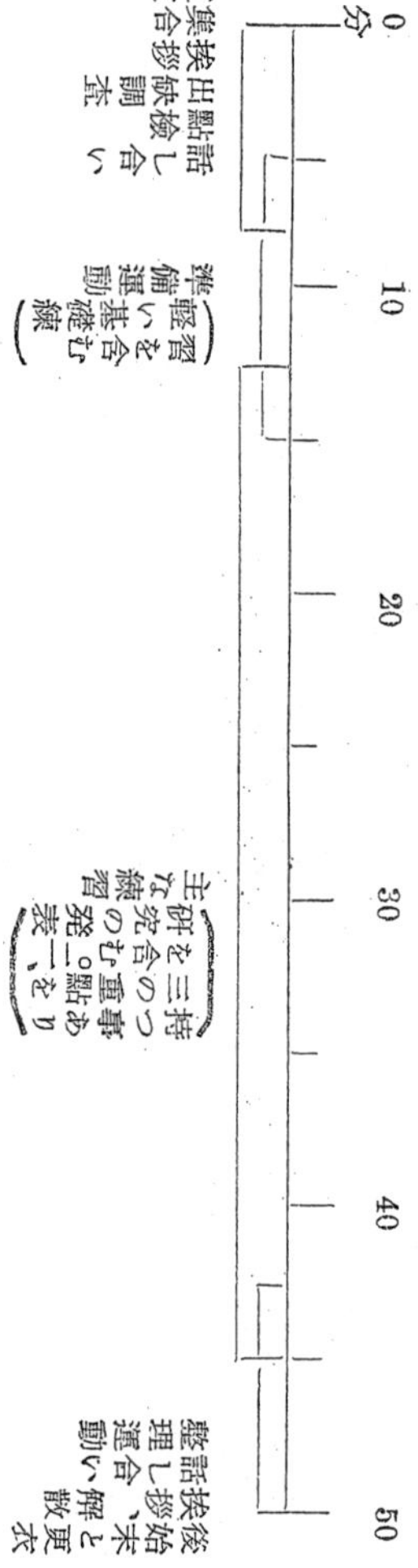

F　虚弱者と柔道の指導

柔道はエネルギーの消費量も大きく、高度の巧ち性も要求される教材であるから、これを虚弱者に學習させる場合には特別の考慮を拂わなければならない。

原則的には、虚弱者に對しては柔道の學習は見合わせた方が望ましい場合が多いであろう。しかし虚弱者のうちに特に柔道の學習を希望するものがあつたり、或いは指導者が自己の体験や医師の意見に基づいて、柔道の學習が健康に何等の障害も與えず、反つて虚弱性を改めるのに効果があると診断がついた場合には指導に工夫をこらし、適當な種目を選擇し、虚弱者の性状に應じて學習させることは望ましいことである。

虚弱者の種類及び虚弱性の程度に應じて、柔道の學習を禁止し、或いは制限する大體の規準を示せば次の通りである。

（Ｉ）禁止することが望ましい者

(1) 榮養失調者
(2) 高度の消化器不良者及びビタミン缺乏者
(3) 高度の肢體不自由者
(4) 貧血者
(5) 循環器障碍者
(6) 腎臓症患者
(7) 呼吸器疾患者
(8) 佝僂病者
(9) 疾病恢復期患者

（II）適度に制限した方が望ましい者

(1) 發育不良者
(2) 筋骨薄弱者

(3) 輕度の肢体不自由者

(4) 異常体質者

(5) 作業能、運動能の著しく劣れる者

なお特にツベルクリン陽性轉化者は、陽性轉化後一ヵ年半、就中六ヵ月以內に結核發病の可能性が極めて高い者であるから、この時期の學生、生徒には特に定期的に健康診斷を實施して合理的な健康管理を行い、特に醫師の意見を尊重して養護に重きをおき、愼重なる指導がのぞましい。

G 練習指導上の留意點

技術練習は、柔道學習上の主要な部分を占めるので、その指導に當り、特に留意すべき事項を次に掲げる。

一、學生生徒各自の心身發達、技能の程度、興味に應じた指導を行うこと。

二、簡單なものから、複雜高度なものとへと循環漸進的に指導すること。

三、各技術を理解させ、合理的な技を反復練習させること。

四、全習法を主とし、分習法を適宜加えること。

五、二種以上の技を結合し、或は同一の技を左右とも練習するなど攻擊に變化があるよう指導すること。

六、準備運動、整理運動を必ず行うように指導すること。
七、技の要點を確實に把握させるため稽古を行うほか形を利用するなど工夫すること。
八、投げ技においては
イ、自然体で練習すること。
ロ、受け身を正しく行うこと。
ハ、技をかける者が必ず相手の投げられる側の袖を握つていること。
ニ、無理な掛け方をしないこと。
九、固めの技においては
イ、抑え技を基礎とし、次で關節技、絞め技に進むこと。
ロ、關節技、絞め技を施された者は、その効果の現われたとき、直ちに合圖をなし、技を施している者は、その合圖により、直ちに技を解くこと。
十、審判規程中の禁止事項については特に注意すること。

三、特別教育活動時、自由時における管理と指導

特別教育活動時及び自由時における柔道には、クラブ活動、練習會、校内競技、或は對抗競技のように比較的組織立つて行う場合と、クラブ員以外の生徒が自由に時々練習する場合とがある。クラブ活動とは、柔道を愛好する學生生徒が集り、クラブを組織して活動するものをいい、練習會とは、クラブ員のみならず、クラブ員以外の希望者をも含めて、或る日時又は期間一定の計畫に基づいた練習を行うもので、校内の練習會と二校以上の交驩練習會か考えられる。校内競技とは一つの學校の學生、生徒が、その校内だけで競技する場合をいい、對外競技とは一つの學校の選手が他の學校の選手と競技する場合をいう。

これらの活動は、柔道に興味を持つ者によつて行われるので、体育の諸目標達成に資するところが大である。

しかしながら適切な指導を缺くと、不規律となつたり、過勞に陷つたりする危険があるから、指導者はこれら等自由時における柔道についても、十分な管理と指導を行わなければならない。

A　クラブ活動

クラブとして組織的に活動するには、先ずその目的、事業、委員、入部及び退部、練習、經費等に

關する事項を規定したクラブ規程を設けるのがよい。

クラブに加入を希望する者に對しては、そのクラブ活動に適するか否かを檢討し、又入部後の指導を適切ならしめるために保護者、校醫　關係教師、クラブ委員等の承認を受けるようにする。

クラブ練習は、學生、生徒が自主的に計畫を立て、合理的に行うように指導する。この場合往々興味にひかれて長時間の練習を行い、そのために弊害を生ずることもあるから注意を要する。

練習場はクラブ員だけで專用することなく、クラブ員以外の希望もできるだけ滿たし、自由に併用できるようにする。

B　校內競技

柔道の校內競技は、學生生徒に對して練習に勵む目標を與え、柔道愛好の習慣を養い、學友間の親和とスポーツマンシップの向上に資することが多いので、校內競技の企畫運營に當つては、特に次の諸點に留意するのがよいであろう。

一、實施の目標を明らかにすること。

二、學校生徒が、自發的に多數參加するように競技會の形式を工夫すること。

三、競技の計画は、學校の体育指導計画や、行事日程、或は各運動部の對外競技、その他の關係を考慮した一連の校內競技年間計画として、學年開始以前に決定すること。

四、競技會には課業に差支えない日時を當てること。
五、學生生徒が自治的に行い得るように指導すること、役員等については、その分擔と責任を明らかにし、教職員を必要とするもののほかはできるだけ學生、生徒が當るように指導すること。
六、競技會の日時、方法等は少くとも一ケ月以前に發表し、參加者は必ず相當の練習を行つて出場するように指導すること。
七、必要な設備や用具は事前に準備しておくこと。
八、應援の態度を指導すること。
九、經費については、むだを省き、豫算、決算の內容を明確にすること。
十、計画、経過、反省、批判等を記錄すること。
なお、暑中稽古、寒稽古のように季節を中心に二週間とか、三週間とか希望者を募つて行う練習會や、校內競技に出場するために行う練習會の企畫運營に當つても、ほゞ同樣の考慮を拂うのがよい。

C　對外競技

對外競技の選手は、學校代表として試合に臨み、技を競うだけでなく、平素この試合を目標として練習に勵むこととなるので、對外試合の學校体育に及ぼす影響は頗る大きい。それゆえ對外競技が、學校体育の一環として眞に教育的に企画運營されることが肝要であり、またこれに參加する學生、生徒に對しても、特に適切な指導を與える必要がある。次に對外競技を企画運營するに必要なことがらを掲げる。

一、對外競技の範圍　中學校では對外試合よりも、校內試合に重点をおき、對外競技は宿泊を要しない程度の小範圍のものにとどめる。

高等學校では、健全な校內競技の基礎に立つた地方的大會に重点をおき、全国的大會は年一回にとゞめる。

二、主催者　學生、生徒の參加する競技會は教育関係團体がなるべく協力してこれを主催し、その責任において適正な運營を期する。この教育関係團体として認められるものには、現在のところ各種學校体育連盟、日本体育協會、全日本柔道連盟及びそれ等の下部組織等がある。

對校競技は関係學校においてこれを主催する。なお上級學校及び學生競技團体は下級學校の競技會を主催しない。

三、參加決定　對外競技の參加については、その競技會の性格について檢討し、學校長の責任において決める。

四、選手資格　對外試合に出場する選手は、固定することなく、保證人の承認、本人の意思、健康、年齡、操行、學業、その他を考慮して決める。

五、参加回數　對外試合に參加する回數は、經費が高額にならず、選手が學業を疎かにせず、試合に對する興味を失わず、過勞にも陷らず、試合を目指して着實に練習でき得る程度で、餘り多過ぎない方がよい。

六、試合の日時　對外競技は放課後又は授業のない日に行うことを原則とする。

七、應援　試合の相手は技を競う相手であるから、應援者は双方の選手が十分にその實力を發揮出來るようにと心を配り、いやしくも相手を罵倒するようなことがあつてはならない。又勝つても誇らず、敗れてもいたずらに意氣銷沈せず、選手を慰め、且つ相手の勝利を祝福する態度が望ましい。

八、經費　對外競技に要する經費については、負担の不均衡を起さないように考慮を拂い、関係者と協議して、豫算、決算を明確にすることが肝要である。なお、一校のクラブ又は希望者が、隣接校のそれらと合同して交換稽古を行う場合においても略々同樣の考慮を必要とする。

D　競技會

競技會の運營に當つては事前に周到な計画を立てることが肝要である。事前に準備すべきものとしては、準備委員會の編成、實施計画（試合方法、審判規程、日時、申込、役員、宣傳、表彰、救護、豫算等）の決定、役員の委囑、試合の細目の發表、申込の受付、プログラムの作成、會場、用具の整備などがあげられる。準備委員會は時間的餘裕をもつて準備を整えなければならない。實施細目は参加者に練習する機會を與えるためにできるだけ早く發表しなければならない。校内競技のような範圍のもので少くとも一ケ月以前には發表するのがよい。その他の事項についても十分準備或は整理できるように日程を立てて當る。

會場において當日までに準備すべきこととしては、試合場、更衣室、救護室等の整備、申込書、プログラム、試合規程、賞状、役員章、接待用具等の搬入、役員席その他の表示等がある。

運營を圓滑にするには、運營の組織を整備することが肝要である。企画者は、競技會の運營に必要な事項を網らし、分担もれや、重複がないように係分担を決める。各係はそれぞれの分担事項について十分研究し責任をもつと同時に互いに連絡協調して競技會の圓滑なる進行を圖らなければならない。

係員としては、少くとも總務數名、審判員三名以上、計時係二名以上、進行係二名以上、掲示係二名以上、記録係二名以上を置くのがよい。その外規模に應じて庶務係、受付係、會計用度係、會場係、接待係、救護係等を加える。

總務は、競技會を管理し、プログラブの進行に責任を負う。

審判員は試合の進行を誘導し、試合の勝敗、優劣を裁決するもので試合に對して全責任を負う。

計時係は試合時間、抑え技の時間等を正確に計測する。

進行係は競技會の進行を掌り、記錄係は記錄を掌る。

掲示係はプログラム、試合表、成績等を掲示する。

次に競技會を計画する場合、その會を催す目的に合致した試合形式を採用することが肝要である。

試合を出場單位から、分類すると、個人試合と團体試合の二種に分けることができる。

個人試合には各個人が一回づつ試合して終るものと、參加した者の中から優勝者を決定するものとがある。優勝者を決定する方法としては、勝殘り法や總當り法或はこの二つを結合して行うものなどが考えられる。

團体試合は二人以上でチームを構成し、各チーム間で優劣を競う場合であるが、これには點取り式勝ち拔き式の二方法がある。

優勝チームを決定するには個人試合の場合と同樣勝ち殘り法や總當り法、或いはこの二つを結合して行うものなどが普通に用いられている。また試合を試合者の級別からみると、同條件の者がなるべく試合できるように年齢又は學年、体重、技能の程度等によつて試合者の級別を作る場合と、これ等の級別を設けないで行う場合とがある。級別には
イ、年齢別試合　十四歳の部、十五歳の部等年齢によるもの
ロ、學年別試合　一年の部、二年の部等學年によるもの

ハ、体重別試合　重量級、中量級、輕量級等体重によるもの

ニ、技能別試合　初段の部、二段の部等技能の程度によるもの

等がある。

四、評　價

評價は生徒身心の現狀を理解し、指導目標に對する生徒の進步の程度を知りその客觀的事實にもとづいて、更に進步あるいは改善するよう次の指導を合理的に、有効適切に進めるために行われるものであるから、指導目標、計画、指導法、教材、學習効果、環境、性格など指導効果をあげるために關係あるすべての部面にわたつてなされなければならない。

一般に体育における評價の領域は大体次のように考えられているが、柔道の指導においても技術だけに止まることなく、あらゆる領域に亘つて評價するように努め、体育指導に貢けんすべきである。

1　身体と運動能力の評價

2　知識と理解の評價

3　態度と社會的性格の評價（鑑賞力を含める）

4　習慣の評價

5　管理の評價

以下各項目について評價する具体的內容について考えてみることにしよう。

1　身体と運動能力の評價

身体や運動能力については、筋力は强められたか、內臟諸機能は發達したか、基本動作や應用的技能は向上したかなどについて、筋力檢査、機能檢査、熟練度の檢査などを時々實施して評價する。

2　知識と理解の評價

知識と理解については、柔道の歴史、その目的や目標、その力學的原理、試合の規則や心得、審判法、練習法、練習の心得などについては、理解の程度、知識の量や正確度を客觀的な知識の檢査やレポートなどを書かせて評價する。

3　態度と社會的性格の評價

態度や社會的性格については禮儀が正しいか、積極的があるか、勇氣があるか、自制や寬容、協力などの態度が身についているか、責任を果すか、公正に試合を行うか、審判や規則によく從うか、勝敗に對する態度はどうかなどについて評價する。

また必修時や自由時の出席や遲刻狀況、準備の態度、校內競技や對外試合の參加や態度について評價する。

この態度や社會的性格の評價は評定項目をできうるだけ具体的な場面からとりあげ、廣範圍に繼續的に行うことが大切である。

4　習慣の評價

習慣は健康生活のために必要な事項を實行する習慣で、爪は常に短かくきられているか、手拭を持參するか、柔道衣は淸潔に保たれているか、實施後手足や体を淸潔にするか、姿勢に注意しているか、柔道場についての衞生的考慮をよく實行するか、健康診断をうけるかなどについて、定期的な簡單な檢査を繼續的に行うがよい。

習慣の簡單な檢査は生徒自身の手で行わせ、自發的によい習慣を形式するように指導するとともに家庭との密接な協調が望まれる。

5　管理の評價

學習効果を一層有効にあげるためには、環境的條件を整えるとともに、組織や指導計画、運營などの評價が大切である。

管理については施設や用具は充分に整備されてあるか、その利用はよく行われているか、その管理はよく行われているか、自由時や必修時の指導計画はよく立案されているか、指導內容は適切であつたか、その組織や運營がよくなされているかなどについて評價する。

以上のべた種々の評價はより合理的な科學的指導を行い、その學習効果を一層有効にしようとして行うものであるから、評價にあたつてはその目的や目標を具体的に明かにし、最も適切な方法を用いて行うことが大切である。（その方法については學習指導要領一般篇ならびに体育篇を参照されたい。）

また、評價の結果はこれを指導計画、指導法、指導内容、指導過程などの進歩改善に資することともに具体的に生徒の指導に役立つように活用しなければならない。

五、指導者

柔道が學校体育の一教材として採用され、あやまりなくその目標を達するためには、その性格内容や指導法などについて十分な理解をもつた指導者によつて學生生徒の學習が進められることが必要である。

必修時体育及び特別教育活動としての体育においては、あらゆる教材がどこまでも教科及び教科に準ずる立場で學習されるものであるから、柔道についても、体育担當の教官がその指導に當るべきことはいうまでもない。

自由時体育となると、學習指導計画が校内競技やクラブ活動を中心として立てられ、しかもそれが生徒の自主的運營によつてなされることが望ましいとされているので、その指導も多岐にわたり、体育担當の教官のみではよい助言を十分に與えることがなかなかむづかしい。

そこで學校は實施されるスポーツ種目について、それをよく理解した體育以外の教官とか、更に外部からコーチを招聘するという必要に迫られる。

もちろんいづれの種目についてもそのコーチは、學校長の責任において依囑すべきものであるが、特に柔道については、新らしい内容や方法についての講習會を修了し、學校教育としての柔道をよく理解した人格教養ともにすぐれた人で、都道府縣教育委員會から推せんされた人について（大學においては學長）依囑するのが適當であるとされているので、その點については十分な考慮が拂われなければならない。（附錄(3)參照）

理想としては、自由時體育もその學校の教官によつて指導されることが望ましく、止むを得ない場合には前記のような外部からのコーチを依囑する方針を堅持すべきことはいうまでもない。

體育教官はその學校の教育方針に基づいて體育計画を作成し、教科活動としてはその計画の中の一教材として柔道を配當するとともに、特別教育活動や自由時體育における柔道を豫定し、自由時體育における柔道の指導に當る他の教官やコーチと十分な連けいをとつて運營に萬全を期すべきである。

これに對し體育教官以外の指導者は、その體育計画をよく理解し、その指導に當つては單に自己の意志によつて計画を變更するようなことなく、教育計画の線にそつた指導に終始するよう心がけることが必要であろう。

要するに自由時體育も教科及び特別教育活動としての體育とともに教育的に運營されるべきものであるから柔道の指導者が互いによく協力してこれに當ることが望ましい。

そのために必要に應じ、自由時體育としての柔道だけの指導者も學校體育委員會のような組織の一員として加わることが考慮されなければならない。

六、施設と用具

1 柔道場

柔道を學習するためには專用の屋內運動場をもつことが望ましいが、それが困難な場合には、體育館、教室、廊下等を利用したり、晴天の場合には屋外で行う等の方法がある。新たに專用の屋內運動場を建設する場合には次の事項を考慮することが望ましい。

イ、廣さ

疊などの敷物の最少限の廣さは、一六五、五平方米（五十坪）位で、その周邊に若干の坂敷を設けることが指導上適當である。

ロ、床

床は木造として、床下にスプリングを入れるのが適當である。スプリングは鋼徑十八粍位、螺旋の直徑十二糎位、高さ十八糎内外のものを一、八二米間隔に挿入する。

ハ、敷物

敷物としては一般に細かく刺した疊又はズック製疊が使用されているが、いずれにしても理想として受け身の際衝動をやわらげて傷害を完全に防止し、耐久力があり且つ塵埃のたたないものであることが望ましいから選擇ならびに設備に當つてはそれらの條件を考慮する必要がある。

ニ、窓

窓はなるべく多く、大きく、低くして換氣採光を光分にし、明るい、健康的な練習場にすることが必要である。又床上の換氣を光分にするために、最下部に換氣窓をつくることも忘れてはならない事項の一つである。

ホ、附屬施設

練習場の附屬施設として、更衣室、洗面場、便所、用具室、柔道衣乾燥室、シャワー室等を設けることが望ましい。なお、壁面には、大きな鏡を備えつけるとよい。

2 柔道衣

柔道衣は、上衣、下ばきならびに帯に分れており、柔道試合審判規程には次のように規定されている。

イ、上衣の身丈は帯をしめた時臀部を覆う程度のもの。

ロ、袖は緩やかで前抜と袖口とのあきが少くとも五糎以上あり、長さは前抜の半ばを越える程度のもの。

ハ、下ばきは緩やかで下腿と下ばきの最下部のあきが少くとも五糎以上あり、長さは下腿の半ばをこえる程度のもの。

ニ、帯は結んでその端が九糎位の長さのもの。

3　管理上の留意點

柔道の學習効果をあげるためには、傷害、衞生その他の観點から、環境を整備して有効適切な管理を行うことが必要であり、特に次の事項を考慮することが望ましい。

イ、敷物及び柔道衣の破損は速かに修理すること。

ロ、敷物を敷く場合に、すきまや高低がないようにすること。

ハ、敷物の清掃を入念にし時折消毒液で拭くこと。

ニ、狹い場所で練習する場合には分團毎に交代して行い練習、見學等無駄のない學習をすること。

ホ、練習後、柔道衣を充分乾燥すること。

ヘ、柔道衣を洗濯して常に清潔に保つこと。

ト、全部の學生々徒に柔道衣を購入させることが困難な場合には學校備品としてそなえつけ、これを生徒に貸與する等の方法を工夫すること。

しかし、この場合は特に衞生的な考慮をはらうことが必要である。

チ、練習中は窓を開放し換氣を充分にすること。

リ、練習場の隅、洗面場の附近にはたん壺を備えつけること。

ヌ、敷物を運搬する場合には二人以上協力して丁寧に取扱うこと。

七、記錄と帳簿

指導及び管理を適切にするためには記錄、帳簿等を整備することが肝要である。例えば、關係法規綴関係規約綴（免除規定、選手規定、校內競技規定、對外競技規定、評價規程等）設備、備品使用規程、指導者名簿、年間計画（月案、週案、行事予定）設備、備品台帳、行事記錄、健康調査簿（身體検査票を含む）評價記錄簿、出席簿、指導日誌、疾病傷害関係帳簿、身體異常者指導簿、用具貸出簿等がある。これらは單に柔道についてのみならず、保健體育科全體として必要なものであるから、保健體育科として共通に使用できるように整備するがよいであろう。

第五章　指導内容の解説

一、柔道一般

歴史

(1)　柔術

世界いずれの國においても、古くから素朴な組み打ちが行われていた。この格闘の技術は初めは原始的な形で行われ、次第に地理的・文化的な影響を受けてそれぞれ特色ある發達を遂げたのである。レスリングやボクシング等は西洋に發達した代表的な格技といえよう。

さて我が國においても簡易な徒手格闘の技術が古くから存在した。このような格闘技は時代の推移と特異な環境に育くまれて、一方ではいわゆる相撲として發展し、他方では柔術という武術として發達するに至つたのである。

投げる・組み伏せる・絞める・挫く・打つ・突く・けるなどの技術は十七世紀の初め頃から、柔術として組織系統づけられ、武士階級並びに一般庶民の間に行われた。十八世紀は柔術の最盛期であり数多の流派が全国各地で術を競い、傳統を誇り、子弟を教育したのである。それら諸流派の中で、竹內流・関口流・起倒流・直心流・天神眞揚流などは特に有名である。

(2)　柔道の創始

今日一般に柔道と稱されているものは、明治十五年（一八八二年）故嘉納治五郎氏によつて創始された講道館柔道のことである。氏は當時世間が捨ててかえりみなかつた柔術を學び、教育的見地から、これを検討し、天神眞揚流の當身技・固技・起倒流の投技をはじめとして各流の優れた所を取りこれに研究を加えて大成し、柔道と名付けた。

かくて日本古來の武術の一科に過ぎなかつた柔術は、技術的に、思想的に大轉換し、體育運動として行われるようになつた。氏は柔道を「心身の力を最も有効に使用する道」であると說き、約して精力善用といつた。又それと並んで世界人類の自他共榮をも强調したのである。

(3)　柔道の普及發展

柔道は　(1)體育スポーツとして　(2)護身の術として　(3)精力善用、自他共榮を個人生活、社會生活に應用する面において一應完成され、明治・大正・昭和の三代にわたつて發展した。柔道はあらゆる職域で行われ、廣く各階層の人々に愛好されたのである。明治四十四年（一九一一年）には、それまで學校の課外で行われていた柔道は正課として學校體育に取り上げられた。

以上のように國內で發展した柔道はやがて海外にも進出し、世界の人々にその名を知られ親しまれるようになつた。即ち國際オリンピック委員であつた嘉納氏や門下の人々が外国に渡つて柔道を紹介し、普及に努力して成果をあげ、世界柔道連盟の結成も今一歩という所まで普及發展するにいつたのである。

しかしながら、昭和十三年（一九三九年）嘉納氏の逝去と相前後して始まつた第二次大戰を契機として、柔道も他のスポーツと同樣に次第に戰時色を結び、その武術的方面が强調され、戰技的動作を重視されるようになつた。

(4) 戰後の柔道

終戰直後の生活の困窮と資材の不足は、學校柔道の中止と相俟つて一時柔道界の衰頽を招いたが、一年を經ずしてスポーツとして復興への軌道に乘つた。柔道が戰後いち早く戰時色を拂拭し、種々の點で改善され、民主的スポーツとして確立されたことについては、本書特に附錄「文部大臣請願書」で明らかにされている。全日本柔道選手権大會・國民體育大會柔道競技・東西對抗試合・全國警察柔道大會等の盛況は、これを物語るであろう。

又柔道は國際スポーツとしてアメリカ・フランスを始め世界の各地で行われ、戰前を凌ぐの有樣である。そして、今や柔道は日本の柔道へと發展しつつある。

2 練習法

(一) 練習の心得

(1) 禮について

イ、抜は昔から「禮に始まり、禮に終る」と言われ、特に禮を重んじているが、練習中相手を敬い、つつしむ心持ちを失つてはならない。

ロ、禮の仕方には立禮と座禮の二つがあるが、これは相手に敬意を表する形であるから、練習や試合の前後には必ず服装を正し、尊敬の心をこめて、正しく丁寧に行うがよい。

(2) 練習場について

イ、練習場においては禮儀作法を重んじ、常に眞面目な態度で、靜粛を守らなければならない。

ロ、休憩の際には他人の練習をよく見學し、長を採り、短を補う謙虚な心掛けが必要である。

ハ、常に場内の清潔整頓に注意し、通風をはかり、氣持のよい場所とするように努力するがよい。

ニ、しきものは、運搬する時は丁寧に取扱い、傷害防止の見地から平らかに敷いて、合せ目に隙間をつくらぬようにし、破損すれば直ちに修理その他の處置を考えることが大切である。

(3) 服装について

イ、練習は柔道衣を着用して行うのであるが、常に服装を整えねばならない。

ロ、柔道衣は體に合うものを選び、着用する時には、帯や下ばきの紐は緩くない程度に締め、帯は下がらず、上すぎず、結び目を體の前面中央にするなどの注意を守ることが必要である。

ハ、柔道衣はいつでも清潔に保ち、破れた個所は必ず修理する心掛けが大切である。

ニ、金屬類のような相手に危険を及ぼすものは一切身につけてはならない。

(4) 衛生について

イ、練習は互いに相組み、相觸れるものであるから、特に身體並びに柔道衣の清潔に注意し、手足の爪を短かく切つて怪我のないようにしなければならない。

ロ、練習には食事の直前、直後を避け、用便に注意するがよい。

ハ、練習中或はその後に水を多量に飲まないようにし、汗が出ればよく拭い、濡れた柔道衣は、よく乾燥させることが必要である。

(二) 練習法

練習の方法について特に留意すべき事項を次に列擧する。

(1) 亂取を主にして練習する。

練習には亂取と形の二形式があるが、亂取を主要な方法として行うのがよい。しかしながら、豫め順序方法を定めて反覆練習する形の練習もこれに加え、兩者相補うようにするのが合理的で、効果のあがる方法である。

(2)　準備運動・整理運動・補助運動を行う。

柔道の練習をする際には、まず準備運動をすることによつて心身の準備を整え、練習後は整理運動を行つて心身の常態への復歸をはかる。これは練習の能率を高め、効果を擧げるものであるが更に隨時に補助運動を行い、柔道技術の上達を助成するように心掛けるがよい。

(3)　基本的練習を重んずる。

柔道練習の基礎動作である姿勢・進退・受身・崩し・作りと掛けなどを常に正しく反覆して確實にし技術の理にそつた基本的練習を重んじなければならない。

(4)　多くの技を習得しかつ得意技を作る。

出來るだけ多くの技を簡單なものから複雜高度のものへと循環漸進的に練習するとともに、自分の特徴を生かして得意技を作ることが必要である。又技の習得には全習法を主にし、分習法を加えるがよい。

(5)　相手による三様の練習を考える。

技術が自分より上の相手と練習する場合は、全力を盡して出來るだけ多くの技をかけるようにし同等の相手に對して愼重に構え、好機をとらえて眞劍な練習をする。又自分より下のものにはその程度に應じ、調子を合わせてこれを引き立て、不得意の技の研究をするがよい。なお練習には出來るだけ多くの相手を選び、苦手と努めて練習することが望ましい。

(6) 掛り稽古によつて技の冴えを增す。

その場、或は移動しながら、同一の技或は二種以上の技を連續して掛け、その技を確實にし、冴えを增すことが大切である。

(7) 乱取技では、投技を中心に練習し、固技は抑技を基礎にして練習する。

柔道の練習は投技を中心として行うのであるが、その習得順序は投技を先にし、固技を後にするのがよい。そして投技・固技の一方に偏することのないようにするのが望ましい。又固技に於いては抑技を基礎にし、それから関節技・絞め技に進まなければならない。

(8) 技の連絡變化を工夫する。

練習の場合、投技や固技の連絡・投技固技の連絡を工夫することが大切である。左右の技を練習し、自分の技から或は相手の技に應じ連絡變化して、あらゆる方向に相手を攻める練習を積むことが必要である。

(9) 適時に試合を行う。

亂取によつて正しい技術を練るだけでなく、時には全力を發揮して試合を行い、これによつて練習の効果をあげることが大切である。なお試合に當つては、審判規程について研究するがよい。

3　補助運動

補助運動は柔道の技術の上達を助成するために行う運動で、徒手で行うものと簡單な用具を使用して行うものとがある。

徒手で行うものには一人でするものと、二人組でするものとがあり、その方法には徒手体操や柔道の技術に直接結びついたものなどがある。

簡單な用具を使用するものとは、エキスパンダー、なわとび用なわなど種々の方法で利用し補助運動の目的を果すものである。

なお補助運動を實施する場合には次の諸点に注意するがとが必要である。

イ、出來るだけ柔道の技術に關係させる。

ロ、運動の選擇と組合わせを効果的にする。

ハ、時間を多くかけないで隨時に行う。

ニ、過重にならぬように適度に實施し、しかも永續して行う。

4 試合

試合は、きめられた時間及び場所で審判員立合の下に試合者が互いに技を競う方法である。試合には簡易な試合と正式の試合の二つがある。正式の試合とは、公認されている試合規程によつて行われるものをいい、簡易な試合とは、生徒の身心發達、技能の程度等に應ずるように公認試合規程の一部を變更して行われるものをいう。例えば、試合に使用する技を制限したり、試合時間を短かくし、あるいは試合場を狹くして行うものである。試合時間と技の制限は、特に身心發達、技能の程度等に適するように工夫し、興味を持つて眞劍に行える程度にすべきである。試合者の負けたくない氣持は往往不良な姿勢や態度を生じ易く、勝とうという氣持は間々粗暴に陥いつたり、規則を犯したりする動機となることがあるから注意する。そして試合ではあくまでスポーツマンシップに則り、正々堂々と全力を擧げて競技することが大切である。

5 例話

柔道に關する適切な例話は柔道の目標や内容の理解のために効果が多い。特にスポーツマンシップに関すること、練習上の心得となること、技術の進歩を助けるに参考となることなどについて練習や試合の場面に應じて短時間ずつしばしば行うのがよい。

二、受　け　身

投わざの練習を始める際は、先づ倒れ方から練習するのが順序である。これを受け身という。受け身は、投げられた場合、或は自から倒れる場合に、身体を安全に取扱う方法である。受け身は、投わざ上達の基礎となるものであるから、十分これに熟練するよう練習に努めねばならない。

（一）受け身する方向

練習の際、轉倒する方向は、實に複雑であり、多方向であるが、このすべての方向に倒れる練習を豫め行うことは不可能でもあり、またそうする必要もない。それで次のように大体三つの代表的な方向に対する練習を行う。

(1)　後方に倒れる、これを後受け身という。

(2)　側方（右・左）に倒れる、これを側受け身という。

(3)　前方に倒れる、これを前受け身という。

（二）　姿勢・位置及び速度

やり方によつて難易があるから、易より難に進み、完全に受け身の要点を体得しなければならない。それでおおよそ次のような順序で行うことが安全で且つ自然である。

(1)　低い姿勢から始めて次第に高い姿勢で行い、遂には立姿勢から立派に受け身が出來るように仕上げる。

(2)　はじめはその場で練習し、正しい動作を覺えこんでから、移動しつつ行う練習に移るのが適當である。

(3)　緩やかな仕方からはじめて次第に速度の速い練習に進む。

（三）　會得すべき要点

受け身の基本練習中會得すべき要点は、大凡そ次の三つである。

(1)　手（腕）で疊を打つ要領

掌だけで疊を打つのではなくて、腕全部で打つのである。

(2)　腕と体とのなす角度

疊を打つた時、その腕と体とのなす角度は約三・四十度が適度である。投げられた時に腕が離れ過ぎていれば、たとい腕で疊を打つても脊中を強く打つから受身の意味がないし、近過ぎれば、体が腕の上に重なることがあるから危険である。

(3) 背中が疊につく時間と手（腕）で疊を打つ時間の關係。殆んど同時であるが、嚴密に言えば、脊が疊につく直前手（腕）で疊を打つ関係になるがよい。あまりおそ過ぎたり早過ぎたり、これがちぐはぐになつては、受け身の意味がなくなる。

(四) 注意事項

(1) 後頭部を打たぬように、倒れる瞬間に顎を緊きつけなければならない。こうすれば自然に脊が圓くなつて轉るように倒れるから、後頭部を打つ危險がないばかりでなく、身体の一部分に強い衝擊を受けることがない。

(2) 手を疊に逆についてはいけない。倒れる方向に指先を向けてつくと大抵の場合その腕を痛めるものである。

(3) 動作が自然に行われなければならないから、動作の中途で、特に腕、肩、腰、脚などに力を入れて力んだり、強く伸したり、又これと反対に急に脱力したり屈曲してはいけない。

(4) 前方に廻轉する際は、大圓輪を轉がすように體を扱うがよい。この際、兩脚を交叉しない方がよく、兩足の踵を打ちつけぬよう注意しなければならぬ。

(五) 練習の仕上げ、(一通り出來るようになつた場合の練習)

(1) 後受け身、立姿勢から小足に二三―四五歩後退しながら後方に倒れる。

(2) 側受け身、立姿勢から右、左側へ自由に移動しながら倒れる。

(3) 前受け身、主として廻轉受身を練習し、次第に遠方に手をついて大きく廻轉するようにして、「距離」の練習をすると同時に、時には障碍物跳越しなどで「高さ」の練習をする。

1 後受け身

(一) 大要、後方へ倒れる練習である。

(二) 方法

(1) 坐位

(イ) 臀部を疊について兩脚を揃えて前方に伸ばし、坐位の姿勢になり、兩腕を前方およそ肩の高さに擧げて伸ばし、掌を下に向ける。

(ロ) 體を後方に倒すと共に兩足を自然に上げ、脊が疊につく瞬間、兩手(腕)で強く疊を打つ。

(2) 中腰・立位

(1)の要領に準じ、中腰の姿勢からこれを行い、更に立つた姿勢から行うというように次第に姿勢を高くして練習する。

その場の練習が出來るようになつたら、少し後退しながらこれを練習し、上手になるにつれて速度を速めて練習する。

2　側受け身

(一)　大要、側方（右・左）へ倒れる練習である。

(二)　方法

(1)　坐位

(イ)　臀部を疊について、兩脚を揃えて前方に伸ばし、坐位の姿勢になり、右（左）手を左（右）肩の上になるように腕を屈げて前にあげる。

(ロ)　右（左）方に倒れながら、右（左）手（腕）をもつて疊を打つ、この時左方の手は初めのままに、股の上に置き兩脚は自然に上にあげる。

(2)　中腰・立位

(1)の要領に從い、蹲踞の姿勢、立つた姿勢というように、次第に高い姿勢から、慣れるにつれて側方に移動しつつ、又速度を速めて練習する。

3　前受け身

(一)　大要、前方へ倒れる練習である。

(二)　方法

これには、伏臥と廻轉の二つがあるが主として廻轉受け身を練習する。

(1) 中腰

(イ) 右(左)自然體の姿勢から兩膝を屈げ、体を前に傾けて、右(左)手を前方に、左手をその前に、各々指先を内側に向けて、疊につく。

(ロ) 兩膝を伸ばし腰をあげ、右(左)腕を肘・肩・背・腰・足は順次輪の如く疊につけて廻轉し、左(右)手(腕)で疊を打つ。

(2) 立位

(1)の練習で圓滑に正しく廻轉出來るようになつたら、次には立つた姿勢から右(左)手だけを疊につき、(1)の要領で練習し、次第に手を遠くにつき、高く廻轉するようにする。上手になるにつれて前進しながらこれを行い、速度を速くする。

三、投げわざ

投げわざというのは、相手を投げ倒す方法である。

(一) 投げわざの種類

投げわざの種類は甚だ多いが、これを仕方の上から大別すれば、立わざと捨身わざの二つになる。

そして立わざは、力の主として働く部位のちがいによつて手わざ、腰わざ、足わざに、捨身わざは、体の捨て方のちがいによつて眞捨身わざと、横捨身わざとに分けられる。

學校に於いて練習される投わざを右によつて類別すれば次の如くになる。

- 投わざ
  - 立わざ
    - 手わざ……背負投げ・體落し・肩車
    - 足わざ……ひざ車・出足拂い・大外刈り・送り足拂い・大内刈り・ささえつりこみ足・内また・小内刈り・小外刈り・小外掛け
    - 腰わざ……浮き腰・つりこみ腰・拂い腰・はね腰・後腰・移り腰
  - 捨身わざ
    - 眞捨身わざ……巴投・隅返
    - 横捨身わざ……浮わざ

（二）投げわざの基本

投げわざの練習にあたり、その基本として、心得ていなければならないことには、

姿勢と組み方

體の捌きと力の用法

崩し及び、作りと掛け

受身

などがある。單にこれらを反覆練習して、投わざの基礎を正しく且つ、堅實にしなければならない。

(1) 姿勢と組み方

姿勢は動作の根元である。正しい姿勢は、その中に敏捷で正確な体の働きを含んでいる。柔道では自分の働き一つで相手を倒すのであるから、体の源である姿勢を正すことに努めなければならない。わざの上達は勿論、心を養うにも姿勢は大きな関係を持つものである。こういうわけで、柔道では姿勢を非常に重く見て、自然体を以て姿勢の本体としている。

自然体というのは、すらりとして柔かな、極く自然に立つた姿勢である。前後左右いづれの方へも變化するに便であり、進退動作が自由自在に出來、且つ疲勞が少く、長つづきすることが出來るから、相手の隙に乘じて迅かに、わざを掛ける基本ともなり、相手のわざに應ずるにも都合がよい。

自然体を三樣に分け、自然本体これから少しく右構えになつたものを右自然体、左構えになつたものを左自然体と言つている。時として足幅を廣く開き兩膝を曲げて重心を低く下げた自護体という姿勢をとることもあるが、これは自然体の一時的變化であつて、いつでも自然体の輕妙な働を忘れてはいけないのである。

相手と組むには、自然体のままで一方の手では相手の襟を、他方では袖を持つて互に組み合うう、これが基本の組み方である。

この場合、手に力を強く入れたり、固く握りしめるのではなく、柔らかに組んで必要に應じて強く力を入れることが出來ると共に、必要な時はいつでも、他の組み方に變化出來るようにしていることが大切である。

(2) 体の捌きと力の用法

相手にわざをかけるにも、相手のわざに應ずるにも、自分の体の移動變化が上手でなければならない。相手に押されれば、これを利用して退きながら相手を引き、相手か引けば、これに乘じて進みながら相手を押し、自分は常に安定のある体勢を保ちながら相手の体勢を崩せば、自分が投げられることがないばかりか、何時でも思う通りに相手にわざを掛けることが出來るわけである。どんなに押されても、引かれても、上手に体を捌いて相手の變化に應じながら、相手の力を利用するように工夫することが大事である。

力の強いものはとかく力を恃むものである。力が柔道に役立たないというのではないが、力を恃めば体がこり固つて動作が重苦しく硬くなる。こういう力は強ければ強いほど、悪い力となつて効力がないし、且つ相手に利用され易い。すらりと滯りなく体を捌いて、持つている力をそのままに生かして用いなければならない。

(3) 崩し及び「作り」と「掛け」

自然に正しく立つている人を投げることは容易ではないが、一度不安定な姿勢に變化させればこれを投げるには極めて僅かの力で足りる。相手を正しい姿勢から不安定な姿勢にならせることを「相手を崩す」と言う。

相手の体勢を崩す事は勝を得る第一歩で、これが下手なら到底巧みに相手を投げる事が出來ない。相手を崩すには「押す」と「引く」の二つによつてするのであるが、單に「押す」「引く」だけではなく、押してゆるめ、引いてゆるめ、或は押して引き、引いては押すというように相手の力に應じて、いろいろ方法を講じなければならない。

相手に氣付かれないように崩さなければならないから「押す」も「引く」も手先きだけでするのではなく、相手が押して來れば、押されながらそれよりも多く速やかに退いて相手を引き、相手が引けば、引かれながらそれよりも多く進んで相手を押せば、相手の体勢は、或は前に、或は後に不安定になる。或は直接的に或は廻りこんで圓く押し、引き、相手を前後左右又その隅々に崩し、ここへ氣分を勵まし、身心一体になつて冴えたわざをかければ見事に相手を投げることが出來る。

相手と自分との姿勢及び位置を、相手を投げるのに都合がよい關係に仕向けることを「作り」

といい、わざを施すことを「掛け」という。即ち相手の姿勢を崩して、不安定ならしめるのが、「相手を作る」ことであり、このとき相手の變化に應じながら自分がわざを掛けるのに都合の良い位置と姿勢をとるのが「自分を作る」ことである。

こうして、十分の「作り」のもとに、ここえ少しの停滯もなく連絡して、この場合に最も適したわざを掛けなければならないが、氣を勵まし、全身の力を一つに纒めて、一氣に施すが「掛け」の要けつである。

(4) 受け身

練習の際、受け身に自信がないと、投げられることが恐ろしいために、自分を守ることが主となり、その結果大膽に、自在に動作することが出來ないので、著しく技術の進歩が阻害される。受け身が上手で、投げられることが苦痛でないようになれば、常に立派な姿勢を保ち、思い切つて相手にわざをかけることが出來るし、なお受身をよく練習すれば、体がしなやかになり、動作も輕快になつて、自然に正しい技術を習得することが出來るようになる。

(三) 投わざの解説

順次に各投わざの、基本的な場合についてのみ、その要領を解説することにする。

(1) 解説の便宜上、兩者互に右自然体で組んだ場合について述べるから、左自然体で組んだ場合にはこの反對に組めばよい。

(2) 用語のうち、取（とり）とあるは、投げる方を示し、受（うけ）とあるは、投げられる方を示す。

(3) ここでは各わざについて動作の順にのべるが、その技の要点を確實に理解されるよう工夫することが肝要である。

1　ひ　ざ　車

(一) 大要

取は受をその右（左）前隅に崩し、そのひざ頭を左（右）足で支えて投げるわざである。

(二) 方法

(1)

(イ) 互に右自然体で組み、取は先づ右手で受の左中袖を取り左足を受の右足の僅かに前方外側に足先を内方に向けて進め、右足では引き、左手では少しく押し上げ氣味にしてこれを助け、受をその左隅の方へ崩す。

(ロ) こうしながら、取は体を左足に託して右足を輕く上げ、右足裏を受のひざ頭に、前から外

(2) 受を右前隅に崩して、体を右足にかけさせ、右ひざを曲げさせ、その右ひざの前から外側にかけて支え、受を益々その左前隅の方向に引いて体勢に安定を失わせ、遂に受が体を支えきれなくなつた瞬間、取は体を右に捻りながら右腕を大きく弧を畫くように強く引きつければ、受は左ひざを中心にして轉倒する。

(イ) 互に右自然体で組み、取は左足から繼ぎ足で大きく一歩後退して受を前に引き出せば、受は自然体を保ち得ないで、右足を廣く前に出し、右ひざを曲げ、上体を右足にかけてその前に崩れる。

(ロ) この時、取は右足を少しく後方外側に、足先を内方に向けて位置をかえ、左足裏を受の右ひざの前から外側にかけて當てて支え、(1)の要領で受を投げる。

(三) 注意

(1) わざを掛けるとき取は自分の体を支える足の位置及び向きを適當にすること。この足の踏み方はひざ車の掛け方の生命である。

(2) この時の取の体勢は、踵のところでくの字形に曲つてはいけない。これでは体が崩れて受を十分に引くことが出來ない。

(3) 受のひざ頭を支えるのは、足の動きをその位置で止めるのが目的であるから、蹴るように強く当てる必要はなく、またこうすることは危険である。自然に軽く、しかも確實に當てるがよい。

(4) 相手を引く要領をよく理解しなくてはならない。受をその前隅の方向に弧を畫くように大きく引くところに引き方の骨がある。なお、右（左）自然体に組んで、右（左）足で受のひざ頭を支えた場合は、わざの効果と危険防止の上から必らず引き手を袖に持ちかえるがよい。

2 出足拂い

（一） 大要

取は受の右（左）足を前に引き出し、これに重心がのり移ろうとする瞬間、左（右）足で拂つて投げるわざである。

（二） 方法

(1)

（イ） 互に右自然体で組み、取は右足を右後隅に退いて、受の左足を出させ、ついで、受の右足が自分の右足の方へ進むように左手でさそい出し、その足がまさに疊につこうとする瞬間に、

（ロ） 取は左足を返して足裏を受の右足の外踝から踵にかかるように當てがいながらこれを疊に添うて拂うと同時に、左手で強く受の右袖を下に引直き落すように引いて受を投げる。

(2)　(イ)　互に自然体で組み、取は受を後に押し、受がその左足を退き、次いで右足を退こうとするところ、即ち右足から左足に重心の移りかわる瞬間に、
(ロ)　取は体を右にひらきながら左足を受の右足の外側に進めるとともに右足を、足先を外方にむけつつこれに引よせ左足で(1)の要領により受の右足を拂つて投げる。

(三)　注意

(1)　このわざで受を投げるには、受を居つかせないように取は自身の体の捌き輕くして受の動きを誘導することが大切である。

(2)　受の右の出足を拂うためには、豫め取は右足で体を支え、受の右足が出て、それが疊につこうとする瞬間に左足で拂い得るよう心も體も待機の姿勢にあることが大事なところで、この體の捌きに十分慣れ、このときの時間的な關係を會得しなければならない。受の體が出足にのり移つてこれを拂われても、足をあげて外すこともできなければ、またしつかり踏みつけることもできない瞬間をとらえるところにこのわざの妙味がある。

(3)　受の足を拂う場合、取の足はよく返つていて小趾側に力が入つていなければならない。そうでなければ拂う動作に冴えが出ない。

(4) 引き手は直下に引き落すようにするがよく、拂いと引きの動作に遲速があつてはならない。

3 浮腰

(一) 大要

取は受をその右（左）前隅に崩し、これを右（左）腰に引きつけてのせ、腰を捻つて投げるわざである。

(二) 方法

(1)

（イ） 互いに右自然體で組み、取は左足を進めながら受を後へ押してその右足を後退させ、その時左手を以て、受を僅かにその右方に引けば、受は棒立ちになつてその右隅に崩れる。

（ロ） この瞬間、取は右足を輕く受の右足の內側近くに運びながら、右肩を下げ、胸を開くようにして、右手を受の左腋下から帶に沿うてその背部に深く差し入れ、その掌で受の腰を自分の右腰に抱き寄せるとともに、受の右腕を左腕で抱えるように保持する。

これと同時に取は、右足先を軸にして體を左に開き、左足を相手の左足近く前方外側に、足先を外方に向けて置きかえ、その膝を僅かに曲げ、體を開く勢と膝を伸ばす力を合せて腰を左に

(2)

（イ）互いに右自然體で組み、取は先ず左足をさげて、受が右足を出さずにはいられないように引き、受の右足が前に出た端を、取は左足を右足の後から、受の左足の前方側に、退き廻しながら、右手を(1)の如く受の左腋下から差し入れ、その掌で受の後腰を押すようにし、左手の引きと調子を合せて、受をその前隅に崩しながら、遂には受を右腰に抱きよせる。

（ロ）こうしながら、取は右足を相手の右足の內側近くに位置をかえる瞬間、(1)の要領で受を右腰を越して投げる。

（三）注意

(1) 受が退くに乘じて追い込むようにして掛ける場合でも、前に引き出してこれを迎えるようにして掛ける場合でも、浮き腰の利く瞬間は、受の體が兩足先に浮いて來た刹那にある。

ところが多くの場合、折角よい機會をとらえても、わざに入るとき受の崩しに緩みが出來易い。取はこのときの體の捌き方を十分練習することが肝要である。

(2) 取は受の前面を腰から右腋、背に密着させなければならないから肩を下げ、胸を開いて入ること。その時體を腰のところで前屈させては腰の捻りが利かない。

(3) 受の背部に廻わした腕は、受の後帶に沿うて伸ばし、その掌で後から押すようにするのである。

このとき、帶を握つて引きつけると、自然に腰が前屈するようになり勝ちで、浮腰にならない。

(4) 右浮腰の場合で言えば、右足の踏み込みは大抵うまくゆくが、左足を適當な位置へ引き廻わすことが不十分になり易い。このところが最も大事なところであるから注意して練習しなければならない。

4 大外刈り

(一) 大要

取は受をその右(左)後隅に崩し、右(左)脚で、受の體がのつている脚を、その外後方から刈つて投げるわざである。

(二) 方法

(1)

(イ) 互いに右自然体で組み、取りは先ず左足から後に一歩退いて受を前に引けば、受は右足を少しく廣くして前に踏み出して來る。

(ロ) このとき、取は左足を受の右足の外側に体とともに輕く進めながらこの膝を輕くまげ、この足で体を支え、右脚を前に振り出しながら、右手では相手の上体をその後方に押し返えし、

(2) 左手では受を引いて、受の体がその右足の踵で辛うじて支えられるように右後隅に崩すと同時に取は右脚を鎌にして右膕が受の右膕と合うように後方から鋭く刈つて投げる。

（イ） 互いに右自然体で組み、取は受の左足を引き出すか、または右足を後方に一歩退かせ、その機に取は左足を受の右足の外側近くに進めて受をその右後隅に崩す。

（ロ） この瞬間、取は体を左足に託し(1)の要領により右脚で受の右脚を後方から刈つて投げる。

(三) 注意

(1) 右大外刈りの場合、取が右脚で強く刈る。すなわち右脚を十分働かせるには、先ず左足を受の右足の外側に体と共に進め、これに伴つて、右手では押し、左手では引き、受を完全にその右後隅に崩す「作り」方が最も大事なところである。この時、取は左足の足先を外方に向けていては右脚の刈る動作が利かないから、眞直ぐか、むしろ多少内方に向く位にするがよい。勿論こうする際、腰をまげていては十分な踏み込みが出來ない。

(2) 十分に刈ることとの重要なことはいうまでもないが、とかくこれが不十分になり易く、またこのとき受を押す方向は、眞後の方向が最も有効で、單に右手だけで押すのではなく、受の右肩から胸部に自分のその部分を、おおいかぶせるようにして押すがよい。この場合兩手を主にして捻じまわすようにしては押しに鋭さが出ないばかりか、相手に切り返されることが多い。

5 つりこみ腰

（一）大要

取は受の体を眞前に又は右（左）前隅につりこんで、右（左）腰に載せ、腰の上をまわして投げるわざである。

（二）方法

(1)

（イ）互いに右自然体で組み、取は右手で受のやや左奥襟を取るか、または、右腋下に近いあたりを取り、受の出端、或は退き際に、兩手で受の上体を上方に引き抜くように釣りこんで、受をその眞前か、右前隅に崩す。これと同時に、取は右足を受の右足の內側近に進め、その膝を曲げ、先足を軸にして体を左に廻轉し、左足を受の左足の內側に近く退き廻わし、このひざをも曲げ、体を低く下げ体を反らし氣味にして右肘を受の左腋下に入れ、受の前面を右体側に引きつけて腰を入れ、腰が受の前ももの邊に當る位にする。

（ロ）取は背後から被いかぶさるようにのりかかつて來た相手の体を、膝を伸ばす彈力で、受の股を下から押し浮かして腰をあげ、同時に兩手の引きを利かせながら体を左に捻り、受の体を腰の上をまわして投げ落す。

(2)

(イ) 互いに右自然体で組み、取は右手で下から受の左外袖を握り、右足を輕く受の右足先の前方内側に進めながら、右手で受を前に引き出して、その左足を自分の左後隅の方にまわすように誘い出し、その足が疊についた瞬間に釣り込んで受をその眞前の方に崩す。

(ロ) この瞬間(1)の要領で右腰の上をまわして受を投げる。これを袖つりこみ腰といつている。

(三) 注意

(1) 互いに右自然体で組んだ場合、そのまま受を眞前にか、また右前隅に崩して掛けるもの、また一般に袖つりこみ腰と称するもの、或は組合う際、右前膊を受の頸の後にあてて掛けるものなどの仕方があるが、何れも受を釣りこむ要領に同様であつて、受をよく釣りこむと共に、廻りこみを十分にして、能う限り低く入つて受の体を取の体に密着させることがこのわざの要点である。

(2) 右自然体で組んで左の袖つりこみ腰を掛ける場合が多いが、このとき、右手で襟を持つたまま掛けることは初心の人は甚だ危險であり、またこれでは肝心の引き手が利かないから、必らず右手を襟から袖に持ちかえるようにしなければならない。

6 送り足払い

（一）大要
取は受をその右（左）横に浮かすように崩し、取は左（右）足で受の右（左）足をその移動する方向に横に送るように拂つて投げるわざである。

（二）方法

(1)
（イ）互に右自然体で組み、取は受が左に動く氣配を察し、受の体を浮かし氣味にしながら、右足から右に進んで受を左足から輕くその左に歩ませ、更に右足から一歩右に進んで受をその左にさそう。
（ロ）受が左足を開き、次いで右足をこれに引き寄せようとしてその足を動かし始めると同時に取は体を右足に託し左足裏を受の右足の外踝の邊に當て、それが疊につこうとするところを受の進んだ方向に送るように拂つて投げる。このとき左手をはじめは拂う動作を助けるように横から押し氣味にして最後に下方に引く。

(2)

（イ） 互に右自然体で組み、取は先ず左足を軽く左前隅の方に進め、體を右に開きながら、右足をひき受の左足をその左前隅の方に出るように引く。そうすれば、受は左足を、弧を描くようにその左前隅の方に進め、次いで右足をこれに引き寄せる。

（ロ） この時、取は右足で體を支え、(1)の要領により左足裏で受の右足を拂つて投げる。

（三） 注意

(1) 受を居付かせないように、取は自ら體の捌きを輕快にし、受の動きを誘い、受が側進する一瞬一方の足から他方の足に重心の移りかわるところを遲滯なく拂わねばならず、そのせつなをとらえるところに苦心がいる。また足の捌きと共に兩手の扱い方にも工夫がいる。はじめから腕に力を入れて組んでいてはこのわざは出しにくい。

(2) 拂うときは、寧ろ腰を前に出す位に體を反らせ、脚を彈力のある棒のように伸ばし、受の足を横へ掃くように拂わねばならない。この際、足が十分返つていて自然に小趾側に力が入り、足裏が受の外踝の邊に當るがよい。足の返えりが不十分で拂うところが高くなつては、効果的な拂いが出來ない。

7　背負投げ

（一）大要

取は受をその前または右（左）前隅に崩してこれを背負い、右（左）肩越しに投げるわざである。

（二）方法

(1)

（イ）互に右自然體で組み、取は先ず左足を退き、受の上體を前へ引いて、その右前隅又は眞前に崩す瞬間、右足を受の右足先の前方內側近くに進め、そのひざを曲げて體を低く下げながらその足先を軸にして體を左に廻轉し、左足を速やかに受の左足の前方內側近くに、その足と同方向に向くように退き廻わし、體の廻轉に伴つて、自然に右肘を受の右腋下に入れるようにし左手で受の右袖をこの上に被せるように引きつける。この場合には、受の體は兩足先に浮いており取は受を背にし、兩膝をまげて低い姿勢をとつている關係にある。

（ロ）こうして、受の體が取の背にのりかかつて來るのを、取は更に引きを利かせつつ急にひざを伸ばして、足を上げ、上體を眞前に深くまげ、その姿勢で受を右肩越しに前方に轉倒させる。これを一般に襟背負、または二本背負と言つている。

(2)

（イ）互に右自然體で組み、取は先づ左手で受の右內中袖を下から取り、左足を一歩退いて受の右足を一歩出させ、そこをその右前隅又は眞前に崩す。こうしながら取は(1)の如く右足の位置をかえ、これにつれて、右腕を受の右腋下に振り入れ、その腕の肩の下近くが受の腋下に密着するようにし、左手の引きつけを強くすると共に右手の働きをこれに加えて受の右腕を完全に制しながら背負投げの體勢となる。

(ロ) この一瞬に(1)と同じ要領で、下から受を強く浮かし上げて右肩越しに受を投げる。これを一般に一本背負といつている。

(三) 注意

(1) このわざの練習で最も大事なところは、ハリ方としては廻わりこみを圓滑、敏速に、且つ十分にすることと、上体を眞直ぐに保ちつつひざを深く曲げて体を低く下げることとである。この動作が不十分では、相手ののりかかつてきた体勢をそのまま利用することが出來ない。

(ロ) 引き方としては、曲げた膝を一氣に伸ばすその彈力と上体を眞前に深く曲げて受を引く力が一連に結合し、前下方に相手を引き落すようにするのが最も効果が多い。これがちぐはぐになつては引き手にゆるみが出來るから途中で相手に變化され、折角の好機を空しく逸することとなり易い。

8　大内刈り

（一）大要

(1)　取は受をその左（右）後隅に崩し、右（左）脚で、受の体がのつている脚を内側から刈つて投げるわざである。

（二）方法

(1)

（イ）互に右自然体で組み、取は左足を僅かに左前隅の方に進め、受の右足近くに移しながら、右足を浮かし右手で受をその左前隅の方に弧を描くように大きく引き出す。

（ロ）受の左足か大きく進んできて、それが疊につく瞬間、すなわちこの足に受の体がある一刹那、左手では受の右腕をその位置に制し、右手を以て受の左の胸から肩にかけた部分を後方に押して受の体勢をその左後隅の方に崩すと同時に、取は腰を左に捻るようにしつつ右足を踵を上にして受の兩足の間から深く入れてこれを鎌にし右ひかがみが受の左ひかがみと交叉する關係で、右足先で疊の上に半圓を描く如くに鋭く右斜後方に刈りひろげ、右手で強く押してその崩れた方向に投げる。

(2)
（イ）互に右自然体で組み、受が左足を廣く左方に或は左後隅の方に開き、腰を上げて自護体のような体勢になる瞬間、左手で受の右腕をその位置に制し、右手を以て受の左肩、胸の部分をその後方に押し受の体が主として左足の踵にのるようにその左後隅に崩す。
（ロ）こうしながら取は左足を右足の後から廻わし、体を左に開いて半身になりながら、体を左足で支え、右足を受の兩足の間に深く入れ(1)の要領で受の左脚を刈つてその左後隅の方向に倒す。

（三）注意

(1) 刈る動作が敏速で鋭利であることがこのわざの大事なところであるが、こうするには、右足先で疊の上に弧を描くような氣持で右脚を働かせるがよい。この場合、右脚で受の左脚を卷き上げるようにするのは効果が少いばかりか、受にこの力が利用されて、いわゆる裏を取られ易い。

(2) 手の働としては、左手では受の右腕をその位置に制することと、右手では受の左肩の前から押し落すようにして受をその後隅に崩すのであつて、これがよく利いていなければ、受は重心を左足から右足に移しかえることが容易であり、これではわざが極らないのみならず裏をとられ易い。

(3) 受が刈られた足をあげることも踏みしめることも出來ないように「崩し」を工夫すると共に刈

る動作と押す方向との關係を十分會得しなければならない。

9 体落し

（一） 大要

取は受を右（左）前隅或は側方に崩し、体を半身にして右（左）足を受の前に輕く踏み出し、手・腰・足の拍子を合せ、はずみを利用して受を投げるわざである。

（二） 方法

(1)

（イ） 互に右自然体で組み、取は体を受から輕く離す氣持で左足を一歩退いて、受の右足を前へ踏み出すように誘う。これに應じて受が何氣なく右足を進めて來るを取は左手で圓みをつけるように引き出せば受の重心は右足にかかつてくる。

（ロ） このとき取は左足を右足の後から廻わして右斜後に引き、足先を外方に向けてつき体を半身に開きながら、受をその右前隅に浮き上げ氣味に崩す瞬間、左足で体を支え、その膝を曲げて少しく腰を下げ、体を安定させ、素早く右足を踵を上にし輕く受の右足の前に、互に足首のところで交叉する關係にして出し、右手では受を後方に一氣に押し、左手では受の右袖を鋭く

(2) 左腰の方に引き下げれば、受ははずみで右足先を軸にして大きく轉倒する。

(イ) 互に右自然体で組み、取は受を誘導して、受が右足をその右側方に或は右後隅の方に移す瞬間受を浮くように崩し、

(ロ) 右側方に崩した場合ならばその場で、右後隅に崩した場合ならば少しく追いこむように体を捌き(1)の要領で受を投げる。

(三) 注意

(1) このわざでは相手の出る端、退き端を巧みに利用して、はずみで投げるわざであるから、よい機會をつかむことが特に大事である。それ故取は体の捌きを輕快にして受の動きを誘導してこれに拍子を合せ、受の動く端をその前、後の隅、または眞側に輕く崩さねばならない。

(2) 特に相手の体と自分の体とのなす角度を正すこと、及び最後の瞬間、取の腰がよく据つていて右手の押しと左手の引きとが、調子が合つて十分利いていることが大事である。

10 拂い腰

(一) 大要

取は受を右（左）前隅に崩しその体を引きつけて右（左）腰にのせ、脚で受の脚を拂い上げて投げるわざである。

（二） 方法

(1)

（イ） 互に右自然体で組み、取は先づ右足を一歩退けつつ、右手で受を前に引きその左足を出させながら左足を右足の前から受の左足の前に進める。こうしながら左手を利かせて受を右足が後になつたままにしてその右前隅に浮くようにする。

（ロ） 受の右足の出端に、取は左足先を軸にして体を左に急廻轉し、左膝を僅かに曲げこの足に体を支えながら兩手を利かせて受の上体を右体側に引き寄せ、受の右後腰は受の左下腹部に、右後股は受の前股に當るように右脚を足先を下にして伸ばす、つづいて、左膝を一氣に伸ばして受の体を右腰で浮かし右脚で受の右脚を下から摺り上げるように強く拂い上げ、同時に左手で受の右袖を引きつけながら体を左に捻れば受の体は、取の右腰を越して大きく轉落する。

(2)

（イ） 互に右自然体で組み、取は左足を一歩退けて受を前へ引いてその右足を出させ、この瞬間取は更に左足を右足の後から退き廻わして受の左足の前に移しながら、右手では受を浮き上げ氣味にし左手では受の右袖を引いて受をその右前隅の方に崩す。

（ロ） この機を逸せず(1)と同じ要領で右脚を以て受の右脚を拂つて投げる。

（三） 注意

(1) このわざでは一方脚で体を支えなければならないから、体を支える足の位置によつては容易に取の体が崩れる。相手の作りと自分の作りの関係について十分工夫し練習しなければならない。例えばあまり腰を深く入れると脚の拂いが無意味になるばかりでなく、体が崩れ易く、腰は淺く入れ、それだけに受の崩しとその後の引きを十分利かせなければならない。

(2) このわざを練習するときは、はじめ、右手を腋下から淺く手を差し入れ、受を崩す要領と脚の動作を基礎的に練習して、体の操作に慣れるがよい。

11 さ さ え つ り こ み 足

（一） 大要

取は受をその右（左）前隅に崩し、左（右）足で、受の体がのつている脚の下部を支えて投げるわざである。

（二） 方法

(1)

(イ)　互いに右自然体で組み、取は右足を足先を內方に向けて僅かに前に進め、体を左に開きながら左手で受を前へ引いてその右前隅に大きく崩す。

(ロ)　こうしながら、受の右足の出端を利用し、取は左足の足裏で受の右足の外踵から足首にかけて當てて支え体を反らして左に捻り、左手では受を左後隅の方向に振るように大きく強く引き、右手では押し氣味にしてこれを助ければ、受は右足を支点として轉倒する。

(2)

(イ)　互に右自然体で組み、取は先ず右足を退け受を前に引いて、受の左足を出させ、次いで受が体勢を整えようとして右足を出そうとする。

(ロ)　その途端に取は右足を受の左足の前方に足先を內方に向けて進め、左足裏で(1)の如く受の右足をえて投げる。

(三)　注意

(1)　取は受との間合及び位置の関係を適當にすること、これは膝車の場合と同様でこのわざの要点である。左手の引きと、それを助ける右手の働きとは体の捻りに伴うようにするがのよい。体の捻りは間合と位置のとり方に大きな関係がある。

(2) 受の脚を支える場所が高くならぬよう、又受を引く方向は、取の眞正面に引きつけるのではなく、受の前隅の方向である。大きく圓く引くのが引きの要けつである。このとき、取は腰をくの字なり押つていては引きが利かないから十分張つて掛けるよう注意すること。

12 ともえ投

(一) 大要

取は受をその眞前或は右（左）前隅に崩し、体を仰向に捨てて、右（左）足裏を受の下腹部にあて巴のような形で受を頭越しに投げるわざである。

(二) 方法

(イ) 互に右自然体で組み、取は先ず左足を一歩進めて受を押し、受の右足を退かせ、このとき左手は受の右横に握りかえる。受が前の狀態に復そうとするのを利用し急に押し手をめるめ左足を僅かに退きてこれを前に釣るように引けば受は退いた右足を前に出して眞前に崩れる。

(ロ) こうしながら取は左足を受の兩足の間に深く踏み入れ、その膝を曲げ、滑り込むように臀部を左足の踵近くに下す動作をしながら、右膝をまげ、その足裏を受の下腹部中央の邊に輕く當て眞後に圓く体を捨てつつそのはずみを受の体がのりかかつて來るに合せて一氣にひざを伸ばすと共に、兩手をつの字形に引き返せば、受は取の頭越しに仰向に轉落する。

（三） 注意

(1) このわざの練習では、相手を眞前に浮くように崩す工夫と熟練が必要なことはいうまでもない。掛け方として最も大事なことは、自分の体を捨てる位置と時期とを會得するということである。位置について言えば出來るだけ深く入つて相手の脚下の臀部を下す位がよく、いくら深く入つても深過ぎることはない。

入る時期について言えば相手の出る端を兩手を以て釣り崩した瞬間が最もよく、この時期を失してはわざは利かない。

(2) 体を捨てたとき、兎角引き手がゆるみ勝ちになる。圓く大きく相手を浮き上げるように引くべきで、最後の刹那には跳ね上げの動作と關連して急につの字なりに引き返すようにすることが大切である。

前隅に崩れた相手に巴投を掛けた場合には、引き手はその方向に引かねばならないので右手と、左手との引き方に多少のちがいがあり、相手の倒れ方も強く引かれた方に廻わる。

例えば左手の引きを強くせば受は取の左斜後方へ轉落することになる。横歩きする相手に對してはこの方法が有効である。

13 内また

（一） 大要

取は受をその前に崩し、右（左）後股で受の左(右)内股を内側から拂い上げて投げるわざである。

（二） 方法

(1)

（イ） 互に右自然體で組み、受は右足或は左足を横に開いて足幅を廣くし、少しく兩ひざをまげ上體を前かがみにした體勢をとる。

これに對して取は、兩手で受を前上方に拔き上げるように引けば受の體は兩足先にのつて前方に崩れる。

（ロ） このとき取は體を左に廻わしながら左足に體を託しつつ、右足を輕くして踵を上に向け、一層受を引きつけて、一氣に飛びこんで右後股で受の左內股を拂い上げるのであるが、この場合には、取の左足は受の兩足の中間近くに位置がかわり足元は外に向き、その膝はまがり、との足で体が支えられ、右脚は後肢が受の左內股にあたる位に、その踵なとにして受の兩脚の間に振り込まれ、瞬間的に受の上体は取の右体側に引きつけられる。

こうしながら、つづいて取は左ひざを伸ばし受の体を浮き上げると共に、右脚で受の左脚を揃うように拂い上げ、上体を左に捻れば、受は取の右後股を軸にして弧を描いて前方に轉落する。

(2)

(イ) 互に右自然体で組み、取は先づ右手て受の後襟をとり、左足を左前隅の方に進めながら右足を浮かし、右手で受を右後に振り廻わすように圓く大きく引く、こうすれば受は左足を足巾を廣くして取の右後隅の方に廻りこむように踏み出して來る。

(ロ) 受が左足を進めて、その足が疊につく途端、取は左ひざをまげて体を低くし、左足に体を託し、右脚を受の左脚の內側に踵の方から入れ、右後股が受の左內股に當るようにし、(1)の要領で受を投げる。

(三) 注　意

(1) 取としては先ず受を足巾の廣い、前かがみの体勢にならせるように誘導するところに工夫がいる。

(2) 入るときの必要條件としては、取は体を低めて深く入り、十分に受を引きつけ、最後の拂い上げを強くすること。しかもこれらは一連の動作として行われなければならないということである。

14　はね腰

（一）大　要

取は受をその右（左）前隅に崩し、受の体を右（左）腰に引きつけてのせ、眺ね上げて投げるわざである。

（二）方　法

(1)

（イ）互に右自然体で組み、取は先づ左足を退け、兩手で受を釣りこむように前に引いて受の右足を前へ進めさせる。受が取の引きに應じて右足を踏み出すとき、取は更に左足を右足の後に、足先を外方に廻わして退き、体を少しく左に開いて受をその右前隅の方へ崩す、この場合、受の体勢は、踏み出した右足先に体がのり、しかも腰のところで少しく前屈し、上体が左に捻じれた形になつている。

（ロ）とうしながら取は、急速に体を左に廻わし、左足を受の右足の內側に、足先をそれと前じ方向に向け、膝をまげて踏みこみ、これにつれて右膝を曲げ、左膝部・右腰・右外股を受の胸部から下腹・右內股に密着させ一氣に左ひざを伸ばし、その彈力と、腰の捻り、引き手のはたらきとを合せて受の体を内側から跳ね上げ頭を左に廻わして体を左に捻れば受は取の右腰を越して高く舞い上つて落ちる。

(2)

（イ） 互に右自然体で組み、取は受をその後方に押し、受がその右足を後に退けて体勢を維持しようとするとき、取は兩手を働かせて受を釣り上げ氣味に前に引き、受をその右前隅の方に崩す。

（ロ） 取は受の右足が後に退かるを追いかけるようにして左足を受の右脚の內側に送りこみ、(1)の要領でを投げる。

（三） 注　意

(1) 取の最も工夫を要するところは我が体を支える左脚の使い方である。左足は程よい位置を占めること、このときの足先の向きについては十分注意がいる。ひざの屈伸の調節はこのわざの生命である。

(2) 取の側胸部は受の前胸部に密着し、一瞬取と受とは一つの体のようになるがよい。取が上体を前にまげ臀部を後につき出すようにしていては相手との連絡が中繼されわざが利かない。

15 小内刈り

(一) 大要

取は受をその右(左)後隅に崩し、右(左)足で受の体がのつている足を内側から刈つて投げるわざである。

(二) 方法

(1)

(イ) 互に右自然体で組み、受は足巾をやや廣く開き膝を少しくまげ、腰を下げて右自護体のような体勢をとる。このとき取は、受を右手では押し、左手では引きながら左足を右足の踵近くに寄せて受をその右後隅の方に崩す。

(ロ) この瞬間、取は右足を受の右足の內側から入れ、足裏をその踵に當てて受の右足を急速に刈ると同時に、右の押し手、左の引き手を利かせ、受を後方に押しつぶすように力を加えれば受はその後方に鎌で刈られた草の如く倒れる。

(2)

(イ) 互に右自然体で組み、取は先ず受をその左後隅の方に押し、受がこれに抗して押し返す端を、押し手をゆるめて急に受をその右前隅の方にさそい出すように引けば、受に体勢を保とうとして右足を大きく一歩その右前隅の方に踏み出してくる。

(ロ) このとき取は左腕で受の右腕をその位置に制しつつ、左足を右足の踵の後方に小さく廻わすようにして退け、左足で体を支えつつ右足を輕くし、受の踐み出した右足が疊について、これに受の体が半ばのり移ろうとする瞬間を(1)の要領で刈つて投げる。

(三) 注　意

(1) 刈る時を知ること。受をして兩足の間を廣く開かせ、これを居ついたように自由を失わせるかまたは受の踐み出してきた受の足がまさに疊につこうとするところ、即ち受の重心が兩足の中間よりややその足の踵の方にのる瞬間を刈らなければ効果がない。刈り方が早ければ受は輕くその足を上げてわざをはずしその足に十分重みがかかつてしまつてはおそすぎる。

(2) 刈る要領は低く、速く、その足先の方向へ

16 小　外　刈

(一) 大　要

取は受をその右（左）後隅に崩し、左（右）足で、受の体がのつている足を後方から刈つて投げ

るわざである。

(二) 方　法

(1)

(イ) 互に右自然体で組み、取は先ず左足を前に進めて、受を輕くその右後隅に押し、受がこれに應じて押し返えそうとするところを利用して、急に押し手をゆるめ、左足を後に退いて受を前に引けば、受は右足を少しく廣くして前に踏み出して來る。

(ロ) このとき、取は左足を受の右足の外側近く進めると共に体を少しく右に開き、次いで右足を左足に引きつけ、体をこの足で支えて左足を輕く浮かしながら右手では押し、左手では引いて、受をその右後隅に棒立ちになるように崩す。

(ハ) この瞬間、取は左足裏を受が体を辛うじて支えている右足の踵に後方からあたるようにし、右手の押し、左手の引きと協調しつつ一氣に刈れば受は直下に倒れる。

(2)

(イ) 互に右自然體で組み、取は受の左足を引き出すか、または右足を後方に一歩退かせ、その後に、取は(1)と同じ要領で受を右後隅に崩し。

(ロ) 受の體をそのまま上に抜き上げるようにしながら左足裏で受の右足をその後方から刈つて

倒す。

（三）注　意

(1) 刈るわざはすべて理は同じであるが、取は受が刈られたとき、その足を上げて遁れることが出來ないほどに體重をその足にのせた瞬間を逸しないように刈らねばならない。早過ぎても遲すぎてもいけない。

この場合の取の位置であるが、左足で刈る動作が十分出來るように右足を豫め左方に移していなければならない。多くの場合これが不十分になり易い。

(2) 刈る動作が敏速を要し、速度が鈍くてはわざに冴えが出ないし、受に變化され易い、特に押し手、引き手の協同が大事である。

17　肩　車

（一）大　要

取は受をその右（左）前隅に崩し、受の體を右（左）肩から左（右）肩へうつすように引きかついて頭越しに投げるわざである。

（二）方　法

（イ）互に右自然體で組み、取は先ず左手で受の右中袖を內側から握り右足を進めて受をその後方に押す。受がこれに抗して弱く押しかえす端を、取は急に押し手を緩め、左足から繼ぎ足で大きく一歩退いて受の上體をつりこむように前に引けば、受は自然體を保ち得ないで右足を廣く前に出しそのひざを曲げ、上體を右足にかけてその右前隅に崩れかかる。

（ロ）このとき、取は體を左に開きながら左手の引きを利かせて益々受をその方向に引き崩すと同時に、膝をまげ體を低く下げ、右足の受の右足の內側に踏み出し、右肩に受の體を迎えるように入る。この瞬間の彼我の體勢は受の右腰に取の右肩の頸のつけ根がぴたりとあたり、取は右腕で受の右股を內側から抱きかかえ、左手で受の右腕を引いているから左向きになつた受の體に受がおおいかぶさるようにのりかかつている。

こうしながら取は一氣に膝を伸ばし、この彈力で受の體を下から浮かし上げ、受の體を横ざまにして擔ぎ上げる。この體勢から止まることなく左足を右足の方によせつつ、左前隅の方向に受を投げ落す。

（三）注　意

(1)　このわざの練習では一般に腰の下げ方が不十分になり易く從つてよい機會に入つても結果としては右肩で受を押し返えして切角崩した受の弱い體勢を元にもどすことになることが多い。十分體を低くくし、特に右肩を受の右腰にぴたりとつけることが必要である。こうすれば受の體は取の右肩を支點として自ら廻轉するようになるから取が受を投げるのに多くの力を必要としない。

(2) 入るときには取は體を低くすることと共に腰を据えていることが必要で上體が前かがみになつて臀部を後方に突き出しているようでは十分に力を働かせることができない。

18 拂いつりこみ足

(一) 大　要

取は受をその右（左）前隅に崩し、左（右）足で受の體がのつている脚の下部を拂つて投げるわざである。

(二) 方　法

(1)

(イ) 互に右自然体で組み、取は先、右手で受の左外中袖をとり、右手では引き、左手では押し上げ氣味にし、受はその左前隅の方に釣りこんで崩す。

(ロ) こうしながら、取は、左足を、足先を内に向けて受の右足先近くに進め、その膝を僅かにまげこの足で体を支える瞬間、右足裏が受の左足の足首の前面から外側にあたるように右脚を振り出して受の左足を強く拂い上げると同時に、腰を反らせて上体を右に捻り、右手では受を左前隅の方向に振り廻わすように大きく強く引きつけ、左手では押し氣味にしてこれを助ければ受は、大きく轉倒する。

(2)

(イ) 互に右自然体で組み、取が先ず右足を退け、受を前へ引いてその左足を一歩進ませるか、又は受を後方に押してその右足を一歩退かさせる瞬間、取は左手で受をその右前隅に引き、右手では押し上げ氣味にして受をつりこみ十分その右前隅に崩す。

(ロ) 受がその体勢を維持しようとして右足を踏み出そうとするところを取は右足を足先を內に向けて、受の左足先近くに進めて受に接近し左右裏で受の左足を(1)の要領で拂つて投げる。

(三) 注　意

(1) わざに入るとき取が体を支える足は必らず內方に向いていること、及びその位置は受に接近していること、若しその足が外方に向いていては肝心の体の捻りと引き手が利かないし、その位置が受から遠くなつていては取の拂い足の力が受に及ばない。

(2) 取り拂い方で最も大事なところは腰をそらせて受の体をあをり上げるようにしつゝ、腰から捻り出される脚の力で拂うことである。

(3) 取り拂い足は、十分足裏を返えし小趾の側が受の足の甲を前面から外側にかけてすりあげるように拂うがよい。

19 小外掛け

(一) 大要

取は受をその右(左)後隅に崩し、左(右)足を受の体がのつている足に外後方から掛けて投げるわざである。

(二) 方法

(1)

(イ) 互に右自然体で組み、取は右足を一歩退いて受を前へ引きその左足を一歩出させ、次いで取は更に、左足を退けて受の右足を進めさせる。受の右足が踏み出てきてまさに疊につこうとする瞬間、取は右手で受の上体を引きながらその右後隅の方へ押し返えし、左手では受をその後下方に押して、受の体をその右後隅の方へ傾ける。

(ロ) こうしながら取は右足をそのまゝか或は僅かに進めてこの足に体を託し、ひざをかるくまげて体を沈め氣味にすると同時に、左足裏を受の右足の外踝から踵の邊にあてがい、兩手を益々働かせて一氣に腰を伸ばしながら、左足で受の体を抜きあげるようにし、体を浴びせかける心持で受を掛け倒す。

(2)
(イ) 互に右自然体で組み、取は受の左足を引き出すか、または右足を後方に一歩退かせ、その機に取は腰を沈め氣味にし、右足を進めながら左手では受の右腕をその右後隅に引き下げ、右手では受を後隅に押し上げる。こうすれば受の体はその右後隅に崩れる。

(ロ) 受がその右後隅に崩れ、その重心が右足の踵の外側に集まつた瞬間、取は(1)の要領で受の右足に左足を掛けて投げる。

(三) 注意

(1) 受をその後隅に崩す手心に工夫がいる。取は右手の押し返えして左手の引き下げの動作を協調させ、受の体が踵の外隅で辛うじて支えられる状態に誘導しなければならない。若し崩し方が不十分であれば取の動作は受にとつては乗ずべきの好機となる。

(2) 取の掛けた足は受の体を抜き上げ氣味に使い、体を浴びせて行くように急速に体を進めなければならない。

20 後　腰

（一）大　要

取は受の体をその背後から抱きかかえ、腰を反らして投げ落すわざである。

（二）方　法

（イ）互に右自然体で組み、受が右の腰わざなどを掛けようとして背を見せたとき、取は受の眞後にまわりひざをまげて腰を下げ、左手を受の左腰にまわして受の体を左腕で抱きかかえる。

（ロ）この瞬間、取は右ひざを受の臀部にあて、腰を前につき出すようにして体を反らせ、このはずみで受の体を前方に彈じくように抱きあげながら一歩後に退きざま受を直下に投げ落す。

（三）注　意

(1) このわざを試みようとして、相手の腰わざを待つ心があつてはならない。これでは多くの場合失敗に終るであろう。氣構えが充實しているときには自然にこういうわざが出るものである。

(2) 一氣に体を反らせて掛けること。相手を抱き上げる動作が鈍重では途中で相手に變化されてしまう。

21 移り腰

㈠ 大　要

取は受の右（左）腰わざに應じ、受を反對に左（右）腰にのせて投げるわざである。

㈡ 方　法

(イ) 互に右自然体で組み、受が右の腰わざをかけたとき、これに應じて。

(ロ) 取は少しく膝をまげて腰を低め、左手で受の左腰を後から抱き、右手では受の左中袖を取るようにし、一氣に腰を前につき出して体を反らせ、そのはずみで受を前方にはじきあげ、その返えるところを迎えるように左腰を少し右に捻つてその上にのせ、そのまゝ腰を右に捻つて受を投げる。

㈢ 注　意

(1) 後腰の場合と同樣に相手のわざを待つ心は大禁物で体勢・氣構えが充實していなければこの種のわざは出せない。

(2) 先ず以て十分に相手を前方に振り出すように抱きあげる要領を練習しなければならぬ、これが出來れば相手の体を振り上げたとき腰を少し捻れば自然にこのわざになる。

22 隅返し

(一) 大　要

取は受をその眞前か右前隅に崩し、取は仰向に体を捨てながら右(左)脚で受の左(右)脚を内から跳ね上げて投げるわざである。

(二) 方　法

(イ) 互に右自然体で組み、受は足巾を廣くし、膝をまげて腰を下げ、自護体のような体勢をとる。取は先ず右足を退いて受をその左前隅の方に引いてその左足を大巾に踏み出させれば、受は体勢を維持しようとして次いで右足を進めて來る。この出ばなを利用して取は左足を右足に近く引きよせながら、左手で受をその前隅の方に引いてその右足を進めさせ、この途端にその眞前或は右隅に崩す。

(ロ) この一瞬取は右足首の邊を受の左内股の下部に内から掛けるようにしつゝ、仰向に体を捨て、受の左脚を下から跳ね上げ、この動作と協調して兩手を圓く引きつければ受の体は取の左肩越しに轉倒する。

(三) 注　意

(1)　体を捨る動作が投げる動作と一連の関係になつていること。すなわち取が臀部を一度疊につけてから、右足で跳ね上げるのではなく、体を捨てる力が相手を投げる力としてそのまま活用されるようになつていなければならない。

(2)　取が体を捨てるとき臀部を疊に下す位置は踵に接近していること。これが遠く離れていては跳ね上げが利かない。

23　浮きわざ

（一）　大　要

取は受をその右（左）前隅に崩し、体を左（右）横向に捨てて投げるわざである。

（二）　方　法

(1)

（イ）　互に右自然体で組み、取は先ず右足を退けて受の左足を踏み出させ、受をその左前隅に釣りこめば、受はその右足を進めて体の安定を保とうとする。このときこれを引いてさそい出し取は受をその右前隅に浮かすように崩す。

（ロ）　このとき、取は右足を軸にし左脚を輕く伸ばして左足を後に退き廻わしながら体を左に開き、自らその体を受の斜左前の方に左体側を下にして捨てる。この場合取は右足裏は平に疊につけ左足の小趾の側と左肩の背部とで体を支え、体を左向に反らせ、腰部は僅かに疊から離している。

(2) こうしながら取は兩手の働きを伴わせて受を左肩の方に投げる。

（イ）互に右自然体で組み、(1)と同樣の方法で受をその右前隅に浮かすように崩す。

（ロ）受が右足を前へ進めその体勢が右前隅の方に崩れかかるを、取は右足の小趾の側を滑らせるようにして、受の左足の外側から進めてその踵に近く臀部を下しつつ体を左に開き、左体側を下にして体を捨て、兩手の働きをこれに加えて(1)の要領で受を左肩の方へ投げる。

(三) 注　意

(1) このわざの要点は、掛ける機會をはずさぬこと。相手を浮かす兩手の働かせ方、及び体の捨て方と捨てる場所とを誤らぬようにすることにある。

(2) 取はその体を捨てる力で受を投げるのであるから、体を捨てる力と兩手の働きとが一筋につながつて、動作が途切れたり、力が緩んだりせぬようにする要領を十分會得しなければならない。腕力をたのんでこれを試みても効果がないばかりかこれでは相手に怪我をさせることもある。

四、固めわざ

固めわざというのは、相手を抑えたり、頸などをしめたり、関節を逆にしたり捻じつたりする方法である。

(一) 固めわざの種類

固めわざは、各々性質の違う三種のわざで構成されている。すなわち、抑えわざ、しめわざ、關節わざる總括して固めわざというのである。

相手を仰向にして、これを上から抑えつけ起き上れないようにする仕方を抑えわざといゝ、相手の頸などを壓して、その自由を制する仕方をしめわざという。また、相手の肘関節などを逆にしたり、捻じつたりする仕方を關節わざというのである。

この類別によつて、學校で練習される固めわざを表にして示せば次の如くになる。

固めわざ
- 抑えわざ……けさ固め・肩固め・上四方固め・縦四方固め
- しめわざ……十字じめ・送りえりじめ
- 関節わざ……腕がらみ・十字固め

(二) 固めわざの基本

固めわざの練習は、先づ抑えわざの練習によつて、その基礎を固めるがよい、しめわざ、關節わざは、立つていてわざを施すことが出來るけれども、その多くは、いわゆる寢わざの形で行われ、これに必要な進退動作は抑えわざによつて最も安全に、且つ確實に練習される。また、しめわざ・關節わざは抑えわざから連絡變化する場合が非常に多い。

投げわざと固めわざが圓滑密接に相關連して行われるように、固めわざの練習は、抑えわざを中心として、しめわざ・關節わざが三つ巴のように互に連絡し合う、相手の變化に即應して、その時どきに適つたわざに變化して攻めれば、攻める力を増すことはもとより、自然に練習の妙味がわかり、一層興味が深くなる。

固めわざの練習では、投げわざの基本として會得した攻防の理合や体の扱い方を活用し、柔らかで粘り強く、理に合せて緩急よろしく行動することが大事なことである。

(1) 抑えわざ

(1) 抑えわざを仕掛けられる相手は、全力を以て起き上るか、または他に變化しようとするから、これを制するには、單に力まかせに腕だけでするのではなく、全身の力を調和的に働かせ、その刻々の變化に巧みに應ずる心得と熟練とが必要である。

このときの基本的な力の用い方としては、

自分の全身の働きで抑える。

力を一方に偏しさせない。

相手の起きて來るはしはしを抑える、

相手の力を無効にするように制する、

などの工夫がいる、練習中、抑えようとするあまり、また起きようとするあまり、相手の顔面に掌をかけたり、或は相手の身体を打ち・突き・つかむなど相手に苦痛を與えるようなことは總て反則とされている。

(2) しめわざ

しめわざには、方法としては頸じめと胴じめの二つがあるが、後者は危險防止の上からじめわざの練習から全く除外され、專ら頸じめが行われるのである。頸じめというても喉をしぼるようにするのではなくて、主として頸の兩側を壓するのである。

このわざを利かせるためには、

相手の働きを制する、

自分の体を十分働けるようにしている、

脳の狹い部面を頸に密着させる、

などが工夫すべき要點である。直接に、口や鼻を手のひらで覆うたり、或は喉をつかむなどの仕方は許されない動作であり、言うまでもなくこれはしめわざとは認められない。

(3) 關節わざ

關節わざは、その性質上、危險を伴い易いので、この練習は肘關節だけに限つて行われる。肘關節に對してわざを施すために、

相手の体の働きを制する、

自分の体を十分働けるようにしている、

力の用い方は挺子の理に從う、

などの諸條件を整えることが必要である。

(註)

「柔道試合審判規程」は、寢わざに入る機會について次の如く定めている。

試合者が寢わざに移ることが出來るのは次の場合とする。但し、わざが繼續しない場合は審判員は見込みによつて之を立させる。

(イ) 投わざが相當の効果があつて引續き寢わざに轉じて攻める場合、

(ロ) 投わざを施そうとして倒れたときまたは倒れかかるを利用して他の一方が攻める場合、

(ハ) 立つたまましめわざまたは関節わざを施して相當の効果があつて引續き寢わざに轉じて攻める場合

以上は試合のときに適用される規程であるが、平素の固めわざの練習が、これに準據して行われることは言うまでもないことであろう。

何れにしても、固めわざに入る機會を合理的にとらえ、瞬間に連絡して、相手をして防禦の方途に窮せしめることが肝要である。

(三) 固めわざの解説

以下順次に各わざの基本的な要領について解説する。

1 けさ固め

(一) 大要

取は受を仰向けにし、その右(左)側から受の肩と腋下とを、いわゆる袈裟がけに抑えるわざである。

(二) 方法

(1)

(イ) 受を仰臥する、取はその右側から、左手では受の右外奥袖を取つてこれを左腋に挟み、右臂部を疊につけ、右腕では受の左肩越しにその頸を抱え、その掌を疊につけるか又は受の後襟を握る。次いで右脚を前に伸ばしてその外側を疊につけ、右腰を受の右腋下に密着させ、左脚をも大きく後に開いて內膝を疊につける。

(ロ) こうしながら取は右腰に体をのせ次の右腕を左腋下に十分抱きこんで引きつけると共に腕を開き右側胸部で受の前胸部を輕く壓して抑そこむこれを本けさ固めといつている。

(2) (1)の理を應用し、ただ右腕の使い方をかえて抑えるものを崩けさがためといつている。本けさ固めで受の頸を抱えた取の右腕を、受の左腋下から差し入れて抑える仕方である。この抑え方を更に應用して、取が右腰を受の頸の右側につけ、受の右腕を引くかわりに後襟をとつて抑える方法を用いられ、これを枕げさとも通稱し又取が後向きになつて抑えこむ仕方も用いられ、これを後げさと稱している。いずれを崩けさ固めである。

(三) 注　意

(1) どの抑えわざでも同じことで、柔らかに抑えているが、何時でも相手の動きに即應して適當な身捌きができて、結局において相手を起き上り得ないようにするのが抑え方の要けつである。しつかり抑えようとして手足に力を入れすぎ体を固くし、受にのしかかるようにしてはならない。返され易いからである。

(2) 取は右腰を受の右腋下にぴたりとつけ、受の右腕をゆるみなく左腋に挟むように引きつけていること。これが緩むと受の肩が利くようになり、やがて体を捻り脚を利かせるようになるから、こうなつては、このわざでは抑えきれなくなる。

2 肩固め

(一) 大要

取は受を仰向にし、その右(左)横から受の右(左)腕をその頸と一緒にして右(左)腕と頸とで挟み抱えて抑えるわざである。

(二) 方法

(1) 受は仰臥する。取はけさ固めに入るときのように受の右側に寄り、右腕では受の左肩越しにその頸を抱え、左手で受の右肘を押し上げ、取は頸と右肩と右腕とで受の頸と右腕とを堅く挟むと共に、右手と左手とを握り合せる。

そして右ひざ受での右横腹を押しつけ、左脚に伸して左横に踏み張る。

(2)(イ) こうしながらぐつと兩腕をひきしめると共に右肩を押し落すようにして抑えこむ。

(三) 注　意

(1) このわざの要點は、受の頸と腕とを一緒に抱きしめてゆるめないようにするところにある。また、このときに上体をのせすぎないこと。ゆるめば受に抜けられるし、のりすぎれば返される。

(2) このわざでは兩脚が重要な役をするのであるから脚の使い方、足の位置を工夫しなければならない。時にはけさ固のときと同樣にすることもある。

3 上四方固め

(一) 大　要

取は受を仰向にし、その頭の方から俯伏になつて受の体を上から抑えるわざである。

(二) 方　法

(1)

(イ) 受は仰臥する。取はその頭の方から受の上に俯伏になり、兩腕で受の肩を外側から抱くようにして、受の横帶を握り、兩ひざを開いて疊につけ、腹部で受の顏を壓する如くに体を低く下す。

（ロ）　こうしながら、兩手をぐつと引きつけると同時に腰を下げ、受の上半身に重みを加えて抑えこむ。

(2)（イ）　受は仰臥する。取はその頭の方、やゝ右肩寄りから受の上に俯伏になり、先ず左手を受の左肩の下から差し入れて、その横帶を握り、次いで、右手では受の右腕を腋下に抱えて、その後襟をとるか、または、右手を受の腋下から背部に深く差し入れて、先に握つた左手を越し、その手の甲を疊につけるようにし、受の帶を握り、兩膝をまげてするか、または兩脚を伸し廣く開いて、足先を外方にむける。

（ロ）　こうしながら、取は一應体を下方に退き下げて体勢を整え、一氣にぐつと胸を張り同時に兩肘で受の体を内にかいこんで抑えこむ。

これを崩れ上四方固めといつている。

（三）　注　意

(1)　抑え方として最も大事なところは、受を抱きこんだ兩腕のはたらきが十分に利いていることである。肘の引きしめがゆるむと受は他に變化することが容易になる。

(2)　兩脚の屈伸、開き方の廣狹、腰の捻りは、場合により適當にしなければならない。

4 横四方固め

(一) 大要

取は受を仰向にし、その右(左)横から、俯伏になつて受の体を上から抑えるわざである。

(二) 方法

(1)

(イ) 受は仰臥する。取はその右側に位置をとり、右手を受の兩脚の間から左股の下に差し入れて、その左横帶を順に握り、左手では、受の右肩越しにその後襟を取る。そして右膝を受の腰の邊に、左膝をその右腋にあて、取は受とほぼ直角に體を交叉して受の上に俯伏しになる。

(ロ) こうしながら、取は右膝で受の腰を押しながら兩手を引きつけると共に腰を低く下げ、受の体を壓して抑えこむ。

(2)

(イ) 取は仰臥せる受の左側からその上に(1)の如く俯伏し、左手を受の右肩の下から差し入れ、その右横帶を握つて右肘を受の頸のつけ根につけ、左手を受の兩脚の間から入れて受の右股の下の邊のズボンを取る。そして取は兩脚を開いて伸ばし、兩足先を外向きにし、腹部を疊につける。

(ロ) こうしながら、取は右肘で受の頸のつけねを右腋に引きつけると共に腹部を疊にすりつけるようにして胸を反らし、受の体を上から壓して抑えこむ。

(三) 注　意

(1) 取は兩手の引きつけと胸をそらせて受を壓することによつて、受に体を捻る餘地を與えぬようにする。

(2) 脚の屈伸、開き方の廣狹、或は腰のひねりなどは受の動き方に應じて適宜變化して、いつでも自分の体勢を安定に維持する工夫が必要である。

5　縱四方固め

(一) 大　要

取は受を仰向にし、その上に馬乗りにまたがつて抑えるわざである。

(二) 方　法

(1)(イ) 受は仰臥する。取はこの上に馬乗りに跨り、兩足先を受の臀部の下に入れ、上体を前に伏せ、右腕と頭の右側部で受の頸と右腕を肩固めと同じ要領で抱き固める。

（ロ）こうしながら、兩足先で受の上腿をはさみ、兩ひざの働きと相まつて受の腰の自由を制し胸腹部で受の体を壓しつつ抑えこむ。

(2)

（イ）受は仰臥する。取はこの上に馬乗りに跨り、兩足先を受の臀部の下に入れ、上体を前に伏せ、右腕を受の右肩の下から差し入れて受の後帶を握る。

次いで左手で受の右腕を上にあげて抱きながら自分の右横襟を取り、受の右前膊部を頭の左側部と左肩とで押しつつ体を前に乗り出し、受の右肩の斜上方に俯伏となつて前額部を疊につける。

（ロ）こうしながら足先と、ひざの働きで受の腰と脚の自由を制すると共に胸腹部で受の体を壓しつつ抑えこむ。

（三）注　意

(1) 受の肩、腕の制し方を確實にするところに工夫がいる。これが完全ならば体をずつと前にのり出して抑えた方がよい。

(2) 兩膝、兩足先を働かせて、受の腰と脚の自由を制する要領を會得しなければならない。

6 腕がらみ

（一）大要

取は一方の手で受の一方の手首を握つてその腕をまげ、他方の手で受の肘を下からこじ上げて肘関節を逆にするわざである。

（二）方法

(1)

（イ）受は仰臥する。取は抑込の要領で受の右側から寄るのを受は左手を出してこれに應じようとする。

（ロ）この時、取は左手で拇指を下にしつつ受の左手首を握つて上体を前にのしかけながち、受の左腕をまげて受の手首をその左肩外方に押しつける。次いで取は右手を受の左腋下から肘の下に差し入れて、受の左手首を抑えている自分の左手首を上から順に握り、左手では受の手首をおさえ且つ引きつけると共に、右前腕で受の左肘をこじ上げ挺子を利かせてその肘関節を逆にする。

(2)

(イ) 取は受を引きこんだかたちで受を上にして仰臥し、受が左手を出して來たとき。

(ロ) 取はこの手首を右手で順に握り、左手を受の左肩越しにその後方左腋下から肘の下に差し入れ、受の左手首を握つている自分の右手首を四指を上にして順に握る。こうしながら受の体を脚で制すると同時に右手では受の左手首を押し上げ、左前腕では受の左肘をこじ上げ挺子を利かせて、その肘関節を逆にする。

(三) 注　意

(1)受の手首を固定してその肘をこじ上げても良く肘を固定してその手首を上げても同じ理で挺子が利く、用いられる場合が多いわざであるから種々の場合について練習しておくがよい。

(2) 受の腕を伸ばしておいては挺子が十分利かないから受の手首を引きよせてその腕をまげ肘をこじ上げるようにすること。

このわざは関節わざの中で捻じて逆をとる代表的なわざといえる。

7 十字固め

(一) 大　要

取は受の体と十字形になるように交叉して、受の腕を兩股で挾み、その肘關節を逆にするわざである。

（二）方　法

(1)

（イ）受は仰臥する。取は抑えこみの要領で受の右側から寄るを受は右手をあげて取に働きかけたとき。

（ロ）取は兩手で受の右手首を握つて引きあげながら上体をやや前にのしかけるようにし、右足首を受の右腋下に密着させ、左足を受の顔を越してその左肩の方へわたし、脚で受の頭を制すると同時に、股で受の右腕をしつかりと兩側から挾み、次いで臀部を受の右肩のつけ根にすべりこむように下し仰臥し、受と十字形に体を交叉させる共に、腰を上げ、兩手を引きつけて受の右肘関節を逆にする。

(2)

（イ）取は受を引きこんだかたちで受を上にして仰臥し、右脚を前から受の左肩の上にかけ、受の右腕を引いて伸ばす、受が腰を上げてその右腕を引き抜こうとする瞬間。

（ロ）取は逆樣に引き上げられたかたちのまま腰を右に捻ると同時に左脚を受の顔の上から、受の左肩にかけていた自分の右脚に平行するように揃えて受の右腕を兩股ではさみ、兩手で受の右腕を引きつけながら一氣に腰を反らせると共に脚で受を押し下げて、その右肘関節を逆にする。

（三）注　意

(1) このわざは應用する範圍が廣いから關節わざの中で最も廣く用いられる。受の体を動けぬように制し、この肘を固定し、ここを支点とし挺子の理に從つて前膊の端に力を加えるのであるが、これと同様の理で、受の腕を肩と手首の兩端で固定して肘の上から逆になるように力を加えても肘關節を制することができる。從つて腕固め・ひざ固め・腋固め・腹固めなどと稱せられるものはこのわざの應用といつてよいであろう。

(2) 仰臥した受に對してこのわざを施す場合について言えば、取と受との体のなす角度はほぼ直角。受の腕を十分兩股で狹んでゆるめない。取はその臀部を出來るだけ受の肩に近づけて下す。最後の瞬間には腰を上げて支点を高くし十分挺子の理を應用することなどが要點である。

8　十字じめ

（一）大　要

取は兩腕を十字形に交叉させ兩手で互いに違いに受の襟をとり、その頸を壓するわざである。

（二）方法

(1)

（イ）受は仰臥する。取はこれに馬乗りに跨り、右手では受の右奥襟を四指を内側にして握り、左手では右腕の前から受の左奥を拇指を内側にして取る。

（ロ）こうしながら、ひざ、足先で受の胴・腰を制しながら、上体を前にかけ、兩手を自分の方に引きあげ氣味にして受の頸の兩側を壓しする。

これを片十字じめと言つている。兩手の組み合せ方が兩手の甲が外に向くものを並十字じめといい、兩掌を外に向けてするものを逆十字じめと言つている。

(2)

（イ）取は受を引きこんだかたちで受を上にして仰臥し、受の右腕を左腋下に抱えこむ、取は左手を受の後方左腋下から差し入れて、受の左横襟を深く、四指を内側にして握り、右手を受の右肩の方に廻わしてその奥襟を拇指を內側にして取る。

（ロ）こうしながら取は脚で受の体を制しつつ、左手首の拇指側と右手首の小指側等を受の側頸部にあて、受の上体をわが胸に引きつけるようにして受の頸を壓する。

これは自分が下にいて、上にいる受に片十字じめを施した場合である。

（三）注　意

(1) 應用範圍の廣いわざであるから種々の場合について練習するがよい。この多くは受の前からわざを施すが、時として受の側面或は背後からも行うことがある。

(2) 十分深く受の襟を取ること。受の体を引きつけてしめるのがこのわざの掛け方として最も大事な要領である。一方の前膊部で受の頸を押しつける仕方は、受にとつては防禦し易く、喉を押すのではなく側頸部を壓するのが効果が多い。

9　送りえりじめ

（一）大　要

取は受の背後からその襟をとり、頸に卷きつけるように取り襟を利用して受の頸を壓するわざである。

（二）方　法

(1)

（イ）受は兩脚を前に出し臀部を疊につけて坐位をとる。

取は受の後に接近して、右手を受の右肩の上から前に廻わしてその左横襟を深く、拇指を內側

にして握り、左手は受の左腋下から前に出して受の右襟をなるべく深く、拇指を內にして取る

(2)

(ロ) こうしながら右手首の拇指側の部分で受の左頸部を壓しながら右肘を右側胸部に引きつけるように力を加えると共に左手で受の右襟を下に引き下げるようにして受の頸部を壓する。このときは受の体を後方に崩している。

(イ) 取は受の背後からこれを抱きかゝえて仰臥し、受の背を前胸部に密着させ、受の兩脚を兩脚でその外側から、からむようにして受の体を制する。

(ロ) こうしながら(1)と同じ要領で受の頸部を壓する。

(三) 注　意

(1) このわざは、しめわざの中、最も廣く用いられるから種々の場合について練習するがよい。これは受の背後から施すしめわざの代表的なものということが出來、裸じめ、片羽じめなどと称せられる方法は、このわざの應用と見てよいであろう。

(2) 受の背後に廻つたら先づ兩脚で受の体(脚)を挾んでその自由を制し、受の襟を十分深く取り、手首の狹い部分を受の頸に密着させることがこのわざの要点である。

2　請　願　書

マッカーサー元師殿

一九五〇年五月一二日

學校柔道實施についてのお願い

終戰直後文部省が戰時色を拂拭するために學校における体育の教材から除外し、これまでその實施を中止してまいりました柔道は、その後文部省において各種の資料にもとずき研究の結果、現在の柔道は完全に民主的スポーツとしての性格、內容をそなえ、その組織も民主的に運營され完全に發達しつつあつて、もはや過去のような軍国主義との連關性において、取扱われるような懸念がなくなりましたので學校スポーツの一教材として實施することはさしつかえないとの結論に達しました。

進駐軍關係者において柔道を愛好される方々が増加しつつある今日、貴當局においてもこのことの事實であることは既におみとめくださつていることと存じます。

その教育的價値の立證ならびに結論についての関係書類は既に一九四九年七月C・I・E擔當官に提出しておりますから現在の柔道の改善された主な点を掲げたいと思います。

(一)　教育的價値について

柔道は學校體育の目標とする身体的發達、知的發達、社會的態度の育成および安全、レクリエーションに対する理解、態度、技能の發達に大きな貢献をなし、その教育的價値はきわめて高い。

(二) 實施方法について

1段別の外に體重別年齢別の試合も實施するようになつた。

2. 儀禮的なものは殆んどなくなり、スポーツとしてたのしく行われるようになつた。

3. 戰時中行つたような野外で戰技訓練の一部として集團的に行う方法を全面的に廢止した。

4. あて身技、關節技等の中で危險と思われる技術を除外した。

(三) 審判について

1. 誤審防止の徹底を期し主審の他に二名の副審をおき合議制にした。

2. 完全に勝敗が決しなくとも技術、態度、体重等を勘案して判定勝を認めるようになつた。

(四) 一般人の關心について

1. 新しい柔道に對する一般人の關心が高くなつて觀衆が多くなつた。

2. 特に女性の觀衆が多くなつた。

3. 明るい氣輕なふん圍氣をつくつてきた。

(五) 競技會について

1. 試合が戦前のように勝敗にとらわれなくなつたので、ふん圍氣が明朗になつた。
2. 競技設備や掲示報道の方法等を改善し、観衆の便宜を考慮するようになつた。
3. 出場者ならびに観衆に對して各種の儀式、作法等を强制しなくなつた。

（六）　柔道界の組織について

1. 柔道をスポーツとして愛好する人々によつて民主的組織が結成された。
2. 役員ならびにその選出法、組織の運營は民主的になされたい。
3. 全國團体である全日本柔道連盟が新たにアマチュア團体である日本体育協會に加盟している。

この際新らしい柔道を學校スポーツの教材として實施することは適當な措置であると信じますのでその實施をおみとめくださいますことをお願いいたします。

文部大臣　天　野　貞　祐

昭和二十五年九月十三日

日本政府あて覺書

學校柔道の實施について

1. 外務省連絡課長發昭和二十五年五月十三日付書簡ＦＯＭ第九四六號（ＥＮ）「學校柔道の實施申請」

参照のこと

2. 昭和二十五年五月十二日付「學校柔道實施申請」と題する文部大臣の書簡に明らかにされたとおり凡ての教育施設における体育および運動中に柔道道を實施させることは何等さしかえない。

総司令官に代りて

K・B ブッシュ

米軍代将 参謀副官

3 文部事務次官通知

文初中等第五〇〇號

昭和二十五年十月十三日

國立私立大學長
私立短期大學長
舊制のまま存續せる
大學高等專門學校長
各都道府縣知事
各都道府縣教育委員會 殿

文部事務次官

學校における柔道の實施について（通知）

終戰直後、學校教育から戰時色を取り除くため、文部省は柔道を學校体育の教材から除外し、その實施を中止して來ました。その後文部省で各種の資料に基ずき研究した結果、柔道は民主的なスポーツとして新らしい内容をそなえてきましたので、中學校以上の學校体育の教材として取り上げ、實施可能な學校においては、これを行つてもよいと考えるにいたりました。

そこで學校柔道の實施について本年五月別紙（寫(1)）のような請願書をG・H・Qに提出しおりましたところ、これについて本年九月十三日付で了解を得ました（別紙(2)）

いうまでもなく新らしい教材としての柔道は、學校体育の目標達成に貢献するものでなければなりません。すなわち學生生徒が他のスポーツと同様に學習する單元の一つであり、その實施方法も過去のものとは非常に異なり、請願書に示されたものでなければなりません。

以上の趣旨に基ずき、實施しようとする學校では次のようなことがらについて考慮を拂い、教育的に運營することが望ましいことです。

一、指導者

(1) 必修時体育

体育擔當の敎官で新らしい學校柔道について理解をもつもの

(2) 自由時体育

体育又は体育以外の教官で新らしい學校柔道について理解をもつもの

大學又は都道府縣委員會が特に新教育の理解を持ち人格教養ともにすぐれていると認めた者で學校長より委嘱されたもの

二、施設用具

學校柔道を實施するに必要な施設用具を無理なくそなえていること。

貴學（縣教育委員會）におかれてもこの趣旨を了解され、その實施に當り教育的運營に遺憾のないよう御配慮をお願いいたします。

なお、學校柔道の指導や競技方法等については近く發行される文部省中學校高等學校學習指導要領保健体育科体育篇ならびに學校柔導指導書において具体的に示すことになつており、これについての講習會も計画しております。各都道府縣においてもその趣旨徹底のための普及講習會などを計画されることが望ましいと考えておりますので、念のため申し添えます。

（參考資料）

柔道試合審判規程（案）

（全日本柔道連盟制定）

試合場

第一條　試合場は地床より約一尺五寸の高さに五間四方の臺を設け、疊五十枚を敷く（疊は講堂館所定のもの）試合場の外側には危險を防ぐためにマットを置く。

但し、場所その他の關係で充分の設備が出來ない場合には必ずしも第一條の條件を必要としない。しかし試合場と場外との區別は明確に表示しなければならない。又疊表をキャンバスで代用することは差支えない。

服裝

第二條　試合者が講堂館所定の柔道衣を用いる場合には左の條件に叶つたものでなければならない。

（イ）上衣の身丈は帶を締めた時、臀部を覆う程度。

（ロ）袖は緩やかで（前膊と袖口との空きが少なくとも一寸以上あること）長さは前膊の半ばを越える程度。

（ハ）下穿は緩やかで（下腿と下穿の最下部との空きが少なくとも一寸以上あること）長さは下

腿の半ばを越える程度。

（二）帶は上衣のはだけるのを防ぐために適度の締め方で結んで其の結び目から少なくとも三寸以上餘裕のある長さのものであること。

第三條　試合者は爪を短く切り、金屬類の樣な相手に危險を及ぼすものは一切身につけてはならない。

試合

第四條　試合者は試合場の中央に約二間の間隔を置いて向いあつて立ち、同時に禮を行う。禮が終つた後、審判員の「始メ」の掛聲により直ちに試合は始まる。

但し、試合の禮は立禮を本体とするが坐禮を行つても差支えない。その場合坐禮が終つて双方が向いあつて立ち、審判員の「始メ」の掛聲により直ちに試合は始まる。

第五條　試合が終つた時は試合者は開始前の位置に戻り向いあつて立ち、双方が同時に禮を行う。

第六條　試合は投技又は固技で勝負を決する。

第七條　試合は一本勝負とする。

第八條　試合は立勝負から始める。

第九條　試合者が寢技に移ることが出來るのは次の場合とする。但し、技が繼續しない場合は審判員は見込みによつて之を立たせる。

（イ）投技が相當の效果があつて引續き寢技に轉じて攻める場合。
（ロ）投技を施そうとして倒れた時又は倒れかゝるのを利用して他の一方が攻める場合。
（ハ）立つた儘絞技又は関節技を施して相當の效果があつて引續き寢技に轉じて攻める場合。
第十條　試合時間は三分から二十分の間とする。但し、試合時間の延長を行う場合もある。
第十一條　試合時間切れの場合は鈴其の他の方法で之を審判員に知らせる。
第十二條　試合時間切れの合圖と同時に施された技は有効とする。又「抑エ込ミ」の宣告があつた場合はその結末がつくまで試合時間は延長される。
第十三條　試合者の双方又は一方が試合場外に出た場合に施された技は無効とする。
第十四條　投技の効果があつた場合技を施した者がその瞬間に場内に在つて他の一方の体が半身以上場内に残つた時は其の技を有効とする。
第十五條　宣告された抑え込みの場合には試合者が場外に出ると判断される時は審判員は「ソノママ」と試合者に宣告して双方の動作を中止させ、その形のまゝ之を場内に引き入れて「ヨシ」と宣告して試合を繼續させる。その場合には「ソノママ」と宣告し、後「ヨシ」と宣告する間の時間は之を抑え込みの時間より除く。

審　判

第十六條　審判員の決定は絶對であつて之に抗議する事は許されない。

第十七條　審判員は主審一名副審二名とする。但し試合の大小及その內容によつては審判員は一名でも差支えない。又主審に副審一名の方法も差支えない。

第十八條　主審は試合場に在つて試合の進行並に勝負の判定を司どる。

第十九條　副審は主審を補佐する。副審二名は試合場外の勝負の見易い相隔たつた場所に各々位置する。

第二十條　主審は試合者が禮を終つた後「始メ」と掛聲して試合を開始させる。

第二十一條　主審は試合者の一方が投技又は固技で勝つた時は「一本」と宣告してその試合を止めさせ、双方を試合開始前の位置に戻らしめてのち、手を擧げて勝つた者を指示する。

第二十二條　主審は試合者が「技アリ」をとつた時「技アリ」と宣告する。同一人が「技アリ」を二度となつた時は「技アリ、合セテ一本」と宣告してその試を止めさせ双方を試合開始前の位置に戻らしめてのち手を擧げて勝つた者を指示する。

第二十三條　主審は抑込技が完全にその体勢に入つたと認めた時は、「抑エ込ミ」と宣告する。「抑エ込ミ」と宣告された後で技を外した時は、「抑エ込ミ解ケタ」と宣告する。

第二十四條　主審の宣告に副審が異議のあつた場合、副審は之を主審に申し出る事が出來る。此の場合、主審は自分の宣告を取消し、副審の意見を採用する事が出來る。但し、試合者に指示したのちは主審の判定は絶對のものとなる。

第二十五條　主審は一本によつて勝負が決しないで試合時間切れの場合は「ソレマデ」と宣告してその試合を止めさせ試合者双方を試合開始前の位置に戻らしめる。次に主審は試合開始前の位置につき、副審二名に對して「判定」と呼称して右手を高く擧げる。副審二名はこの合圖により同時に標識を高く揭げて自分の判定を表示する。（副審二名は豫め用意した紅白の標識により試合者の優劣を表示する。引分の場合は紅白の標識を共に擧げる）

第二十六條　主審は副審二名の優劣又は引分の表示に自分の判定を加え三者多數の表決に從つて試合者に優勢勝又は引分を指示或は宣言する。主審及び副審二名の判定がいずれも異る場合は主審は自分の判定によつて之を決する。

但し、審判員が主審及び副審一名の場合は主〇は副審の意見を徵し優勢勝又は引分の判定を指示或は宣言する。

第二十七條　主審は次の場合には「マテ」と掛聲して試合を一時止めさせる。再び始める場合には「始メ」と唱える。この場合特に「時間」と宣した時はこの時間は試合時間から除かれる。

（イ）　試合者が場外に出た時、又は出ようとした時。

（ロ）試合者が禁止事項を犯した時。
（ハ）試合者が負傷したり、又は事故があつた時。
（ニ）試合者の服装を直される時。
（ホ）寝技で双方が足搦等の形になつて試合に變化のない時。
（ヘ）其他審判員が必要と認めた時。

禁止事項

第二十八條　技術並に動作に關しては左の各項は之を禁止する。
（イ）絞技の中で胴絞又は同じ要領で直接に頸又は頭を脚で挾んで絡めること。
（ロ）肘関節技以外の関節技をとること。
（ハ）初めから寝技に引き込むこと。
（ニ）寝技に移るために立つたまゝの姿勢から相手の足をとること。
（ホ）背を疊につけている相手を引き上げた時之を突き落すこと。
（ヘ）一方が立ち又は跪いていて仰向けになつている相手を引き上げられる姿勢の時、下にいる者が脚で相手の頸と脇下を袈裟に挾んで頸を絡めたり又は関節技をかけること。
（ト）試合者の一方が方から搦みついた時之を制しながら故意に同体となつて相手に倒れるこ

と。
（チ）相手の上衣の袖口や下穿の裾に指を入れて握ること。
（リ）帶の端や上衣の裾で相手を捲きつけて技を施すこと。
（ヌ）固技の時相手の帶や襟に足をかけること、又相手の指に逆にして引き離すこと。
（ル）その他相手の体に危險を及ぼすようなこと。
（オ）故意に相手と取り組まず勝負を決しようとしないこと。
（ワ）立つたまゝで試合者が互に兩方の指を組み合わす姿勢をつゞけること。
（カ）負けまいとして見苦しい姿勢をとること。
（ヨ）相手の顔面に直接手や足をかけること。
（タ）頸の關節及び脊柱に故障を及ぼすような動作をすること。
（レ）故意に場外に出る事や意味なく相手を場外に押し出すこと。
（ソ）相手の片襟や片袖をとつたまゝ姿勢又は帶を握つて突張る姿勢を續けること。
（ツ）審判員の許可を得ず勝手に帶を締め直すこと。
（ネ）試合中に無意味な發聲や相手の人格を無視するような言動をなすこと。
（ナ）その他、柔道の精神に反するようなこと。

勝負の判定

第二十九條　「一本」の判定は左の各項によつて行う。

(イ)　投　技

(1)技を掛けるか又は相手の技を外した爲に相當の勢い或ははずみで、大体仰向けに倒れた時。

(2)仰向けになつている者を凡そ肩の高さに巧みに抱き上げた時。

(ロ)　固　技

(1)固技は「参ツタ」と發聲するか又は手か足で相手又は自分の体或は疊を二度以上打つて合圖した時。

(2)抑え込みでは「抑エ込ミ」と宣告があつてから三十秒間抑えられた者がそれを外す事が出來なかつた時。この場合一つの抑込技から他の抑込技に變化しても完全に相手を制している時は、抑え込みは繼續しているものと認める。

(3)絞技と關節技では技の効果が充分現れた時。

第三十條　「技アリ」の判定は左の各項によつて行う。

(イ)　投技で完全に「一本」と認め難いが今少しにて「一本」となるような技のあつた時。

(ロ)　抑込で二十秒以上経過した時。

第三十一條　「優勢勝」の判定は左の各項によつて行う。
（イ）試合者の一方が「技アリ」なるとるか又は「技アリ」に近い技をとつた時、但し、「技アリ」をとつてもその後その試合者が見苦しい試合をした時は必ずしも「優勢勝」とはならない。
（ロ）技の効果の上で判然とした判定の資料のない場合は試合態度、技の巧拙等を比較する。
第三十二條　「引分」の判定は左の各項によつて行う。
（イ）規定の時間内で勝負が決せず、試合態度、技の巧拙其の他を比較しても優劣がきめられない時。
（ロ）試合者が負傷或はその他の事故のため試合を繼續することが出來ないでその原因が試合者いずれもの責任でない時。
第三十三條　試合者が重大な禁止事項を犯した時、又は審判員から注意を與えられたにも拘わらず禁止事項を繰り返して犯した時は其の者を「反則負」とする。
第三十四條　試合者の一方が棄權した時は他の一方を「不戰勝」とする。
第三十五條　試合者が負傷のため試合を繼續する事が出來ない時は次の各項によつて勝負を判定する。
（イ）負傷の原因が負傷者自身の不注意による場合は負傷した時を負とする。

（ロ）　負傷が相手の不注意による場合は負傷をさせた方を負とする。

第三十六條　本規程にしるされておらない事態が生じた場合は審判員の合議によつて之を處置する。

学校柔道

學校柔道

大瀧忠夫
松本芳三　共著
小川長治郎

不昧堂

序

この度、大瀧、松本、小川の三君が、「學校柔道」を著述するに當り、その序文を予に求めて來た。

三君は、さきに文部省の「學校柔道指導の手引」の作成に、關與した人達であり、學校柔道についての練達者である。

稿を瞥見するに、流石に著者らが、日頃の蘊蓄を傾けただけに、新學校柔道の據るべき所、指導者の問題、指導法の解説、技術の敎示等、説いてあますところなく、全く類例を見ざる企畫と着眼とによつてものされた好著というべく、學校柔道のみならず、一般柔道の指導に携わる者にとつて、座右常備の必讀書というべきであらう。

本書がわが國の柔道ならびに、世界の柔道に裨益するところの甚大なるものを期待し、こゝに一文を草し以て序とする。

昭和二十六年二月十一日

文部次官　劔木亨弘

序

日本柔道史の大きな流れから見れば、五年間の學校柔道禁止の空白も、いづれはおぼろな姿にかすんでしまふであらう。しかし現實の場面に直面した私達にとつては重苦しい五年間であつた。柔道の眞價を認識してゐる私達にとつて、いづれかの日の復活には確たる信念をもつてゐたが、しかし當事者としてはそんな呑氣な氣持では濟まされなかつた。私が小川君を知つたのは、東俊郞博士が新に文部省の體育局長に就任され、講道館として局長はじめ各課長をお招きして學校柔道復活につき懇請した頃からであつた。爾來今日まで體育局が廢官となり小川君は其所屬はかはつたが、一貫して文部省の當面の係官として一意專心學校柔道復活に盡力された。君は役人としても立派な良吏であり、同時に其眞摯な性格は、終始在野の柔道界とよく連繋を保ち、學校柔道復活といふ一線に於ては職場意識を超越して私達と一體となり、水も洩らさぬ布陣をもつて今日の成果を擧げられたのであつた。勿論今日の成果は社會の各方面の協力による事とはいへ、文部省が主務官廳として、歩みは遲くとも一歩一歩努力された事は感謝にたへぬ事であつて、殊に占領治下にある諸事情は、眞に復雜微妙であり之に善處された勞苦は竝々ならぬものであつたと思ふ。私は學校柔道復活の基本方針として文部省の線を主體として事を運ぶべきであると當初に考を定めたが、この方針は今日までの經過を省みて最善の方針であつたと信じてゐる。大瀧、松本兩君は高等師範に職を奉じ、一方講道館の道場會議員又指導員として館の爲に盡力され、更に全日本柔道連盟の幹事として柔道界全般を知る重要の地位にをられる。學校柔道が一つの敎育體系として他から犯すべからざる權威を有すべきは當然な事であるが、他方柔道の現實面からいへば、社會體育又は一般社會人との密接なる交流が行はれてをり、之が全貌を認識しての學校柔道を考ふべき事が、眞に學校柔道の成果を擧ぐべき要訣であると私は考へてゐるが、その點二君は單なる敎授としてのエキスパートであるのみならず、柔道界全般に對して高い見識を有してをられる。この二君が文部省に於ける委員として今回の新學校柔道の企畫に參與された事は、私は柔道界に幸する所が多かつたと考へる。

今は遠く伊太利のローマに去つたマッケボーイ氏はかくれたる學校柔道復活に盡力して呉れた米國人の一人であるが、私は三君と同道して何回か氏を神保町の事務所に訪ねた事など、今となつては感慨深い思い出となつて記憶によみがへる。又復活の朗報を得た折も三君を伴つて、挨拶のため東前體育局長を順天堂病院に訪ねたが、東氏の白い診察着をつけてニコニコされた溫容がなつかしく思ひ出される。氏が柔劍弓の三道の內からまづ柔道のみを學校體育に適格のものとして取り上げられた英斷は私の深く感謝してゐる所である。思ひ出話に筆が流れてしまつたが、以上の經緯を知れば、大瀧松本小川三君の著はされた本書の價値は、私の一語を加へる必要もなく、學校柔道指導書として最良のものである事を了解される事と思ふ。私は内容の一部を電覽しただけであるが、復活經過の史料的文獻の蒐集、又附錄についてゐる柔道關係文獻のリスト等、さすがに三君の蘊蓄を語つてゐる内容が盛られ、かいなでの一夜づけの著作と異り、眞面目な重厚な出版であると敬意を表する次第である。三君から序文を求められた私は、本書を學校柔道の最良の指導書として無條件に太鼓判を捺すものである。

昭和二十六年二月上浣

講道館長　嘉納履正誌す

序

學校柔道が復活したことは何といつてもよろこばしい。終戰と同時に中止になつてから今日まで、短期間であつたとはいえ、その間、日頃柔道に親しんで來た人達にとつては、淋しい限りであつたにちがいない。併し、その一面巷間に於いては、相當盛んに稽古され、選手權大會なども再度ならず實施せられたが、その都度これを見學しようと集る愛好者達の群を見ると、以前に比べてむしろ盛んであるとは何人も感じたところであろう。一方には、戰後日本に來朝して目のあたり本場の柔道を見た外人達が、盛んに稽古するようになり、日を逐うてその數も增し、有段者の數も益々多きを加えるに至つたことは、柔道が眞の姿をとり戻し、健全なスポーツとして、その眞價が不識の間に認められた結果にちがいない。歐米各國に於ける柔道愛好熱が、終戰後頓に旺盛になつたのもその一證左と言えよう。

この時に當つて、再び學校に於いて、柔道を愛好する學徒達が、存分にこれを樂しむことが出來るようになつたことは、同慶に堪えないところであるが、只惧れるところは、ここ五年間の空白時期を經過したことによつて、練達な指導者が少なくなつたのではないかという點である。よりよき成果を擧げるにはよりよき指導者によらねばならぬことは言を俟たないが、更によりよき指導者にはよりよき伴侶が必要であることも贅言を要しない。こゝに學校柔道の指導に多年の經驗を有し、又文部省の學校柔道指導書作成にも主動的立場に立つて盡力して來た、大瀧、松本、小川の三君が協力して「學校柔道」を著述したことは、單に時宜を得たというばかりでなく、學校柔道發展の上からも亦最も當を得たものであると信じる。これこそ、時と人とを得た名著であるというべきである。而も公務多端なかたわら、三君が寸暇を惜しみ、精魂を打ち込んでものされた本書の片鱗を見ても、學校柔道指導書として正に完璧というべく、特に、前篇に收められた各資料は、何れも巷間容易に得ることのできがたい貴重なものであり、永く學校柔道發展の經緯を物語る資料として珍重せらるべく、又、新學校柔道の據つて立つべき理論的根據、學習の指導事項等に至つては、その說くところ該博懇切を極め、更に、後篇に至つては至難なる各技術教材の解說を、得意の筆致をもつて平易簡明に教示して、新學校柔道の向うべきところを明示している。眞に、新學校柔道指導者のみならず、一般柔道修業者、愛好者達の好適なる伴侶たるべく、又必携の書というべきである。又、これが刊行の責を負うた宮脇君も、柔道の專門家としてその教育に携わること多年、君の經歷から言つてもその手によつてこの書を世に送ることは快心の事業にちがいない。まことに、執筆者に人を得たというべく、刊行者又人を得たといえよう。敢えて讚辭を呈して序とする。

昭和二十六年二月十一日

東京教育大學教授
日本體育學會理事長
日本體育指導者連盟會長
大谷武一

自　序

五年もの長きにわたつた禁令が解除され、柔道は新しく時代の脚光をあびて再び學園で行われることになつた。この日の到るを、實に一日千秋の思いで待ち望んでいた多くの柔道を愛好する學徒の歡は、諺にいう旱天に慈雨の比ではあるまい。待望すること久しかつただけに、若き學徒の叡智と情熱は、あたかも堰堤の水の一時に奔流するにも似て、再開された學校柔道の開拓に傾倒されるであろう。

そしてこの勢の向うところ、その隆盛と學校體育への寄與は、期して待つべきものがある。わが國に生れ、わが國に育つた體育文化の一たる柔道の再參加は、わが學校體育の上に看過することの出來ない意義をもつものであり、戰後における格技的種目の手薄さを補う點においても亦重大な意義をもつている。

一方われわれは、過去における學校柔道が、一面一般柔道界を推進せしめた如く、この新しい學校柔道の興隆が、又將來の柔道界延いては世界の柔道に貢獻し、いよ〳〵その隆昌を招來することを予言するものであることを確信する。

學校柔道の使命の重要性を認識し、その將來の發展を冀願するの情篤きものは敢えてわれ等二三のものに止まるものでないことは勿論であるが、今回學校柔道の新發足にあたり、たま〳〵先輩宮脇泰軒氏の熱心なる慫慂にあい、豫ねてその健全なる隆昌發展を、只管念願するの情やみがたかつた著者等は、こゝに短才不敏をもかえりみず、本書を江湖に送らんと決意し、禿筆を馳るに到つた次第である。

述べるところは、極めて拙にして、説くところ甚だ劣ではあるが、相協力して、よりよきを期した次第である。本書は、文部省の「學校柔道指導の手引」に準據し、その精説を企圖したものであるが、その主眼とするところは、前篇における廣汎、確實なる資料の蒐集と、新しい學校柔道の特質及び學習指導法の解明、後篇においては、專ら柔道技術を體系的に、即ち先ず柔道技術の全般を、次いで學校柔道技術教材を配列して、一讀それを會得しうるよう企圖し、尙解説にあたつては、その至難なるに鑑み、特に映畫用フイルムによる寫眞と、足型圖版とを挿入してこれを補足し、一には指導者の便に供し、又一には練習者の手引となるよう考慮した點にある。尙、巻末に附錄として登載した「柔道に關する興味調査」「柔道年表」等は、好個の參考資料となるものと信ずる。幸に讀者諸賢の伴侶として多少とも益するところがあれば、著者らの望みこれにすぎるものはない。

しかしながら、稿成つて通讀すれば、意あつて言足らず、所期に違うところがないでもないが、何れ諸先輩の御批判と御教導によつて、他日完璧を期するつもりである。

今回上梓にあたり、文部次官劔木先生、講道館長嘉納先生、東京教育大學教授大谷先生より、それ〴〵過分なる序文をいたゞいて巻頭を飾り得たことは、本書の無上の光榮とし、謹んで感謝の意を表する次第である。

この一大轉機に際し、追慕の情を禁じ得ないものは、恩師嘉納先生をはじめ、直接教導を賜つた櫻庭、橋本兩先生である。本書の刊行により、いさゝかこれら恩師諸先生の御教導の萬一に應えることを得ば、著者ら望外の歡びとするところである。

最後に、本書を執筆するに當り、直接助言をいたゞいた長畑功氏、寫眞撮影に當り御協力下さつた籔下泰二氏、出版に御盡力下さつた宮脇泰軒氏ならびに資料蒐集に當つて特別の御配慮を賜つた方々に對し。深甚の謝意を表し。
尙、參考した多くの文獻については、一々書名ならびに著者名を列記して敬意を表するのが本意ではあるが省略させていたゞき。こゝに一同厚く感謝の意をさゝげる次第である。

昭和二十六年二月十一日

著者識す

學校柔道　目次

附　錄

目次終

前篇總說

第一章　學校柔道の變遷

第一節　舊學校柔道

(一)

明治五年わが國にはじめて學制がしかれ、學校教育はあげて歐米文化萬能の風潮に心酔し、明治十一年には彼の地の體操が學校體育の嚆矢として採用されるようになつた。

しかし、かゝる時代にあつて愛知第一中學校では、わが國古來の柔術の教育的價値を認めて、明治十年には早くもこれを課外教材として採用していたという。

近代柔道の始祖故嘉納治五郎先生は、明治十年、世間がすてゝかえりみなかつた各流の柔術を修行研究し、教育的な見地に立脚して、それぞの長所をあつめ、更に新技を考案して、明治十五年、體育的な講道館柔道を完成した。

その後柔道は青年の教育に貢献するに及んで、動ともすれば、歐化の風に馴れんとする世人の關心をひくようになつた。

そこで文部省は明治十六年五月、體操傳習所に柔道及び擊劍を學校體操として採用すべきか否かを諮問したが、體操傳習所においては、柔道擊劍の大家ならびに、東京醫科大學部長、同傭教師ジョンソン氏等に調査研究を依頼した。この研究は一年有半の長期に亘り、翌十七年十月次のような結果を得た。

◎柔、劍道ノ利トスルトコロ

一、身體ノ發育ヲ助ク。
二、長ク運動ニ堪フル力ヲ得シム。
三、精神ヲ爽快ニシ志氣ヲ作興スル。
四、柔懦ノ風姿ヲ去リテ剛壯ノ資格ヲ得シム。
五、不慮ノ危難ニ際シテ護身ノ基ヲ得シム。

◎害、若シクハ不便トスル點

一、身體ノ發育往々平等均一ヲ失ハン。
二、實習ノ際多少ノ危險アリ。
三、身體ノ運動適度ヲ得シムルコト難ク、強壯脆弱共ニ過激ニ失シ易シ。
四、精神激シ易ク、ヤヽモセバ粗暴ノ風ヲ養フ。
五、爭鬪ノ念志ヲ盛ニシ徒ラニ勝ヲ利セントノ風ヲナシ易シ。
六、競進ニ似テ却テ非ナル勝負ノ心ヲ養ヒガチナリ。
七、實習上各人ニ監督ヲ要シ、一級全體一齊ニ授ケガタシ。

八、教場ノ坪數ヲ要スルコト甚大ナリ。
九、柔術ノ演習ハ單ニ稽古着ヲ要スルノミナレド、劍術ハサテニ稽古道具ヲ要シ、且ツ常ニソノ衣類及ビ道具ヲ清潔ニ保ツコト生徒ノ業ニハ容易ナラズ。

右の理由により體操傳習所は、これを教育の理論にてらして次のような結論を下した。

一、學校正科トシテ採用スルコトハ不適當ナリ。
二、慣習上行ハレ易キトコロアルヲ以テ、カノ正課ノ體操ヲ怠リ、專ラ心育ニノミ偏スルガ如キ所ニ之ヲ施サバ、利ヲ收ムルヲ得ベシ。

以上の結論に基づき、全國の中等學校において柔道を隨意科として課する所もあつた。

明治二十九年七月、日清戰役後の世論に應じ、文部省は再び學校衛生顧問會議に柔劍道を正科にすべきかどうかを諮問したが、正科採用は時期尚早の結論に終つた。

明治三十七年十月、文部省は當面する世相に鑑み、三度體操遊戲調査會に調査研究をさせた。この研究は翌三十八年十一月までかゝつたが、その結果は次の通りである。

擊劍柔道ノ教育上ノ價値ニツキテハ、明治十六年五月ヨリ翌年十月ニ亘リ、體操傳習所ヲシテ實驗ト理論ニ訴ヘ調査セシメタル結果、學校ノ正科トナスニ適セザルヲ認メ、任意正科外ニ課スルコトヽシ、其ノ後明治二十九年七月、更ニ學校衛生顧問會議ニ諮問シタル結果、前調査トホヾ論決ヲ同ジウシタルガ故ニ、之ニヨツテ從來ノ方針ヲ持續セリ。近年體育奬勵ノ聲盛ニナルト共ニ、之ヲ學校正科ニ加ヘントシテ建議スルモノ多シト雖モ、今日ニ於テ曩ニ調査セル結果ヲ覆シ、之ヲ正科ニ加ヘザルベカラズトスルノ理由ヲ發見スルコト能ハズ。仍テ從來ノ方針ニヨリ滿十五才以上ノ強壯ナル生徒ニ限リ任意正科以外ニ行ハシムルヲ以テ正當ナリト信ズ。

世間往々擊劍柔道ハ、從來ノマヽニテハ學校正科トスル能ハザルモ、之ヲシテ團體的教授ニ適セシメ、又順序ヲタテ方法ヲ案ジ、以テ體育ノ目的ト一致セシムルコト難キニアラズト言フモノアリ。

コノ說ヲシテ眞ナラシムルモ假スニ歲月ヲ以テシ、實地ニ就キ理論ニ訴ヘ系統的ニ研究ヲ遂ゲ、以テ幾多ノ變更修正ヲ加ヘザルベカラズ。依テコノ點ニ關シテハ、國立體育研究所等ニ於テ別ニ調査スルヲ要スベシ。

現時學校ニオイテ、往々生徒ノ年令及ビ體質等ヲ問ハズ、其ノ志望ニ任セ擊劍柔道ヲ教フルモノアリ。是レ體育上看過スベカラザルコトナリ。就中嚴寒酷暑ノ候ニ於ケル修業ハ嚴ニ生徒ノ體質ヲ考フル等、一層ノ注意ヲ要スルモノト信ズ。

右の如く前回までの結論に修正を加える理由が發見されず、中等學校に正課として必修させることを肯じない狀態であつた。

しかし隨意科として採用する學校は年々增加の傾向にあつたので、これが指導者の養成機關の必要が痛感されて、明治三十八年八月、京都に武術教員養成所が設置され、更に明治三十二年以來東京高等師範學校で、體操科の副科として採用されていた柔劍道が、三十九年四月には正科として採用されるようになつた。しかも柔道に對する關心はいよいよ昂まり、遂に帝國議會がこれを取りあげるようになつた。

即ち、明治三十一年五月の第十二議會並びに、明治三十八年二月の第二十一議會において、柔道を中等學校に正科として加えることを建議されていたが、遂に、明治三十九年三月、第二十二議會において、提案者の意見が認められて可決され、更に明治四十一年三月、第二十四議會において、同樣の建議が全員一致で再確認された。

これに基いて文部省は一層研究をすゝめ、明治四十四年七月に至り、不十分ながらも規程の上にはじめて柔道が記録されるようになつた。それは次の通りである。

師範學校規程第二十四條に

體操ハ、體操、教練、遊戯及競技トシ且ツ教授法ヲ授クベシ。

男生徒ニツキテハ體操中、劍道及柔道ヲ加フルコトヲ得。

とあり、中學校令施行規則第十三條には

體操ハ、體操、教練、遊戯及競技ヲ授クベシ。

又劍道、柔道ヲ加フルコトヲ得。

となつている。

けれどもこの改正は『正科ニ課スルコトヲ得。』というだけで、事實上は隨意科であり、しかもこの狀態は大正年間を通じて改正されなかつた。

大正十四年三月、第五十議會で

政府ハ青少年ノ心身ヲ修養鍛錬シテ、質實剛健ノ精神ヲ涵養スルタメ、武道ヲ小學校ノ教科目ニ加ヘソノ素地ヲ作リ、中等學校ニ於テハ速カニ獨立ノ必須科トシ、殊ニ師範學校ニ於テハ一層ソノ程度ヲ高メ、以テソノ普及發達ニ力ヲ致サレンコトヲ望ム。

の建議案が可決されたにもかゝわらず、大正十五年の新制體操教授要目制定の際にも何らの變化がなく、昭和六年一月まで二十年の長きにわたつて改正が加えられなかつた。

柔道の教育的價値の高いことについては、文部當局も充分認めていたのであるが、反面、非常に警戒していた事實は、大正二年の學校體操教授要目に

劍道及柔道ハ、ソノ主眼トスル所、心身ノ鍛錬ニアリト雖モ、特ニ精神的訓練ニ重キヲ置クベシ。

技術ノ末ニ奔リ、勝敗ヲ爭フヲ目的トスルガ如キ弊ヲ避クルヲ要ス。

と述べられていることである。即ち『技術の末に奔つて勝敗を爭うを目的としてはいけない。』という意見が、長期にわたり文部當局内に強く、これがために議會の度重なる建議にもかゝわらず、何らの改正が見られなかつたのである。

しかし進展する時代の影響によつて、昭和六年、文部省は遂に各種中等學校教育法令の改正を一齊に行い、こゝにはじめて柔道は名實ともに獨立した必須科として、その教育的價値を發揮するようになつたのである。

即ち、師範學校規程第二十四條の後半に、以前は

男生徒ニ就キテハ體操中、劍道及柔道を加フルコトヲ得。

とあつたのを、

男生徒ニ就キテハ劍道及柔道ヲ加ヘ授クベシ。

と改め、中學校令施行規則には、第十三條に、

體操ハ、體操、教練、遊戯及競技ヲ授クベシ。

又劍道及柔道ヲ加フルコトヲ得。

とあつたのを、

體操ハ、體操、教練、劍道及柔道、遊戲及競技ヲ授クベシ。

と改められた。

又實業學校においても、工業學校規程の第十條、農業學校規程の第八條、商業學校規程の第八條、商船學校規程の第七條に、それぞれ柔道を必修すべきことが明記されたのである。

これは柔道史上、刮目すべき大改正であつて、柔道を正科に採用する學校が增加の一途をたどつていつたことは申すまでもない。

次に柔道を採用した學校數の發達の狀況について、鹽谷宗雄氏の調査をかりて示せば次の通りである。

	柔道創始校數	柔道正科校數	學校數
明5	0	0	1
10	1	0	7
15	2	0	19
20	4	0	39
25	8	0	54
30	50	2	140
35	130	12	237
40	189	24	270
45	231	66	305
大5	254	140	319
10	296	217	377
15	404	342	507
昭5	446	415	550
7	505	458	550

昭和六年以後正課時必修として全國中學校に採用された

かくてわが國は、滿州事變を契機として、國際連盟脫退、日支事變へと加速度的に危機をはらむにつれ、武道としての柔道はいよ〳〵國民に關心をもたれるようになつた。

昭和十一年學校體操教授要目の改正にさきだち、文部大臣は全國の體育運動主事會議に對し、「學校における劍道、柔道等の實施に關し特に留意すべき事項如何」の諸問事項が發せられたが、これに對する會議の答申は次の通りまことに積極的なものであつた。

答　申

劍道及柔道等、即チ武道ハ身體ノ鍛錬、人格ノ陶冶、國民精神ノ涵養ニ資スル所極メテ多ク、體育上寔ニ適切肝要ノモノト信ズ。而シテコレガ學校ニオケル實施ニアタリテハ、學校體育ノ本義ニ鑑ミ、十分ソノ目的ヲ達成スルタメ左記事項ニ留意スルコト緊要ナリ。

一、學校武道ノ種類ニ關スル事項

學校ニ於テ實施スルニ適當ナル武道ノ種類左ノ如シ。

一、劍　道
一、柔　道
一、弓　道
一、薙　刀

二、武道ノ教授ニ關スル事項

文部省訓令ニヨル武道ニ關スル教授要目ノ趣旨ニ基キ、常ニ生徒兒童ノ心身ノ發育ニ留意シ、特ニ優秀ナル者ノ鍛錬ニノミ偏スルコトナク、普ク生徒兒童ノ心身ヲ鍛錬セシメンコトニ努メ、左記ノ諸點ニ留意シ教授スルヲ要ス。

1. 精神的訓練ヲ尙ビ、廉恥、禮讓、剛毅、果斷、沈着、從順、貞淑等ノ諸德性ヲ涵養スルコト。
2. 武道ニヨツテ養ハレタ諸德ハ、日常生活ニ具現セシムルコト。

3. 道場ハ常ニ神聖ヲ保タシムルコト。
4. 常ニ服装ヲ端正ニシ、用具（防具並ニ柔道着）等ヲ清潔ナラシムルコト。
5. 教授ノ前後ニハ適當ナル準備及整理運動ヲ行ハシムルコト。
6. 教授ノ細目ヲ定メ指導段階ヲ合理的ナラシムルコト。
7. 寒稽古、暑中稽古等ハ、其ノ心身鍛錬上極メテ有意義ナルモ、生徒兒童ノ身體情況並ニ衛生ニ關シ特ニ留意シテ之ヲ實施スルコト。
8. 劍道及柔道ハ中等學校下學年ニ於テハ、成ル可ク兩者ヲ兼ネ修練セシムルコト。
9. 小學校ニ於テ武道ヲ實施セントスル場合ハ、概ネ第五學年以上ノ兒童ニ限リ、特ニ基本動作ノ修錬ニ重キヲ置クコト。

三、指導者ニ關スル事項

武道ノ教育的價値ノ發揚ハ、其ノ指導者ノ人格教養ニ俟ツベキモノ寔ニ多シ。現時漸ク學校ニ於ケル指導者ノ資質向上シツヽアルモ、未ダ有資格者ノ數極メテ尠キヲ以テ、一層指導者ノ整備ヲ圖ルヲ必要トス。

右ニ關シテ特ニ重要ト認ムル事項左ノ如シ。

1. 指導者養成機關ヲ擴充スルコト。
2. 武道教師ノ待遇ヲ改善シ、ソノ資質ノ向上ヲ圖ルコト。
3. 武道教師ハ有資格者ヲ以テ之ニ充テ、ソノ兼任ヲ廢スルコト。
4. 武道教師ノ講習會、研究會ヲ開催シ、修養研鑽ノ機會ヲ多カラシムルコト。

四、設備ニ關スル事項
1. 柔劍道場ハ各專用ノ道場ヲ設ケ、教授ニ支障ナカラシムルコト。
2. 道場ニハ神棚ヲ設クルコト。
3. 更衣室、用具乾燥室、並ニ洗身所ヲ設クルコト。
4. 特ニ通風、採光ヲ良好ナラシムルコト。

五、學校武道ノ試合ニ關スル事項

1. 試合ハ凡テ勝負ノ末節ニ捉ハル、コトナク、武道精神ノ本義ニ則リ之ヲ行ハシムベキコト。
2. 要目ノ趣旨ニ基キ、學校武道ノ審判規定ヲ定メ之ガ統一ヲ圖ルコト。
3. 全國的並ニ地方的大會ノ統制ヲ圖ルコト。

六、武道團體トノ連絡ニ關スル事項

學校武道ノ健實ナル發達ヲ圖ルタメ、必要ナル事項ニ關シ、既設團體トノ連絡協調ヲ圖ルコト。

右答申ス。

昭和十一年五月七日

かくて、文部省は同年六月の學校體操教授要目の改正において、はじめて柔道の教授内容、ならびに方法を明示して時代の要望に應えたのである。又柔道場に神棚が設けられるようになつたのは、全國體育運動主事會議の答申を契機として、此の頃から特に多くなつた。

爾來わが國は、あげて大戰爭に突入したため、これらの風潮は、自然學校教育にも滲透してきたのである。

即ち、昭和十六年、文部省はドイツの學制にならい、小學校の名稱を國民學校と改め、以前より小學校で課外に行われていた柔劍道を『體錬科武道』と總稱して、――（文教法規の中で武道と云う名稱を用いたのはこれが最初である。）――國民學校第五學年より必修せしめた。

しかもこの國民學校體錬科武道の目的には

體錬科武道ハ武道ノ簡易ナル基礎動作ヲ習得セシメ、心身ヲ錬磨シテ、武道ノ精神ヲ涵養スルニ資セシムルコト

と述べられてあり、又その教授内容には柔道在來の教材の他に、旺盛な必殺の氣魄を以て行う、當身技の一群が見られていた。

更に、戰局の進展に伴い、昭和十八年、當局は各種學校の體錬科教授要目を大々的に改訂した。

師範學校體錬科武道の教授方針を見るに、

一、我ガ國固有ノ武道ニ習熟セシメ、剛健敢爲ナル心身ヲ育成スベシ。

二、武道精神ヲ練リ、禮節ヲ尙ビ、廉恥ヲ重ンズルノ氣風ヲ養フト共ニ、攻擊精神、必勝ノ信念ヲ振起スベシ。

三、沒我獻身ノ心境ヲ會得セシメ、實戰的氣魄ヲ錬成スベシ。

とある。

しかも高等學校、各種中等學校、國民學校の教授方針も、師範學校のそれと大同小異であることは申すまでもない。

しかし、戰局、いよ〳〵不利をかさね、本土決戰が叫ればるに及んで、昭和二十年、當局は、急ぎ學徒體錬特別措置要綱を制定して、柔道のもつ武技の面を極端に強調し、白兵戰鬪的動作へと移行し、主として野外で訓練するように進められたのである。

思うに、故嘉納先生によつて創始された柔道は、教育的なスポーツとして、國内は勿論のこと、ひろく外國人の間にも多くの愛好者をもち、やがては國際オリンピック競技種目に加えられる氣運すらあつたのであるが、變形的な時勢の成行とはいえ、あまりにも畸形の實戰柔術に變貌されて、心ある人々からは、かなりの批判をうけていたのである。これら數多い批判の中から左の一文は、言論が極度に抑壓せられていたその當時、當局の施策を反駁した某一流新聞の社説である。

運動競技と實戰精神

決戰は國家總力の最高度の發揮を要求する。勝たんがためには、あらゆる國家機構を傾け、一切を戰力增强の一點に集注しなければならぬ。從來、行はれてゐた武道の修練、運動競技の奬勵が、この際、斯かる見地より再檢討せられつゝあるのも當然といへばいへる。然しながら最近、一部事務當局者の斷定するやうに、果してそれらは根本的に實戰精神にそぐはぬものを藏してゐるものであらうか。

武道や運動競技などの目指すところは一二にして止らないが、その根柢がもと〳〵當事者の心身の鍛錬と進取敢闘精神の養成とにあること異論なき筈である。然らばそれらのものは決戰下においても益々その本來の使命を果せば足るわけのものであらう。例を最近、事務當局による批判の俎上に登された劍道、柔道、および騎道にとつて見ても、吾人は決してそれらが在來と雖も、我國戰力の增强、國民士氣の昂揚にそれほど効果少きものであつたとは考へたくないのである。それにも拘らず事務當局はこれら柔劍騎道の修練を以て、寧ろ形式的、室内的であり、道場と馬場と競技場との埒内に制約せられる非實戰的のものであるかの如き批判を下す傾向が見えてゐる。從つて武道や體育競技に最も大切な點は白兵戰の一騎討において敵手を倒すということにあるわけで、時代遲れの袴をつけて作法に適つた試合をするよりは、いきなりゲートル卷で野外のたゝき合ひをさせたり、當身を狙はせることを重視したり、或はまた、馬の調教馴致に根本的に必要な馬場馬術並にその熟達に有効な馬術競技を輕視したりするやうな結果となり勝ちなのである。

事務當局のこのやうな武道觀と實戰觀とは、遺憾ながら餘りに近視眼的といはれても仕方がなからう。何となれば、第一にそれは武道の精神修養的要素を殆ど全く無視してゐるのである。端然と袴をつけて道場に入るといふ我國古來の美風はそのまゝ直ちに、當局が口を酢つぱくして提唱する師道の振興、士氣の昂揚に相通ずるものでなくて何であるか。これあるが故にこそ、我が忠勇なる將士は第一線に立ち、あらゆる武器を操縦してゐる時でも、または馬上たると、徒歩たるとを問はず、たゞ一途に馬車馬的たることなく、沈着に情勢の判斷を誤ることなく、最善の戰鬪力を發揮し得るといつて差支へない。それがいはゆる「凝つては百錬の鐵となり、發いては萬朶の櫻となる」我が武士道の靜的、動的特徴の兩面を表してゐることを忘れてはなるまい。第二に何が實戰的であるかといふ問題について當局の視野は餘りにも局限せられ過ぎてゐなかつたらうか。苟くも第一線から首都までを戰場とする現代戰の樣相は、そのまゝ武道の修得にも反映せられて然るべきであらう。軍部の少年航空兵訓練の例を見ても、先づ心身の錬磨、次で高等數學に至るあらゆる學科、それから航空學修得と實科練習、そしてこの成果が盛り上る戰鬪精神と一體に結合せられる時、自ら敵前の爆撃行も體當り戰術も十二分によく敢行せられるのである。これに比べて見る時、事務當局の武道刷新、體育改革は、何となく無準備な體當り戰術一本槍で行くべきものであるかのやうに履き違へてゐるのではないかとさへ危まれる。

勝つためには、一切のものが根柢から改革されなければならぬ。然し、その改革はあくまで建設のためのものたるべきで、云々

(二)

昭和二十年八月、凄惨を極めた戰爭が漸く終りを告げて、平和が再び訪れた時、文部省はポツダム宣言の線に沿つて學校教育全般から戰時色を拂拭するために、教錬、銃劍道、射撃をはじめ、戰時中の諸特例を廢棄する等種々の施策を斷行した。

かゝる事情のもとにあつて、柔道等のいわゆる武道の取扱については、文部省は特に愼重を期して、司令部民間情報教育部（Civil Imformation & Education Section）のダイク代將をはじめ、ファー少佐、フォール大尉との間に息づまるような折衝懇請がつゞけられた。即ち九月二十日に

一、武道の總括的名稱を廢止する。
二、國民學校では體操の內容として取扱う。
三、中等學校以上では銃劍道を廢し、劍道、柔道の何れか一を選擇させる。
四、女子の薙刀は隨意とする。

を第一案として懇請をはじめてより、二ヶ月半の間に、第二案、第三案と葬り去られ、頼みの第四案も努力の甲斐なく、遂に武道は最惡の條件下におかれることを餘儀なくされた。

かくして、昭和二十年十一月六日、その旨文部次官通牒で發表されたのである。

發體八〇號　　昭和二十年十一月六日

文部次官

教育養成諸學校長
高等、專門學校長
地方長官　宛　（註—大學長宛は別途に出す）

終戰に伴ふ體錬科教授要目（綱）の取扱に關する件

終戰に伴ひ屢次通牒せる方針に則り各種學校體錬科教授要目（綱）は根本的刷新の要あるに鑑み、目下本省に於て鋭意檢討中にして、不日公布相成るべきも差當り現行要目（綱）の取扱は左記により之が實施上遺憾なきを期

せられたし

尙武道の授業の中止に伴ひ、武道擔任の教員にして他教科擔任の資格を有し、教員として適當なるものについては、當該課目を成るべく擔任せしむる等、之が措置に關し格別の配意相成度

記

前　　略

㈠體錬科武道（劍道、柔道、薙刀、弓道）の授業は中止すること

尙正課外に於ても校友會の武道に關する部班等を編成せざること

右武道の中止に依り生じたる餘剰時數は之を體操に充當すること

後　　略

文部省體育局長

發體一〇〇號　　　昭和二十年十二月二十六日

大學高專學校長
地方長官　宛

これによると正課は勿論のこと課外の校友會活動は禁止されているが、愛好者が校内で練習することは、その範疇外と考えられていたのである。しかしその後種々の問題が起るに及んで、同年十二月二十六日、學校内の練習は、事の如何を問わず一切禁ぜられることになり、道場は他の體育施設その他に轉用するよう體育局長通牒が出された。

學校體錬科關係事項の處理に關する件

終戰に伴ふ學校體錬科關係事項の處理に關しては、屢次の通牒により夫々萬全を期せられつゝあることゝ存ずるも、諸情報によれば一部に尙遺憾の點存するを以て、之が處理徹底方に關し一層の御配意相成度特に左記事項につきては細心の注意を拂ひ、萬遺憾なきを期せられたく重ねて通牒に及ぶ

記

一、（略）

二、

三、學校又は附屬施設に於て武道を實施せしめざること

昭和二十年十一月六日發體第八〇號文部次官通牒により武道の授業は之を中止し、且つ校友（學友）會運動部等學校の關與する施設に於ても之を實施せしめざることゝ致したるも、個人的趣味等に基く實施に關しては尙誤解を招く虞あるを以て、爾今、學徒の發意如何に不拘、學校内又は學校附屬の施設に於ては一切之を實施せしめざること

尙學校備品としての武道具は、個人貸與又は拂下その他適當なる方法により之を處理し、學校内に之を保存せざることとし武道場は體操場其の他に轉用すること

かくして柔道は學校内で實施することを一切禁ぜられたのである。而してその禁止の具體的な理由は、『柔道が戰爭前より超國家主義、軍國主義の温床であつた。』といわれ、『柔道の技術が軍の技術に根ざしている。』というにあつた。

しかしこれらの理由については、柔道が嘉納先生によつて、すでに輕妙で危險のないスポーツに完成されていたも

のであるだけに、愛好者にとつては納得の出來ない氣持をいだかせた。
かくて之が禁止にともなつて、文部省は昭和二十一年早々、次のような省令第十號を以て柔道に關する免許狀の無効を發表した。

中學校、高等女學校教員檢定規程

附則（昭和二十一年文部省令第十號）本令ハ公布ノ日ヨリ之ヲ施行ス

本令施行前授與シタル體錬科教練、體錬科教練ノ内教練、體錬科教練ノ内滑空、體錬科武道、體錬科武道ノ内劍道、體錬科武道ノ内柔道、體錬科武道ノ内銃劍道及體錬科武道ノ内薙刀ノ教員免許狀ハ、其ノ効力ヲ失フ

右省令にともない、これらの指導者は轉退職の止むなきに至つたので、指導者の今後の措置が重大な社會問題となり、文部省は昭和二十一年一月十九日、文部次官通牒で、次のように該教員の退職者に對しては物心兩面の優遇について教育責任者に連絡をした。

發體九七號　　　　昭和二十一年一月十九日

文部次官

地方長官
公私立大學高等專門學校長　宛

武道及教練關係擔任教員に關する件

標記の件に關しては曩に昭和二十年十一月六日附發體八〇號及昭和二十年十月三日附發體六七號通牒の次第も有之既に夫々配意相煩居ることゝ思料せらるゝも貴學（校、院）（貴管下學校）當該教員にして退職する者に對し

ては能ふ限り物心兩面の優遇方法を講ぜらるゝ様特別の措置相成度及通牒

又司令部の好意ある示唆にもとづいて、文部省は該教員の他教科轉換對策を考慮し、とりあえず三月一日より十週間にわたり、次のような體操教員養成講習會を開催した。

發體一六號　昭和二十一年二月一日

文部省體育局長

文部省學校教育局長

大學高專教員養成諸學校長

地方長官　宛

體操教員養成講習會開催に關する件

昭和二十年十一月六日發體八〇號文部次官通牒「體錬科教授要項（目）の取扱に關する件」に依る武道の中止に伴ふ武道教員の他教科轉換對策として標記講習會を別紙要項に據り實施致すに付貴管下（校）該當者推薦相成度此段及通牒

追而受講後の使命を勘案し體操教員として適當と認めたる者のみ推薦相成るやう特に申添ふ

（別紙）　體操教員養成講習會要項

趣　旨

昭和二十年十一月六日發體八〇號文部次官通牒「體錬科教授要項（目）の取扱に關する件」に依る武道の授業中止に伴ふ武道教員の他教科轉換對策として左の講習會を開催し新教育方針に基く所定の課目を履修せしめ其

の成績優良なる者につき體操擔任の資格を附與する爲の特別措置を講ぜんとす。

一、主　催　文　部　省

二、期　日　昭和二十一年三月一日より十週間

三、會　場　東京高等師範學校、東京體育專門學校

四、參加資格

左の各項に該當し受講後體錬科體操教員に轉換を希望する者にして當該地方長官（大學、高專、教員養成諸學校に在職中の者は當該學校長）の推薦せるものたること

㈠體錬科武道中劍道又は柔道の中等學校教員免許狀を有する者

但體錬科體操の免許狀を併有する者を除く

㈡昭和二十年十一月六日現在學校に在職中の者

五、講　師

文部省關係官

東京高等師範學校及東京體育專門學校教官中の適任者

其の他の適任者

六、參加人員　約一〇〇名（二組に編成す）

七、講習課目

○實　科　一八〇時

㈠體操（徒手、器械）　二〇時
㈡遊戲、競技（遊戲一般、走跳投技、相撲）　五五時
㈢球技（籠球、排球、蹴球、送球、鬪球）　九〇時
㈣音　樂　一五時

○學　科　九〇時

㈠教育概論　一五時
㈡體育理論　體育原理　二〇時
　　體育史　一〇時
　　指導法　一〇時
　　（各科目の指導法は實科と結びつける）
　　管理法（行政）　一〇時
　　體育心理　一〇時
㈢生理衛生　一五時

計　二七〇時

○自由練習（實科）　一五〇時

○其の他

㈠社會體育

(二)公民勤勞
(三)時局講話
八、資格附與
講習履修者にして其の成績優良なる者に對しては、所定の手續を經たる上、中等學校、高等女學校體錬科體操教員の資格を附與す
九、推薦申込法
昭和二十一年二月十五日迄に推薦人數を體育局長宛電報を以て申込み、別途速達便にて申込むこと
推薦該當なき場合もその旨返電のこと
受講者一〇〇名を越えたる場合は推薦順に選定す
一〇、受講者注意事項
(一)宿泊所は各自手配のこと
(二)體操ズボン、シャツ、靴其の他實科に必要なる用具携行のこと
(三)筆記具、參考書その他必要なる日用品等携行のこと
(四)受講許可者は電報を以て通知す
通知を受けたる者は、三月一日午後一時迄に、東京都小石川區大塚窪町東京高等師範學校に集合すべし
(五)受講許可者は教員檢定の出願書類を作成持參すべし
必要書類

1. 教員檢定願 第一號書式
2. 履歴書 第二號書式
3. 證明書 第三號書式
4. 中等學校教員の免許狀の寫
5. 身體檢査書 第八號書式

本講習には百五十六名が申込まれたが、結局九十八名が受講した。當時の世相は、終戰直後の昏迷のさ中のことゝて、食糧難、宿舍難、金融難はその極に達していたにもかゝわらず、受講者は血の滲じむ眞劍な態度で、この逆境を完全に克服した。出席狀態を伺つてみても、最惡の條件下の七十日の全期間を通して九十八名中、皆出席したもの實に七十二名もあり、如何に受講者の態度が眞劍であつたかどうかゞわれる。

かくして、七十日の長きにわたる苦鬪の甲斐あつて、九十八名は一名の落伍者もなく、めでたく體育指導者としての資格が授與され、新しい分野を開拓すべく、雄々しく船出して行つたのである。

第二節 新學校柔道

柔道が學校教育の關與外におかれるや、これを愛好する學生々徒は心の據點を失い、一時虚脱の生活に追込まれたが、やがて心の平靜をとりもどし、社會人に伍して民間道場に通う者が漸く多くなつた。加うるに進駐軍將兵が柔道に非常な關心を示しはじめるに及んで、學生、先輩の別なく、愛好者は學校柔道實施の實現を願つて、關係當局へ盛に歎願するようになつた。

こゝに文部省が終戦後一ヶ年間に扱つた記録の一部を借用して、愛好者の熱意を紹介しよう。

㈠ 學校柔道復活希望の投書陳情の件數

年	月	投書件數	陳情件數	備考
二〇、	一一	三五	一八	二〇、一一、六、學校武道中止
	一二	六二	二一	
二一、	一	二七	一一	
	二	一三	二	
	三	一一	四	
	四	八	〇	
	五	一五	四	
	六	二一	二	東京都大學高專有志陳情
	七	一五	一	
	八	一四	一	全國高等學校生徒代表陳情
	九	三二	〇	
	一〇	一五	六	全國師範學校、青年師範學校生徒代表陳情
	一一	三二	〇	
	一二	二五	一	
二二、	一	二一	一	

㈡　學校柔道復活希望理由（投書陳情書の集録）

1.　柔道は屋内に於て多數のものが十分練習を行い得るし、施設も簡易であり又、天候の制約を受けやすい日本、殊に東北地方などに理想的である。
2.　柔道は何等軍國的色調をもつているものではなく、他のスポーツと異るところはない。
3.　日本民族の中より生れたスポーツとしての柔道を健全に育てゝ平和な世界的スポーツとして貢獻させたい。
4.　柔道を練習して來たものとして非常な愛着を感ずる。
5.　柔道は短時間に効果的に多くの運動量を得ることが出來る。特に元氣旺盛な青年に適してゐる。
6.　互に組んで練習する爲、相互に親密の度を深め友好關係からみてもよいスポーツである。
7.　柔道によりて體の動かし方を練習してゐるので車馬等の突發的な危險に直面した場合にも反射的に身をまもる事が出來る。
8.　進駐軍將兵が講道館に四十名位も練習に來て柔道を鑑賞してゐるのに、日本人が學校で柔道が出來ないとは情ない。
9.　相撲やボクシング、レスリングが學校でやられてゐるが、柔道の技術と何等異るところはない。どうして文部省はやめさせたのか。

（以下略す）

㈢　陳　情　書

意　見　書

我ガ國ノ現狀ニ鑑ミ、將來ノ國家ヲ負擔シテ國運ヲ決スベキ青少年ノ敎養上、柔道ヲ學校ノ正科課程ニ復活セシムル必要ヲ痛感ス。

理由一、柔道ハ青少年心身ノ鍛錬ニ最モ適切ナル學理的修練法ナリ。去才ポツダム宣言受諾以來我ガ國民ノ意氣頓ニ萎縮シ、而モ敗戰ニ因由スル諸種ノ困難ハ、國家復興ノ原動力タル青少年ニモ波及シ道義心ノ敗頽、元氣ノ喪失、荒怠偸安ノ風、至ル處ニ之ヲ見ザルハナシ。其ノ思想的動向ハ浮動シテ歸スルトコロヲ知ラズ衙衢日本國民タル自覺ヲ失ヒ、民主ノ叫ビニ眩惑シテ己レノ責務ヲ放擲シテ顧ミズ、唯々權利ヲ呼號シテ狂暴姿態寔ニ眼ヲ掩ハシムルモノアリ。此ノ如キハ、國民自ラ國ヲ亡ボスノ兆ナリト謂フベク、眞ニ國家ノ痛恨事ナリ。論語ニ曰ク、君子和而不同、小人同而不和ト、言簡ニシテ現下ノ國情ヲ指示セルガ如キヲ覺ユ。和シテ而モ同ゼザル、堂々タル國民精神ノ作興ハ、穩健ナル精神ノ復興ニ如クハナシ。而シテ、此ノ精神的鍛錬ヲ柔道ニ求ムルコトハ最モ現事ニ適合セルモノナルコトヲ信ジテ疑ハズ。而モ柔道ハ學理ニ根據ヲ有シ、攻擊的ナラズシテ、寧ロ防禦ニ發シ對手ノ攻擊力ヲ我ガ身ニ利用シテ之ヲ制御ス。卽チ强者ヲ懼レズ、弱者ヲ侮ラズ、毅然トシテ自信ニ立ツ慣習ヲ涵養ス。而シテ其ノ修行中ニ於ケル身體各部ノ運動ハ左右前後遍ネカラザルナク體育上最モ理想的ニシテ、シカモ精神ノ緊張ヲ訓致シ、忍耐ノ習性ヲ體得セシム。カクテ柔道ハ時患ニ處スル最モ有効ナル鍛錬法ナルコト萬疑フ餘地ナシ。

二、柔道ハ世界的ニ承認セラレタル平和的原理ヲ有スル我ガ國武道中特殊ノ存在ナリ。講道館柔道ハ明治十五年故嘉納治五郎氏ノ創造セル當時ニ於テサヘ、柔能制剛ノ悟ヲ以テソノ要領ヲ示シタリ。之ヲ以テスルモ、單ニ攻擊ヲ目的トセルモノナラザルコトハ明瞭ニシテ、柔道固有ノ姿勢ハ所謂自然本體ト稱シ人ガ自然ニ正面ニ向ヒ直立セル姿勢ヲ基礎トシ、他ノ武術ノ如ク特ニ構ヘタ姿勢ヲトルコトナシ。
氏ノ爾後多年ニ亘ル體驗ト硏究トノ結果、大正時代ノ初期ニ於テ左ノ原理ヲ世ニ發表シ、尋デ世界各國巡遊中、歐米ノ各處ニ於テ盛ニ之ヲ强調シ、非常ナル喝采ヲ博シ、共鳴者ノ續出ヲ見ルニ至レリ。

㈠精力ノ最善活用　㈡相助相讓自他共榮。爾來有段者ノミニテモ二十數萬ニ上レル講道館門下生ハ此ノ原理ヲ護符トシテ身ニ體シ、此ノ敎訓ニ悖ラザランコトヲ努メツツアリ。此ノ第一項目ハ、柔道修行中、其ノ試合タルト稽古タルトヲ問ハズ片時モ體驗セザルコトナク疊上ノ受身ヲ以テ體ヲ保護スル體驗ハ、道路上ニ顚倒シタル時ニテモ何等怪我ナキ効果トナリ、對手ノ攻撃ニ對シ迅速ニ體ヲ交ハシテ對手ヲ制スルコトハ、路上自動車、自轉車等ニ轢カレントスル刹那ニ體捌キトナリテ危難ヲ免カルル等其ノ例枚擧ニ遑アラズ。コレ精力ノ最善活用ハ一些事ニシテシカモ此ノ如シ。之ヲ人生常時ノ生活ニ應用シ、更ニ國家社會ノ各職域ニ應用センカ、我國民ノ擧グル國家的能率ノ振興ハ如何ニ甚大ナルベキカ此ニ架說スルマデモナシ。

第二項目ニ關シテハ、嘉納氏ガ少年時代ノ虛弱ナル體質ナルニヨリ、柔術修行ヲ發意シ遂ニ强健長壽ノ身トナラレシヨリ、其ノ効果ニツキ痛切ニ感謝サルルト共ニ、體育トシテ柔道ノ體驗ヨリ、人體組成ノ各機能ノ活動ニ思ヲ致シ、身體內部諸機關ノ相賴リ相助クル妙理ニ感ジ以テ人間處世ノ原理ヲ案出スルニ至ラレシモノナリ。講道館ノ門下生中ニモ甚ダシク闘爭心ニ富メルモノ少ナカラザリシガ、氏ノ此ノ講說ニ覺醒シ改心シテ、溫良ノ人トナリタル其ノ例乏シカラズ。嘉納氏ガ此ノ理論ヲ、先年マドリッドニ於ケル國際議員聯盟會議ノ席上ニテ演說シ、列席議員一同ヲ承服セシメタル記錄アリ。但シ世界各國ガ擧ツテ實行スルコトハ、各國ノ宗敎、傳統、思想ヨリ、ナカナカ困難ナリトノ論ハアリシガ、此ノ演說ニ異議ヲ唱フル者ハ一人モナカリシトノコトナリ。二十數萬ニ上ル氏ノ有段者門下生中、亂暴不德、狼籍等ノ所行者ノ甚ダ少ナキハ、又以テ此ノ理論ガ門下生ニ偉大ナル實行的感化ヲ與ヘツツアルヲ證スルニ足ル。

故嘉納氏ガ嘗テ歐洲ニ於ケル講演中ニ、若シ柔道ガ世界ニ普及セバ戰爭ヲ發生セシムルコトナク、永久ノ平和ヲ招來シ得ベシト喝破セラレタルコトヲ以テ柔道ガ如何ニ平和的使命ヲ有スルカヲ知ルベキナリ。

故嘉納氏ガ提唱サレタル原理ヲ、英文ニテ表ハサレタルモノヲ摘錄セバ左ノ如シ。

Those principle of Judo are:

(1) "Whatever be the object, the best way of attaining it shall be the maximum or the highest efficient use of mental and physical energy directed to that aim."

(2) "The harmony and progress of a body, consisting as it does of different individuals, however few or many the number of those individuals may be, can best be kept and attained by mutual aid and concession."

三、今ヤ柔道ハ米國進駐軍ノ好伴侶ナリ。故嘉納氏ハ外遊スルコト數回、其ノ都度歐米諸國ニ於テ柔道ニツイテ講述シ、且ツ實演ヲ示シテ其ノ普及ニ努力セラレタリ。之ニ依リ、外人中ニ漸ク修業者ヲ増シ其ノ中成績ヲ認メ段階ヲ授與セラレタルモノ、各國ヲ通ジテ其ノ數既ニ一百名ニ達セリ。而シテ故米國大統領セオドル、ルーズベルト氏モ亦實ニ其ノ一人ナリ。現下京濱間ニ進駐セル米軍將兵中、柔道ヲ修メント欲スルモノ多數アレドモ職務ノ關係上ヨリ、マタ短期間ノ修業ニテハ上達困難ナルヲ豫想シテ想ヒ止マルモノ少ナカラザルガ、其ノ特ニ熱心ナルモノハ職務ノ餘暇ヲ以テ講道館ニ來リ修業ニイソシメルモノ既ニ廿名ヲ超過シ尚急ニ增加ノ趨勢ニアリ。又進駐軍各宿舍ニ館員ヲ派遣シテ、形亂取等ノ實演ヲ示シタルコト既ニ、殆ンド二十回ニ及ビ毎回非常ナル喝采ヲ博セルガ、尚其ノ依頼殺到シテ、本館ハ多忙ヲ極メツツアル現況ナリ。之ヲ以テスルモ柔道ガ如何ニ我ガ國ヲ彼ニ理解セシメ、延イテ國交ノ親善ニ貢獻シツツアルカヲ推知シ得ベシ。

四、我ガ國民ハ敗者ナリ。シカモ柔道ニ於テハ世界ヲシテ師事セシム。

柔道ノ「當テ」ニ類スル「ボクシング」「固メ」(別名抑ヘ込ミ)ニ類スル「レスリング」等ハ外國ニアルモ、柔道ノ投ゲ技ニ至リテハ、外人ニ珍ラシク、實ニ彼等驚倒ノ的ナリ。シカモ我ハ學理ニ則リ對手ヲ負傷セシムルコトナク之ヲ敎フルヤ鄭寧親切ヲ旨トス。外人ハ柔道ニ師事セザルヲ得ザルナリ。以テ我ガ國現下ノ悲況ニ處シ、柔道ガ國家ニ盡シツツアル一端ヲ窺フヲ得ベク、講道館ハ此ノ光榮ヲ深ク自覺セリ。今後益々努力シテ聊カ報效ノ誠ヲ致サンコトヲ期ス。

以上聊カ柔道ノ國家的使命ニ對スル所信ノ概要ヲ記述セリ。

翻ツテ現下柔道ノ國民ニ及ボセル影響ヲ觀察スルニ學校ニ於ケル正科課程ノ廢止ハ一生獻身的ニ斯道ニ努力セル幾千ノ

柔道指導者ヲ、失望落膽ノ深淵ニ顚落セシメタル社會的悲痛事タルト同時ニ、將來ノ希望ヲ柔道ニ繋グコトノ困難ナルヲ感ゼシメ延イテ柔道ノ衰頽ヲ招來スル運命ヲ兆サシメタル遺憾至極ノ事ナリ。此ノ事實ハ尙忍ブベシトスルモ現ニ日々講道館ニ來リ修業スルモノ其ノ盛時ニ比シテ二割ニ充タズ。卽チ柔道修業者中ノ大部分ヲ占ムル靑少年ノ柔道修業者ガ此ノ如ク激減セルハ國家將來ノタメニ斷ジテ忍ビ得ザルトコロニシテ痛恨之ニ加フルモノナシ。今ヤ我ガ國ハ武器ナキノ國家、武力ナキノ國家ナリ。將來我ガ國家ヲ護持スルハ、國民剛健ノ氣ト武器ナキ護身トニ待ツノ外ナシ。而シテ柔道ノ隆替ハ卽チ國民心身ノ隆替ニ影響スルコトノ至大ナルヲ思ヒ此ニ敢テ上申シテ當局ノ高覽ニ供ス。國家復興ノ策ニ資スルヲ得バ幸慶之ニ過ギズ。

昭和二十一年三月二十七日

講道館長　南　鄉　次　郞

幣原內閣總理大臣殿

㈣　議會關係

(1)　昭和二十一年八月十五日提出

建議第七九號

學校課外柔道練習許可に關する建議案

右成規に據り提出する。

昭和二十一年八月十五日

提出者

田原春次　平野力三　及川規　布利秋

贊成者

赤松勇　淺沼稲次郎　荒畑勝三　井伊誠一　井上良次
伊藤卯四郎　石川金次郎　稲村順三　今村等　上田清次郎
氏原一郎　海野三朗　大澤嘉代一　大矢省三　岡田春夫
奥村又十郎　加藤勘十　加藤シヅエ　加藤鐐造　片山哲
叶凸　金井芳次　金子益太郎　川島金次　菊地養之輔
清澤俊英　黒田壽男　佐竹晴記　榊原千代　澤田ひさ
澁谷昇次　島田晋作　須永好　杉本勝次　鈴木茂三郎
鈴木義男　田中健吉　田中松月　田萬廣文　田村定一
高瀬傳　高津正道　竹内克巳　棚橋小虎　玉井潤次
辻井民之助　堤隆　土井直作　富吉榮二　堂森芳夫
中原健次　中村高一　中崎敏　永井勝次郎　永江一夫
新妻イト　西尾末廣　西村榮一　野溝勝　長谷川保
林虎雄　林田哲雄　原彪之助　平野市太郎　細野三千雄
細田綱吉　正木清　町田三郎　松永義雄　松岡駒吉
松澤兼人　松尾トシ　松澤一　松本淳造　松本七郎
前田榮之助　水谷長三郎　宮村又八　武藤運十郎　森三樹二
森戸辰男　森本義夫　山口靜江　矢尾喜三郎　山下榮二
山崎道子　山崎常吉　安平鹿一　吉川兼光　米窪滿亮
米山久　東井三代次　笠井重治　松本瀧藏　伊藤實雄

二階堂　進　伊藤郷一　松浦東介　磯田繁芳　小西寅松
原　藤右門　喜多楢治郎　戸叶里子　松谷天光光　竹谷源太郎
若林義孝　原　國　三木武夫　石原　登　森　由己雄
川越　博　平野八郎　平川篤雄　原尻　東　宇田國榮
太田鐵太郎　北　政清　北　勝太郎　橋本二郎　東　隆
的場金右衛門　石崎千松　高津正道　笹森順造　川崎秀二
坪川信三　山崎岩男　橘　直治　鈴木周次郎　山下春江
村井八郎　有田二郎　高橋英吉　片岡伊三郎　原　彪
水田三喜男

學校課外柔道練習許可に關する建議

先般政府は學校において柔道を正課として强制的に敎育することを禁止し、その際同好の學生生徒有志が課外に行う練習をも禁止されたことは、精神身體の鍛錬上甚だ遺憾である。よつて政府はこの際柔道の學校における課外練習を許可し、以て柔道が愈々健全明朗なるスポーツとして發展し得られるよう措置せられんことを要望する。

右建議する

學校課外柔道練習許可に關する建議案理由書

柔道は故嘉納治五郎先生が柔術より柔道へとこれを進化せしめたるとき、既にその本質は體育的スポーツ的に規定されたものであつて、所謂軍國主義的な色彩は、戰時中强制的に附著されたものであり、品性の淘冶、人格の修養、體力の增强並びに護身法の習得がその目的であつて、他のスポーツと何等異なるものではない。

殊に聯合軍が進駐以來柔道に深き理解を示し、各地において柔道が盛んになりつゝある際、柔道を通じて遠來の朋友である聯合軍と親善を圖ることは、柔道愛好者が再建日本に對する義務と信ずる。これがためには學校課外に柔道の練習を許可して、その普及徹底を圖ることは當然な措置と信ずる。
これが本案を提出する所以である。

(2)昭和二十一年八月七日提出

衆議院

柔道ヲ「國民スポーツ」トシテ奬勵ノ請願（第五三九號）

請願者　東京都中野區大和町一一五番地　東井三代次

紹介議員　布利秋君

本請願ノ趣旨ハ柔道ハ品位向上並ニ體力增强ヲ目的トスル「國民的スポーツ」ナルニヨリ之ヲ中等學校以上ニ課外「スポーツ」トシテ奬勵セラレタシト謂ウニ在リ

(五)新聞關係

今後の柔道（朝日新聞昭和二十一年十月二十七日聲欄より）

今日多難な柔道界に大きな問題が三つある。一は、講道館長南鄕次郎氏の辭任による新館長の早急な決定である。こゝで門人が新館長に期待することは、人物を容れ、理事、維持員、評議員を全部徹底的に民主的に選出すること。それに高段者會議を併置し、館務と道場とが一體となり、名實共に柔道の大本山たるにふさわしく組織内容を整備運用することである。

二は、今回武德會は明治廿八年創立以來の歷史をここに淸算して、自發的に解散することになり、柔道部も今月末日を以て幕を下すことになつた。もともと武德會の柔道も、講道館柔道と一つ流れなのであるから、これからは皆仲よく一緒になり、例えば柔道會の名稱で新發足し（柔道會は嘉納先生の構想の中にもあつた）縣の體育協會等と連絡、運營されるならば、お互に最も望ましい結果を自然と招來するのではないかと思われる。柔道會は希望する者には段位を推薦または審議することになろうが、この際大切なことは各個バラバラに段位を出すようなことはしないことである。異つた標準で便宜的に、地方的に段位を出したりなどすることは段位の寶物以外の何物でもなく、それは結局柔道の品位を落し、普及發達を阻害することになる。柔道の段位はその權威を確保するようにしなければならない。

三は、先般文部省は「社會體育實施の參考」を通牒した。その中柔道の取扱い方については「柔道はその本來の目的たる人格の涵養、身體の鍛錬を圖るを主眼とし、個人の趣味嗜好に俟ち一層明朗健全なるスポーツとしての面目を發揮する充分なる努力を示すこと」とある。これは嘉納先生が常に說かれてゐた柔道の敎えと符節を合するものである。よつて我々の努力は軍國主義的な色彩と超國家主義的または歪められた神秘的色調を完全に拂拭し去ることに向けられるべきである。現在學徒の柔道は正課、課外を問わず、中止され、學校又は附屬施設に於ての練習は文部省で禁止されてゐる。正課の柔道の中止は解るが、課外の柔道は柔道がスポーツとして社會體育に正しい位置を占めてそれからと云う意見だろうか。「社會體育實施の參考」は學校の設備施設要具を民間に解放せよと指令している。文部當局は速かに學校附屬施設の活用を許可せられたい。東京K範士

かくて文部省はこれらの記録を機會ある每に司令部（C、I、E）體育擔當官に提出していたが、當時擔當官のノーヴィエル少佐 Major Norviel は、柔道の實態を認識するにつれて極めて好意的な示唆をあたえられた。

即ち、昭和二十一年七月文部省に宛てた文書に、

一、今後「武道」という言葉の使用は左の如く限定さるべきものとする。

A、略

B、「武道」とは外國語では（Military arts）軍事的な技術を意味する故に、公私團體によつて今なお實施されつつあるスポーツ（註―柔道、劍道等の意）に關しては如何なるものに對しても、この言葉を使用することは廢止されるべきものとする。このスポーツの一群を表示するために、一層適當にして穩やかな言葉が採用される時が來るまでは、各々のスポーツはこの總括的な呼稱の代りに、それ自身の名稱で呼ばれるべきである。

C、柔道と弓道とは人格の涵養、身體の鍛錬という本來の性質に復歸さるべきである。これらは個人の趣味・嗜好に俟ち、一層明朗健全なるスポーツとしての面目を發揮するよう充分なる努力をなすこと。

D、略

と書かれている。

又氏の好意によつて學校柔道の復活のために、昭和二十一年十二月、日比谷ホール（日比谷公園内日比谷公會堂）に司令部關係者を招き、柔道劍道及び弓道の實演を行つたことがある。

この實演は柔道の變遷を明瞭にするために、次のように特色づけて行つた。

區別	特色
戰前	柔道が神道主義と結び虛禮的になり、又勝敗に拘泥するようになつた。
戰時中	時代の要請によつて實戰即應、白兵戰鬪的動作へと變貌し、主として屋外で訓練された。
戰後	武術的なもの、虛禮的なものを去つて、眞に樂しいスポーツとなつた。

これは非常な好評を博し、爾後の折衝を容易ならしめ、その實施開始も、もはや時間の問題であるといわれ、實施時の具體的な計畫までが着々すゝめられていたし、一般の人々も極めて樂觀していた。

こゝにその一例を示せば、當時の某一流新聞のゴシップ欄に次のような記事が出ていた。

明治二十八年に創立された大日本武德會は、解散されて五十二年の歴史をとぢる。武德の養成と武道の奬勵が會の目的であつたのだから、今日の日本の實情にそぐはない。▼殊に同會の活動が、明治、大正、昭和を貫く日本の尙武的思潮の横流と、深いつながりをもつ以上、解散もまたやむを得ない歸結であらう。▼しかし武德會の存否如何にかかはらず、劍道や柔道などが、それぞれ一つの體育として存續するのに不都合はないはずである。反省さるべき點は、一般には、それが軍國主義と直結し、學校においては正科として、否應なしに學生生徒に强制されたことにある。**従つて、一度學校の科目から全面的に追放された劍柔道が、軍國思想と絶縁され、隨意科目として復活を認められたのは當然であらう。**▼武器を棄てた日本だから、尙武思想はなくなつたと考へるのは、粗雜な形式論理である。軍國思想の蘇生には、戒心を要するが、劍柔道そのものは、國民一般に親しまれ廣く普及してゐる點においてまた均整のとれた運動だという意味において、日本的體育として存續の價値は、十分認められてよい。▼今まで武道に志を立てた人々も、淸く尙武の頭腦を轉換し、眞に平和的な體育家として再出發するならば、日本再建に寄與するところは、決して少くないであらう。

しかもその翌々日になつて誤報に氣がつきあわてゝ次のように訂正するといつた狀態であつた。

【訂正】　〇月〇日附本欄に劍柔道が「隨意科目として復活を認められた」とあるのは誤、目下文部省で研究中につき訂正。

ところが昭和二十二年三月、司令部C、I、Eと折衝のさ中、突如、極東委員會（The Committe for East）の『日本教育制度改革に關する指令』が發表され、その中に左の條項があつた。

日本教育制度改革に關する指令

（前文及び（一）――（九）省略）

㈩すべての教育機關において軍事科目の教授はすべて禁止さるべきである。生徒が軍國調の制服を着用することも禁止さるべきである。**劍道のような精神教育を助長する昔からの運動もすべて廢止せねばならぬ。**體育はもはや精神教育に結びつけられてはならない。純粹な集團體操、訓練以外のゲームや娯樂的運動にもつと力を入れるべきである。もし軍務に服したことのあるものを、**體操教師として、**又體育スポーツに關係して採用する時は、愼重に適格審査を行わねばならない。

（（十一）以下省略）

この指令は全く晴天の霹靂であり、文部當局は勿論のこと、ノーヴィエル少佐も事の意外に驚愕し、直ちに鳩首對策をねつたが、遂に策なく、以前の白紙に復せざるを得なくなつた。

この報いつしか國内に傳わり、柔道の愛好者を落膽させたが、やがてこれを反證するかの如く、柔道はいよ〳〵世人の人氣を集め、全國各地で相ついで盛大な大會が催されるようになり、講道館には青少年や進駐軍將兵の出入が繁く、六百疊の大道場は文字通り滿員で、全く戰前をしのぐ盛況になつた。

加うるに、進駐軍將兵によつて、柔道の海外普及は急速度にすゝみ、參考書の問合せ、指導者派遣の依賴も世界各地から相次いで來つた。

更に特筆することは、軋轢のあつた柔道の諸團體が發展的に解消して、全日本柔道連盟が名實ともに只一つの全國團體として民主的に組織され、わが國體育のアマチュア團體たる日本體育協會に加盟したことである。

かくして柔道界は、もはや過去のような軍國主義との連關性において、取り扱われる懸念がなくなり、完全に明かるい雰圍氣へと脫皮して行つた。

一方文部省においては、昭和二十一年の極東委員會の指令や、民衆への普及度等を勘案し、實施許可について、今までとつていた柔道、劍道、弓道の同歩調策を捨て、先ず柔道弓道の實施許可を得べく、時の體育擔當官ニューフェルド（W. Neufeld）氏を通じて當局へ懇請を續けてきた。

この間にあつて講道館長嘉納履正氏をはじめ栗本義彦氏他多くの關係者の獻身的な協力により、遂にニューフェルド氏の贊意を得て、昭和二十四年七月體育局長東俊郎氏によつて學校柔道に關する厖大な書類が弓道の書類と共に總司令部C、I、Eに提出された。

この書類は柔道を教育的にくわしく考察し、それを基礎として文部省の態度を表示したものである。

次にその全文を掲げると

學校柔道復活に關する文部省の態度

近代柔道は一八八二年（明治十五年）嘉納治五郎氏の創始にかゝつている。

卽ち嘉納氏は舊來我が國の武士並びに庶民の間に武術として行われていた各種の柔術を教育的體育的見地に立脚して取捨し、改良し、更に新技を考案し、輕妙で危險のないスポーツ的な柔道をつくり上げた。その後柔道は我が國各層の人々に愛好され、又外國人の間にも愛好者が增加してきたので、オリンピック委員だつた嘉納氏は、これをオリンピック競技の一に加えるべく運動をつゞけてきたが遂にその結實を見ずに一九三八年に逝かれた。

しかしこの平和な柔道にも滿州事變を契機として、戰時的色彩が滲透し、特に軍の要請は柔道のもつている武技の面を極度に强調し、白兵戰鬪的動作へと著しく變貌させた。

ところが、終戰直後文部省は戰時中の柔道の性格に鑑み、とりあえずこれを學校教育の關與外におき平和的なスポーツ柔道の更生を望んでいた。その後三年餘りの間に柔道は新しいスポーツとしての形を整えるに至つたので、文部省では健康な個人をつくり上げるに適當な競技であることを認め、他の運動競技と同様に學校體育の教材として採擇することを適當と考えるに至つた。

甲　柔道の教育的考察

柔道は、我が國各層の人々の間に廣く愛好されたものであり、身體を强健にし、人格の向上をはかるのに適當なスポーツとして特異の長所を有している。次に柔道の體育的効果を考察しよう。

(一)身體方面

(1)柔道の身體發育に及ぼす影響

柔道の練習が身體の形態的、機能的發育に如何なる影響を及ぼしているかを知るために、昭和八年五月から七月にかけて東京高等師範學校並に國士館專門學校に在學している三段以上の生徒について、附表の第一表及び第二表に示すような測定を行い、この成績を吉田章信博士の測定による廿傑級陸上競技選手と比較してみた。

(イ)形態的方面の考察

附表第一表で明らかなように柔道選手の平均身長は一七〇糎で第四位を示しているが、これを日本人の平均身長とも見られる滿二十歳の男子の身長に比較すると約一〇糎大きく、日本人としては極めて大きい方である。

體重、胸圍、比坐高、比肩幅、比上膊圍は何れも第一位であり、大腿圍は投てき選手に次いで第二位を示している。

次に身體の圓滿均齊なる發育という點から柔道選手の體型をみると、附表第二表に示すように胸圍（右半分、左半分を測定す）を除いた上膊圍、前膊圍、大腿圍は、共に劍道選手に比べて柔道選手の方が左右の差は少い。これを野球、庭球等の選手に比較すると一層少いことが解る。

尙柔道選手の間に於ても、この點を更に精細に觀察すると右技のみ又は左技のみを得意とする者よりも、左右の技を得意とする者の方が左右の差は少なく、身體構造に於ても亦握力に於ても殆んどその差のないことを認めたのである。

(ロ)機能的方面の考察

柔道選手の機能的方面については、附表第一表に示すように、肺活量では投てき選手に次いで第二位であり、背筋力では第三位、握力では比較的資料が少いが、劍道、體操選手よりも強く生徒（註、附表第一表にあげられてある生徒の意）に比較すれば遙に强くなつている。尙、走力、跳力、投力等の一般運動能力に就いては、かつて體力章檢定種目を資料として、全國にわたり師範學校、中學校生徒の各種運動選手について調査した結果によると柔道選手は他の運動選手に比べて優位を示している。又東京體育專門學校に於て調査したところによれば、各種の運動能力を綜合的に考察するに柔道を專門とする生徒は他の運動競技を專門とする生徒に比べてその能力は決して劣つていない。勿論他の一般學生に比べると遙かに良好であつた。

(ハ)形態的、機能的方面の要約

以上のように最も多く運動の影響を受け、而も環境條件の似たと思われる學生を中心として比較考察した結果によると、柔道選手の體型は他の運動選手の比較的部分的な發育をとげているのに比べて、全身の形態が太く、下肢はやゝ短かいががつちりとしたいわゆる廣短型（太型）の體型を示している。

更に筋力や機能に於てもすぐれており、柔道の身體發育に及ぼす影響は良好であるといえる。

(ニ)柔道が身體發育に好影響を與えている理由

柔道が身體發育に好影響を與えている理由は、柔道練習の本質から說明することが出來る。柔道は、直接相手と組んで技を練習するのであるから、一刻も止ることなく千變萬化の中に互に相手を制御し、自己を統一し、機に乘じ變に應じて間髮を入れない瞬間的持久的な、極めて複雜な行動である。尙他の運動競技に於ては見ることの出來ない、全身を疊の上に投げつけると云う動作があり、又レスリングと同樣に抑え合うと云う動作がある。かかる柔道特有の練習形式からして、自然に身體運動の方向は前後左右上下各方向に亘り、從つて筋肉の使用も亦全身的に强く修練されるのである。

大腿圍が同じ五〇糎あると云つても、柔道選手の大腿は丸く圓形に近く、短距離選手の大腿は前後に太く隨圓形に近くなつて居り、柔道選手の終局體型が上半身下半身共に良好なる發育をしているのに對して、他の運動選手の終局體型は比較的、局部的な發育を示していると云うのも、要は柔道練習形式の本質である、身體運動の方向の多樣性、やがては全身筋肉使用の多様性と投げ合い、抑え合うことからくるのである。

(2)柔道選手X線間接寫眞像による胸部の觀察

昭和二十三年十月三日關東柔道選手權大會における出場選手四十名について日本醫科大學の齋藤一男博士が研究した結果によれば

(イ)全體として肺紋理の增强が著明である

(ロ)大胸筋の陰影が著明に認められるものが非常に多い

(ハ)病　的　所　見

○肺門部に石灰化巢を明かに認め得るものが五例、しかし之は勿論病的ではない。

○右下肺野に肋膜胼胝を認め得るものが一名。

○他に病的所見を持つ者を發見しない。

之を百分率に示せば、活動性病變〇%、非活動性病變二、五%　　更に之を他の事例と比較してみると

A東京都、金澤市、石川縣、岩手縣、宮城縣における奥野、藤田兩氏　竹谷氏、中村氏、岡田氏等の一般集團檢診の成績によれば、患者發見率は最低二、五%から一六%である。

B運動選手(極東オリムピック選手一八五名)について檢診した齋藤、相川兩博士の報告によると十名の病的像を認め、且つその中五名は、活動性病變二、七%非活動性病變二、七%で計五、四%である。

(ニ)全般的にみて、今回の檢査の成績においては柔道選手の胸部疾患は、一般に比べて少いと結論することが可能である。

(3)柔道選手の健康狀態

(イ)一般健康狀態

吉田章信博士が昭和八年より同十二年までの五ケ年間、柔道高段者(四段以上)三、四七一名について調査研究した結果は附表の第五表及び第六表に示す通りである。柔道稽古開始以來、殆んど無病の者が壓倒的多數を占めている。柔道を練習し

て四段以上に進む程の者は、天資極めて强健なることを意味すべきであるが、それでも柔道の練習が、柔道選手の健康度を增進する一面の事實を物語るものであるとも言える。

卽ち自分は生來强健でなかつたが、柔道の練習により驚くべく健康體になつたと解答する者が多數あつた。

(ロ)疾　病　狀　態

前項の事項について附表の第五表及び第六表中「時折健康を害する者」「しばしば健康を害する者」の群は極めて少數であるが、これらの疾病は附表第七表に示す通りである。

これを概觀するに最も多いのは消化器疾患の七三名である。この疾患は日本人に特に多い疾患であるから、柔道練習との關係を卽斷することは出來ない。

次に呼吸器疾患の四一名であるが、一般人の割合に比すれば決して多い數ではない。

(二)精　神　的　方　面

柔道の始祖故嘉納治五郎氏は、「柔道の目的は、練習を通じて身體、精神を鍛練修養して己を完成し世を補益するにある」と敎えているように、これが指導よろしきを得れば、强健で有能な身體が育成されることは勿論のこと、よりよい性格を育成して健全なる社會生活を遂行するに必要な精神的基盤に培い得る現實的な敎育場面を持つている。

柔道の練習形式はレスリングのように個人對個人の格技の形式であり、そこでは

(イ)强い意志力

(ロ)油斷のない落着きのある心

(ハ)適切な判斷力と敢行力

等が養われる。更に競技者が常に公正なる競技精神のもとに、競技をすゝめることによつて、他のスポーツ同樣にいわゆるスポーツマンシップを育成することが出來る。

(三)そ　の　他

1. 冬季でも練習衣一枚で練習するから皮膚の鍛錬となる
2. 練習場が屋内であるから天候の制約をうけない。
3. 狹い場所で大勢の者が練習出來る。
4. 個人對個人の競技であるから年令、體力に應じて適度に練習が出來る。
5. 特別の用具を要しない。
6. 柔道練習の本質から日常生活において不慮の危害を防ぐことが出來る。
7. 學校卒業後も引つゞいて練習をたのしむことが出來る。

乙 實施の具體策

一、實施年令

指導者、施設、用具が整う場合には中學校の一年より實施することができる。

二、指導內容並びに指導上の注意

分類	指導內容		指導上の注意
	中學校	高等學校以上	
投技	手技 腰技 足技	手技 腰技 足技 捨身技	技と關連して基本的技術を理解させ習熟させること 受身を充分行い傷害防止について十分理解させること 練習は段階的に行わせること 左右技が自由にかけられるように習熟させること
固技	抑込技	抑込技 絞技 關節技	固技は抑込技から指導すること

(參考) 傷害防止について

齋藤一男博士の研究による「各種スポーツの外傷」(附表第八表)についてみるに、柔道の傷害中には捻挫類が多い。しかし、傷害の件數は統計資料によれば他の運動のそれに比して決して多くない。柔道の傷害の原因の大部分は、練習者の不注意と練習場の不整備によるもので、指導者が細心の注意をもつて指導すれば、傷害の殆んどが防止できる。

卽ち傷害防止の注意事項は、次の諸點である。

イ、年令、力量に應じ、無理のない練習を指導すること。
ロ、練習の前後には、準備運動及び調整運動を行わせること。
ハ、施設を充分整備すること。
ニ、練習衣は洗濯、修理を充分させること。
ホ、手足の爪は常に短く切つておくこと。

三、指導者

1. 資格

イ、體育敎官にして學校柔道の講習會を終了した者
但し將來は、體育指導者養成のコースを經た者
ロ、人物優秀で指導力があり、學校柔道の講習會を修了した者について、學校長はコーチヤーに委囑することができる

2. 養成方法

イ、臨時的には、體育特に學校柔道について次のような中央並びに地區別講習會を催す

中央講習會	地區講習會

受講資格	體育の敎員免許狀をもち都道府縣敎育委員會の推薦者（一回約百名宛）	同上 體育の敎員免許狀をもたないが都道府縣敎育委員會が特に認めたもの
講習課目	體育一般 學校柔道 理論實技 その他必要な課目	同上
期間	十日	同上
回數	三回	同上
範圍	全國	全國を九地區に分ける
講師	中央に設けられた委員	同上 中央講習會終了者中の優秀者

ロ、將來は體育指導者養成學校で學校柔道について必要な敎育を行い指導者の充實をはかる。

四、施　設

練習場は五十坪位の廣さが望ましい。

しかし現在の資材及び價格事情からみて、新設にはかなりの障害が伴うので體育館、敎室等を利用する。

又晴天の場合は屋外に簡易な施設をして練習する。

（參考）練習場の衛生狀態

柔道は室内の疊の上で練習するものである。從つて稽古中の塵が問題になるので昭和二十三年十月三日講道館で行われた關東柔道選手權大會の折、日本醫科大學の齋藤敎授の整形外科敎室員が出動して測定した。その結果は附表第九表に示すようである。

對照欄に見るように午前中の誰もいない折の塵埃の數は四五で淸淨である。ところがが見物人が階下、階上に滿員となり試合が開始される直前の粉塵數は、場所によつて多少異るが、大體中等度の發塵數であり、試合最中の粉塵は相當高度のものである。細菌數は比較的少く且つ枯草菌が大部分で病原菌は殆どない。

照度は約五〇〇ルックスで問題はない。

講道館道場は六〇〇疊、鐵筋コンクリートの建物で、戰前は、通風、採光、照明施設も極めて良好であり、道場内の土足は嚴禁されていたのであるが、現在では練習場がズック疊であり、床上は土足、周圍には事務室ができ、衞生上種々の點で非常に惡くなつている。この條件下に於て測定した成績は、以上のようである。從つて室内の土足を禁じ、絶えず清掃し、疊はクレゾール水等で時々拭くことによつて粉塵の數を餘程減じ得るものと考える。

丙　その他の參考

一、柔道についての輿論

終戰後一時屛息した柔道熱は時の經過と共に盛となり、講道館をはじめ民間練習場へ通う人々が、めつきり增加し、學校柔道復活への希望は投書、陳情、その他にその熱心さが表われている。

1　學校柔道復活希望の投書陳情の件數

直接文部省にきたものを記錄してみると次の通りである

年	月	投書件數	陳情件數	備考
二〇、	一一	三五	一八	二〇、一一、六、學校武道中止
	一二	六二	二一	
二一、	一	二七	一一	
	二	一三	二	
	三	一一	四	
	四	八	〇	

五	一五	四	
六	二一	二	東京都大學高專有志陳情
七	一五	一	
八	一四	一	全國高等學校陳情
九	一三	〇	
一〇	一五	六	全國師範學校、青年師範學校陳情
一一	一二	〇	
一二	二五	二	
二二、一	二一	一	

備考　二月以後は不詳

2 學校の好むスポーツ

昭和二十二年二月都内の各種學校の學徒に對し一名につき五種目以内の好むスポーツを記入させた。

（尤も好むスポーツと云つても見學を好むのと練習を好むのと二様あるがこゝではその區別をしていない）

順位	大學高專學校生徒	中等學校生徒
1	野球	野球
2	水泳	柔道
3	庭球	劍道
4	卓球	庭球
5	籠球	水泳
6	蹴球	スキー
7	排球	籠球
8	劍道	卓球
9	柔道	自轉車
10	スキー	排球
11	ラグビー	蹴球
12	スケート	弓道

13	相撲	馬術
14	陸上競技	ラグビー
15	登山	相撲
16	馬術	陸上競技
17	ソフトボール	ソフトボール
18	自轉車	體操
19	弓道	アメリカンフットボール
20	ボート	ホッケー
21	ボクシング	ボクシング
22	體操	送球
23	送球	登山
24	自轉車	ボート
25	ヨット	レスリング
	以下略	以下略

3 社會における柔道

柔道について一般關心を知るために講道館の現狀を調査してみた。

(イ)終戰後柔道を練習する邦人

○講道館入門者の數

昭和二〇年（八月以降）　一、一七一名
同　二一年　三、〇三七名
同　二二年　三、九四九名
同　二三年　四、一二六名

(ロ)講道館の練習狀態

講道館に通う練習者は、一日平均四百五十名位であり、年令的にみて上は七十四歳の永岡十段から下は七歳の少年まで、しかも女子練習者三十餘名も加つて、嚴寒酷暑にも負けず練習を樂しんでいる。

(ハ)終戰後の外人練習者

○講道館入門者の數

昭和二〇年	四名
同　二一年	六四名
同　二二年	二八三名
同　二三年	二〇五名（九月迄）
合　計	五五六名（戰前の外國人入門者數　六二九名）

○外人有段者內譯

初　段	一三八名
二　段	二八名
三　段	六名
四　段	二名
五　段	二名

○出張指導

講道館では同館で指導する外に、進駐軍兵舍並びにクラブ等に出張指導している。主な會場をあげれば

オフイサークラブ　バンカースクラブ　羽田エアーベース　築地ステイションホスピタル　海上ビル　郵船ビル　横濱クラブ　ゴールデンドラゴン　ジム　東神奈川ノースドッジム　横田エアーベース

○出張實演

出張指導の他に進駐軍兵舍、クラブ、病院等よりの要望により、現在まで二百五十回位その需めに應じて出張實演を實施してきた。

見學者は延約十萬名位と推定される

○指導者の海外派遣

戰後講道館に對しアメリカ、イギリス、フランス、ポルトガル、ブラジル、朝鮮等より指導者の派遣及び參考書籍の送付方の依頼があるので、同館では講和條約締結後の派遣を期し目下その指導者養成に力を注いでいる。

尚フランス政府の要望により、昨年六月指導者一名渡佛し目下活躍中であるが、本年六月に更三名位渡佛する予定である。

以上は講道館における現状のあらましであるが、この狀態は地方各縣においても同樣で、學校柔道が復活し、更に我が國の國際關係が正常に復歸すれば、國內は勿論のこと國際柔道として廣く海外に普及するものと信ずる。

二、學校敎育に於ける柔道の變遷

1. 戰前の學校柔道

吾國においてはじめて學校に柔道が採用されたのは明治十年（一八七七）であつた。明治十五年（一八八二）嘉納治五郎氏が在來の各流柔術を學び敎育的、體育的見地に立脚して、取捨し、改良し、更に新技を加え、輕妙な「投技練習法」と危險の伴わない「固技練習法」を大成し、更に基本的術理を示す「形」を創案した。そのため漸次世の關心を集めるに至り、學校敎育の中に柔道を正課及び課外に採用する學校が多くなつた。

（中等學校に於ける柔道）

	柔道創始校數	柔道正科校數	學校數
明 5 (1872)	0	0	1
10 (1877)	1	0	7
15 (1882)	2	0	19
20 (1887)	4	0	39
25 (1892)	8	0	54
30 (1897)	50	2	140
35 (1902)	130	12	237
40 (1907)	189	24	270
45 (1912)	231	66	305
大 5 (1916)	254	140	319
10 (1921)	296	217	377
15 (1926)	404	342	507
昭 5 (1930)	446	415	550
7 (1931)	505	458	550
備考	昭和六年（一九三一）以後正課として全國中等學校に採用された		

しかしこの平和な柔道にも、満洲事變(昭和六年)を契機として歪められた神道主義及び戰時的色彩がだんだんと滲透してき、殊更に勝敗に拘泥する氣風が助長されるようになつた。

2. 戰時中の學校柔道

前述のように、昭和六年滿洲事變以來、神道主義と共に漸次戰時的な色彩が滲透し來り、特に太平洋戰爭に入るや、柔道のもつている武技の面は極度に强調され、實戰即應、白兵戰鬪的動作へと著しく變貌された。しかもこの戰技的柔道は劍道、銃劍道と共に全學徒に必修せしめ、野外で行うことを原則とした。

3. 戰後の柔道

平和の來復により柔道は學校敎育の關與外におかれたが、社會においては戰時色を拂拭し、他のスポーツと同樣に健全な身心をつくり上げる柔道としての歩みをつゞけている。

卽ち從來の柔道から神秘的、軍國的並びに封建的の色彩を拂拭するため次の事項を改革した。

イ、練習場の神棚を除去した

ロ、儀式的な禮法を廢止した

ハ、野外で遠くより走りかゝつて行う練習並びに試合を廢止した

ニ、一人對二人の練習並びに試合を廢止した

ホ、突く蹴るの當身技練習法を廢止した

ヘ、刀劍を使用する形の練習を廢止した

ト、審判規程をスポーツ的に改めた

かくして新しい柔道は、他のスポーツと同樣に健全な身心の育成と明朗にして而も公正な所謂スポーツ精神の涵養をその目標としてたのしまれている。

（附表）　第一表　各種運動選手の終局體型

	柔道	投擲	五、十種	中高ハードル	跳躍	四百、八百米	百、二百米	劍道	千五百米
身長	170.0	+2.9	+2.5	+2.0	−0.1	−0.6	−1.4	−1.4	−3.1
坐高	93.2	+1.0	−0.9	−0.6	−1.7	−1.5	−1.9	−1.6	—
比坐高	54.8	−0.3	−1.3	−0.8	−0.7	−0.6	−0.2	−0.4	—
下肢長	86.0	+2.3	+3.4	+2.6	+2.0	+1.3	—	−0.1	+0.5
比下肢長	50.8	+0.5	+1.0	+0.7	+1.0	+0.7	+0.6	+0.1	+0.1
肩巾	39.6	+0.2	−0.3	−1.1	−1.0	−1.7	−1.7	−1.0	−1.9
比肩巾	23.2	−0.2	−0.4	−0.8	−0.5	−0.8	−0.7	−0.3	−0.6
腰巾	28.0	+0.5	0	−0.3	−0.3	−0.5	−0.9	−0.2	−1.1
比腰巾	11.5	0	—	−0.4	−0.2	−0.3	−0.4	0	−0.4
胸圍	97.2	−0.2	−4.5	−8.7	−8.4	−9.4	−9.0	−6.7	−9.8
比胸圍	57.4	−1.3	−3.7	−5.9	−5.2	−5.6	−5.1	−3.1	−5.0
比上膊圍	19.0	−1.0	−2.4	−3.6	−2.6	−3.7	−2.5	−1.3	−4.0
大腿圍	56.5	+1.4	−1.8	−5.4	−3.7	−5.3	−14.8	−4.0	−7.0
比大腿圍	33.3	+0.2	−1.6	−3.5	−2.2	−3.1	−25.5	−2.1	−3.5
體重	74.3	−1.5	−7.6	−13.8	−12.5	−14.5	−3.9	−11.5	−17.5
ロー氏指數	149.5	−8.5	−19.5	−30.5	−23.5	−26.5	−35.6	−18.3	−29.5
皮厚	8.9	+1.5	−2.7	−4.3	−3.5	−3.3	−1.7	−1.3	−3.1
肺活量	4646	+264	−154	−156	−346	−394	−184	−221	−579
比肺活量	27.1	+1.2	+0.1	−1.0	−1.8	−2.0	−1.7	−0.9	−2.7
背筋力	172.4	+19.6	+17.7	−8.2	−8.0	−18.1	−18.4	−15.0	−31.5
握力	55.5	—	—	—	—	—	—	—	—

壯丁	生徒	水泳	體操	マラソン
−9.9	−5.9	−1.8	−6.8	−10.5
—	—	—	−3.6	—
—	−0.5	—	+0.1	—
—	+0.8	+0.2	−2.6	−3.5
—	—	+0.4	+0.4	−0.9
—	—	−1.2	−2.1	−2.7
—	—	−0.4	−0.1	−0.1
—	—	−0.8	−0.7	−2.1
—	—	−0.3	+0.2	−0.3
−9.4	−12.8	−7.3	−9.1	−11.5
−4.1	−8.0	−4.0	−3.4	−3.7
—	—	−2.0	−1.8	−3.8
—	—	−5.3	—	−8.1
—	—	−2.8	—	−3.1
−21.8	−21.2	−14.1	−16.9	−22.5
−35.3	−29.5	−22.5	−17.5	−21.5
—	+1.9	+0.3	−1.0	−3.4
—	−943	−219	−870	−780
—	−3.1	−0.8	—	−2.9
—	−14.4	—	−32.3	−41.1
—	−8.4	—	−2.6	—

文献

1. 柔道劍道の測定成績は東京高師並びに國士館專門學校に在學する三段以上の生徒（柔道七五名、劍道六五名）の成績である（鹽谷宗雄氏）
2. 投擲、五種、十種、中高障碍、百、二百、四百、八百、千五百、マラソンは「日本二十傑級陸上競技身體測定成績並びにこれに基づく所謂スポーツ型の研究」（吉田章信氏）
3. 壯丁は「日本壯丁の體格に關する統計的研究」（吉田章信氏）
4. 壯丁の體重は「徵兵檢査に表れた國民の體格について」（嘉悦三毅夫氏）
5. 「水泳」「生徒」は「日本人の體質、特に身體的作業能力の研究並びにその向上に關する體育的考察」（吉田章信氏）
6. 生徒の比坐高は「坐高の測定とその意義」（八木高次氏）
7. 生徒の下肢長は「整形外科より見たる中學生の脊柱の變曲並びに年令と身長との關係及び身長と下肢長との關係について」（桂秀三氏）
8. 生徒の握力は「大阪府立岸和田中學校生徒一七―一八歳にいたる者の握力」（鹽谷宗雄氏）

第二表　柔道選手と劍道選手の左右不均齊の比較

		平均	左右の差	人員
胸圍	柔 右/左	48.19 47.32	0.87	58
	劍 右/左	45.88 45.13	0.75	28
上膊圍	柔 右/左	31.91 31.27	0.64	64
	劍 右/左	29.68 28.02	1.66	64
前膊圍	柔 右/左	27.90 27.37	0.53	64
	劍 右/左	27.53 26.40	1.13	63
大腿圍	柔 右/左	56.16 55.38	0.78	46
	劍 右/左	52.62 51.69	0.93	61
下腿圍	柔 右/左	37.91 37.61	0.3	41
	劍 右/左	35.88 35.62	0.26	25
握力	柔 右/左	57.26 53.41	3.85	61
	劍 右/左	53.53 49.37	4.16	38

文獻第一表に同じ

柔 右/左 ＝ 柔道 右半/左半 分

第三表　各種運動選手の體格比較（參考）

	體格			百分比による概評分布表			
	胸圍	體重	身長	甲	乙	丙	得點
柔道部	86.3	59.0	163.8	58.1	29.1	12.8	44.9
劍道部	85.4	57.5	164.6	56.1	31.8	12.1	44.4
弓道部	82 8	54.6	162.5	42.3	35.5	22.2	38.2
排球部	85.1	59.3	167.0	68.8	22.2	8.9	48.8
蹴球部	84.4	57.8	163.8	52.9	29.4	17.6	42.3
陸上競技部	85.6	56.8	164.9	52.9	41.1	5.6	44.7
野球部	84.3	57.4	166.8	66.7	35.4	0	50.0
水泳部	86.8	58.7	165.0	45.0	12.5	12.5	50.0
非運動者	83.6	55.5	163.1	24.8	27.1	28.1	37.8
平均				51.6	28.9	19.5	41.6

文獻

廣島高師、同附屬中學、廣島師範の生徒（中邑幾太氏）

第四表　柔道の學童の身體に及ぼす影響（参考）Ⓐ

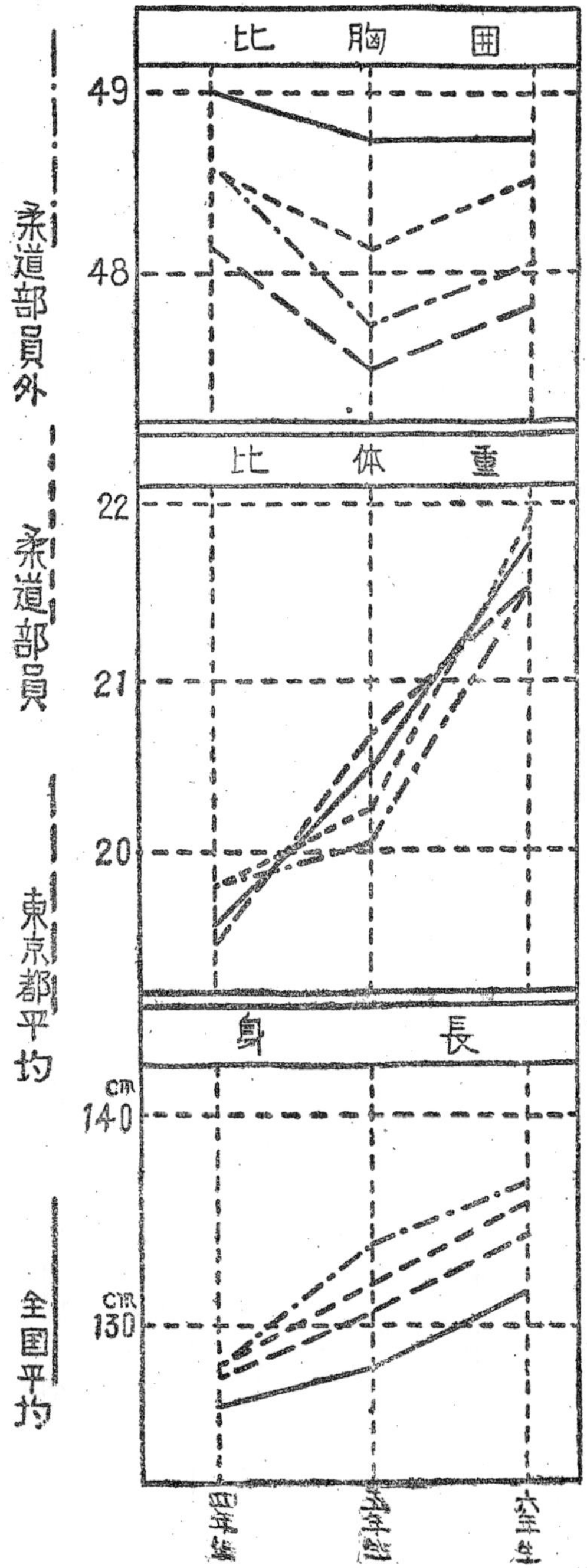

Ⓑ

	平均		最高記録	最低記録
	部員	部員外		
五十米競走	八秒六	八秒九	八秒一（部員）	九秒九（部員外）
走巾跳	三米五一	三米三〇	四米二〇（〃）	三米七五（〃）
籠球投	一三米八四	一二米六〇	二一米七〇（〃）	一〇米以下（部員二 部員外四）
懸垂屈臂	七、一回	四、三回	一五回（〃）	〇回（部員外）

文献　Ⓐ Ⓑ共に芝櫻田小學校兒童（室井光義氏）

第五表　柔道高段者健康狀態段別員數

段別＼健康程度		甲	乙	丙	不明	計
四段		1735	120	44	19	1918
五段		1110	76	27	8	1221
六段		264	19	3	1	287
七段		37	1	1	0	39
八段		4	0	0	0	4
九段		2	0	0	0	2
合計	實數	3152	216	75	28	3471
	%	90.8	6.22	2.16	0.81	100

文献　柔道高段者の健康狀態の研究（吉田章信氏）

表中
甲　殆んど無病なる者
乙　時おり健康を害する者
丙　しば〳〵健康を害する者

第六表　柔道高段者健康狀態年齢別員數

文献　第五表に同じ

	19～30歳	31～40歳	41～50歳	51～60歳	61～70歳	合計
甲	841	1372	735	178	26	3152名 90.8%
乙	51	91	55	17	2	216名 6.2%
丙	21	29	18	6	1	75名 2.2%
不明	15	7	6	0	0	28名 0.8%
計	928	1499	814	201	29	3471名 100%

第七表　柔道高段者の疾病狀態

疾病部位	時折不健康	しば〳〵不健康	計
呼吸器	一〇	三一	四一
消化器	二二	五一	七三
循環器	五	四	九
神經系	八	二二	三〇
傳染病	一一	一二	二三
脚氣	四	六	一〇
糖尿病	二	九	一一
以下省略			

文献　第五表に同じ

第八表　各種スポーツの外傷（各種スポーツ共最も多いもののみをかゝげる）

種目	傷名	%
柔道	足關節捻挫	一九、五
	鎖骨骨折	一二、六
	手腕關節捻挫	一二、〇
	肘關節捻挫	九、七
	指捻挫	六、七
ラ式蹴球	足關節捻挫	一五、四
	大腿部打撲	九、一
	膝關節捻挫	八、五
	肩押部打撲	七、六
	肋骨骨折	五、五
ア式蹴球	足關節捻挫	二四、〇
	突指	八、一
	下腿打撲	六、三
	頭部打撲	五、四
	顏面裂傷	四、七
籠球	突指	七九、七
	足關節捻挫	六、〇
	顏面裂傷	二、四
	足關節打撲	一、四
	手腕關節捻挫	一、二
野球	突指	七四、八
	足關節捻挫	二、八
	尺骨突起骨折	一、九
	上膊骨骨折	一、六
排球	突指	六〇、〇
	擦過傷	二八、八
	打撲	四、八
	足關節捻挫	三、二
ホッケー	下腿打撲	一〇、八
	指擦過傷	一〇、八
	顏面裂傷	九、二
	足關節捻挫	八、三
陸上競技	足關節捻挫	一二、八
	扁平足痛	一〇、〇
	肘關節痛	八、一
	肉ばなれ	七、六
	アヒレス腱痛	六、二
劍道	竹刀胼胝	七八、九
	肘腫張疼痛	五、六
	コマク裂傷	四、四
	突指	三、七
馬術	挫裂傷	三七、〇
	挫創	三四、六
	鞍傷	一〇、六
スキー	膝關節捻挫	二三、四
	腓骨々折	二一、九
	足關節捻挫	一八、七
拳闘	掌指關節打撲	一六、六
	腕關節脱臼	一二、五
	肋骨々折	八、三

備考　傷名の下の數字は%をあらわす

文獻　各種スポーツ外傷（齋藤一男氏）

第九表　講道館に於ける衞生狀態（齋藤一男氏）

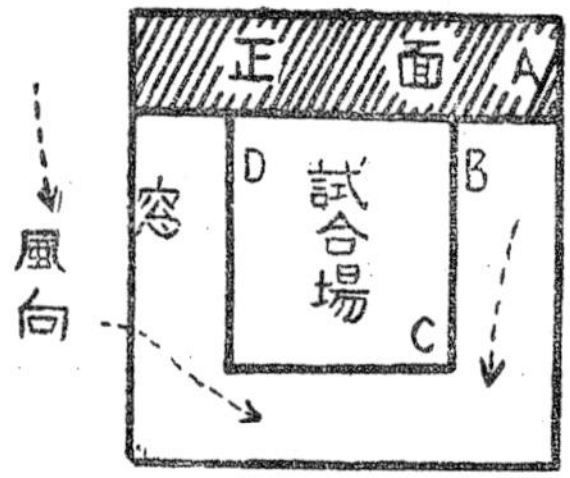

		室温	濕度	カタ冷却率濕	カタ冷却率乾	塵埃	細菌數	群落下菌數
A	前	19.9	65.0	14	10	465	（80% 枯草菌）	
	中	21.0	70.2	12	8	630		
	後	20.8	70.0	12	11	254		
B	前	19.6	65.1	12	8	347	11	0
	中	21.0	70.2	12	8	718	18	3
	後	20.5	70.0	13	11	206	11	2
C	前	19.8	65.5	15	8	362	7	0
	中	21.8	71.2	14	7	280	14	4
	後	20.9	69.0	13	10	123	41	3
D	前	19.0	65.3	14	11	202	7	0
	中	20.9	68.0	12	12	670	13	3
	後	20.0	67.2	13	13	103	13	3
對照		19.0	65.1	18	12	45	9	0

備考　○細菌數はペトリーシャーレ五分間 37°C 二四時間培養
○群落下とは細菌群として落下したるもの
○塵埃は勞研式塵埃計による
○前は試合前、中は試合中、後は試合後
○A、B、C、Dは試合場の各場所を示す

これに對し、總司令部C、I、Eでは早速、委員會を構成して、これに愼重な檢討を加えつゝあると仄聞したが、文部省では更に結論の早からん事を願つて、昭和二十五年六月次官會議にはかり、更に內閣總理大臣の了解をえて、左の文部大臣請願書を重ねて總司令官へ直接提出したのである。

學校柔道實施についてのお願い

終戰直後、文部省が戰時色を拂拭するために、學校における體育の敎材から除外し、これまでその實施を中止してまいりました柔道は、その後文部省において、各種の資料にもとづき硏究の結果、現在の柔道は、完全に民主的スポーツとしての性格、內容をそなえ、その組織も民主的に運營され健全に發達しつつあつて、もはや過去のような軍國主義との連關性において、取り扱われるような懸念がなくなりましたので、學校スポーツの一敎材として實施することはさしつかえないとの結論に達しました。進駐軍關係者において柔道を愛好される方々が增加しつつある今日、貴當局においてもこのことの事實であることは、既におみとめくださつていることと存じます。

その敎育的價値の立證ならびに結論についての關係書類は既に一九四九年七月C、I、E擔當官に提出しております。次に現在の柔道で改善された主な點を揭げたいと思います。

(一)　敎育的價値について

柔道は學校體育の目標とする身體的發達、知的發達、社會的態度の育成および安全、レクリエーションに對する理解、態度、技能の發達に大きな貢献をなし、その敎育的價値はきわめて高い。

(二)　實施方法について

1. 段別の外に體重別、年令別の試合も實施するようになつた。
2. 儀禮的なものは殆んどなくなり、スポーツとしてたのしく行われるようになつた。
3. 戰時中行つたような野外で戰技訓練の一部として集團的に行う方法を全面的に廢止した。

4. 當身技、關節技等の中で危險と思われる技術を除外した。

(三) 審判について

1. 誤審防止の徹底を期し主審の他に二名の副審をおき合議制にした。

2. 完全に勝敗が決しなくても技術、態度、體重等を勘案して判定勝を認めるようになつた。

(四) 一般人の關心について

1. 新しい柔道に對する一般人の關心が高くなつて觀衆が多くなつた。

2. 特に女性の觀衆が多くなつた。

3. 明るい氣輕なふん圍氣をつくつてきた。

(五) 競技會について

1. 試合が戰前のように勝敗にとらわれなくなつたので、ふん圍氣が明朗になつた。

2. 競技設備や揭示報導の方法等を改善し、觀衆の便宜を考慮するようになつた。

3. 出場者ならびに觀衆に對して各種の儀式、作法等を强制しなくなつた。

(六) 柔道界の組織について

1. 柔道をスポーツとして愛好する人々によつて民主的組織が結成された。

2. 役員ならびにその選出法、組織の運營は民主的になされた。

3. 全國團體である全日本柔道連盟が、新たに、アマチュア團體である日本體育協會に加盟しこの際新らしい柔道を學校スポーツ教材として實施することは適當な措置であると信じますのでますことをお願いいたします。

一九五〇年五月十三日　文部大臣　天　一

マッカーサー元帥殿

GENERAL HEADQUATERS
SUPREME COMMANDER FOR THE ALLIED POWERS
APO 500

AG 000.8 (13 May 50)CIE
SCAPIN 7265-A

13 September 1950

MEMORANDUM FOR: Japanese Government

SUBJECT: Reinstatement of School Judo

1. Reference letter Ministry of Foreign Affairs, Chief of Liaison Section, FOM No. 946 (EM), dated 13 May 1950, subject: "Application for Restoration of School Judo."

2. No objection is offered to the reinstatement of Judo in the physical education and sports activities of all educational institutions, as defined in the letter from the Minister of Education, dated 12 May 1950, entitled "Request for Restoration of School Judo."

FOR THE SUPREME COMMANDER:

K B Bush

K. B. BUSH
Brigadier General, USA
Adjutant General

これに對し總司令部では各部局の意見を徵して檢討を加え、九月十三日附で次の如き實施許可の覺書を日本政府に手交したのであった。

これこそ柔道愛好者の千秋の思いで待ちこがれていたものであり、柔道史上特筆さるべき事項である。

昭和二十五年四月十三日

日　本　政　府　宛　覺　書

學校柔道の復活について

1. 外務省連絡課長發昭和二十五年五月十三日付書簡 FOM 第九百四十六號 (EM)「學校柔道の實施申請」參照のこと
2. 昭和二十五年五月十二日付「學校柔道實施要請」と題する、文部大臣の書簡に明らかにされた通り凡ての敎育施設における體育及び運動中に柔道を實施させることは何等差支ない。

總司令官に代りて

K、Bブッシュ

米軍代將　參謀副官

C、I、E、よりの注意事項

1. 現下の國際狀勢にかんがみ新聞ならびに外部への大げさな發表はつつしみ、實施についての具體策が決定したら學校、關係團體の責任者に連絡をすること
2. 實施してよい柔道とはあくまでも大臣の請願書に規定された柔道であること
3. 指導者は體育の指導者であり、新しい柔道を理解していなければならないこと
4. 委員會を構成し柔道の實施要項をつくること

こゝにおいて文部省は總司令部の意を體して方針を定め、直ちに左の文部事務次官通牒を以て全國關係者に指示すると共に、關係團體よりの推せん者を以て學校柔道に關する委員會を組織し、學校柔道實施の具體策を審議して一應の成案を得たので、二十六年一月以降、文部省ならびに縣敎育委員會が傳達講習會を開催し、四月からの實施にそなえ指導者養成に大童となつた。

文初中第五〇〇號
昭和二十五年十月十三日

文部事務次官

國公私立大學長
公私立短期大學長
舊制のまま存續せる大學高等專門學校長
各都道府縣知事
各都道府縣敎育委員會
殿

學校における柔道の實施について（通知）

終戰直後、學校敎育において戰時色を取り除くため、文部省は柔道を學校體育の敎材から除外し、その實施を中止して來ました。その後文部省で各種の資料に基づき硏究した結果、柔道は民主的なスポーツとして新らしい內容をそなえてきましたので、中學校以上の學校體育の敎材として取り上げ、實施可能な學校においては、これを行つてもよいと考えるにいたりました。

そこで學校柔道の實施について本年五月別紙（寫(1)）（註本書五十七頁參照）のような請願書をG、H、Qに提出しておりましたところ、これについて本年九月十三日付で了解を得ました。（別紙寫(2)）（註本書六十頁參照）

いうまでもなく新らしい敎材としての柔道は、學校體育の目標達成に貢献するものでなければなりません。すなわち學生生徒が他のスポーツと同樣に學習する單元の一つであり、その實施方法も過去のものとは非常に異り、請願書に示されたものでなければなりません。

以上の趣旨に基づき、實施しようとする學校では次のようなことがらについて考慮を拂い、敎育的に運營することが望ましいことです。

1. 指導者

(1) 必修時體育

體育擔當の教官で新らしい學校柔道について理解をもつもの。

(2) 自由時體育

體育又は體育以外の教官で新らしい學校柔道について理解をもつもの。

大學又は都道府縣教育委員會が特に新教育の理解を持ち人格教養共にすぐれていると認めた者で學校長より委囑されたもの

2. 施設要具

學校柔道を實施するに必要な施設用具を無理なくそなえていること。

貴學（縣教育委員會）におかれてもこの趣旨を了解され、その實施に當り教育的運營に遺憾のないよう御配慮をお願いいたします。

なお、學校柔道の指導や競技方法等については近く發行される文部省中學校、高等學校學習指導要領保健體育科體育篇ならびに學校柔道指導書において具體的に示すことになつており、これについての講習會も計畫しております。各都道府縣においてもその趣旨徹底のための普及講習會などを計畫されることが望ましいと考えておりますので、念のため申し添えます。

文部省初等中等教育局長
辻田力

文部省大學々術局長
稻田清助

文初中第七三九號
昭和二十五年十二月二十七日

各都道府縣教育委員會教育長
各國公私立大學長　殿

學校柔道講習會開催について（依頼）

標記の講習會を別紙要項により開催いたしますから、該當者を參加させられるよう何分の御配慮をお願いいたします。

學校柔道講習會要項

1. 趣　旨

中等學校以上の學校において新たに實施できるようになつた柔道の內容およびその取り扱い等に關して、文部省より近く發行される學校柔道指導書の內容を中心に研究討議をし、その趣旨の徹底を期する。

2. 主　催　文部省

3. 期日および會場

(1) 中學校・高等學校の部

第1期　昭和二十六年一月二十四日―二十七日の四日間

會　場　東京教育大學

（東京都文京區大塚窪町二十四）

第2期　昭和二十六年一月二十九日―二月一日の四日間

會　場　大阪府立淸水谷高等學校

（大阪市天王寺區淸水谷東之町）

(2) 大學の部

昭和二十六年二月五日―八日の四日間

會　場　東　京　敎　育　大　學
（東京都文京區大塚窪町二十四）

4. 參加人員

(1) 中學校・高等學校の部
各都道府縣十名以內
但し愛知縣、岐阜縣、富山縣以西は第二期の大阪會場に參加するものとする。

(2) 大學の部　各大學一名宛

5. 參加者

(1) 中學校・高等學校の部
（イ）各都道府縣敎育委員會事務局關係職員
（ロ）各都道府縣敎育委員會より推せんされた現職の中學校・高等學校體育敎官
（ハ）各都道府縣敎育委員會より推せんされた現職の中學校・高等學校の體育以外の敎官
（ニ）各都道府縣敎育委員會より推せんされた（都道府縣）柔道連盟關係者

(2) 大學の部
二十六年度より實施の大學および特に參加を希望する大學の體育敎官

6. 講師（予定者）

東京敎育大學敎授　今村嘉雄　東京高等師範學校敎授　大瀧忠夫
東京高等師範學校敎授　松本芳三　東京體育專門學校敎務課長　老松信一
東京醫科齒科大學敎授　佐々龍雄　東京敎育大學助敎授　江尻容

東京教育大學助教授　阿部三亥　東京都立大泉高校教官　野澤要助
文部事務官　竹之下休藏　文部事務官　佐々木吉藏
文部事務官　小川長治郎
特別講師
永岡秀一　三船久藏

思うに柔道は時代と共に幾多の消長があつた。
終戰後の動搖と昏迷に、明治維新の風潮さながらに、捨て去られんとした柔道は、愛好者の謙虚な反省と獻身の努力によつて、いくばくもなく再び人心に蘇生し、終戰五年にして往時をしのぐ盛況を呈するに至つたのである。
まことに終戰後の逆境こそは、將來の柔道への好個の反省期であつた。これこそ『水嵩まされば舟亦高し』という古語の如く、困難にあえばあう程止揚して、柔道は今や學生柔道が中核となり、國内は勿論のこと世界の寵兒として、まことに洋々たる將來が約束されるようになつた。

第二章　學校柔道の意義

第一節　柔道の意義

現在柔道と呼ばれているものは、故嘉納治五郎先生によつて創始された講道館柔道である。

柔道の源流は古くより行われた原始的な組打より發すると言われる。古い時代から素朴な組打が行われたことは世界共通の事柄であるが、我が國ではこの格闘の技術が次第に地理的文化的な影響を受けて特色ある發達を遂げたのである。即ち一方ではいわゆる相撲として發達し、他方では柔術という武術として發達するに至つた。十七世紀の初め頃からこれら無手闘争の術は柔術として組織系統づけられ、その技術内容も投げる、組伏せる、絞める、挫く、打つ、突く、蹴るなどを含み、進んだものとなつた。十八世紀はかゝる柔術の最盛期であり、數多の流派が全國各地で術を競い、傳統を誇り、子弟を教育したのである。それら流派の中で竹内流、關口流、起倒流、直心流、天神眞楊流などは特に有名である。

嘉納先生が日本傳來の柔術を教育的體育的見地から取捨され、目的も方法も全く異つた近代柔道に止揚されたのは明治十五年（一八八二年）今を去る約七十年前のことであつた。

先生は自著柔道教本において「柔道はどうして起つたか」を次のやうに述べられている。

「私は年の行かぬ頃、二流に亘つて柔術を學んだので、おのづと武術の心得が出來て、大低の人から無法なことを仕掛けられても負けないといふ自信が得られた。同時に又その修行をした結果、大いに身體が丈夫になり、精神上にも得る所が多かつた。そこで私は考へた。かういふよいことは廣く世間の人々にも學ばせたいもの

嘉納治五郎先生

であると。併し當時は明治維新の直ぐ後であつたので、一時ではあつたが、武術の道場は殆ど皆閉ぢられて居て、さういふ稽古をしようと思つても、教へる場所が甚だ乏しかつた。で、私は自分で一つ道場を起さうと

講　道　館

決心して色々考へて見た。昔は專ら武術として柔術を稽古したものであるが、これは體育としてもなかなか有益なものであるし、精神修養の方法としても貴いものである。又その技術の研究に伴なつて、人間の實生活に應用することの出來る原理が分るやうになつて來る。さうして見ると、これは昔のやうに單に武術としてばかりでなく、武術、體育、精神の修養、世に處する方法等のことを兼ねた修行として教へたならば、一層値打のあるものになるであらうと考へるに至つた。

そこで從來の教へ方にも種々改良を加へ、最早一の術としてでなく、一の道として教へるやうにした。さうしてその道に基づいて攻擊防禦の方法、身體鍛錬の方法、精神修養の方法、その他色々のことに亘つて指導すべきであると信じ、明治十五年に講道館を創設して、それ等のことを教へ始めたのである。」

講道館柔道は以上のようにして創始されたのである。新らしい學校柔道はこの講道館柔道の精粹であり、體育スポーツの面を強く大きく押し出したものと考えられる。故に學校柔道の意義を明らかにするためには先ず講道館柔道の本質を考察することが極めて重要となるのである。

そこで先ず講道館の名稱から考察を加えたい。講道館は明治十五年、嘉納先生によつて創立せられたが、當時の講道館は先生個人の柔道教授所であり、研究所に過ぎなかつた。

講道館の名稱については何の文献も殘されていない。嘉納履正現講道館長始め師範直門の高段者に、書き殘されたもの、言い殘されたものの有無を伺つたが、何れも無いとの事であつた。唯考えられることは講道館の名稱が創立者嘉納先生に依つて名付けられ、道を講ずるという點に先生の深い思慮が推察されるのみである。ともあれ、講道館なる名稱は多數の學者の意見を徵され、練りに練つた後決定されたものらしい。現在、講道館とは柔道の研究、教育、普及の機關とされているが、講道の二字に柔道の本質が全的に現れているものとは考えられない。

しかしながら名は體を現すという。然り、講道館柔道の本質は次の柔道なる二字に表現されていると思考されるのである。講道館柔道の意義を便宜的に廣義と狹義の二つに分けるとすれば、柔道の柔の中には狹義の技術的な意味が、道の字には廣義の意味が、端的に表現せられている。しかして二字を合した柔道から渾然たる講道館柔道の本質がうかゞわれるのである。

されば講道館柔道の意義を考察するには、柔道なる名稱の解明から始めるのが、最も簡にして要を得たる方法であると言えるのである。以下この立場に立つて講道館柔道の意義を論じて見たい。

一、柔の意義

柔術はもと小具足、體術、和《やわら》、組討、捕手等と呼ばれていたが、江戸時代に入つた頃から柔術と總稱されるようになつた。この柔なる文字は如何なる意味に於いて使用されるに至つたものであろうか。

もと〳〵柔術が主として無手で練習する武術であつたことは分るが、無手ばかりでなく、短刀その他の武器を使用することもあつた。劍を用いるから劍術、馬を用いるから馬術というように、柔術が單に無手で練習する術であつたとすれば無手術とでも稱されていたかも知れない。ところが實際の練習に於いては「無手或は短かき武器をもつて、無手或は武器を持つて居る相手を攻撃し、または防禦する術」であつた。換言すれば綜合武術といつてよいのである。

かくて柔術は術そのものの持つ意味精神、から柔なる名稱を採用するようになつたものと考えられている。

二百五十年前、既に柔道と稱してその卓識を驚歎されている直心流でも、この武術は外形や方法によらず、その根本的精神によつて名付けたとして次のように傳えている。「ここに柔道の一流武術は業器の名を出さず、大體無碍自由の本源を云ひて、業の名を幹盤《かざり》とせざること當流の公けなり」と。

それでは「柔術が柔能く剛を制する」という術の原理によつて名付けられた所以は何であろうか。

もともと柔なる文字は「三略」にある

「柔能く剛を制し、弱能く強を制す。柔は德なり、剛は賊なり。弱は人の助くる所、強は怨の攻むる所。」の文中「柔能く剛を制する」の柔であつた。これは老子、陰陽、易などの思想に於いて極尊された「柔」であつて、此の意味が今日でも一般に通用していると考えられよう。

柔の原理についての各流派の解釋は、傳書などにも種々論ぜられ、多少の差異は認められるが、大體共通しているのである。

柔なる文字は草木の始めて生じた所のものを指すという。技折れの憂いのない木の芽のなよやかさに表現される柔なる原理は、技術的には、中心となる心は剛毅であつて毅然として動かず、外身體は柔軟にして心の欲するまゝに縱横の攻防をなし得る術理であるとされた。更に道としての柔、即ち柔德とも稱すべき點については、柔和にして人と爭う心なく、人に敵する心なければ、強敵もその德に服する（「三略」の柔）と解された。又「易經」に據る柔剛の德として、柔の中に剛を含まざれば眞の柔の德は發揮し得ないとも解かれている。

要するに古來の柔術家は、柔の德を極尊した老子の説に依據して、柔なる意義を内容づけたと思われるのである。即ち柔の道は無爲自然、赤子の如く純眞無垢であり、しかも強靱剛毅なるものを含み、時處位に應じて變化自在の性を具有する絶對の柔を本性とし、柔の德はよく萬物を成育するとまで説いたのである。これらの説は實際の技術から餘りにも飛躍し、抽象的普遍に過ぎるとも考えられる。しかし柔の精神を敷衍すればそのまゝ西洋のヒューマニズムにもつらなり、キリスト教の愛、佛教の慈悲の精神にも通ずるものがあると思考されるのである。

柔の意義についての先人の見解を略述すれば以上の如くであるが、世間一般に行われてゐる所謂柔に對する普通の意味は、單に相手に逆らわず順應するという程度にとゞまつている。嘉納先生が精力善用という新原理を提唱されるに至つた立脚點はこゝにあつた。

精述すると、柔の理とは一般に相手が如何なる方向から力を働かしてきても、相手の力に反抗せず、すべて順應して行動しながら、しかもその力を利用して勝利を得るという理合に解されているのである。相手が十の力を以て七の力の我を押してきた場合、我はこれに反抗しないで相手より多く後方に退くと共に、その押す力を利用して己の方に輕く引きつける。或は體を捌いて我が身體の方向を變えたとする。かくすれば相手は自然に前方に體を崩して倒れ易くなるのである。この場合、相手の十の力は減じて五或はそれ以下に低下するという結果となるであろう。この間一髮を捉え、適切な技を施せば十の力の相手は容易に倒れ、七の力の我は見事に勝利を得るということになるのである。場合によれば體を躱しただけで相手は前方に倒れるということもあり得る。

右の例は一般に解釋されている柔の理を示したものであるが、かゝる意味の柔の理合を以てすると、今日の柔道の實際に於いては、柔の理以外のものを以て説明しなければならぬ場合が少くない。

嘉納先生は柔なる原理が、そのまゝ柔道の意義を大きく現すものであることを認めながら、柔道には柔の理以外の理合をも含むものであると考えられ、新しい原理を樹立する必要を感じられたのであつた。

先生は柔の本義について次の如く述べて居られる。

「講道館柔道の實際に於いては、攻擊でも防禦でも、柔の理以外のものを以て説明しなければならぬ場合がいくつもある。たとへば自分の立つてをる所を後から抱き締められたとせばこれを逃れることは嚴格なる柔の理では説明出來ぬ。この場合相手の動作に順應して逃れる道はない。本當に抱き締められる以前ならば、體を低く下げて外づす方法もあるが、一旦抱き締められた以上は、その力に反抗して外づすより外に方法はない。しかしながら相手の力に反抗はするけれども、己の身體を自由にするために最も有效なる方法は存してゐる筈であるし、またその方法をとるべきである。

更に柔道の技が、いつも相手の力に順應した場合に限り施すべきものならば、相手が動かずにをるときは、こちらからは力の施しようがないことになる。彼を捕へんとしても手を下せぬ譯になる。しかし實際の柔道はそんな窮屈なものでない。捕へようと欲せば、直ちに手を下し得る筈である。たゞその下し樣が最も有效になされなければならぬだけである。之等の例は何れも筋肉の働きに關係してをるが、精神上に於てもそれ〲の場合に應じて、精神を最も有效に働かせねばならぬことは申すまでもない。かく述べ來れば、攻撃防禦の方法は單に柔の理の應用のみでは説明に無理が出來る。身體からも精神上からもすべての場合を包含して言ひ得ることは『心身の力を最も有效に使用すること』之だけであつて、之が攻撃防禦の根本原理であると言はねばならぬ。」

柔の意義については以上を以て終るが、柔なる文字が、柔道の持つ技術的特質を現すということについての疑義はないであろう。又柔に含まれた文化的な意味も大きく、價値の高いものであると思うのである。唯問題は「柔能制剛」の解釋の廣狹である。換言すれば柔の理を絶對のものとして重く見るか、相對的な剛を對象とする程度の柔の理と見るかである。これらの論議は他日に讓るとして、結局柔の理は無駄なく身體と精神を働かすという講道館柔道の技術的な原理を現すものと結論されよう。

二、道の意義

柔術を止揚して近代柔道を打建てた嘉納先生は、その名稱をつけるに際し柔術と言わず柔道とした。柔術時代には直心流を除き他には殆ど用いられていなかつた柔道という呼稱は次のような理由で採用された。

(1) 講道館柔道創始時代、世に行われていた柔術と區別した。
(2) 柔術の主とする所は單なる術に過ぎないが、柔道の主とする所は道であつた。
(3) しかしながら柔道は柔術を基礎としたものであるから全く新しい名稱は採らなかつた。
(4) 當時の人々は柔術という名稱が危險とか暴力とかに結びついて好ましからぬ連想を起す有様であつたので、柔道は從來のそれとは大いに違つたものであることを示した。
(5) 柔術家の中には生活に困り、術を娯樂に供する有様であつたから自然に世人の輕侮を招いていた。それで柔術の名で教え初めては一般の人が嫌がるであろうと思つた。

以上が道という文字が採用された理由であるが、その中で最も注目すべきことは、柔術は單なる武術で、主とする所は術にとゞまるが、柔道は道を主とするものであるということである。從來の柔術家も道を説いた。しかしそれは識見のある特殊な師によつてなされたに過ぎず、一般には術の教授が主であつたことは、封建社會が要求した武術の在り方からいつても當然であつた。明治新時代を背景にして擡頭した柔道が、術は附隨的なものであり、道に入る手段に過ぎないとしたことはまさに百八十度の大轉換であつた。

しかしながら柔術は東洋文化の流れを汲む一文化財である。古く我が國に存在し、受け繼がれて來た種々の武術では物心一如、物我一體といつた東洋的な境涯を、術の上に更には日常生活の場に具現するの修行に努力した。この意味では想を練り、念を込むるといつた技術の錬磨は道徳的であり、人間完成の道に通ずるものと言えよう。柔術も他の藝術や武術と同じくその修行態度は傳書や口述によつて以心傳心的に傳えられ、教えとして殘されている。唯それは飽くまで個人の境地であり、祕傳として個人から個人へとひそやかに傳えられてきたというのが實情であつた。

東西の教養を身につけた文化人嘉納先生は、講道館で教える所を判然とさすために道という字を用いられたとも言えよう。結局、我が國の武術、否、繪畫、詩歌、茶の湯、生花等凡ゆる文化を性格づけた東洋的な道を基盤として、これに西歐文化の科學性、合理性、社會性を融合させ、世界に通ずる普遍性を持たせたのが先生の説かれた柔の道であつたと考えられる。先生は道の意味について次のように述べて居られる。

「精神、身體の力を最も有效に使用することは柔道技術の根本原理であるが、之はたゞ攻擊防禦の技術の上にのみあてはまるのでなく、世の各般の事をなす上にも最も大切なる根本原理である。苟くも事をなさんとせば、それに向つて精神、身體の力を最も有效に使用しなければ、何事も立派な成業は望まれるものでない。よつて講道館にては柔道なる意味を單なる一種の武術の名稱とせずに、その技術に存する根本原理であり、同時に世の各般の事柄をなす上の根本原理でもある精神身體の力を最も有效に使用する道であると云ふことにしたのである。」

先生の強調される所は端的に云つて無駄なく心身を働かすということになる。この新しい原理は、柔道の技術はもとより廣く社會生活萬般に對する原理ともなるのである。そして柔道の主とするものはこの道であつて、結論として柔道とは「心身の力を最も有效に使用する道」であるとされたのである。

講道館では柔道の大きな道を約して精力善用といつている。これは「心身の力」を「精力」の二字につめ、「最も有效に使用する」ことを人間の行動はすべて善を目的とすべく、その善を最も有效に行うと云う意味で「善用」としたのである。

三、結　語

柔と道の二つの字句から講道館柔道の意義を考察したのであるが、結局、柔道の根本義は「心身の力を最も有効に使用する道」即ち精力善用であることに到達した。そして柔道の精神的方面がかくの如く高度に發展する迄には相當の時日が費されたのであつた。これは昭和九年講道館創立五十年祭擧行の年に、先生が「柔道の技術的方面は明治二十年前後に至り略々完成の域に達し、精神的方面は漸次發達し、今日說いて居る處まで進んだのは大正十一年一月講道館文化會を起した時である」と言われたことからでも分る。

先生は善なる目的に到達する手段として精力善用を說かれたが、更に行爲の目的として自他共榮をかゝげられた。自他共榮は事を行い、行いを進める上に於いて、各人が融和協調して相助け相讓り、自分も他人も共に榮えるという社會存續發展の原則であつた。世界人類の福祉を增進し、その共存共榮にまで押し擴めて行つた日本傳講道館柔道は世界の柔道として何時までも輝ける生命を持續するであろう。

第二節　格技としての柔道

一、格技について

格技は世界各國に於いて古くから存在し、現在でも文化の高低、地理的條件等を超越して盛んに行われている。投げたり、抑えたり、絞めたり、逆をとつたり、捻じつたり、打つたり、突いたり、蹴つたりする如き素朴な格闘技は、人類の歷史が始まると同時に行われたものと考えられる。

聖書の舊約全書の中にはヤコブが神と力較べしたことが載せてあり、エジプトのベニハッサン寺院における相撲の壁彫は紀元前三千年既に格技競技が行われていたことを物語つている。又印度古代に於いても法華經、其他佛經中に相撲の字が見え、釋迦の時代にも盛んに試みられたらしい。「悉多太子の弟、難陀太子は調達と相撲して、調達顚倒して神心悶絶す」などの記録はこれを示している。

これらの格技はエジプト或はアジアからギリシャに傳えられたらしい。これはギリシャの大詩人ホーマー（紀元前十世紀頃）の詩史に現れている通りである。又紀元前七百七十六年から優勝者を記録してゐる古代オリンピックの祭典競技は其後四年毎に開催されたが、その第十八回オリムピアードの時から五種競技となり、その一つにレスリングが加えられ、やがて拳闘も行われるようになつたことは史實に明らかな所である。

一方我が國に於いても、人間闘爭の最も素朴な格闘技が遠く神代から存在したことは、古事記の建御雷神と建御名方神との力くらべの傳説から推しても察知される。

ともあれ、人間の欲求に根ざし、自然發生的な起原を持つ格技が、古代に源を發したことは首肯されよう。組打として發生した格技は、古代ギリシャに於いて體育スポーツとして位置づけられた。そして人間形成という廣い體育の一領域を占めて、軍事的基礎能力に培う意味で重要視せられた。ついで古代から中世に移るに及んで、實戰的意味を失つた格技は、他の武術と共に騎士の消閑的スポーツと化したが、中世的封建體制が文藝復興を契機として資本主義社會へと移行するに及び、その思想的經濟的背景によつて格技も近代スポーツとしての形を整えたのである。

現在行われているスポーツの形式には個人競技と團體競技の別があり、個人競技の中にも器具、用具を使用して行うものと直接身體を用具として競技するものとがある。身體を以て直接にその能力を競うものには陸上競技の如く單獨で行うものと、四肢軀幹を用具として競う對人の格技競技とに分けられよう。人間具有の欲求に根ざした格技は、日常生活の活動様式に基いていることから、一般的な遊戯としての性格を持ち、これに一定のルールを規定することによつてスポーツとしての形式が成立するのである。

次に格技スポーツの競技方法を、立つて行う場合、寝て行う場合、自由に行う場合の三つに大別して列擧しよう。

(1)立つて行う格技

イ、投げる。

ロ、押し出す。

ハ、頸を絞める。

ニ、關節をとる。

ホ、突く。

ヘ、蹴り、撲る。

ト、抱き上げ、或は振り倒す。

以上の方法も競技者の服裝、勝敗の決定其の他に關する相違によつて種々の形に發展している。その中立つて行う格技の勝敗は次の様にして決められている。

イ、投げる場合は、足以外の部分、膝、肘から腰までの部分、兩肩などを地床につければ勝となる。柔道の如く相當の「ハズミ」又は勢いを以て大體抑向に倒さねば勝とならぬ規程は最も困難なる條件であろう。

ロ、一定の競技サークルから相手を押し出せば勝ちとなる。

ハ、頸を絞め、或は關節をとつて相手を參らす。
ニ、相手を突いてノックアウトする。
ホ、相手を釣り上げて三歩以上運ぶ。或は扛擧して肩より上にあげる。

(2)寢て行う格技

イ、兩肩を地床につけあう。
ロ、抑え込む。
ハ、關節をとる。
ニ、首を絞める。
ホ、蹴り、撲り、踏み、突く。

これら格技の勝敗の決定は次のようにして行われる。

イ、一定時間相手の兩肩を地床につける。
ロ、一定時間抑え込む。
ハ、關節をとり、或は首を絞めて相手を參らす。
ニ、蹴り、撲り、踏み、突いて相手を參らす。

(3)自由に行われる格技

寢ても、立つても自由にやれる格技には、立技と寢技を區切つて行うものと、立技、寢技が表裏一體の關係で競われるものとがある。前者の代表はレスリングであり、後者の代表は柔道と言えよう。

これらの内容をもつた各格技は世界の各地で行われ、それぐの文化を背景にして、環境に適合したものを形成している。そして現在行われている格技は一部を除いて危険を伴うような技術を禁止し、公式のルールに従つて技と力を最高度に發揮し合う近代スポーツへの歩みを續けている。平和な文化的目標を目指すに至つた格技は、身體をより強健に、精神をより健全にという人間形成の廣い領域に位置し、有効なスポーツとして一般にその價値を認められている。かくて格技は更により高い教養に裏付けられることによつて、ますます高度のスポーツとして發達して行くものと考えられるのである。

終戰後、我が國に於いてもスポーツ興隆の波に乘つて、柔道、相撲、ボクシング、レスリング等の格技が盛んに行われている。これらの格技に文化的な香りを持たせ、より優れたスポーツに育成することは吾人の務めであり、亦世界スポーツ界の希いでもあろう。

二、格技と柔道

講道館柔道の本質については前に述べたが、次に廣く格技としての立場から柔道を眺め、柔道が格技に占める意義について考察して見たい。そして國際オリムピック大會の正式種目であり、現在世界で行われている代表的格技ボクシングとレスリングに、日本の特技相撲を加え、それらと柔道を比較検討することによつて格技柔道を解明しよう。

(1) ボクシング (Boxing)

單に拳闘といえば、二つの拳骨で毆つたり突いたりして闘うものである。中國の拳法や琉球の唐手などの中にも拳闘は含まれているが、それらは武術としての要素が強い。この拳闘をスポーツとして成立させ、世界に擴めているものにボクシングがある。即ちボクシングは十八世紀の初め頃から武術として盛んになり、ジエームス・フイッグによりラウンド制が作られ、更に皮革製のグローブが製作され、クインスベリー・ルールが設定せられるに至つてスポーツとして確立したのである。

ボクシングの競技は、リングの上で八階級に分けられた同級體重の競技者が三分間ずつ三回（プロフェショナルは四―十二回）闘うのである。この競技の勝敗は次のようにして決められる。即ち加撃された競技者の足以外の部分がリングの床にふれ、或は無意識にロープに掴みかゝり又は凭れかかり、若しくは立つてそれ以上攻撃又は防禦することが出來ない「ノックダウン」の狀態で十秒をカウントされた時は「ノックアウト」で勝敗は決する。棄權、失格、テクニカル・ノックアウトの時も同樣競技は終結する。徹底的な判決がなく競技が終つた場合は採點法により勝敗が決められる。

拳によつて加撃し合うボクシング競技として注目すべきは次に示すボクシングの反則事項であろう。何となればこれによつて本來武術的なボクシングがスポーツとして成立したからである。

(1)ダウンしている競技者、又はダウンから起き上ろうとする競技者を加撃すること。
(2)ベルトライン以下への加撃。
(3)脚又は膝で蹴ること。
(4)後頭部、後頸、及び背部への加撃。
(5)頭部をもつて相手競技者を押え付けること。
(6)頭、肩、肘、前腕及び手首等による加撃又は押えつけ。
(7)オープングロープの加撃。

(8)バックハンドの加撃。
(9)相手の頭、頸、腕、腰、脚部及びグローブを抱え込み、引張り、又は摑むこと。
(10)相手競技者に凭れかゝること。
(11)ベルトライン以下のダッキング。
(12)相撲行爲。
(13)ロープの彈力を利用し又はロープを摑み攻撃すること。
(14)相手の腋下に腕をのばし固くクリンチすること。
(15)腎臟擊。
(16)こすりつけ擊。
(17)全く競技しない完全防禦態勢。
(18)クリーンブレイクしない場合。
(19)故意にダウンすること。
(20)競技中止後の故意の攻擊。
(21)罵倒及挑發的言動。
(22)セカンドの反則。

以上の反則規定を見ても分る通りボクシングは格技の廣範な技術内容の中から單に拳を以て突き、毆るという方法を採り上げ、これに適正なる規定を設けて危害を防ぎ、スポーツ化したものと言える。無手で以つてする武術的な格技には種々の方法があるが、精妙を極めた突技は確かにその目的を達する最も有效なるものゝ一つである。撃突という烈しい格技の一形式が歐米に於いて立派なスポーツとして發達し得たことは、その背後に西歐文化の裏付があつたからであろう。

猛烈極まるボクシングの加撃も、今日では危險の理由で糾彈する者はない。突く部位はベルトラインより上であり、拳には革製のグローブがはめられ、競技する場所はリングという限られた中である。前掲反則規定を見ても分る通り、危險と思われる凡ゆる場合は周到に考慮して制限され、格技スポーツの一つの典型がこゝに成立している。

次にボクシングの技術と柔道の技術との相關について考察して見よう。柔道の技術的構成は投技、固技、當身技の三部門からなり、その中の當身技は相手を打ち、突き、蹴る等といつた技術である。柔道が古く柔術と言われていた頃から、突技は當身技の代表的な技として特に研究され練磨されてきた。柔道に於いては突技は形の練習形式によつて行われるが、その場合重要なことは働かす部位と突く動作の冴えであり、更に當てるべき相手の部位が問題になる。前者の部位には拳、指先、平手、肘、膝、頭などが擧げられる。後者の部位は昔から當身の急所と言われ、門外不出の秘傳として傳えられたるもの八十ケ所、攻撃の方法三十八と言われている。その中、天倒（頭部のほゞ中央部）、烏兎（眉間）、人中（鼻下）、霞（こめかみ）、水月（みずおち）、電光及月影（ひばら）、明星（下腹部）、釣鐘（睾丸）等は誰もが知る所であり、ボクシングの解說書にも見えている。

このように考えてくると、ボクシングで相手の急所を加撃する方法は、柔道の突技と同じであると言える。しかしながらその技術の採り上げ方、練習法に於いては著しい相異がある。嘉納先生によつて柔術が柔道という近代體育運動の一つとして建て直されるための檢討が行われた時、技術上、問題となつた一つは當身技の採り上げ方であつた。

そして柔道の練習が亂取と形の二つの形式に分けられ、當身技の練習は形としての修錬形式をとることになり、投技、固技が亂取技、試合技として行われたのに反し、當身技は護身の術として別個の價値と存在を認められるようになつたのである。

柔道には種々の形が考案實施されているが、その中、極の形は、柔術諸流を代表する揚心流、天神眞揚流の當身、捕縛術を基礎として、これに修正を加え補足改良して作られたものである。ボクシングに見る突技は極の形、及びこれに類する形的修錬によつて練習せられていると言える。

以上ボクシングの技術は柔道の技術内容に包含され、その突技の練習方法は、ボクシングでは純然たるスポーツとしての形式をとり、柔道では主として形の修錬形式をとつているのである。

(2) レスリング (Wrestling)

數多くの格技において、柔道と最も多くの類似點を有しているものはレスリング競技である。レスリングは二人の競技者が裸で格鬪し、相手の兩肩を同時にマットにつけよう(フォール)とする競技である。フォールすることによつて勝敗は決し、フォールがなければ、審判員の採點を比較して勝敗を決定する。

寢てやるグランドレスリングと立つてやるスタンドレスリングを見ると、柔道の立技寢技を裸でやつているように感ぜられる。事實柔道をやつたものや相撲を練習した者はレスリング競技に入り易い。然しながら競技としては全く別である。第十回オリンピック大會で日本レスリング選手が期待に反して敗れた原因の一つは、日本選手は本當のレスリングの試合をやつたのではなく、裸で柔道をしたからだと評されていることからしても分る。柔道の強者、必ずしもレスリングの優者ではないのである。レスリングのルールを理解し、その練習法、テクニックを検討すると、自然にその相違は判然としよう。

レスリングの競技は體重によつて階級を分け、袖なしのシャツを着、タイツを穿き、ベルトまたはサポーターを着け、レスリング用の特別製の靴を穿いて、マットを敷いたリングの上で互にフォールせんと競うのである。

レスリングの競技において、最も重要なることはフォールである。競技者の兩肩を同時にマットの上に觸れさせようとするフォールへの攻め合いが、このスポーツの中心である。相手の體や脚を捉えてフォールに追い込むことや、投げてフォールさすことのテクニックがこの競技の粋であろう。

柔道の亂取技は大きく投技、固技と分れているが、兩者は一體の形で行われる。試合に於いても立つた姿勢から始められるが、立技から巧みに連絡して寝技に移つて行く所に妙味がある。しかしながらレスリングでは劃然と立技と寝技に分れている。寝技即ちグランド・レスリングでは一人の競技者がマットの上に兩手と兩膝をつけた姿勢になつているのに對し、相手の競技者はその後橫に位置して攻め始めるという形式をとる。これからの學校柔道では色々な試合形式が考えられ、寝技だけの試合も行われるであろうが、本質的な柔道の試合は、立つてよし寝てよしの投、固混然たる競技をする所にある。こゝに柔道の格技としての大きな特色と價値が認められるのである。

プロフェショナル・レスリングでは首絞めが禁ぜられているだけで、蹴る、撲る、踏む、關節をとる、突くなど凡て自由で、技の範圍が非常に廣いと聞いている。競技規則もアマチュア・レスリングのそれとは全く異り、亂暴と思われる行爲まで許され、試合時間も長く、觀る者にレスリングの原始時代を思わせるものがあると言う。こゝで特に注目を引くのは首絞めだけが禁ぜられていることである。柔道では柔道衣という手掛りがあり、襟などを利用することに依つて絞技の數は增え、チャンスも多く、合理性を有している。レスリングのように裸の相手に對する場合は、柔道に於けるような効果的な方法がとれないし、それに加えて絞めに對する感情等もあり、これを除外したのではないかと思われる。しかし蹴ること撲ることが許されている狀態から推して、絞めもやがて行われるようになるのではなかろうか。そうすれば格技としての技術を最も多く含んだスポーツの試合が、一應プロ・レスリングで行われることになる。しかしながら實際問題としてその競技はショウとして行う場合にのみ可能であろう。體育スポーツとしての格技を考える場合は先ず考慮外におかれる事柄である。

次にレスリング競技で反則とされている箇條をまとめて擧げると。

(1)毛、耳、肉、局部、着衣を摑むこと。

(2)手指、足趾をひねること。

(3)足で蹴ること、毆ること、或は生命を脅かし、身體を傷つけるような行動。

(4)相手の咽喉を絞め、或はフォールの止むなきに至らしめるような苦痛を與えること。

(5)はがい攻め、腕がらみ、足首を捻ること、足絞を行うこと。

右に擧げられたアマチュア・レスリングの反則を見ると、そこに裸の柔道らしい特色がうかゞわれる。かゝる本質を持つレスリングの競技には多くの力と持久力が必要であつて、體力の優劣が著しく勝敗に影響するのである。これがレスリングに於いて體重による八つの階級を設けた第一の理由であつたろう。同級體重者が互にフォールせんと競う所にレスリング獨特の技術が發達し、特異性を持つことになつた。柔道は互に相手の柔道衣を摑み利用して、無駄なく心身の力を働かせ最大の效果をおさめようとする。そこから兩者の技術的な相違が生れ出たと考えられる。

柔道が格技として教育の中に採り上げられたのには、色々の原因があろうが、技術的には、技の範圍が廣範で、危險性がなく、練習法が合理的で、妥當性を持つた技術理論に裏付けられているからであろう。

(3) 相　撲

日本古來の格技で現在廣く行われているものに相撲と柔道とがある。柔道の流れは柔術より發するが、その柔術と相撲とは起原を同じくしている。

古い相撲の歴史はともかくとして、こゝで注目しなければならぬのは相撲節會（宮中の天覽相撲）であろう。即ち聖武天皇の天平六年に始まると言われる相撲節會では、相撲の儀式、作法、四十八手が制定され、「突く」「毆る」「蹴る」の三つが禁手とされた。そこに大きな意義がある。それは從來徒手であつたが殺し合うまでに闘つたすまうが危險な手（技）を禁止して競技としての性格を持つようになつたからである。この事は現在相撲競技で定められている次の禁手を見れば更に明らかとなるであろう。

(1) 握り拳で相手を毆る。
(2) 拳で急所を突く。
(3) 眼を突く。
(4) 眞直ぐに蹴る。

(5)指を折る。

(6)頭髪を摑む。

武技的なすまうから今日の相撲に轉移した大きな要因として、禁手を擧げたが、更に考えられることは土俵の設定と褌一つという服裝であろう。

相撲は裸體に褌を使用した競技者が相手を土俵場外に出そうとし、或は足裏以外の部分を地につけようとして技を競うものである。四十八手と言われる相撲技は腰を主體とした「投げ手」、足を主とした「掛け手」、首をもつての「反り手」、腕によつての「捻り手」の各十二手とされる。

立つて行う格技としては相撲も柔道の立技と同じである。しかし相撲が裸でやること、土俵場という競技する範圍が限られていることは必然的に相撲と柔道の技術的本質を異ならしめた。

柔道は試合場外に出ても、足裏以外が地に觸れても負けにはならない。だから柔道では己の身を捨てて相手を投げる捨身技も可能となり、柔道衣のあること、場所の顧慮がないことから柔の理が更に大きく生かされ、かつ技術内容を豐富にしたのである。

相撲の四十八手中反り手十二手は、膝、腰が地についても負けにならない競技規則の頃に存在した技で、今日は殆ど用いられてはいない。柔道の五教四十の投技が、手技、腰技、足技、眞捨身技、横捨身技に區分せられ、その中の一つの技にも背負投のように幾種にも分けられることなどを考えると、その投技の範圍が如何に廣いかゞ分る。こゝに柔道の持つ格技としての高い價値と本質がうかゞわれるのである。

以上格技の意義と性格を考え、ボクシング、レスリング、相撲と柔道を比較檢討することによつて格技としての柔道の意義を強調した。柔道は格技として考えられる凡ゆる技術を含み、教育的な人間形成の基盤の上に立つものである。柔道は世界に通ずる高い理想を内包し、優れた技術を持つことによつて、格技の代表的なものとして認められるに至つたと考えられる。柔道が日本固有のものであるに拘らず、文化的な價値の高いスポーツとして諸外國に普及發展しつゝある理由もそこにあるのであろう。

第三節　學校柔道の意義

第一節に於いては講道館柔道の意義を概觀し、第二節では格技としての柔道を世界的視野のもとに眺めた。この教育的な本質を持つ柔道が此度學校體育に再び取り上げられ、スポーツの一教材として實施されるようになつたその變遷については前章で明らかであろう。

本節では學校柔道の意義を述べるのであるが、それは結局スポーツ柔道の意味を考究することに外ならない。さて戰時中、柔道のもつ武術的な面を極度に強調された柔道は、戰後五ケ年の間に戰時色を拂拭し、柔道本然の姿を取り戻し、健全なるスポーツとして復興した。苦しかつた戰後の空白時代に得た反省と革新の上に立つて新しい學校柔道はこゝに巣立つたのである。

更に別の觀點から言うと柔道は體育スポーツの面を強調し、格技としての優秀性にものを言わせ、新しい時代にそつたスポーツ柔道として確立したとも考えられよう。

スポーツ柔道の技術的中核は言うまでもなく投技、固技による亂取と、亂取形式による試合とである。この亂取は講道館柔道の眞生命であり、その方法は嘉納先生によつて始められたものである。亂取こそ古へより柔術家が理想とした「心を主にして心の命ずるまゝに身體を働かし、心氣力の一致を圖らん」の理念を現實の姿に具體化した柔道の技術的精粋である。亂取は武術を體育に止揚した絶對のものであり、時代と場所を超えるものである。亂取を中心にした柔道の練習や試合が益々内容を擴め、方法を考究して進展することは、畢竟柔道の眞粋が發揮されることである。この意味に於いてスポーツ柔道が學校體育の中に新しい任務を以て登場したことを喜ぶものである。以下これについてやゝ精しく述べることにしよう。

一、スポーツと柔道

學校體育に於いて、スポーツ教材が重要な位置をもつていることは誰しも認める所である。新しい教育が「自主的精神に充ちた、心身ともに健康な國民の育成を期する」以上、民主的であり健康と人間性を高めるスポーツが、時代の脚光を浴びて華々しく登場したことは當然であろう。

スポーツと柔道の關係については從來色々な見解が示され、一部では柔道をスポーツに從屬せしむることに疑問を抱く向きもあつた。その原因を擧げると、

イ、柔道は體育の目標をかゝげ、身體の形成的作用と身體による人間形成作用を考えているが、輸入された世界語としてのスポーツの概念はまち〳〵で、スポーツは單なる慰樂に過ぎないとする狹義の解釋が行われた。

ロ、柔道の持つ歴史的社會的傳統がこの末梢化のスポーツに從屬することを躊躇した。

ハ、戰時中に於ける思想的な強い影響があつたこと。

もと〳〵スポーツは人間の欲求に基いて發生し、近代社會の中で程よく修飾され、文化的地盤の上で娯樂的、社會的、體育的にと發展したものである。そしてスポーツは「遊び」の性格を持ちつゝ倫理化され、教育の立場からも價値を

認められているのが現狀である。現在考えられている廣い領域をもつたスポーツの概念は柔道の概念と全く融合するものである。戰後の民主社會にあつて新しく出發した柔道は今後益々民主的なスポーツへと邁進するに違いない。そして日本の柔道から國際スポーツ柔道へと愈々發展して行くであろう。

(1)スポーツについて

今日言われているスポーツ（Sports）なる語は、廣い意味での運動競技と解釋されている。東京教育大學體育學部教官編體育大辭典によると、「スポーツの語源はラテン語から始まり、次いでフランス語として用いられた。もとは disport と言つたが、英語になつてから di が落ちて Sport となつた。原語の中の dis というのは「分離」の意味を示す接頭語で away に相當し、Port は「運ぶ」carry の意味だから disport は carry away と言うことになり、つまり「自分の本來の仕事から心を他の面に運ぶこと」となる。更にこれを言い換えれば「仕事に疲れた時に氣分轉換に何かすること」となる。これ故に氣分轉換に樂しく行うことは何でも Sport というわけである。ところが英國人は昔からスポーツの非常に好きな國民であつたから、この氣晴らしの手段として特に運動競技を受好した。そこでスポーツと言えば一般に運動競技をさすようになつたのである。近代になつてこのようなスポーツが逆に英國からフランスやドイツ及びアメリカに傳わり、英國流の解釋をするようになつた。スポート（Sport）を複數にしてスポーツ（Sports）というのはそれが種類が多いからである。」と記されている。

ともかくスポーツという言葉は遊ぶ、戲むる、樂しむ、慰むなどを追求して行われる運動競技やその機會を意味するようである。しかしスポーツと言つてもその内容には何れも娯樂性を有している。そして單に娯樂性といつても身體的な面と精神的な面とに對する比率が異り、かつ場所、時間、人等の條件によつて廣狹樣々である。

我が國でスポーツと呼ばれ日本體育協會に加盟している種目を見ると、陸上競技、水泳、サッカー、スキー、ハンドボール、漕艇、ホッケー、ボクシング、體操、バスケットボール、レスリング、ヨット、重量擧、自轉車、弓道、フェンシング、相撲、バレーボール、庭球、登山、卓球、野球、ゴルフ、ラグビー、バドミントン、柔道等がある。これらは魚釣、狩獵等をも含めた廣義のスポーツに對して、體育スポーツと稱してよいであろう。

近代スポーツは、スポーツ即體育といつた古代スポーツの立場に復歸し、その人間形成的價値を強調している。體育の考えるスポーツはスポーツの遊戲性を重んじながらも個人の身體的精神的な發育發達、更に社會的な面への寄與助長に着目するのである。かくて體育の目的を達する手段として活用されるスポーツは嚴密にいうと體育スポーツであると言えるのである。スポーツと柔道について考察せんとする吾々の立場も、勿論體育スポーツとしての柔道の檢討にある。

(2) 柔道と慰樂

スポーツ柔道の本質を考察する場合、先ず第一に擧げなければならぬことは、スポーツの本質たる慰樂が柔道の中に流れていることである。

柔道の創始者嘉納先生は柔道練習の効果として三つを掲げ、その一つに慰心法を擧げている。宗像逸郞氏著「柔道」には嘉納先生の言を引用して次の樣に述べている。

「慰心法とは柔道を娛樂として修行する場合をいふ。眼の色を樂み、耳の音を樂むが如く、筋肉も亦運動して快樂を感ずるものにして、人が他の人と筋肉を使用して勝負を決する如きは、更に大なる快樂のこれに伴ふこと論を俟たざるなり。且自ら其快樂を感ずるのみならず、其勝負の仕方、業の巧拙等を味ひてこれを樂み得る素養ある人は、他人の勝負を見ても、快樂を感ずるはまた當然のことなり。殊に名人の試合、及起倒流扱心流の形、講道館五の形、柔の形の如きものに至りては、眞に勝負の形たる性質を離れ自ら美的情操を起さしむるものにして、其の見る者に快樂を感ぜしむるや大なり。かく單純なる筋肉の快樂より高尚なる美的情操に至るまで、快樂を得るを目的として修行するは、これを慰心法として柔道を修行すと云ふ」

とある。宗像氏は更にこれを結んで、

イ、筋肉の運動に伴ふ慰樂である。隨つて健康的である。

ロ、活動的奮闘的慰樂である。隨つて意志的慰樂である。

ハ、柔の妙理を解する慰樂である。隨つて理性的慰樂である。

ニ、柔の妙技を樂しむ慰樂である。隨つて審美的慰樂である。

以上に依つても柔道にはスポーツの本質を最もよく表現する慰樂の面が大きく占められていると言える。故に柔道が創始された時から柔道は體育運動であり、スポーツの要素を持つていたと考えてよいのである。

以上簡單であるが、スポーツの本質を明らかにすると共に、柔道の概念はスポーツの概念に融合し、その内容は柔道創始の頃より持たれていたことを明らかにした。

二、學校柔道の意義

明治十五年（一八八二年）創始された講道館柔道は、柔術を止揚した體育であり、スポーツであつた。

大日本體育協會の初代會長であり、國際オリンピックの委員であつた嘉納先生は、單なる武道家ではなく、東西の知識を身につけた進歩的な教育家、體育家として知られていた。先生は一生を捧げて柔道を體育として完成し、健全なスポーツとして確立させるために努力された。先生の考案された技術には大きく分けて投技、固技、當身技の三つがある。學校柔道即ちスポーツ教材としての柔道は、主として投技と固技即ち亂取技をとつているのである。亂取技を以てする練習、試合、その基本が學校柔道の指導内容であり、スポーツ柔道の内譯でもある。

さて體育運動としての内容を備えた柔道は第一章で述べた通り、學校體育教材として從來貢獻するところ大なるものがあつた。その間亂取技による練習や試合が中心となつて、合理的な身心鍛錬の體育運動として認められてきたのである。昭和十一年に出た學校體操教授指針にも「柔道は、基本動作、亂取技、形に分けてゐる。そして夫々の内容には基礎となるべき單一な動作を示してある。是等の動作は柔道に於ては亂取及試合によつて綜合的に修錬され、以て柔道の目的を達成せしめようとするのである。」と述べられてあり、亂取と試合が當時の學校柔道の中心であつたことを物語つている。

又柔道界一般もこの線に沿つて發展していた。昭和五年より引續き擧行された斯界の最高峯、日本柔道選士權大會の試合法も今日と變りなく「柔道亂取の試合は投技又は固技を以て勝負を決せしむ」であつた。選手も專門と一般とに分けられ、更に年齢によつて四つに區分し、街頭に進出してスポーツ柔道の眞價を世に問い、大成功を收めている。一方講道館に柔道醫事研究會が設けられ、醫學的方面からもスポーツとして完璧なものにする爲に努力され、柔道は大衆性をもつた、婦人や子供でも自由に樂しくやれるスポーツとして世に行われて來たのである。

しかるにこの平和的教育的柔道も、第二次世界大戰を契機として、他のスポーツと同樣に次第に戰時色を帶び、特にその末期においては、柔道の持つ武術的な面が極度に強調されたことは前に述べた通りである。

昭和二十年十一月文部省は戰時中の柔道の性格に鑑み、學校教育から戰時色を取り除く目的を以て、柔道を學校體育の教材から除去した。しかしながら柔道はその後約五ケ年の間に戰時的色彩を拂拭し、スポーツとしての本來の姿を取り戻し得たのであつた。

終戰後、柔道が如何にスポーツとして確立したかについては第一章第二節を參照されたい。これについて客觀的な觀察を加えると、戰後日本に進駐した連合軍關係の人々は日本文化の一つである柔道に興味を持ち、スポーツとして行う者が少くなかつた。戰前から世界に知られていた柔道は、日本占領という機會を得て來日した外人により國際スポーツ柔道としての價値を改めて認識せられたのであつた。特にアメリカ人は過去に於いて「ジューヂッツ」という名稱で專ら護身技術を習い、柔道を武術的なものと誤解していた傾向が強かつたが、渡日して柔道の眞髓に接するや、異口同音に立派なスポーツであることを賞め稱えたのであつた。

嘉納履正講道館長も、柔道が戰後スポーツとして再出發したことを月刊「柔道」で次の様に述べて居られる。

「終戰後柔道もスポーツとしての柔道の面が強調されてまいりましたが、昨年秋には體育協會にも加盟の運びとなりました。此の事は柔道が他の競技のお仲間入りした事でありまして、柔道界は謙虚な氣持で他の競技團體のよき影響を受ける事を望んでいるのであります。しかし他面柔道の持つておりますスポーツとしての優秀性、また柔道に内在する日本的東洋的の考え方、それらの原理の育成によりまして、將來世界の競技界、體育界に大いに貢獻せんとする樂しい抱負を有しているのであります。」と。又同じく「柔道」誌上で「スポーツとしての柔道は勿論基盤の廣い講道館柔道の懷に豐かに包まれている……」と書かれ、スポーツ柔道と講道館柔道の關係を明らかにされている。

昭和二十五年（一九五〇年）五月文部大臣よりマッカーサー元帥に提出された學校柔道復活についての請願書の中にも柔道がスポーツとして健全なる發達を遂げたことを述べ、特に改善された點として、

(イ)教育的價値について
(ロ)實施方法について
(ハ)審判について
(ニ)競技會について
(ホ)一般人の關心について
(ヘ)柔道界の組織について

を掲げている。この覺書きは第一章第二節に示されているから參照されたい。

かくて柔道はスポーツとしての性格を具え、目標、指導方針、指導内容など柔道本來の姿を取り戻し、民主社會生活に即應するようになつた。

第三章　學校柔道の指導とその內容

第一節　學校柔道の目標

一、目　　標

民主的教育は「人格の完成をめざし、平和的な國家及び社會の形成者として、眞理と正義を愛し、個人の價値を尊び、勤勞と責任を重んじ、自主的精神に充ちた心身ともに健康な國民の育成を期して行われなければならない。」と教育基本法第一條に掲げてあるが、これによつて現在の社會が必要とする人間像が考えられる。新しい教育の活動はこの人間像をえがきつゝ、各個人をして最善の自己を實現させようとするのである。

體育は教育の一環であり、身體を通しての全人教育という廣い範圍を持つている。體育の一般目標は、教育のめざす目標を考えながら、體育の性格に基いて立てられなければならない。

新しい學校柔道はスポーツとしての性格を持ち、すもうやレスリングやボクシングなどと同じく格技に屬している。柔道は前章で述べた如く、特色をもつた格技系統の教材として、體育の一般目標を達成しようとするものである。換言すれば柔道は投技、固技による練習及び試合を主要な方法として、學習指導の具體的目標を導き出すものであろう。しかしながら柔道の目標は、それらの身體活動から直接得られる効果の外に、生活能力を育てるための知識や技能の發達をも目指さなければならない。この様に考えてくると柔道は體育の一般目標の線に沿いながら、柔道自體の具體的な目標をも併わせて考えなければならないであろう。

さて中學校以上の學生、生徒によつて柔道が選擇學習された場合、技術的に直接期待出來るものとしては、各指導内容にもられた柔道の基本動作及び一般的、應用的技能の理解と習熟があげられる。こゝにおいてそれぞれの段階で習得される技術的効果を通して、目指さねばならない具體的目標が導き出されるのである。

以上のように柔道の目標を考えてくると、體育一般と同じように次の五つの側面から見ることが適當となる。

(1)身體的發達

(2)知的發達

(3)社會的、情緒的發達

(4)安全についての發達

(5)餘暇活動についての發達

知的發達、情緒的發達、社會的態度の發達の三つは現實に關連が密接であつて區別することが困難である。そこで知的發達と情緒的發達とを一つにまとめて知的、情緒的發達と結合してもよいのであるが、こゝでは情緒的發達がより多く社會的態度の發達に關連するとも考えられるので、この二つを包括して社會的・情緒的發達とした。從來は身體的發達、社會的情緒的發達を主なる目標としていたのであるが、しかし最近餘暇活動についての技能の習得、理解、態度の形成並びに安全に必要な理解、態度、技能などが強調されるようになつた。一般目標にこれらを取り上げ、加えると、結局五つの側面から考えることが適當となるのである。次に柔道の目標をそれぞれの側面から眺め、さらに具體的に考察することにしよう。

⑴身體的發達

形態的には身體全體の釣合がとれた、調和的な發達をはかる。さらに全身の筋力を強め、筋神經の調整力を昂め、循環、呼吸、消化、排泄などの内臓諸器官の機能を向上させる。そして機敏で器用な柔軟性のある強健な身體をつくり格力といつた基礎的な運動能力を身につけ、綜合體力の增大を目指すのである。

⑵知的發達

柔道一般についての知識を得させ、力學的原則を體得させて理解を深める。更にこれを展開することによつて緻密で周到な思考、適切な判斷、沈着にして果斷といつた諸力の必要を理解させかつ發達させる。

⑶社會的情緒的發達

スポーツマンシップを理解し、これを身につけ、指導力、協力性、禮儀、積極性、勇氣、自制、寛容、同情、正しい權威に從うなどの社會的態度を養い、發達させる。そして投げる、抑えるといつた對人的な練習や試合を公正にすゝめる諸場面を通じて情緒的表現の洗練をはかる。

⑷安全についての發達

柔道の技能を習得、熟練することによつて自然に得られる安全の面を理解させる。そして筋神經を發達させ、相手の動作に即應出來る能力を昂めて護身に必要な態度とその技能を發達させる。

⑸餘暇活動についての發達

柔道一般に關する知識と基礎的技能の習得により、技術の理を體得させて興味を喚起し、さらに一般的、應用的技能の修練を積むことによつて柔道に對する價値を知らせ、すゝんで餘暇を活用して柔道をたのしむ態度や習慣を養う。

二、體育的効果

學校柔道は戰後五ヶ年の空白時代があつたが、長い間體育教材として貢獻してきたことは第一章で明らかである。學校柔道の内容は時代によつて多少の變動があり、取り扱い方も變つたが、その中心をなすものは投技、固技を以てする亂取と試合に外ならなかつた。柔道の教育的效果については從來多くの結果が發表されている。前揭重複のきらいはあるが、こゝに昭和二十四年七月文部省よりC、I、Eに提出した資料の中からいくつかを引用する。これは以上の意味で學校柔道の目標の裏付をすることであり、必要であると考える。

(1) 身體發育に及ぼす影響

柔道の練習が身體の形態的、機能的發育に及ぼす影響についてであるが、昭和八年東京高等師範學校並に國士館專門學校に在學している三段以上の生徒についての測定と日本の二十傑級陸上競技選手の成績とを比較した結果は次のようになつている。

第一表　各運動選手の終局體型

	柔道
身長	170.0
坐高	93.2
比坐高	54.8
下肢長	86.0
比下肢長	50.8
肩巾	39.6
比肩巾	23.2
腰巾	28.0
比腰巾	16.5
胸圍	97.2
比胸圍	57 4
比上膊圍	19.0
大腿圍	56.5
比大腿圍	33.3
體重	74.3
ロー氏指數	149.5
皮厚	8.9
肺活量	4646
比肺活量	27.1
背筋力	172.4
握力	55.5

生徒	水泳	體操	マラソン	千五百米	劍道	百・二百米	四百、八百米	跳躍	中高ハードル	五・十種	投擲
−5.9	−1.8	−6.8	−10.5	−3.1	−1.4	−1.4	−0.6	−0.1	+2.0	+2.5	+2.9
—	—	−3.6	—	—	−1.6	−1.9	−1.5	−1.7	−0.6	−0.9	+1.0
−0.5	—	+0.1	—	—	−0.4	−0.2	−0.6	−0.7	−0.8	−1.3	−0.3
+0.8	+0.2	−2.6	−3.5	+0.5	−0.1	—	+1.3	+2.0	+2.6	+3.4	+2.3
—	+0.4	+0.4	−0.9	+0.1	+0.1	+0.6	+0.7	+1.0	+0.7	1.0	+0.5
—	−1.2	−2.1	−2.7	−1.9	−1.0	−1.7	−1.7	−1.0	−1.1	−0.3	+0.2
—	−0.4	−0.1	−0.1	−0.6	−3.3	−0.7	−0.8	−0.5	−0.8	−0.4	−0.2
—	−0.8	−0.7	−2.1	−1.1	−0.2	−0.9	−0.5	−0.3	−0.3	0	+0.5
—	−0.3	+0.2	−0.3	0.4	0	−0.4	−0.3	−0.2	−0.4	—	0
−12.8	−7.3	−9.1	−11.5	−9.8	−6.7	−9.0	−9.4	−8.4	−8.7	−4.5	−0.2
−8.0	−4.0	−3.4	−3.7	−5.0	−3.1	−5.1	−5.6	−5.2	−5.9	−3.7	−1.3
—	−2.0	−1.8	−3.8	−4.0	−1.3	−2.5	−3.7	−2.6	−3.6	−2.4	−1.0
—	−5.3	—	−8.1	−7.0	−4.0	−14.8	−5.3	−3.7	−5.4	−1.8	+1.4
—	−2.8	—	−3.1	−3.5	−2.1	−25.5	−3.1	−2.2	−3.5	−1.6	+0.2
−21.2	−14.1	−16.9	−22.5	−17.5	−11.5	−3.9	−14.5	−12.5	−13.8	−7.6	−1.5
−29.5	−22.5	−17.5	−21.5	−29.5	−18.3	−35.6	−26.5	−23.5	−30.5	−19.5	−8.5
+1.9	+0.3	−1.0	−3.4	−3.1	−1.3	−1.7	−3.3	−3.5	−4.3	−2.7	+1.5
−943	−219	−870	−780	−579	−221	−184	−394	−346	−156	−154	+264
−3.1	−0.8	—	−2.9	−2.7	−0.9	−1.7	−2.0	−1.8	−1.0	+0.1	+1.2
−14.4	—	−32.3	−41.1	−31.5	−15.0	−18.4	−18.1	−8.0	−8.2	+17.7	+19.6
−8.4	—	−2.6	—	—	—	—	—	—	—	—	—

壯丁
−9.9
—
—
—
—
—
—
—
—
−9.4
−4.1
—
—
—
−21.8
−35.3
—
—
—
—
—

第二表　柔道選手と劍道選手の左右不均齊の比較

		平均	左右の差	人員
胸圍	柔 右 左	48.19 47.32	0.87	58
	劍 右 左	45.88 45.13	0.75	28
上膊圍	柔 右 左	31.91 31.27	0.64	64
	劍 右 左	29.68 28.02	1.66	64
前膊圍	柔 右 左	27.90 27.37	0.53	64
	劍 右 左	27.53 26.40	1.13	63
大腿圍	柔 右 左	56.16 55.38	0.78	41
	劍 右 左	52.62 51.69	0.93	61
下腿圍	柔 右 左	37.91 37.61	0.3	41
	劍 右 左	35.83 35.62	0.26	25
握力	柔 右 左	57.26 53.41	3.85	61
	劍 右 左	53.53 49.37	4.16	38

註
文献　第一表に同じ
柔右＝柔道右半分
柔左＝柔道左半分

文献　1. 柔道、劍道の測定成績は東京高師並びに國士館專門學校に在學する三段以上の生徒（柔道七五名、劍道五六名）の成績である（鹽谷宗雄氏）
2. 投擲、五種、十種、中高障碍、四百、八百、百、千五百、マラソンは「日本二十傑級陸上競技身體測定成績並びにこれに基づく所謂スポーツ型の研究」（吉田章信氏）
3. 壯丁は「日本壯丁の體格に關する統計的研究」（吉田章信氏）
4. 壯丁の體重は「徴兵檢査に表れた國民の體格について」（喜悅三毅夫氏）
5. 「水泳」「生徒」は「日本人の體質特に身體的作業能力の研究並びにその向上に關する體育的考察」（吉田章信氏）
6. 生徒の比坐高は「坐高の測定とその意義」（八木高次氏）
7. 生徒の下肢長は「整形外科より見たる中學生の脊柱の彎曲並びに年令と身長との關係及び身長と下肢長との關係につ

いて」（桂秀三氏）

8. 生徒の握力は「大阪府立岸和田中學校生徒一七―一八歳にいたる者の握力」（鹽谷宗雄氏）

(イ)形態的方面の考察

第一表で明らかなように柔道選手の平均身長は一七〇センチメートルで第四位を示しているが、これを日本人の平均身長とも見られる壮丁の身長に比較すると約一〇糎大きく、日本人としては極めて大きい方である。體重、胸圍、比坐高、比肩幅、比上膊圍は何れも第一位であり、大腿圍は投てき選手に次いで第二位を示している。

次に圓滿均齊なる發育という點から柔道選手の體型をみると第二表に示すように胸圍、右半分、（左半分を測定す）を除いた上膊圍、前膊圍、大腿圍は共に劍道選手に比べて柔道選手の方が左右の差は少い。これを野球、庭球等の選手に比較すると一層少いことが分る。

なお、柔道選手の間において、この點を更に精細に觀察すると右技のみ又は左技のみを得意とする者よりも左右の技を得意とする者の方が左右の差は少なく身體構造に於いても又握力に於いても殆んどその差のないことを認めているのである。

(ロ)機能的方面の考察

柔道選手の機能的方面については第一表に示すように肺活量では投てき選手に次いで第二位であり、背筋力では第三位、握力では比較資料が少いが劍道、體操選手よりも強く、第一表にある生徒に比較すれば遙かに強くなつている。

又走力、跳力、投力等の一般運動能力に就いては、かつて體力章檢定種目を材料として、全國にわたり師範學校、中學校生徒の各種運動選手について調査した結果によると、柔道選手は他種の運動選手に比べて優位を示している。又東京體育專門學校に於いて調査したところによれば、柔道を專門とする生徒は他の運動競技を專門とする生徒に比べてその綜合的な運動能力は決して劣っていない。勿論他の一般學生に比べると遙かに良好であつた。

(ハ)形態的、機能的方面の要約

以上のように最も多く運動の影響を受け、しかも環境條件の似たと思われる學生を中心として比較考察した結果によると、柔道選手の體型は一部運動選手の比較的部分的な發育をとげているのに比べて全身の形態が太く下肢はやゝ短かいが、がつちりとしたいわゆる廣短型（太型）の體型を示している。

更に筋力や機能に於いてもすぐれており、柔道の身體發育に及ぼす影響は良好であるといえる。

(2)柔道選手X線間接寫眞像による胸部の觀察

昭和二十三年十月關東柔道選手權大會における出場選手四十名について齋藤一男博士が研究した結果によれば、

(イ)全體として肺紋理の增強が著明である。

(ロ)大胸筋の陰影が著明に認められるものが非常に多い。

(ハ)病的所見

○肺門部に石灰化巣を明らかに認め得るものが五例、しかし之は勿論病的ではない。

○右下肺野に肋膜胼胝を認め得るものが一名。

○他に病的所見を持つ者を發見しない。

これを百分率に示せば活動性病變〇％、非活動性病變二一、五％これを二一、三の文献と比較してみると次の通りである

る。

a. 東京都、金澤市、石川縣、岩手縣、宮城縣における奥野、藤田兩氏、竹谷氏、中村氏、岡田氏等の一般集團檢診の成績によれば患者發見率は最低二、五%から一六%である。

b. 運動選手（極東オリムピック選手一八五名）について檢診した齋藤、相川兩博士の報告によると十名の病的像

第三表　柔道高段者健康狀態段別員數

段別＼健康程度		甲	乙	丙	不明	計
四段		1735	120	44	19	1918
五段		1110	76	27	8	1221
六段		264	19	3	1	287
七段		37	1	1	0	39
八段		4	0	0	0	4
九段		2	0	0	0	2
合計	實數	3152	216	75	28	3471
	%	90.81	6.22	2.16	0.81	100

第四表　柔道高段者健康狀態年齡別員數

	19～30歲	31～40歲	41～50歲	51～60歲	61～70歲	合計
甲	841	1372	735	178	26	3152 90.8%
乙	51	91	55	17	2	216 6.2%
丙	21	29	18	6	1	75 2.2%
不明	15	7	6	0	0	28 0.8%
計	928	1499	814	201	29	3471 100%

文献「柔道高段者の健康狀態の研究」（吉田章信氏）

表中
甲　殆んど無病なる者
乙　時おり健康を害する者
丙　しば／＼健康を害する者

第五表　柔道高段者の疾病狀態

疾病部位	時折不健康	しばしば不健康	計
呼吸器	一〇	三一	四一
消化器	二二	五一	七三
循環器	五	四	九
神經系	八	二二	三〇
傳染病	一一	一二	二三
脚氣	四	六	一〇
糖尿病	二	九	一一
以下省略			

を認め且つその中五名は活動性病變二、七%非活動性病變一、七%で計五、四%である。

(二)全般的にみて今回の檢査の成績においては柔道選手の胸部疾患は一般に比べて少いと結論することが可能である。

(3)柔道選手の健康狀態

(イ)一般健康狀態

吉田章信博士が昭和八年より同十二年までの五ヶ年間柔道高段者（四段以上）三、四七一名について調査研究した結果は第三表及び第四表に示す通りである。柔道練習開始以來殆んど無病の者が壓倒的多數を占めている。柔道を練習して四段以上に進む程の者は天資極めて強健なることを意味すべきであるが、それでも柔道の練習が柔道選手の健康度を増進する一面の事實を物語るものであるとも言える。

調査に際し自分は生來強健でなかつたが、柔道の練習により驚くべく健康體になつたと解答する者が多數あつた。

(ロ)疾　病　狀　態

第三表及び第四表中「時折健康を害する者」「しばしば健康を害する者」の群は極めて少數であるが、これらの疾病は第五表に示す通りである。これを概觀するに最も多いのは消化器疾患の七三名である。この疾患は日本人に特に多い疾患であるから柔道練習との關係を即斷することは出來ない。

次に呼吸器疾患の四一名であるが一般人の割合に比すれば決して多い數ではない。

第二節　指導の方針

柔道の指導にあたつては、先ずその方針を確立し、適切な方法によつて効果を擧げることが肝要である。いうまでもなく柔道の指導方針は體育一般に含まれるものであるが、こゝでは特に柔道を指導する場合に必要と思われることを重點的にまとめ、次の六つの項目に分けて記述したい。

(1)目標を明らかにして指導する。

柔道を指導する場合には、常に體育の一般目標や柔道の具體的目標を心にとゞめることが大切である。教育のめざす目標を考えながら、體育の目標が立てられ、體育のねらう線に沿つて柔道自體の具體的な目標が導き出される。故にこれらの目標を常に念頭において指導の基盤とし、その方針を立てることが必要である。

スポーツ教材である柔道は、その性格からいつて亂取と試合が中心であり、これら諸活動によつて、體育の目標に貢獻しようとするものである。柔道を指導する場合には一般目標を明らかにするは勿論、展開される個々の活動についても學生生徒の身心發達段階を考慮して具體的な目標を立てるべきであろう。いずれにしても必修時、自由時を問わず、それ〴〵の運動についていかなる程度に理解を持たせ、どのような段階にまで技能を進め、いかなる態度を養い身につけるかなどの到達目標を明らかにすることが望ましい。他方學習する學生生徒に對しても指導者と同様に一應は一般目標を理解し、更に個人の發達程度に應じた目標をもつように指導することが肝要であろう。

(2)計畫的に指導する。

柔道の指導においても勿論、あらかじめ計畫を立て、無駄なく、十分の効果をあげることが大切である。それがためには、社會の必要、學生生徒の要求、心身發達の程度などを考え、更に他教材との配合に留意し、實施時數、設備、用具などをもにらみ合わせて案を立てるのがよい。

このようにして柔道指導計畫に關する成案が得られたならば、體育の綜合的な年間計畫の一環として織り込み、他の教材と有機的な連關を保ちながら學習指導されるのである。即ち計畫は年間計畫から更に週計畫、一時限の指導案というように細かく分れるが、何れも綜合的な長期計畫の一環として他の教材と調整を保ち、柔道指導の一連のものとして實施の運びに至るのである。

要するに、指導に當つては、各學校に最も適した諸計畫が立てられ、確實な効果を得るようにすることが必要であろう。

(3)自發的學習を重んじて指導する。

「組み合う」という人間欲求の上に立つた柔道は、學生生徒にとつて興味のあるものに違いない。しかしながら指導の方針如何によつては形式に流れ、無味乾燥な、強いられた柔道にならないとも限らない。

しかしながら、柔道の指導内容はことごとくスポーツ柔道の性格をもつたものであり、これを工夫して組み合わせ、正しく實施する場合は自然に興味も湧き、自主的に好んで柔道を行うようになろう。

又柔道の必修時における學習時間はわずかであり、眞にその効果を擧げるためには、學生生徒の自發的學習を重んじ、進んでこれを行うように導かなければならない。

かゝるが故に、柔道の指導に際しては充分これらの點に留意し、出來るだけ樂しく行い得るようにすることが望ましいのである。そして興味を深め、理解を持たせ、技能を習得させてよい態度を養い、更にこれを生活化して、必修時のみに限らず自由時更に卒業後もこれを行うように指導することが大切である。

(4)機會均等の原則にもとづいて指導する。

練習を自然に放置すると體力、技能の優れたものが、施設や用具を獨占することになり勝ちである。柔道場の使用や柔道衣、用具などの貸與については、すべての學生生徒が均等な機會を與えられるよう適切に調節し、前記の傾向に流れないよう留意することが必要である。

又量的な均等の外に質的な均等にも配慮し、性格の相違、身體の強弱、體重の輕重、技術の巧拙などによつて、それ〲に適當した區分をもうけるなど、すべて機會均等の原則にもとづいて指導するがよい。

(5)合理的に指導する。

柔道の練習や試合は出來るだけ合理的に能率的に指導するよう工夫することが肝要である。

即ち、學生生徒の體格、成熟度、技能、性格などの個人的差異に應じ、適當な班別を作つて、指導するなどのことが考えられる。又柔道を學習する場合、ともすれば基礎的技能の習得をおろそかにし、新しい技術の學習を矢繼早に要求し勝ちなものであるが、練習に際しては常に基礎的技能を練り、普遍的にこれを繰り返えして確實にしなければならない。對人競技の性格を持つ柔道は自然に放置すると勝敗にこだわり、衝動にかられて、非科學的な力技の練習に流れ勝ちであるからこの點特に注意を要する。

なお、指導を効果的、合理的にするため、特に中等學校では投技を中心とすることが望ましい。大學に於いては學生の心身も一應發達し、技術的にも相當進むであろうからこれにこだわらなくてもよいが、中等學校では次のような諸理由により、投技を中心とし、時間も多くかける方針をとるようにするのである。

(イ) 發育途上にある生徒の心身發達の狀態と投技、固技の及ぼす影響を考えると投技を中心にした方が妥當であり教育的効果があがる。

鹽谷宗雄氏が昭和九年體力測定を行い、「投技及び固技が身體發育に及ぼせる影響について」研究した結果によると、次に揭げた表及び圖に示されている通り、各測定項目を通じて、投技修行者が固技修行者にまさつている。

投技及固技の測定値と指數比較

		M±P.E.m	Min—Max	V	γ	v	m	指數	
身長	投	164.8±0.32	158—174	16	4.40	2.67	0.47	ローレル氏身體充實指數	139
	固	162.7±0.34	152—178	26	5.13	3.15	0.34		136
體重	投	62.5±0.42	46—76	30	5.85	9.36	0.62		
	固	58.3±0.39	47—79	32	5.86	10.04	0.58		
胸圍	投	90.9±0.32	81—100	19	4.53	4.98	0.48	比胸圍	55.15
	固	88.9±0.28	79—99	20	4.21	4.74	0.42		54.64
頸圍	投	36.6±0.11	32—40	8	1.60	4.37	0.17	比頸圍	22.21
	固	36.0±0.11	32—42	10	1.73	4.81	0.17		22.12
坐高	投	89.9±0.17	85—96	11	2.38	2.65	0.25	比坐高	54.55
	固	88.7±0.18	83—96	13	2.71	3.06	0.27		54.51

上膊圍	投	29.7±0.13	25−33.5	8.5	1.90	6.40	0.20
	固	28.2±0.12	25−33.0	8.0	1.77	6.28	0.18
大腿圍	投	52.6±0.22	45−59	14	2.96	5.63	0.32
	固	50.8±0.22	44−61	17	3.36	9.62	0.33
下腿圍	投	35.9±0.13	31.5−40	8.5	1.77	4.93	0.19
	固	34.5±0.13	31.0−40	9.0	1.90	5.50	0.19
背筋力	投	142.0±1.27	101−194	93	17.67	12.45	1.88
	固	140.3±1.28	101−215	114	19.08	13.60	1.90
腹筋力	投	136.7±1.36	160−179	69	15.81	11.57	2.02
	固	131.5±1.25	86−191	105	18.69	14.21	1.86
握力	投	47.0（右）					
	固	43.3（左）					

比上膊圍	18.02	17.33
比大腿圍	31.91	31.22
比下腿圍	21.78	21.20
比背筋力	86.16	86.23
比腹筋力	82.94	80.82

	人員	平均年令
投	98	17年5月
固	101	16年10月

この結果を要約すると、

イ、身體全體の大きさからいえば、投技修行者は固技修行者よりは大きい。特に上肢及び下肢の發育が良好のようである。

ロ、背筋力、腹筋力、握力等の體力から見るも投技修行者の方が固技修行者よりも強いようである。

ハ、寫眞並に實際の測定にあたつて直接觀察した所を要約して、先ず上半身と下半身の釣合という點から見れば、

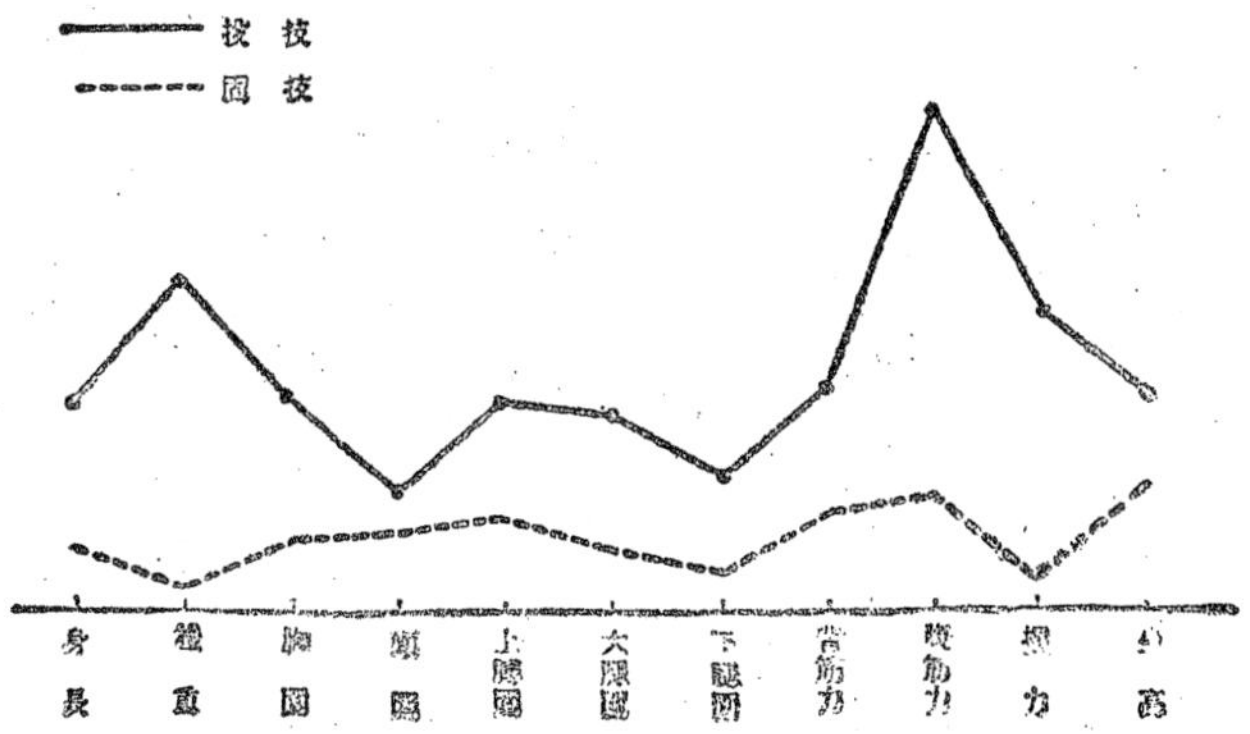

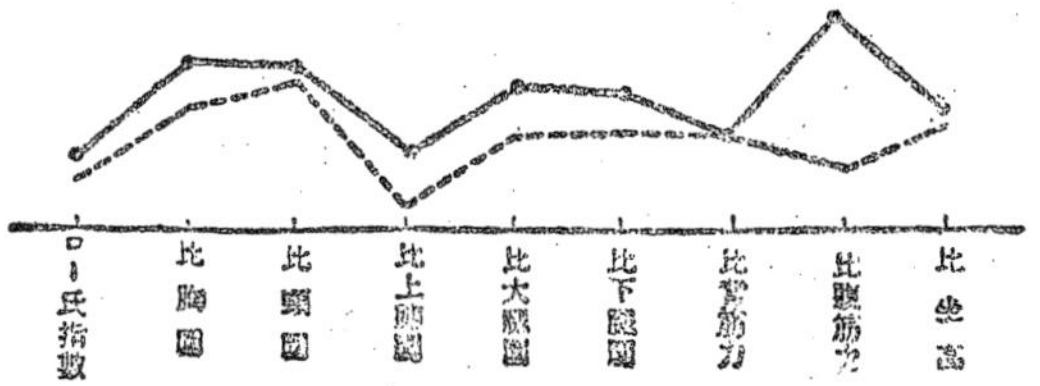

固技修行者は投技修行者に比して不釣合である。即ち下半身の發育が不十分であり、殊に腹部腰部が細いようである。次に上半身の生理的彎曲の自然性即ち姿勢という點から見れば、固技修行者は投技修行者に比して比較的前屈姿勢の者が多いようである。かくて全體として眺めた時に投技修行者は均齊のとれた、端正なる姿勢のものが比較的多く、固技修行者は投技修行者に比してどことなく不自然だといつた感じの者が比較的多い。

ロ、技術習得の順序からいつて投技を先にするのが能率的である。

ハ、技術を習得する時間を考えると投技は固技より多くの時間を必要とする。

上述のように練習では投技を主としなければならないが、柔道學習の諸目標をよりよく達成するためには決して固技の練習も軽視してはならない。

(6) 環境を整えて指導する。

體育を指導する場合、整備された物的環境と、よい雰圍氣をもつた人的環境を作ることが必要である。柔道は此度指導者があり、施設用具が整えられる學校から實施してよいことになつた。しかしながら現在の所、柔道實施の最大の難關は、施設と用具の不備にあることは明らかであり、經費その他の關係でたゞちにこれの完備をはかることは困難であろう。

これらの實狀を考慮して、體育の指導者は、練習場、敷物、柔道衣などについて創意工夫を凝らし、一方生徒をもよく指導して經費の許す範圍内で着々と環境の整備に努め、教育的な雰圍氣を作るよう努力することが望ましい。例えば屋内の專用練習場がない場合は、體育館、教室、廊下、野外などを利用することなどである。

以上柔道の指導に於いて、特に留意しなければならぬ諸方針を重點的に述べた。それら六項目は體育一般の方針にならつたものであるが、更に精しい記述は第四章の各節に讓ることにする。

第二節　指導の内容

中學校、高等學校、大學の各指導内容を示すと次のようである。

中學校

柔道一般	1. 歴史　2. 練習法　3. 補助運動　4. 規則と審判法　5. 競技會の運營　6. 例話
受身	1. 後受身　2. 側受身　3. 前受身

投技	固技	試合
1. 膝車	1. 袈裟固	1. 簡易な試合
2. 出足拂	2. 上四方固	
3. 浮腰	3. 横四方固	
4. 大外刈		
5. 釣込腰		
6. 送足拂		
7. 背負投		
8. 大內刈		
9. 體落		
10. 拂腰		
11. 支釣込足		
12. 巴投		
13. 內股		
14. 跳腰		

高等學校

柔道一般	受身	投技	固技	試合
1. 歴史	1. 後受身	1. 膝車	1. 袈裟固	1. 簡易な試合
2. 練習法	2. 側受身	2. 出足拂	2 肩固	2. 正式の試合
3. 補助運動	3. 前受身	3. 浮腰	3. 上四方固	
4. 規則と審判法		4. 大外刈	4. 横四方固	
5. 競技會の運營		5. 釣込腰	5. 縦四方固	
6. 例話		6. 送足拂	1. 臂緘	
		7. 背負投	2. 十字固	
		8. 大內刈	1. 十字絞	
		9. 體落	2. 送襟絞	
		10. 小內刈		
		11. 拂腰		
		12. 小外刈		
		13. 支釣込足		
		14. 巴投		
		15. 拂釣込足		
		16. 內股		
		17. 跳腰		

大學

柔道一般	受身	投技	固技	試合
1. 歴史	1. 後受身	1. 膝車	1. 袈裟固	1. 簡易な試合
2. 練習法	2. 側受身	2. 出足拂	2. 肩固	2. 正式の試合
3. 補助運動	3. 前受身	3. 浮腰	3. 上四方固	
4. 規則と審判法		4. 大外刈	4. 横四方固	
5. 競技會の運營		5. 釣込腰	5. 縱四方固	
6. 例話		6. 送足拂	1. 臂緘	
		7. 背負投	2. 十字固	
		8. 大内刈	1. 十字絞	
		9. 體落	2. 送襟絞	
		10. 小内刈		
		11. 拂腰		
		12. 小外刈		
		13. 支釣込足		
		14. 巴投		
		15. 肩車		
		16. 拂釣込足		
		17. 内股		
		18. 跳腰		
		19. 小外掛		
		20. 後腰		
		21. 移腰		
		22. 隅返		
		23. 浮技		

右に揭げた中學校高等學校大學の各指導内容は、柔道一般、受身、投技、固技、及び試合に分かれている。先ず最初の柔道一般とは、柔道に對する理解を深め、指導を教育的、効果的にするためにおかれたものである。指導内容の中心は勿論投技、固技、試合及び受身であるが、それ以外のものは柔道一般に含まれていると解してよかろう。

受身は特に重要な基本動作として行われるのであるが、その配列は難易によつたものであり、指導の順序でもある。

技は投技と固技の二つに分れているが、何れも學生生徒の心身發達の段階に應ずることを考え、試合に多く使用される技に重點をおき、危險をまねき易いと思われる技を除外する方針で選擇されている。例えば、學校が進むにつれて漸次投の技數が増えているとか、中學校では關節技と絞技が除かれていることなどである。なお、技の配列についても、動作の簡單なものから複雑なものへ、基礎的なものから應用的なものへという原則によつて行われている。最後の試合は中學校に於いては、簡易な試合のみを取り上げ、公式の規程による正式試合は高等學校以上で實施することになつた。

これら各指導内容は、それ〴〵の學校に適當とされるものが一應選ばれていると考えられる。だから各學校ではこれを參考にして種々の條件を考慮し、實際に應じた諸計畫を立案して指導することが大切であろう。

第四章　指導法と管理

第一節　指導計畫

柔道の學習効果を十分あげるためには、指導が計畫的であると共に、その指導計畫が組織的、發展的、合理的、且つ具體的に立案されることが必要である。

本章においては、はじめて計畫される方々のために、體育一般の計畫についても併わせのべてみたい。

學校ではそれ〴〵の實情に即應した年間計畫を立案することは、申すまでもないが、これを基礎にして單元計畫をつくり、さらに、週案や日々の指導案に展開することが必要である。

しかもこれらの計畫は、如何なる學習活動を、いかなる材料で、しかも如何なる順序で行わせるかといつた、豫定表であるから、必ず具體的な指導目標と指導內容を明記すべきは勿論、生徒のクラブ活動、柔道における對外的な行事をも考慮して、これらの指導計畫の中に系統的、發展的に配當することが望ましい。

一、年間計畫

體育の年間計畫は、各教科の連關、生徒の希望、P　T　Aの意見などを綜合して、決定される學校全體の教育年間計畫に從つて考えられた、三學年間の綜合保健體育計畫に基づいて立てねばならないことは申すまでもないが、年間計畫を立案する場合には、徒らに他校の計畫にとらわれることなく、自分の學校に適當と思われるものを考えて立案することが望ましく、又次の事項も考慮しなければならない。

(1)豫備調査の結果を考慮する。

計畫は、必ず必要な調査に基づいて行わなければならない。實際問題として、各學校がそれぞれ綿密な調査を行うことは、仲々困難なことであるが、生徒の各種實態調査、その他について或程度の調査が必要である。

とくに、各學級毎に身體的、知的、社會的、情緒的の一般的特性をつかみ、他と比較、研究出來るようにしておくことが大切である。

(2)前年度の實施狀況を考慮する。

前年度の行事といえども、あらゆる環境を考慮して計畫されたものであるから、新たに計畫される場合でも、前年度の行事を基礎にしなければならないことは申すまでもない。

(3)豫定される行事を考慮する。
(4)設備、用具を考慮する。
(5)季節を考慮する。
(6)指導者數及び生徒數を考慮する。
(7)地方的環境を考慮する。
(8)體育以外の教科との連關を考慮する。

要するに年間計畫は、一年を通じて指導計畫の大綱を示すもので、必修時を中心とした主要な活動の體系である。しかし、これはあくまでも豫定であるから、實施にあたつては、適宜修正の必要が生ずることはいうまでもない。

年間計畫の形式として、これを單元の配列や指導の面から眺めると、次のように考えられる。

(1)直進的なもの――ある單元が、三學年間を通じて一回だけの學習經驗で終り、次々と新しい單元が配當される形式をいうのである。文部省の柔道指導の手引にはこの形式を例にして説明してあるが、この形式は、一時にまとまつた學習經驗を得る利點があつても、それ以後の必修時では、全く學習經驗をもたないために、柔道のような單元は、三ケ年を通觀してよい形式とはいわれない。

(2)循環的なもの――同じ單元を、二ケ年或は三ケ年にわたる學習活動によつて、知識、技能などを、漸次高めて指導するよう配當されたものである。これは一般的にみて、指導者が少い、施設用具に乏しい學校では、比較的によい形式である。――(年間計畫例(1))　併し柔道單元の配當が五週間以上ある場合には、餘程取扱いを工夫しなければ生徒の學習意欲を害い學習効果をよりあげることは困難である。それ故五週間以上配當する場合にはこれを二期若くは三期位に分けることがより効果的ではなかろうか。――（年間計畫例(3)）　併し、この場合配當があまり小刻になるとかえつて効果的でない。

(3)並列直進的なもの＝直進的な單元配當をいくつか同時にとりあげ、それを單元の數に應ずる、班別または希望により學習させるものである。これは指導者が多く、施設用具の整つている學校では面白い方法であるが、學習効果について、(1)の場合に似かよつた缺點がある。

(4)並列循環的なもの＝(2)の形式で、幾つかの單元を同時にとりあげたもので、條件の惠まれた學校では比較的面白い形式である。

(5)今、一つ考えられることは、以上、四つの型と全く別個の型で、同一週間において、それ〴〵異つた單元を配當する形式がある。――（年間計畫例(2)）＝即ち、體育の時間が、例えば、月曜、水曜、金曜にあるとすれば、月曜には徒手體操、水曜には柔道、金曜はバレーボールといつた形式に配當し、翌週も翌々週もこれを踏襲する方法をとるもので、柔道においては、割合に効果的な方法であると考えられる。

以上いくつかの形式についてのべてきたが、實際においては各單元のねらい、從つてその展開の方法も自ら異る筈であるから、一般的にみて、右の各形式を適宜混合する場合が多いことであろうし、それがまたより効果的であろう。

柔道の教育的効果の高いことは第三章第一節でのべた通りであるが、施設用具や指導者の有無に影響されることが大である故、文部省は一應選擇教材としたが、施設用具もあり指導者のいる學校では、中心教材として配當してよい。

それ故、文部省の學校柔道指導の手引には、柔道は、選擇教材として、三―六週の指導週數を配當する案が出ているが、條件に惠まれた學校においては、一ヶ年六週位のものも考えられてよいわけである。

更に、自由時における柔道の諸行事は、學生生徒が必修時體育で學習した技能を、彼等自身の手で練磨向上させるよい機會となるものであるから、彼等にその練習目標をあたえ、練習意欲を喚起して、自發的に活動するように、各學校の事情に應ずる最も適切な計畫をたてることが肝要である。

次の三種の具體例は、何れも十二學級以上で、施設に惠まれた學校を對象として、立案したものである。十一學級以下の小さい學校では、各學年が同一單元を同じ週に配當しても、充分運營が出來るのでその例示を省略した。

例1　中學校 (1) 4週の例

學期	I													II													III								
月	4			5				6				7		9				10				11			12		1			2				3	
學年＼週	1	2	3	4	5	6	7	8	9	10	11	12	13	14	15	16	17	18	19	20	21	22	23	24	25	26	27	28	29	30	31	32	33	34	35
1	バレーボール		陸上競技			柔道				選擇		水泳		理論	徒手	ソフトボール（野球）			陸上競技			巧技			選擇		スピードボール			バスケットボール				徒手	理論
2	陸上競技			柔道				バレーボール		徒手	理論	水泳		ソフトボール（野球）			徒手	選擇		陸上競技			巧技			スピードボール					バスケットボール				理論
3	徒手	柔道				陸上競技				バレーボール	理論	水泳		陸上競技			選擇			徒手	巧技				タッチフットボール					ハンドボール				徒手	理論

單元＼學年＼週數		徒手	陸上競技	柔道	水泳	スピードボール	ソフトボール（野球）	バスケットボール	バレーボール	タッチフットボール	ハンドボール	巧技	理論	選擇			計
1年	週數	2	6	4	2	3	3	4	2	0	0	3	2	4			35
2年	週數	2	6	4	2	5	3	4	2	0	0	3	2	2			35
3年	週數	4	6	4	2	0	0	0	2	5	4	3	2	3			35

例 2 高等學校 (6 週間の例)

學期	I													II													III								
月	4			5				6				7		9			10				11			12			1			2				3	
週／學年	1	2	3	4	5	6	7	8	9	10	11	12	13	14	15	16	17	18	19	20	21	22	23	24	25	26	27	28	29	30	31	32	33	34	35
1	理論	陸上競技			柔道		徒手	選擇		バレーボール		水泳		ソフトボール(野球)			柔道		バレーボール		巧技			選擇	ハンドボール				柔道		ラグビー				理論
2	ソフトボール(野球)			柔道		バレーボール		陸上競技				水泳		徒手	理論	柔道		巧技			選擇			バスケットボール				柔道		サッカー				徒手	理論
3	理論	徒手	柔道		選擇		巧技		バレーボール			水泳		選擇	柔道		陸上競技				選擇		サッカー				柔道		徒手	バスケットボール				選擇	理論

單元／週數／學年		徒手	陸上競技	柔道	水泳	バレーボール	ソフトボール(野球)	ハンドボール	バスケットボール	ラグビー	サッカー	巧技	理論	選擇	計
1年	週數	1	3	6	2	4	3	4	0	4	0	3	2	3	35
2年	週數	1	4	6	2	2	3	0	4	0	4	3	2	3	35
3年	週數	2	4	6	2	3	0	0	4	0	4	2	2	6	35

例 (3)　　中學校 (2)（15時間の例）

學年	學期	Ⅰ													Ⅱ													Ⅲ								
	月	4			5				6				7		9			10				11			12			1			2				3	
	週	1	2	3	4	5	6	7	8	9	10	11	12	13	14	15	16	17	18	19	20	21	22	23	24	25	26	27	28	29	30	31	32	33	34	35
第一學年	第1時間	理論			巧技								水泳		巧技	陸上競技									スピードボール									理論		
	第2時間	陸上競技									柔道		水泳		柔道													バスケットボール								
	第3時間	ソフトボール（野球）									選擇		水泳		選擇				徒手體操			バレーボール						選擇							徒手體操	
第二學年	第1時間	理論			徒手體操			ソフトボール			巧技		水泳		巧技							選擇						スピードボール								
	第2時間	ソフトボール（野球）						柔道					水泳		柔道										バスケットボール											
	第3時間	陸上競技									バレーボール		水泳		バレーボール				陸上競技									選擇							理論	
第三學年	第1時間	陸上競技									巧技		水泳		巧技							選擇			タッチフットボール											
	第2時間	選擇			柔道								水泳		柔道							徒手體操						選擇			理論					
	第3時間	バレーボール						選擇					水泳		選擇	陸上競技									ハンドボール											

學年＼單元・時間		徒手體操	巧技	陸上競技	柔道	水泳	スピードボール	バスケットボール	ソフトボール（野球）	タッチフットボール	ハンドボール	理論	選擇	バレーボール	計
第1學年	時間	6	9	18	15	6	9	9	9	0	0	6	12	6	105 35週
第2學年	時間	3	9	18	15	6	9	12	9	0	0	6	12	6	105 35週
第3學年	時間	6	9	18	15	6	0	0	0	12	12	6	15	6	105 35週

二、單元計畫

單元という語は解釋上種々の問題があり一樣でないが、大體、時間的な單位に對し「學習經驗のまとまり」になる單位を普通單元といつている。單元計畫は、各單元の具體的計畫である。

すなわち、年間計畫において、正課の活動として配當された各單元を、他の學年におけるその單元や、同學年における他の單元との關連を考えつゝ、その單元の配當週數に應じて具體的にする指導計畫である。

單元計畫に含まれた主な内容は、單元の目標、學習内容とその過程各項目についての指導の要點、および評價などであるが、とくに學習内容と、その過程については、教材の指導内容にもとづき、さらにそれと體育の指導法に照して、生徒の望ましい理解、態度、技能、習慣、などの發達をはかるために、もつとも適當な展開を考えることが必要である。

次に參考のため、若干、計畫例を示すことにしたが、これにとらわれることなく、學校の年間計畫に配當された週數を基礎として、單元計畫の作成にあたられたい。

中學校における柔道指導計畫例（一）

學年	目標 ＼ 學習內容 ＼ 週・時間		週1 時間1	週1 時間2	週1 時間3	週2 時間1	週2 時間2	週2 時間3	週3 時間1	週3 時間2	週3 時間3	週4 時間1	週4 時間2	週4 時間3
第一學年	(1) 基本動作の初歩を理解しその技能を身につける (2) 判斷力決斷力實行力等の必要を理解する (3) 積極的に研究工夫する	週計畫	1 柔道一般 2 受身 3 膝車 4 袈裟固 5 練習法			1 上四方固 2 出足拂 3 浮腰 4 出足拂→浮腰			1 大外刈 2 膝車→大外刈 3 簡易な試合法			1 釣込腰 2 反省評價 3 膝車→釣込腰		
		時間計畫	1 話合 2 準備運動 3 受身 4 膝車 5 整理運動 6 話合	1 話合 2 準備運動 3 受身 4 約束練習法 5 練習法 6 整理運動 7 話合	1 話合 2 準備運動 3 受身 4 膝車 5 袈裟固 6 整理運動									
第二學年	(1) 力學的原則と運動の關係を理解し基本的技能をたかめる (2) 正しい試合の仕方を理解し實踐する	週計畫	1 送足拂 2 背負投 3 連絡技の研究			1 大内刈 2 横四方固 3 大内刈→背負投			1 體落			1 拂腰 2 反省評價		
		時間計畫	1 話合 2 準備運動 3 受身 4 技の復習 5 送足拂 6 整理運動	1 話合 2 準備運動 3 受身 4 既習教材復習 5 背負投 9 整理運動 7 話合	1 準備運動 2 受身 3 技の復習 4 連絡技の研究 5 整理運動									
第三學年	(1) 基本的技能に熟練してそれを應用する能力を養う (2) 規則の概要を理解し試合の運營能力をたかめスポーツマンシップを養う	週計畫	1 支釣込足 2 巴投 3 支釣込足拂腰			1 内股 2 規則と審判法			1 跳腰 2 試合の運營			1 反省評價		
		時間計畫	1 話合 2 準備運動 3 受身 4 支釣込足 5 技の復習 6 整理運動	1 話合 2 準備運動 3 受身 4 巴投 5 技の研究 6 整理運動	1 話合 2 準備運動 3 受身 4 既習教材復習 5 支釣込足拂腰 6 簡易な試合 7 整理運動									

備考 1. 週計畫欄は新教材のみ掲げる　2. 時間計畫の空欄は詳細記入を省略したもの

2			3			4			5			6		
1	2	3	1	2	3	1	2	3	1	2	3	1	2	3
1出足拂 2肩固			1浮腰 2大外刈 3連絡技のかけ方			1釣込腰 2上四方固			1送足拂 2臂緘 3簡易な試合			1背負投 2反省評價		
1體落 2横四方固 3試合			1拂腰 2縱四方固 3連絡技の研究			1小内刈 2小外刈			1支釣込足 2十字絞			1巴投 2反省評價		
1送襟絞			1內股			1跳腰			1規則と審判法 2試合の運營			1反省評價		

高等學校における柔道指導計畫例（二）

學年	週／時間　學習內容／目標		1		
			1	2	3
第一學年	1. 基本動作の初歩を理解し技術を身につける 2. 積極的な工夫研究する態度を身につける 3. 受身の技術を身につける	週計畫	1 柔道一般 2 受身 3 膝車 4 袈裟固 5 練習法		
		時間計畫	1 話合 2 組分け 3 柔道衣着用法 4 準備運動 5 受身 6 整理運動	1 話合 2 準備運動 3 受身 4 膝車 5 約束稽古 6 練習法 7 整理運動	1 準備運動 2 受身 3 膝車練習 4 袈裟固 5 整理運動
第二學年	1. 柔道の技術を理論と共に身につける 2. 試合を通じてスポーツマンシップを理解する	週計畫	1 大内刈 2 十字固		
		時間計畫	1 話合 2 準備運動 3 受身 4 技の復習 5 技の研究 6 整理運動	1 準備運動 2 受身 3 技の復習 4 大内刈 5 整理運動	1 準備運動 2 受身 3 大内刈 4 十字固 5 技の復習 6 整理運動
第三學年	1. 基本技能に習熟しこれを應用する能力を養う 2. 規則を理解し試合の運營能力を養いスポーツマンシップを身につける	週計畫	1 拂釣込足		
		時間計畫	1 話合 2 準備運動 3 受身 4 技の復習 5 整理運動	1 準備運動 2 受身 3 技の研究 4 拂釣込足 5 整理運動	1 準備運動 2 受身 3 拂釣込足 4 連絡技の研究 5 技の復習 6 整理運動

備考　1　週計畫欄は新敎材のみ掲げる
　　　2　時間計畫の空欄は詳細の記入を省略したもの

高等學校に於ける柔道指導計畫例（三）

學年	學習內容 目標	週 / 時間	1-1	1-2	1-3	2-1	2-2	2-3	3-1	3-2	3-3
第一學年	(1) 基本動作の初歩を理解しその技能を身につける (2) 安全の必要を理解しその能力を身につける (3) 判斷力、決斷力、敢行力等の能力をやしなう	週計畫	1 柔道一般 2 受身 3 膝車出足拂 4 袈裟固肩固 5 練習法			1 浮腰 2 大外刈 3 釣込腰 4 上四方固 5 出足拂→浮腰 6 膝車→大外刈 7 膝車→釣込腰			1 送足拂 2 背負投 3 簡易な試合法 4 腎緘 5 膝車→背負投 6 反省評價		
		時間計畫	1 話合 2 準備運動 3 受身 4 膝車基本練習 5 整理運動 6 話合	1 話合 2 準備運動 3 受身 4 膝車の練習 5 出足拂 6 整理運動	1 話合 2 準備運動 3 受身 4 出足拂 5 袈裟固肩固 6 整理運動						
第二學年	(1) 柔道の原理を理解し技能をたかめる (2) 試合を通じてスポーツマンシップを理解する	週計畫	1 大內刈 2 體落 3 十字固 4 横四方固 5 大內刈→體落			1 小內刈 2 拂腰 3 小外刈 4 縦四方固 5 大內刈→小內刈 6 試合法			1 支釣込足 2 巴投 3 十字絞 4 反省評價		
		時間計畫	1 話合 2 準備運動 3 受身 4 技の復習 5 大內刈 6 整理運動	1 話合 2 準備運動 3 受身 4 復習 5 體落 6 連絡練習大內刈體落 7 整理運動	1 話合 2 準備運動 3 受身 4 固技の研究 5 十字固・横四方固 6 整理運動						
第三學年	(1) 技能に熟練しそれを應用する能力を身につける (2) 規則を理解し試合の運營能力をたかめスポーツマンシップを身につける	週計畫	1 拂釣込足 2 送襟絞 3 規則と審判法			1 內股 2 跳腰 3 小內刈←→內股			1 反省評價 2 試合の運營		
		時間計畫	1 話合 2 準備運動 3 受身 4 技の復習 5 拂釣込足 6 整理運動	1 話合 2 準備運動 3 受身 4 技の研究發表 5 送襟絞 6 整理運動	1 話合 2 準備運動 3 受身 4 技の復習 5 規則と審判法 6 試合 7 整理運動						

備考　1. 週計畫欄は新教材のみ掲げる　　2. 時間計畫の空欄は詳細の記入を省略したもの

三、指導案

指導案は、單元の計畫や期間の計畫をさす場合もあるが、普通には一時限の指導計畫のことをいう。

これは、計畫ではあるが、多分に學習活動展開の面を含んでおり、この具體的な計畫において、とくに個人差を考えて作る必要がある。

指導案で最も大切なことは、敎師の目標と生徒の目標のおの〳〵から、調和統一のある學習活動を導き出すことである。即ち、生徒の自發活動を重んずると同時に、敎師の指導が十分に行きとどいているような學習活動が展開されることが望ましいのである。

しかし、通例は、そのいずれかに偏する場合が多いし、時と場合によつて一樣に論ずることも出來ない。理想としては、生徒の目標から導き出される學習活動を主とし、それに敎師の目標が方向をあたえ、不足の點を補い、不要の點を排除すれば、もつとも望ましいものになる。

指導案にふくまれる事項は大體、

敎師の目標、生徒の目標、學習活動、時間配當、用具、指導上の注意、評價反省、

等を考慮したものであり、又その構成は、生理學的には、準備運動、主運動、整理運動の過程を、心理學的には、學習意欲の喚起や、社會的性格の育成等に充分な考慮をはらわねばならない。その他種々の內容――例えば點呼、計畫の提示、次時限の計畫などが考えられるが、實際には、指導反省記錄簿をかねた敎師の備忘錄程度の簡單な略案が、むしろ効果的な場合もある。

ここでは種々な形式のものを掲げて參考に供したい。

指導案例（一）

「單元」柔道（中學校第一學年男子第一週第一時）

本時の目標	一、柔道の概要を理解させ、柔道に興味をもたせる 二、柔道の受身の基礎技術を習得させ、身體を安全に處理できるようにつとめる 三、膝車の基礎技術によつて、投技の初歩的な原理を理解させる		
項目	指導內容	時間	留意點
一、柔道の紹介	一、整列挨拶 二、出缺調査 三、柔道への興味喚起 四、柔道學習の目的 五、練習心得 六、柔道衣着用　點檢	17分	一、靜肅、敏捷 二、生徒の健康狀態觀察 三、四、五、自由討議 六、確實敏捷に着用
二、準備	一、徒手體操	3分	○弱より强へ ○全身を充分柔軟に
三、受身	一、受身の概要 二、各種の受身	20分	一、自由討議 二、○體をかたくしない ○顎をひきつけて頭をうたないようにする

	三、膝車を利用しての受身 ○組み方、崩し方 ○膝車のかけ方 ○膝車の基本練習		○あきない工夫をする 三、○相手を崩す場合、自分の體を安定にしておく ○わざをかける場合、相手を充分に崩す ○等しい體重の者と組む
四、整理	一、整理運動 二、話合 三、身體ならびに柔道衣の後始末 四、挨拶、解散	10分	一、呼吸に合わせ輕く行う 二、本時の反省だけではなく、次の時間のことについても話合う 三、後始末を充分にする

備考　本時の前に柔道の經驗調査を行い、體格、成熟度、技能、性格等を考慮して分團編成を行う

指導案例(二)

「單元」柔道(高等學校第二學年男子第一週第二時)

本時の目標	(一)體落の輕妙な原理を理解し、その概要を體得する (二)既習教材を充分練習し、身體の巧緻性をねる			
課程	生徒の學習活動	教師の活動	時間	備考
	一、整列、挨拶 二、出缺調査	二、生徒の健康狀態の觀察		

段階	學習活動	指導	時間
（一）準備	三、練習法について自由討議 四、準備體操 ○正しい動作 ○弱より強へ 五、受身競爭 ○手のつかい方 ○遠くへ　○高く　○大きな音を	三、斷片的なものをまとめて正確なものを採用する 四、巡回指導 五、個人指導	12分
（二）既習教材復習	一、約束練習 ○相手を充分に崩す 二、自由練習 ○輕妙に動く ○姿勢を正しく 三、試合練習	巡回指導	30分
（三）體落	一、體落の研究 ○自由討議 ○右手左手の關係 二、基本練習 ○充分な崩し ○わざをかける機會 三、約束練習	一、體落の説明 二、巡回指導	

生徒の學習活動は常に分團別の活動を本體とする

(四) 連絡技	一、連絡技の研究 二、〃 練習 ○確實、敏捷 三、〃 發表ならびに討議	一、巡回指導 三、助言、批評		積極性を助長するため自分のわざ→自分のわざを主體とする
(五) 整理	一、整理運動 二、本時の反省 三、後始末 四、挨拶、解散	○ゆっくり充分に ○次の時間の計畫も ○汗の後始末を充分に	8分	

指導案例(三)

一、單　元
柔道(中學校第二學年男子第一週第二時)

二、教　材
1既習教材(大外刈、浮腰、釣込腰)の練習
2背負投(新教材)

三、本時の目標
1既習教材の不得手を練習して左右技がかけられるようにつとめる
2背負投の技の理を理解しその概要を體得するようにつとめる

展開	内容	時間	予想される生徒の活動	教師の活動
一、話合	○不得手側の技を練習することについて ○背負投を練習することについて		○自分の左右技について不得手技をかける時の苦心談、その他について活潑な意見發表	生徒の發表に對する補導

二、準備運動	○軀幹、四肢、諸關節の柔軟體操 ○補助運動	10分	○リーダーによつて體操をなし身體各部を柔軟にし柔道をはじめる氣構をつくる ○相手と組んでやるつもりで補助運動をする	體操は正しい動作でだんだん强くするように指導
三、受身	○遠くへとんでの受身 ○大きな音をたてる受身		分團毎に一生懸命に競爭してやる	傷害の防止に注意する
四、既習教材の練習	大外刈、浮腰、釣込腰の 約束練習 自由練習	35分	○不得手側を相手と交互にかける ○時々得手側もやつてみる ○輕く動き汗ばんで練習する	指導すべき點 ○相手を充分崩す ○確實に技をかける ○みにくい姿勢でがんばらぬように練習させる
五、背負投 イ話合 ロ基本練習 ハ約束練習 ニ研究	イ○例話 ○入り方 ロ分團毎に行う ハ〃 ニ分團毎に意見を發表討議		イ若干のものが背負投について知つてゐることを發表する ロ分團毎に手のつかい方、 ハ足の運び方を問題にしながらやつてみる ニ分團毎に意見を交換して研究する	指導すべき點 ○崩し ○手のつかい方 ○足の運び方 ○膝をかけて低く入ること

六、整理運動	體の後反を主とした柔軟體操	5分	リーダー中心で充分にやる	調子を呼吸のつよさに合わせるように補導する
七、反省	○不得手側の技 ○背負投		○不得手側の技がうまくかけられたかどうか ○背負投がうまくかけられたかどうかについて反省し合う	○全體として反省補導 ○次の時間の計畫と準備について ○體の汗、柔道衣の始末について

本時の反省（本欄は直接指導案には關係がないが、教師自身の反省として同一用紙にしておいた方が後日便利であるので掲げた）

評價事項	摘要
技術	
態度	
その他	

第二節　必修時における指導

一、必修時柔道の性格

必修時における柔道の指導を考える場合、先ず心得ておかねばならぬことは、必修時柔道の性格が從來と異つたことであろう。戰前學校で必修された柔道は正課と言われ、教科として少く共一週一時間宛、全學年にわたつて履修しなければならぬ規定であつた。從つて當時の教授要目も一週二時間の案が立てられ、その指導も柔道に關する一通りのことはすべて生徒に理解させ、身につけさせると共に、應用し得るまでに導くことを目指していた。

しかしながら新しい體育教材としての柔道は教科としての柔道から一教材としての柔道に變り、しかも中學校、高等學校學習指導要領保健體育科體育編によれば選擇教材となつている。柔道が中心教材とならず、選擇教材になつた理由は、我が國現下の困難な經濟事情の下では、施設、用具の整備の點に難色のあること、なお柔道が終戰後の長い休止期間を經て今回實施許可の運びに到つたこと等から、これが軌道に乘る迄には相當の期間が必要であろうというのであつて、教材の價値が低い爲ではなかつた。遠からず柔道も中心教材に入る時が來るであろうと考えられる。

さて新しく實施される必修時の柔道とは、各學校において指導者はもとより施設、用具其の他の必要な條件が無理なく調い、學校が採用することに決定した場合に、柔道は中心教材と同樣に必ず一定時間履修しなければならなくなり、こゝに必修時の柔道が實施されることになるのである。特定の時期に行われる特別教育活動は自由な面もあるが、どちらかと言えば必修的に行うものであるから、普通行われる課業と共に必修時柔道の枠内におかれるものであろう。

いずれにしても第一節指導計畫で述べたように「必修」として實施する柔道の時間は極めて少く、かつ必修時の柔道は時間割に組まれ、新しい柔道の指導者の資格をもつた教師によつて指導されるのである。そして一人の指導者が一學級を責任をもつて指導することが通例となる。

柔道は他のスポーツ教材と同じく一般體育の目標達成に貢獻するものであるが、一方柔道で特に強調しなければならぬ具體的目標の存することは前に述べた通りである。必修時においては勿論この目標をねらうのであるが、何といつても實施時數の少い現狀から推して、充分に指導することは困難である。故にどうしても必修時以外の自由時に展開する必要があろう。必修時の柔道では基礎的な價値の高いものを選び、自由時における柔道に方向づけると共に、他のスポーツや將來の體育活動にも役立てるようにしなければならない。

必修時指導で特に留意しなければならぬ點をあげると、

イ、柔道は個人と個人が直接に身體を接觸して行う格技スポーツであるから、學習する者の心構えを確立し、教育的な雰圍氣を保たなければ、指導の全體が根本から崩れ去る危險がある。

ロ、柔道の指導は競技が中心で、練習と試合が學習の重點となる。從つてその方法については從來の行き方にこだわらず大いに工夫研究が加えられなければならない。

ハ、柔道技術を習得する場合、最初から分解して習うよりも、先ず技の全體を把握し、ついで部分の練習に入るという全習法に分習法を加えた學習法をとることが効果的である。

ニ、實施時間が少いので柔道一般の理解は概括的にして最少限度にとどめ、主なるねらいは、投技固技一應の習得と、これを用いての試合におき、これが徹底は自由時に讓ることになろう。それにしても或程度柔道を理解させ、技術を習得させようとすれば、餘程合理的効果的な計畫を立て、適切に指導がなされなければ部分的な學習におわる惧れが多分にあるのである。

ホ、一學級の中には體力、成熟度の異るもの、技能の程度の差のあるもの、柔道に對する興味の深淺、其の他異質者等が集つて居るのが實情である。指導に當つては、柔道の競技としての特色及び施設其の他の事情を參酌して、組分けするなど、指導や管理の方法を十分研究しなければならない。

二、學習の過程

柔道の學習指導の方法には體育一般の場合と同樣に身體活動を主とする場合と知的活動を主とする場合とが考えられる。しかしながら柔道の學習は技術的な面が主であり、天候に左右されることがなく、實施の時間數も多くないので、特別に知的學習を敎室で行うことは少いであろう。普通に考えられることは、知的活動を主とする學習は、時に應じて身體活動を主とする學習の中に織り込み、問答式あるいは討議式によつて短時間で理解せしめるよう適當に指導するのである。故にこゝでは身體活動を主とする學習について述べることにするが、それは主として柔道の練習や試合に重點をおく學習の過程について考察することになるのである。

一般に學習といつても、そこにはいくつかの過程があり、實際には種々の形をとることになるが、こゝでは柔道學習の過程に於いて特に重要と考えられる點を述べるにとゞめたい。

1. 學習意欲の喚起

學習における初めの段階を考えると(イ)内部の動機が刺戟を受けとるようにし、(ロ)それに關連して目標が設定され、(ハ)緊張が起つて、(ニ)目標達成のための適當な方法がとられるのである。そのように考えてくると、先ず大切なことは學習意欲の喚起ということになる。柔道學習の意欲を起させるものは、言うまでもなく柔道に對する興味であろう。もともと「組み合う」ことは、深い人間欲求に基づくもので、これが柔道をしたいという内部の動機になるのである。指導に當ってはこの欲求に根ざした動機を發展させ、興味を持つ事柄から學習させる。そして興味自體のよしあしによってこれを育てたり或は刈りとったりするのである。必要と思われる興味があれば勿論それを教え加えることが望ましく、柔道の眞の興味は相當の練習の後に初めて得られ、一生離れることが出來ない様になるものであるから、指導者は多くの努力をこゝに拂わなければならないのである。

他方、興味を持つように指導するには、まず學生生徒が柔道のどのような事柄に興味を感ずるかということを知る必要がある。これについて著者が調査した三つの結果を參考迄に示すことにしよう。

調査其の一、（昭二三、一〇調）

「柔道を始めた動機について」

數え年八才より二十五才までの柔道練習者百八十八名について、左の問を發し、回答を求めた。

「**問**」どんな動機で柔道をはじめましたか。次の事柄の中で自分の動機と同じものがあれば順々に番號をつけて下さい。若しなければ空白のところに自分の動機を書いて下さい。

（）好ききらいがわからなかったが友人がやっているから。

（）家の人がやれと言ったから。

（）護身用になるから。

（）我慢強くなるから。

(一)人格の修養に役立つから。
(二)面白いから。
(三)體を強健にするから。
(四)よくねむれるようになるから。
(五)日本的でじみなところが好きだから。
(六)意志が強くなるから。
(七)男性的なスポーツだから。
(八)心におちつきが出來るから。
(九)體が大きくて力がつよいから。
(十)相手を投げるのが好きだから。
(十一)體が太つてくるから。
(十二)強くなりたいから。
(十三)氣分轉換によいから。
(十四)雨の日でも冬でも夏でも練習出來るから。

「結果」

回答を整理し種々の結果を得たが、その中動機の第一と第二を特に取り上げて示すと次の表になる。

動機（第一）	頻數
人格の修養に役立つから。	51
護身用になるから。	38
體を强健にするから。	23
家の人がやれと言つたから。	20
面白いから。	11
我慢强くなるから。	10
好ききらいがわからなかつたが友人がやつているから。	8
强くなりたいから。	8
日本的でじみなところが好きだから。	7
男性的なスポーツだから。	6
意志が强くなるから。	4
心におちつきが出來るから。	1
氣分轉換によいから。	1
よくねむれるようになるから。	0
體が大きくて力がつよいから。	0
相手を投げるのが好きだから。	0
體が太つてくるから。	0
雨の日でも冬でも夏でも練習出來るから。	0

動機（第二）	頻數
體を强健にするから。	39
人格の修養に役立つから。	33
我慢强くなるから。	30
護身用になるから。	22
日本的でじみなところが好きだから。	11
面白いから。	11
男性的なスポーツだから。	10
心におちつきが出來るから。	10
意志が强くなるから。	9
强くなりたいから。	4
體が大きくて力がつよいから。	3
家の人がやれといつたから。	2
氣分轉換によいから。	2
好ききらいがわからなかつたが友人がやつているから	1
よくねむれるようになるから。	1
相手を投げるのが好きだから。	0
體が太つてくるから。	0
雨の日でも冬でも夏でも練習出來るから。	0

調査其の二（昭二三、一〇調）

「最も興味を持つ柔道の技」

數え年八才より二十五才までの柔道練習者百六十三名について、最も興味を持つ柔道の技を調査した所左の結果を得た。

順位	技の名稱	頻數	順位	技の名稱	頻數
1	背負投	25	10	巴投	7
2	體落	20	11	小内刈	6
3	大外刈	17	12	出足拂	5
4	釣込腰	15	13	支釣込足	3
5	拂腰	15	14	袈裟固	3
6	内胯	14	15	膝車	2
7	足拂	10	16	小外刈	1
8	跳腰	10	17	浮腰	1
9	大内刈	9			

調査其の三（昭二五、八調）

「柔道の興味調査」（前川峯雄、大瀧忠夫、松本芳三）

柔道練習者（十三才—三十四才）に、次に示す柔道の興味調査用紙を配布し、該當事項の記入を求めた。

柔道の興味調査用紙

柔道科學研究會

氏名		生年月日 年 月 日	年 月 日	現住所	都府縣 郡市區 村町
職業		柔道を始めた年	才	講道館(道場)までの所要時間	時 分
家族の職業		家族の柔道歴(段級)		本人の段級	段 級
身長	糎	體重	瓩	胸圍	糎

〔1.〕次の各項において該當するものがあれば番號を○でかこんで下さい。なお傍線のあるものについて必要事項を記入して下さい。

1. 父、母、兄が柔道が好きだからやつてみようと思つた。
2. 父、母、兄が柔道をよく練習しているのでやつてみようと思つた。
3. 父、母、兄が柔道が強いので（　　段級）自分も強くなりたいと思つた。
4. 父、兄にさそわれるので道場に行つてみようと思つた。
5. 友人、先輩、近處の人のうちに柔道を練習しているものがあつてそれらの人々から誘われたり話を聞いて道場に行つてみようと思つた。
6. 先生からすゝめられてやる氣になつた。
7. 自分ではやる氣はなかつたが親や兄がどうしてもやれというので練習をすることになつた。
8. 道場が近いので練習するのに便利だからしてみようと思つた。
9. 學校や勤め先からの歸りにたやすく立寄れるのでしてみようと思つた。
10. 試合などを見る機會が多く試合の面白さを感じてやる氣になつた。

11. 柔道の映畫（その映畫の名　　　　）をみてやつてみようと思つた。

（映畫中のどんな人物にひかれましたか　　　　）

12. 柔道に關する小說（小說の名　　　　）を讀んで練習したい氣になつた。

13. 天候や季節にかかわらず練習ができるからこれを選んだ。

14. 青だたみを敷きつめているのが氣に入つてやろうと思つた。

15. 練習の場所が整理されていて氣持がよいからしようと思つた。

16. 練習をする人が親切で氣持がよいからしようと思つた。

17. 相手が一人あればいつでも出來るから。

18.

〔2.〕次は柔道の練習の特質や効果に關するものですがこれらについて自分で考えたり人に言われたために柔道をしようと思つたことがあれば次の點で該當する番號のところに○印をつけて下さい。

1. 老若男女を問わず誰でもできるから始めた。
2. いろいろの技があつて一つができなくとも他の技をつかえる。
3. 忙がしい生活をしているが柔道は短かい時間でも十分練習ができるから。
4. 身體の大きいものにも勝つことができるから。
5. 身體が小さくてもできるから。
6. 柔道は健康によいから。
7. 强い身體の持主になりたいから。
8. 器用になりたいから。
9. 引込思案をなおしたいと思つて。
10. 勇敢な人になりたいから。
11. 落つきをもちたいと思つて。
12. 人前でおじけないようになりたいと思つて。
13. 腕力がほしいと思つて。
14. きれいな技を身につけたいと思つて。
15. 自己防禦に最もよいから。
16. けんかに負けないようにと思つて。
17.

〔3.〕次は柔道に對する心身の適否の判斷に基づいて練習を開始した例ですがこれに該當するものがあつたら番號を○で圍んで下さい。

1. 全體として身體が柔道に適している。
2. 體重が重いから。
3. 身長が大きいから。
4. ずんぐり太つているから。
5. 腕力が強いから。
6. 腰の力が強いから。
7. 柔道に類似の相撲などで強いから。
8. 何をやつても器用だから。
9. 我慢強いから。
10. 負けるのがきらいだから。
11. 鬪志が強いから。
12.

〔4.〕次は柔道を練習しているうちに持つようになつたいろいろの興味の例ですがこれに該當するものがあつたら番號のところを○で圍んで下さい。

1. 身體が目に見えて丈夫になる。
2. 身體の動きが自由になる。
3. 目に見えて技が進歩した。
4. 度々勝つ。
5. 試合に強くなつた。
6. 技がよくかゝる。
7. 技の妙味がよく判つてきた。
8. 大きな相手を投げるのがうれしい。
9. 形の美しさ。
10. 形の實用性。
11. 黑帶をしめることができるようになつた。
12. 段（級）をとりたい。
13. 稽古をすると家族がほめて吳れる。
14. 先輩がほめて吳れる。
15. 先生や高段者から「君の技は伸びる」といわれた。
16. 征服慾が滿足できる。
17. 相手を投げたとき氣持がよい。
18. おさえ込みで勝つたとき自分の努力がよく判る。

19. 相手と組み合つて油断しなくなつた。
20. 相手の力をうまくはずした時はうれしい。
21. 練習は苦しいが氣持は樂しい。
22. 練習を休むと空虚を感ずるのでやめられない。
23. 一生懸命やつたあと氣持がはればれする。
24. 練習をして一汗かいた氣持が何ともいえない。
25. 絞技をかけられたとき命がけになるから。
26. 力一杯練習して自分の力を出し切れるから。
27. こわさがなくなつてきた。
28. 自己防禦を實際に體驗した。
29. 落つきができた。
30. 腕力ができた。
31. 忍耐づよくなつた。
32. 一寸したことで腹が立たなくなつた。
33. 求めていたものが實現できた。（何を求めていたか）
34. 柔道の理と人生との結びつきが判つてきた。
85. 仕事がてきぱきできる。
36.

「柔道の興味調査」の結果については附録の各表を參照されたい。なお、結果の考察は未整理につき他日に讓るが、概略の傾向は附録に掲げた結果表から推察することが出來るであろう。

2. 抵抗の調整

「組み打ち」をしたいという衝動から柔道をしようという動機となり、それに關連して目標が定められ、學習活動が行われるようになる。しかしながら目標は直ちに達成される場合もあるが、普通種々の抵抗が存在するのである。この抵抗の半面は外的環境的なものであるが、ときには學習者自體の能力にかゝつていることもある。例えば、素質の差によつて、他のものは困難でない場合でも抵抗となるようなことである。指導者は一方において學習者の技能、素質、體力などを明らかにし、他方ではその目標の困難さ、性質などを考慮して抵抗の程度を加減する必要があるのである。そして適當な緊張と努力によつて、柔道技術を習得し、柔道の目標を達成するように導くことが肝要である。柔道の指導において指導者がすべてを教え、學習者は唯手足を動かして模倣するだけではよき導きとは言われない。學習者それぞれの個人差に應じて、その要求水準に加工し、適度な抵抗を與え、それを克服させて、成功の喜びに浸らせる。そして更に再び繰り返そうとする意欲を起すまでに導くことが望ましい。この過程における經驗が學習者によい發達を促すのである。

3.指導者の助力

學習は學生生徒自らがなすべきものである。指導者の任務はこれに助力を與え、正しく導くことであろう。そしてそれには主として管理に關する面と、指導に關する面との二つが考えられる。

前者は學習内容、指導し學習する組織、練習場、服裝、季節的條件等に關係しての助力であり、學生生徒の能力、素質、技術の程度、學習意欲、動機、健康度、性格等を明らかにした上、各學習者に適した管理上の條件を整備調整することである。

次は後者であるが、指導に關する外部からの最初の助力作用は動機づけであり、續いて目的の設定、要求水準の調整、抵抗の調整、方法の示唆、激勵、反省の援助などの助力をすることが必要となるのである。

三、學習の形態

柔道學習の目的と、それのよりよい達成を圖るためには、學習の形態を考究しなければならない。以下それについて概説することにしよう。

學習する時の主動性のあり方によつて、自律學習、他律學習、指導學習の三つに分けられる。しかしながら自律と他律は、學習の兩面であり、他律學習から自律學習へと推移するものである。柔道を學習する場合に於いても、學生生徒が適切な指導を仰ぎながら、なるべく自律的に學習することが大切であろう。

柔道の學習は、多數の生徒が一人の指導者のもとで行うのが普通であるが、これを個別的に行うか、一齊的に行うか、或は分團に分けて行うかによつて、いわゆる個人學習、一齊學習、分團學習などに分類することが出來る。柔道の學習は從來一齊學習を主とし、これに個別學習を加えて行うことが通例であつた。しかしながら個人差に應じながら、しかも能率的に學習させる分團學習も、今後柔道の指導において重視しなければならない。要するに指導內容、施設、用具、學年、生徒數、指導者數、個人差などによつて適當に方法を考え、各々の長所を活かして、學習指導の効果を擧げることが望ましい。簡單に各學習の長短を擧げると次のようである。

イ、個別學習

教育の徹底を期するためには、個人差に基礎を置く學習が強調されなければならない。しかしながら柔道學習の場合も、一人の指導者が多數の學生生徒を引受けなければならぬ狀態であるから、個人學習によることは甚だ非能率となるのである。たゞし學生生徒の事情や指導內容によつては、個人或は集團の學習が甚だしく支障を來す場合があるので、そのような際には個別學習が是非必要となるのである。

ロ、一齊學習

柔道の基礎的共通的な技術についての學習は一齊に學習した方が能率的であり便利である。學習は個人の必要に適應されると共に、共通の必要に適應させることも考慮しなければならない。柔道の場合を考えると、特に基礎的學習において、一齊學習を必要とする機會が多い。又施設、用具、時間などの關係で一齊に指導する方が効果的である場合も出てくる。しかしながらこの學習は個人差に應じ、興味を持たせながら、徹底した學習をするためには不便であるという缺點は認めなければならない。

ハ、分團學習

個人學習と一齊學習の長所を採り入れたのが分團學習といえよう。必修的における多數の生徒には異質性と同質性とが見られる。そこで體格、成熟度、技能、性格などの似通つた生徒を集めて、いくつかの分團に分け、學級としての統一性を保持しながら、しかも個人差に適應させようというのが分團學習である。個性に即し、能率的であるという長所を有するこの學習も、分團に分かれるために指導者の力が分散し、適切な指導をすることが困難となる短所を有している。

かくて個別學習、一齊學習、分團學習の各々は、それぞれに長短が認められる。故に一方に偏することなく、學習のため最もよい方法を考え、生徒の發達程度と、指導内容の性質によつて、適宜分團を組織して學習させ、或は個別的に或は一齊的に學習させることが極めて大切であると考えるのである。

次に個人學習と共同學習の考察に移ろう。

柔道を學習する場合、各自の興味、能力、必要に從い、各自の進歩の程度に應じて、別々の内容を學習するのが個人學習である。これは個人差に適合させるという意味において望ましいことではあるが、學習を社會化させることは出來ない。故に生徒が個人を忘れず、しかも共同の目的をもつて、責任を分擔し、目指す目的の實現に協力するという共同學習の立場は、必修時柔道の指導において強調されてよかろう。

更に上述の學習形態はその學習目的や學習動機の如何によつて、問題學習（柔道の歴史というような問題を提出して、それにより學習を進める形態)、構案學習(大外刈はどういう機會に掛ければよいかといつたような構案を媒介として行う形態)、練習學習(巴投の理を理解し、繰り返し數を重ねることによつて學習する形態)鑑賞學習(試合や形などを見學し、鑑賞して學習を行う形態)などが考えられるが、結局柔道學習の特色からいつて、練習學習に中心をおくことになろう。

以上述べた各學習の形態は、學習の目的をよりよく實現するためのものであり、柔道を學習する立場で考えると、指導を通してなるべく自律的に、共同しながら、練習とその試合を中心にして綜合的に學習しようということになる。換言すればあらゆる學習形態を最も有効に使用して學習効果をよりよく擧げることに結論づけられるのである。

四、學習活動の展開例

學習活動の展開の仕方は、學習の目標、内容、割り當てられた時間、設備、生徒や教師の能力等によつて異るから一概にいうことはできない。しかしながら、柔道を單元的に學習させることが望ましいので、一應その場合の展開例について解説してみよう。ただし、以下に記すことは、あくまでも一例に過ぎないから、指導者はこれにとらわれることなく、常に研究と工夫とをもつて、更によりよき學習活動に展開するよう攻究することが望ましい。

(1)學習内容および學習目標の決定

どの學年において、どのような内容を指導するか、それは身體的、知的、社會的その他の目標に關して、どの様な點をねらうかなどということは、既に指導計畫の立案の時に定められているけれども、生徒が柔道を學習する時期に入る場合には、一應生徒が自分達のものとしてこれを設定するように指導計畫に基づいて導くことが望ましい。

しかしながら、暫く柔道の行われていなかつた現在においては、生徒が豫め持つている理解は極めて低いものと思われるから、當分の間は、教師が主となつてこれを決定することが多いであろう。

(2)學習方針の決定

教師は、割り當てられた時間數や、一定の設備條件内において、定められた學習内容を、生徒がどの程度まで學習するかの方針を立て、日程表をつくつて、なるべく自律的に、着々と學習をすすめるように指導することが望ましい。この場合、學習の内容としては、例えば、柔道の歴史や効果等について知的に理解しようとすることもあろうし、ある種の技を研究し、かつ練習しようとすることもあろうし、また試合によつて互に心身の練磨の程度を競うこともある。しかし、限られた時間に凡ての者が同時にこれらのすべてを同じ深さに學習することは困難であるから、似通つたことがらをいくつかにまとめて、いわゆる小單元のようなものを作り、分團によつて分擔研究するとよいであろう。しかし當分の間は、この仕事も恐らく教師が主となつて進める方がよいであろう。

(3)分團の編成

柔道の學習効果をあげるためには、分團を編成して學習させることも必要である。その場合、例えば、柔道の歴史に關する事項、、技術の理に關する事項、或は、柔道實施に關する衛生的事項等、主として知的に研究するものに關しては、興味や動機を同じくする者をまとめていくつかの分團を作るとよい。知的活動の場合には一般的に四名―六名をもつて一分團を構成するのがよいとされている。

技の練習や試合などのごとく、身體活動を主とする學習の場合には、體格、健康度、成熟度、素質、技能、性格、興味、闘心等を考慮して、いくつかの分團をつくるとよい。分團には班長および副班長をおき、有機的な活動が出來るようにするがよい。

(4)研究、發表、練習活動

柔道の學習は練習が中心となるべきであるから、知的な研究に多くの時間をさくことは出來ない。それ故例えば、歴史等に關して研究する場合には、各分團が分擔研究出來るように方向を定め、方法を示唆して、これをプリントまたは圖表等にまとめ、あるいは黒板等を利用して、短時間に要領よく、しかも出來れば練習の合間などに發表できるように指導するがよい。

技の學習の場合には、一應の基礎が出來たならば、いくつかの分團がそれぞれ別なものを分擔研究し、教師の指導をうけながら、分團内で互に檢討練習し、適當な時期に學級全員が發表し、全員で一齊に練習するように指導するのがよいであろう。

(5)練習と試合

柔道においては、單に知るだけでなく、知つたことを身につけることが大切である。それ故、自分の分團で研究したことだけでなく、他の分團の研究したこともとり入れて、これを實地に繰返し練習しなければならない。練習の場合は、分團毎に重點を定めて研究することや、既習の技を総合的に練習することもあり、時々は勝敗の基準を定めて試合による學習をすることもあるが、いずれにしても研究、發表、練習、試合等は、適宜に織りまぜて、なるべく練習の機會を多くすることが必要である。

(6)反省及び評價

必修時における柔道の學習期間が終了しようとする時期に反省會を開いて、今までの事柄を反省し、今後の生活にいかにとり入れるかを話し合うことは、學習されたことがらを活用する面において有効である。反省會の方法には、各班から代表者を出してこれらの間で討議するのを全員がきくとか、また、座長を定めて全員で感想を述べ、あるいは討議するなどいろ〳〵あるが、いずれの場合においても、例えば、學習方針は適當であつたか、組分けの仕方は適當であつたか、分團内の研究や練習はよく行われたか、他の分團の研究を受け入れてこれをよく練習に活用したか、技能がどれだけ進歩したか、各組が正しい態度で仲よく樂しく練習や試合をしたか、自由時における活動にどれだけとり入れたか、安全に對する心構えは適當であつたか、設備や服裝で改善すべきものはないか、實施の時期は適當であつたか、先生に對して希望することはないか、その他のことがらが考えられるが、このほか更に必要と思われるものをいくつか加え、それらの中から重要なものを選び、時間内に行い得るように指導するのがよい。

以上は、生徒が自ら學習について評價することであるが、これは同時に教師にとつても學習指導に關するよい評價となる。しかし教師としては、更に柔道に關する諸概念の理解、生活にとり入れる習慣、技術向上の程度および參加等に關して、あるいは、平素の觀察により、あるいはテストなどによつて學習の效果を評價すべきであるが、評價については別に述べる機會があるのでここでは省略する。

(7) 學習活動展開の日程

柔道の學習活動展開については年間計畫においてのべたように一ヶ年にまとめる場合、三ヶ年にする場合、更に細かくわけて毎學期實施する場合等種々の方法が考えられる。

しかし、最もよく學習效果をあげるためには、許される期間内、毎週一時間ずつ實施することがよいであろう。かゝる場合の學習日程における最初の四、五回は、教師を中心として個別學習を加味しつゝ一齊學習に重點をおき、受身その他の基礎的な事項について學習し、これに並行して種々の分擔研究をすゝめ、以後の學習は主として分團毎に行う。

五、練習を主とする一時限の指導過程例

柔道指導の初期においては、基礎技術の解説と練習に重點がおかれ、これに併行して種々の研究問題を把握させ、後期においては、主として生徒が自律的に分團毎に重點を定めて、技の練習や試合を行うことが多いであろう。

從つて一時限の指導過程は、學習の時期に應じて、それぐ異なるべきであるけれども、こゝでは比較的多く行われると思われる練習を主とする一時限の指導過程について、一例をあげ教師の研究や工夫の手がかりを示すことにする。

(1) 事前の準備

この時間に指導すべき主運動は、すでに年間計畫や週案などによつて、一應は決定されているはずである。しかしながら實際の指導に當る前に、前の時間の進度や今後の見通しを考慮して、その時間に指導すべき主運動の指導内容を、具體的に決定しなければならぬ。また補助的運動についても、前後の事情を考慮して、あらかじめ決定しておかなければならない。主運動や補助的運動が決定したならば、次にはその指導内容を考え、いかなる準備を整えて、いかなる順序で指導するか、いわゆる指導案を計畫することになる。

又班長は、生徒の代表者に、日程に應じて、班毎の豫定や目標を一覽表に書き出させ、これをはり出させておくようにするか、或は、常にこれを教師の手許において、いつまでも見られるようにしておくのがよい。

また生徒が、更衣のために時間をとりすぎないよう、定められた時間以内に素早く行動して、集合するように導くことが大切である。

(2)集合、挨拶、出席調査、點檢等

あらかじめ班長または集合の責任者を定めておいて、時間になつたら、一同が集合整列して、直ちに學習活動に入り得る態度を整えるように習慣づけると能率的である。

それ故時間のはじめに考えられる事項は次の通りである。

(イ)集合體形としてはいろ〱あるが、要は、教師を中心に、生徒の一人々々がよく見える體形であればよく、集合に際しては靜肅敏捷でなければならぬ。

(ロ)生徒と教師が禮儀正しく挨拶を交わす。

(ハ)出席調査の方法は、一人〱名前を呼ぶ方法、番號により人員を調べる方法、單に生徒の報告のみによる方法などいろ〱あるが、なるべく正確に調査記録することが望ましい。しかもなるべく生徒の班長が當番となつて、呼名して出缺席を調査することが望ましく、教師は、更に出缺席の記録を確認することを忘れてはならぬ。

(ニ)班長又は當番が點呼している間に、教師は返事する生徒の健康や態度をよく觀察することが大切である。

(ホ)服裝や爪の點檢は、なるべく生徒相互にやらせ、教師も又よく氣をつけて、點檢指導することが必要である。

(3)話合い

前の時間に學習したことを思い出し、この時間には、何をいかに學習するのがよいかを話合う。すなわち、教師から與えられたものを學習するというのではなく、教師の指導をうけながら、自分たちの學習として、自分たちで實施するようにするために活合いを行う。

この話合いに要する時間は、單元のはじめで軌道に乗せるまでは、割合多くの時間を要するであろうが、一旦軌道

に乘つて、あまり變化のない時には極めて短時間でもよい。

要するに、今日は、主として何をどんな風に學習しようか、主な學習をする前に、何かなすべきことはないかなどということを檢討し、大きな學習意欲をもつて、學習内容に入るために行うのである。

(4) 準備運動

強い運動や、むつかしい運動を行う前に、體や心を慣らすために行う運動が準備運動である。

準備運動を行う場合、はじめは易しいもの、程度の弱いもの、速度のゆるいものからはじめて、徐々に體を慣らし、心構をつくり、次いで、強い、速い、難しい運動に進むという生理學的原則にしたがうことが必要である。

準備運動の方法としては、まず徒手體操によつて、體の各關節を萬遍なく、できるだけ大きく動かし、筋肉をよく伸ばし、關節の可動性を増し、内臟に對しても、體の運動によつて壓したり、捻つたり、搖つたりして機械的に刺戟を與え、次いで柔道の技に關連づけて、各種の補助運動を行つて、ます〳〵血液の循環をよくし、運動に必要な内分泌を促し、更に受身練習を行つて傷害防止に萬全を期し、以後の運動準備とするものである。

人によつては、生徒は休憩時間にたえず運動しているから、體育の時間だからとて、準備運動は必要がないと云う人もある。しかし、これは生徒全部が運動しているわけではないし、從つて生徒の氣持もまち〳〵であるから、準備運動をやることによつて、身體的には勿論のこと、心理的には、生徒に共通の學習意欲を起させる上に効果のあるものである。

なお準備運動を行う場合の方法として、なるべく生徒が班長を中心にして、各班毎に自主的に行うように指導し、時には、一齊に行うことも變化があつて効果的である。

(5)主運動

主運動は、それの學習によつて、生徒の運動意欲を滿足させ、身體を發達させて、それに對する理解を深め、必要な技術を高め、運動に對するよい態度を養うと共に、社會的性格を育成するよい機會を提供すべきものである。それ故、主運動は體育の時間の大部分をとり、重點的に指導されるべきものである。

主運動としては、新教材に重點をおく場合、既習教材に重點をおく場合、既習教材と新教材に重點をおく場合などいろ〳〵あるが、要するに、こゝではその時間に主としてねらうところのものでなければならない。

又指導の形式は、その教材、指導目標及び生徒の心身の發達に應じて班別指導や一齊指導、あるいは個別指導を、更に別の觀點からいえば、分習法や全習法を、適宜におりまぜて行うように導くのが普通である。

(6)整理運動

主運動によつて心身ともに高度の興奮狀態にある時、急に運動をやめることは、かえつて平靜な生活狀態に歸り難いものである。かゝる場合においては、生理的、心理的原則にもとづいて呼吸の早さを考慮しつゝ、逐次緩徐なリズムによつて、徒手體操や殊に體後屈の補助運動などを行うことが望ましい。

しかもこの運動は、生徒がなるべく自律的に實行するように習慣づけることが必要である。

(7)話合い

學習の終りにあたつて、この時間の學習は愉快であつたか、計畫通り行われたか、缺けているところはなかつたか……など反省し、その原因について確かめ、次の時間に對する方針を定めるために話合いを行う。

これは、生徒の反省であると共に教師の反省であり、一面學習の評價でもあつて、學習態度の向上や指導技術の改善にも役立つ。たゞし、これはなるべく簡潔に要點を摑んで話合い、なるべく三、四分ぐらいの短時間に終るように工夫することが望ましい。

(8) 挨拶、解散、後始末

話合いがすんだら生徒の合圖で、生徒と教師が互に挨拶を交わし、一應課業としての柔道は終る。しかし解散後も、その時間の學習の記録を當番の生徒が書きつけたり、場所の後始末や個々の生徒の更衣、洗面等も行われるべきであるから、自主的に、何人かの生徒が交代して後始末をしたり、全員が秩序正しく、必要な處置をするように指導することが大切である。

(3) 指導過程と時間配分

以上のべて來たところは、普通に行われる指導の順序とその内容についてであるが、これらに對する時間の配分は、指導の内容や目標などによつて決して、一概に云うことは出來ない。たとえば、新しい單元の導入の際には、話合いの時間が多くなろうし、一旦軌道に乘つて練習を主とすることが多くなれば、それは殆んど僅少なものになるであろう。

その他最後に行う話合いも、指導者の一方的な講評で、短い時間にすませることもあろう。しかしながら、必修時に行う體育が、すべての體育活動の中核となり、その本來の使命を果たすためには、その平素における指導の際に、今まで述べてきたような指導の順序を踏むことが一般的に必要であつて、それに要する時間配分は、大體次に示した二つの例が普通と考えられる。

練習を主とする指導過程と時間配分の例

(1) 最初 2〜3 回の場合

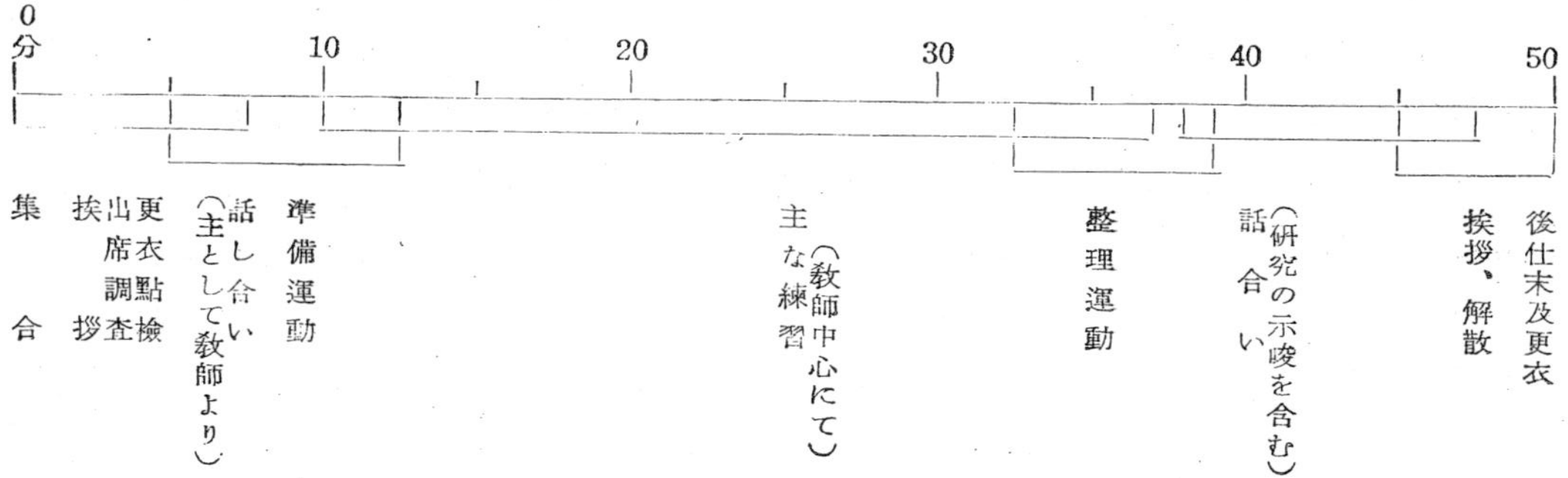

(2) 普通の場合

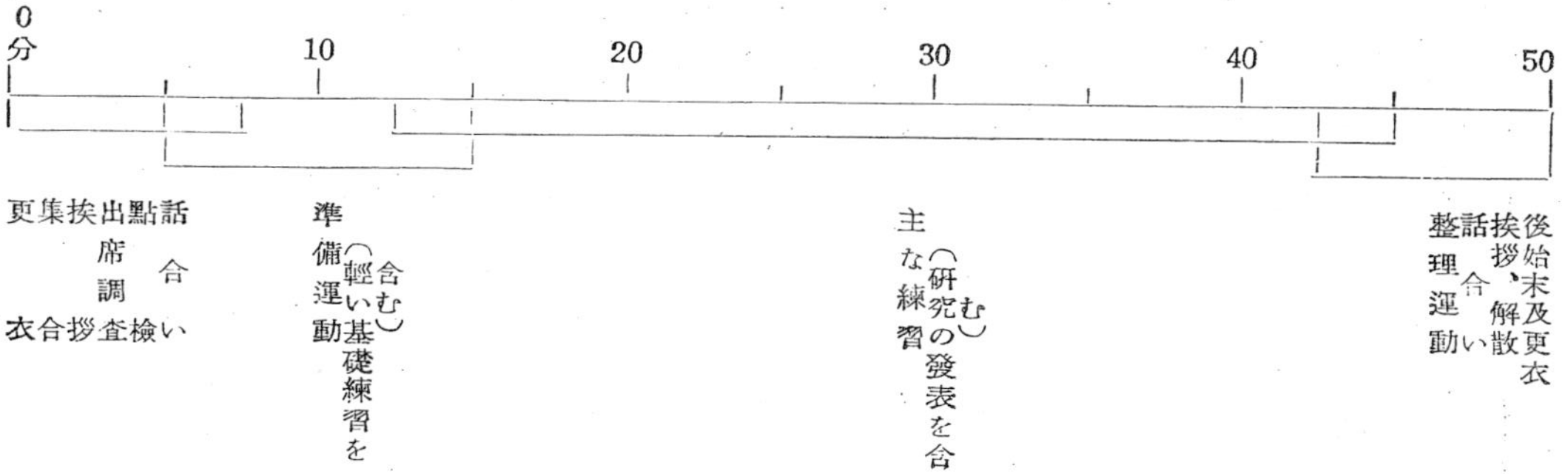

第三節　自由時における指導

一、自由時柔道の性格

必修時以外において、柔道愛好の學生生徒が、自由意志によつて柔道を練習し試合する活動が自由時柔道である。

註　特別教育活動を含む。特別教育活動は、一應必修時體育に入れるのがよいと思われるが、現在考えられている柔道の指導においては、自由時柔道の指導と共通した面が多く、これに含ませた方が便利であると考えた。

必修時柔道については前節で述べたが、何分實施の時間が少く、指導も柔道に關する一應の理解と經驗を得させる程度にすぎないので、いきおい指導の徹底は自由時柔道に期待されることになる。

柔道に興味を持つ者が、自ら選んで自由に行う柔道は、必修時指導の線に沿つて、熱心に自由に、樂しく行われるであろうから、柔道の諸目標達成に資する所はまことに大となるのである。

さて、自由時における柔道にはクラブ活動、校内競技、對外競技、練習會などのように比較的組織立つて行う場合と、休憩時その他において時々自由に練習する比較的組織的でなく行う場合とがある。

クラブ活動は柔道に關して、とくに關心と興味をもつ柔道愛好の學生生徒が、クラブを組織して活動するものであり、校内競技は一つの學校の學生生徒がその學校内だけで競技をする場合をいう。また對外試合は一つの學校の選手が他の學校の選手と競技をする場合を稱し、練習會とは校内の練習會や二校以上の交驩練習會のように、クラブ員のみならずクラブ以外の希望者をも含めて、或る日時又は期間、一定の計畫に基づいた練習を行うものである。更に休憩時その他で行うものとは、學校及び學校外で餘暇を利用して適時、練習や競技を行うものである。

これらの活動は、組織、期間、時間、回數、指導者などの條件によつて種々の規模にわかれ、程度にも差が出てくる。しかしいずれにしてもこれらの活動に參加する者は柔道の愛好者であり、各自の自由意志によつて參加するものであるから、しぜん熱心に行われ、適當に指導しさえすれば價値の高いものとなるのである。他面、指導を誤ると、不規律になつたり、過勞に陷つたり、一部の者が施設を獨占したりする弊害を生ずることになろう。指導者はよくこれらの點を辨えて計畫し、組織的に管理、指導することが必要である。以下自由時におけるそれ〴〵の指導や管理について略述しよう。

二、クラブ活動の指導

從來クラブ活動は、學校の餘暇活動として、放課後、同好の者によつて任意に行われていた。しかしながら新しいカリキュラムの理念では、種々の餘暇活動が正規のカリキュラム活動として行われるのがよいと考えられるようになつた。この意味においては體育クラブ活動は、クラブ活動の主要なるものとして本格的に教育活動の一環に取り上げられることが望ましいのである。

戰前、各學校の校友會や學友會に所屬して活動した柔道部は言うまでもなくクラブ活動であつた。しかし學校としては直接その組織、運營にたずさわることは少なく、多くは部員が中心となり、顧問やコーチの意味をもつた教師と先輩がこれに協力して運營されていたと考えられる。此度新しく體育教材の一つとして實施される柔道の性格を考え、更に自由時柔道の重要性を認識するとき、クラブ活動の在り方はしぜんに明らかになつてくるであろう。

さてクラブとして組織的に活動するには、まず規定を設ける必要がある。規定には目的、組織、事業、委員、入部及び退部の手續き、練習時間、經費などに關する事項をそれぞれの學校の事情によつて規定するのである。それによつてクラブ活動に教育計畫性を持たせ、クラブ活動に内在する體育的諸價値を十分に實現するよう導くことが期待されるのである。

クラブとしての練習は、必修時指導を更に展開するものであると考えられるが、その計畫は、學生生徒が自主的に立てるのがよい。此の際、指導者はこれに協力してよく導き、出來るだけ合理的に、樂しく練習を行うと共に柔道の具體的目標達成に貢獻するよう指導することが大切である。單に練習を奬勵するだけでは、往々にして興味にまかせ、長時間の練習を行つて過勞に陷つたり、混亂をひき起したりなど、種々の弊害が生じ易いから、この點特に愼しむよう指導する必要があろう。又柔道練習場や用具の使用については、廣く一般の學生生徒に均等な機會を與えるようにするのが肝要であり、單にクラブ員だけで專用することを避け、練習希望者には出來るだけ自由に使用出來るよう導かなければならない。

なお、クラブに加入を希望する者には、クラブ選定のための指導を行うのがよい。「生徒に對しクラブの内容、目的、組織等について十分説明を施し、一週間の期間を與えて各クラブの活動狀態を見學せしめ、各生徒に如何なるクラブに加入するかを自己決定なさしめ、教師は各人の個性差を考慮し愼重に助言を與え決定させている」は一例に過ぎないが、この種の適切な指導は是非必要であろう。又クラブ加入希望者に對して、そのクラブ活動に適するか否かを檢討し、又入部後の指導を適切にするために保護者、校醫、關係教官、クラブ委員等の承認を受けさせることなども重要なことがらである。

三、校内競技の管理

學生生徒が一つの學校の内部だけに限つて互に競技する場合、これを校内競技という。校内競技のねらいは小數の者の競技からすべての者の競技にすることである。即ち必修時の柔道や對外競技では多くの場合試合の機會が十分でなく、人員も限られることが多い。しかし校内競技では學級に限られず、すべての生徒に對して試合の機會が與えられ、平素あまり柔道に親しまない者や必修時の柔道だけではあきたらない者などの要求を充すことが出來る。さらに校内競技は一校に限られるので、それぞれの學校の特殊事情に應じて、學生生徒が自治的に教師、先輩の指導を仰ぎながら計畫し、手輕に行い得るという利點もある。それ故、校内競技は學校柔道の主要な一部として大いに活用されることが望ましいのである。要するに柔道の校内競技は、學生生徒に對して練習に勵む目標を與え、柔道愛好の習慣を養い、學友間の親和とスポーツマンシップの向上に資することにならう。

校内競技の企畫運營に當つては、特に次の諸點に留意するのがよい。

1. 實施の目標を明らかにする。この場合校内競技は教育の一環として行うものであることを考慮し、具體的な目標をたてるべきであろう。

2. 學生生徒が自發的に多數參加するように競技會の形式を工夫する。競技會を計畫する場合に參考となる基本的な競技會の形式については、第五節試合の指導の項で述べることにしたい。

3. 競技の計畫は、學校の體育指導計畫や行事日程或は各運動部の對外競技その他の關係を考慮した一連の校内競技年間計畫として學年開始以前に決定するのがよい。

4. 競技會には課業に差支えない日時を當てる。施設や用具などの割當もあらかじめ關係方面と協議して定めておくことが必要であろう。

5. 校内競技の運營は學生生徒が出來るだけ自治的に行い得るように導き、役員等については、その分擔と責任を明らかにし、教職員を必要とするものの外は、出來るだけ學生生徒が當るように指導する。この場合、學生生徒の役員としての仕事が過重となり、ともすれば視野が狹くなるという缺點が認められるが、これは指導者の助力に俟つ所であろう。

6. 競技會は大小の別なく規約を作り、日時、方法等は少くとも一ヶ月以前に發表し、參加者は必ず相當の練習を行つて出場するように指導する。

7. 必要な設備や用具は事前に準備しておく。

8. 試合の進行については役員、出場者の兩方とも責任を持ち、時間を空費しないよう心掛ける。

9. 應援の心得や態度について十分指導する。

10. 校内競技は經費をあまりかけずに行うことが出來るが、それにしても無駄は省き、豫算、決算の内容は明確にすることが必要である。

11. 計畫、經過、反省、批判等は記録しておくことが大切である。

なお、競技會に關連したことがらは第五節試合の指導で述べることが適當と考えるので、その項に讓りたい。柔道のような、我が國で發生したスポーツに特有の暑中稽古、寒稽古は嚴寒、酷暑の候を選んで二週間或は三週間を區切つて連續練習するものである。これらの特殊練習や、希望者を募つて行う普通の練習會や、校内競技に出場する者のために行う臨時の練習會なども、以上と同樣の考慮を拂つて計畫し、規定を作り、環境を整え、組織的に管理し、適切に協力し指導することが望ましい。

四、對外競技の管理

一つの學校の選手が他の學校の選手と競技をする場合、これを對外競技と呼ぶ。對外競技の規模や性質にはいろいろあるが、出場する選手は學校代表として試合に臨み、平素はこの試合を目指して全力をあげて練習するのである。だから選手や選手候補が著しく體育的効果をあげることは明らかであろう。そしてこのことは柔道に對する一般學生生徒の關心をたかめ、學校全體に種々のよい影響を與え、教育的に重視すべきことがらとなる。しかしながらもし指導を誤ると過勞に陷つて健康をそこねたり、一種目に偏して偏頗な發達を遂げたり、勝敗にこだわつて學生生徒の本分を忘れたりなどする虞れがある。對外競技が適切に指導され、學校體育の一環として眞に教育的に企畫運營されなければならない所以もこゝにあると言えよう。

昭和二十三年三月、文部省より出された學徒の對外試合についての通牒（發體七五號）にもこれらの諸點について次のように説明している。

學徒の對外試合は學校體育の一環として重要な位置を占めるものであり、それが眞に教育的に企畫運營されるならば學徒の身體的發達及び社會的性格育成のよい機會としてその教育的効果は極めて大きい。しかしながらその運用の如何によつては、やゝもすれば勝敗にとらわれ、身心の正常な發達を阻害し、限られた施設や用具が特定の選手に獨占され、非教育的な動機によつて教育の自主性がそこなわれ、練習や試合のために不當に多額の經費が充てられたりする等教育上望ましくない結果を招來するおそれがある。

學校體育が眞に民主的教育の目的に合致するために從來の對外試合に對しても鋭い反省を加え、一切の惰性や不合理を排除すると共に學徒の身心の發達段階に關する科學的基礎に準據し、しかもわが國の現實の社會的、經濟的客觀狀勢をも十分考慮した合理的立場において企畫運營されなければならない。

以上のような見地から特に必要と考えられる要點を參考までに掲げて指導者の理解と適正な運營を期待する。
一、小學校では校内競技にとゞめる。
二、中學校では宿泊を要しない程度の小範圍のものにとゞめる。但しこの年令層では對外試合よりもはるかに重要なものとして校内競技に重點をおく。
三、新制高等學校では地方的大會に重點をおき、全國的大會は年一回程度にとゞめる。
四、學校の參加する競技會は教育關係團體がこれを主催しその責任において適正な運營を期する。なお對校競技は關係學校においてこれを主催する。
五、上級學校及び學生競技團體は下級學校の競技會を主催しない。
六、對外試合參加はその競技會の性格について檢討し學校長及び教師の責任においてこれをきめる。
七、對外試合に出場する選手は固定することなく、本人の意志、健康、年令、操行、學業その他を考慮してきめる。
八、對外試合は放課後又は授業のない日に行うことを原則とする。
九、女子の對外試合については女子の健康を考慮して適正な運營をはかる。
以上のような通牒の線に沿い對外試合を企畫運營するに必要と考えられる要點を掲げると次のようになる。

1. 對外競技の範圍

中學校時代は心身ともに急激な發達を遂げる時であるから、かたよつた刺戟、高度の刺戟を避け、調和のある發達を圖らなければならない。したがつて中學校では對外試合よりも校内試合に重點をおき、それが十分行われ、効果があがつた場合に始めて對外試合を考慮するがよい。しかしその場合でも宿泊を要しない程度の小範圍の對外競技にとゞめることが望ましい。

高等學校時代は心身ともに漸次發達し、強さも増して相當の鍛錬に堪え得られるようになる。しかしなお心身ともに未熟な狀態であるから健全な校内競技の基礎の上に立つた二校間の競技又は地方的對外競技に重點をおき、全國的大會は年一回にとゞめる程度がよいと考えられる。

2. 主　催　者

學生生徒の參加する競技會は教育的に企畫運營されるものでなければならない。したがつて競技會開催は關係學校または教育關係團體がこれを主催し、その責任において適正な運營を期することが必要である。現在のところ教育團體として認められるものには、各種の學校體育連盟、全日本柔道連盟、日本體育協會及びそれ等の下部組織などがある。對外競技は言うまでもなく關係學校の主催で行われる。なお、特に注意しなければならぬことは、文部省通牒にもある通り、上級學校及び學生競技團體は下級學校の競技會を主催しないことである。

3. 參加の決定

學校長は對外競技會の參加については愼重にその内容を檢討し、學校長の責任において自主的に參加、不參加を決定するのである。

4. 選手の選定

對外試合に出場する機會はなるべく多くの學生生徒に與えられることが望ましい。從つて選手は固定することなく、出來ればある程度の出場制限を定めることも必要であろう。しかし選手は學校の名譽ある代表者であるから選手の選定に當つては本人の意志を尊重するは勿論、技術、健康、年令、操行、學業その他を考慮し、更に關係教師や保證人とも協議して學校長が最後にこれを決めるのである。なお、各學校においては對外試合選手資格規程を作り、選定の場合の基準とすることが望ましい。

5. 參加回數

對外競技には恒例的な競技大會、定期的な對校競技會、不定期的競技會などが考えられるが、それらに參加する回數は、經費が高額にならず、選手が學業を疎そかにせず、試合に對する興味を失わず、過勞にも陷らず、試合を目指して着實に練習できる程度がよく、餘り多過ぎない方がよい。中學校では年四回、高等學校では年六回以内にとゞめる程度が望ましい回數であろう。

6. 試合の日時

對外試合は全國的大會に出場するなど特別の場合を除き、放課後又は課業のない日に行うことを原則とする。

7. 應　援

團體を作つての學校の應援は、決して強制することなく自發的になされることが望ましい。この場合應援の心得や態度について、關係生徒役員を通じて周到に指導することが必要である。

應援者は双方の選手が十分に實力を發揮出來るように心を配り、美技に拍手を送り、相手の勝利に對して祝福する奥ゆかしい態度が望ましい。勝つても誇らず、敗れても意氣銷沈せず、應援團互に禮をつくして好ましい態度で終始することが肝要である。

8. 經　費

對外試合には普通相當額の經費が必要である。經費は部費、補助費、寄附金などによつてまかなわれることが多いが、教育的な無理のない收支を行うことに留意しなければならない。豫算、決算を明確にし、負擔の均衡を考慮することなどは特に大切である。

第四節　虛弱者の指導

健康者と疾病者の中間の健康狀態にある虛弱者は、體育指導上特殊の考慮を拂わなければならない。一般的にいつて虛弱者の體育指導教材は、大量のエネルギーを消費するもの、過度の巧緻能を要求するもの、精神感動を伴うものなどは好ましい教材ではないとされている。この意味からすると、虛弱者に對する柔道の學習は見合わせた方が望ましい場合が多いと、一應は考えられるであろう。

しかしながら虛弱者といつても自ら進んで學習を希望する者や、體育指導者が自身で觀察し、醫師その他の意見を徵して、柔道の學習が健康に何等の障害を與えず、反つて虛弱性を改めるに效果があると判斷した者等に對しては、個別的に最も適當した種目を選擇し、指導に工夫をこらして學習させることが望ましい。

さて、柔道學習の場合、柔道を學習させた虛弱者について、心身に現われる反應を觀察し、醫師の定期的診察を實施してその效果を判定評價し、積極的に指導の適正を期することは最も重要なことである。

一般的に言つて、循環器障碍者、腎臓症患者、呼吸器疾患者並びに榮養失調者、高度の消化器不良者及びビタミン缺乏者、高度の肢體不自由者、貧血者、佝僂病者、疾病恢復期患者に對しては柔道の學習は禁止する方がよいであろう。

しかし、發育不良者、筋骨薄弱者、輕度の肢體不自由者、異常體質者、作業能、運動能の著るしく劣れる者は禁止の處置に出ることなく、運動の質と量を適當に制限して實施するがよい。

なお、ツベルクリン陽性轉化者は、陽性轉化後一ヶ年半、就中六ヶ月以內に結核發病の可能性が極めて高い者であるから、この時期の學生生徒には特に定期的に健康診斷を實施して合理的な健康管理を行い、特に醫師の意見を尊重して養護に重きをおいて、愼重なる指導を行うことが必要である。

第五節　技術の指導

一、指導の要點

柔道の指導內容を見ても明らかな通り、技術練習は柔道學習上の主要な部分を占めるものである。その實際指導に當つては個人、學校、地方それぐの事情によつて種々異なるのが普通であるが、その中特に留意しなければならぬ一般的なことがらを擧げると次のようである。

1. 學生生徒の心身の發達程度、興味、技能などに應じて計畫的、能率的にすゝめる。この場合競技を中心として出來るだけ樂しく行い得るように指導する。
2. 簡單なものから複雜高度なものへと循環漸進的に指導する。即ち指導內容に示されている技術の配列を參考にし、投、固一體として指導上の原則に從つて指導するのである。
3. 技術の習得に當つては、各技の理を理解させ、基礎的技能を普遍的に習得させると共に、合理的に技を反復練習させる。

4. 全習法を主とし、分習法を適宜加えながら技術を習得させる。
5. 技は左右とも練習し、二種以上の技を連絡して、變化のある攻撃が出來るように指導する。
6. 準備運動、整理運動は必ず行うようにし、適時自發的に補助運動を實施するよう指導する。
7. 技の要點を確實に把握させ、強さと冴えを增させるために掛り稽古を行い、形（かた）を利用するなどしてよりよき練習法を工夫する。
8. 投技指導において留意すべき點を擧げると、
イ、自然體で練習すること。
ロ、受身を正しく行うこと。
ハ、技をかける者が必ず相手の投げられる側の袖を握つていること。
ニ、無理な掛け方をしないこと。等
9. 固技指導における留意點としては、
イ、抑技を基礎とし、次で絞技、關節技に進むこと。
ロ、關節技、絞技を施された者は、その効果の現われたとき、直ちに合圖をなし、技を施している者はその合圖により直ちに技を解くこと。等
10. 審判規程禁止事項のうち技術に關するものについては特に注意して指導する。

二、練習法

柔道を學習する學生生徒の立場で、柔道は如何に練習すればよいかについて述べたい。其の前に、練習する場合に

特に必要な心得を掲げよう。

練習の心得

1. 禮について

イ、柔道は昔から「禮に始まり、禮に終る」と言われている。柔道は格闘の形で行う競技であるから、特に練習中は

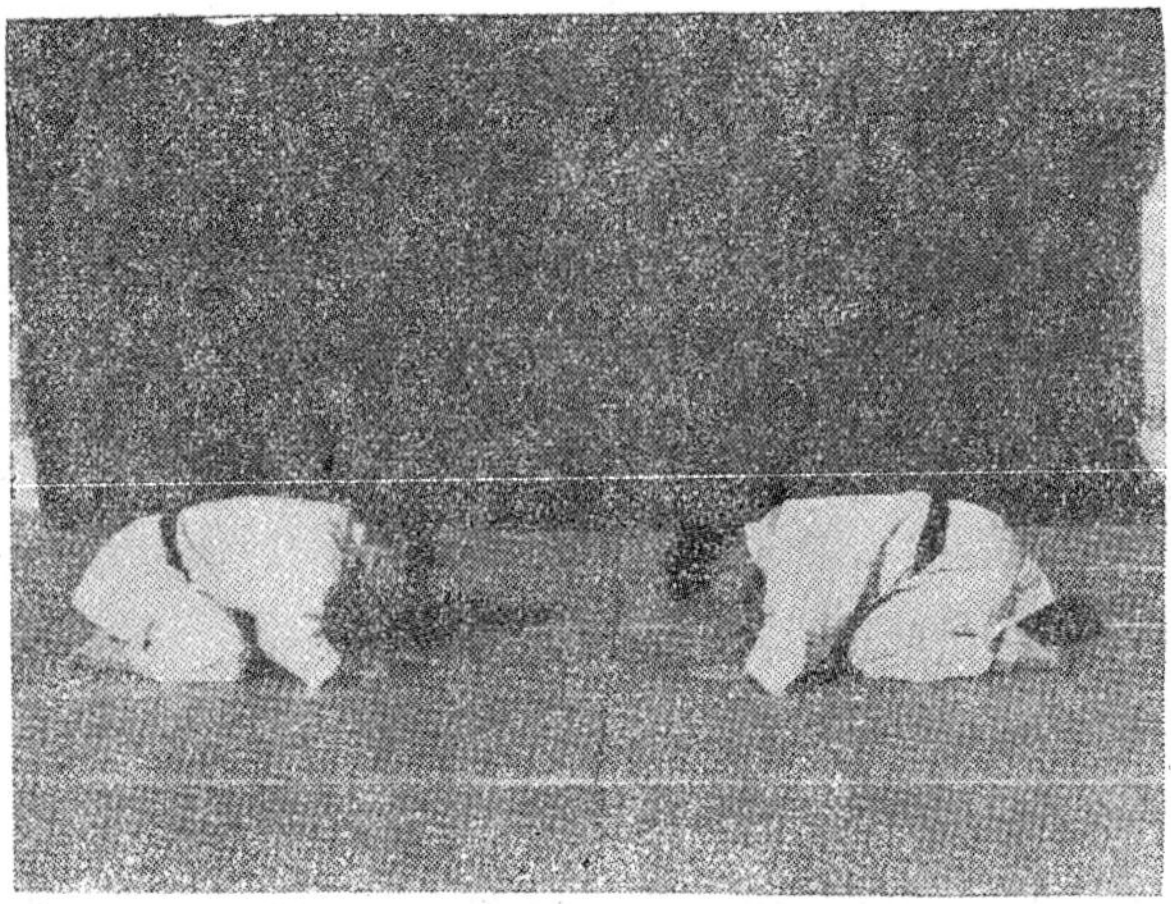

禮の仕方（坐禮）

禮の仕方（立禮）

禮を重んじ、相手を敬う心持を失つてはならない。

ロ、禮の仕方には立禮と坐禮の二つがある。これは禮の精神を形式にあらわし、相手に敬意を表する形であるから。練習や試合の前後には必ず服装を正し、尊敬の心をこめて、正しく丁寧に行うがよい。

2. 練習場について

イ、練習場においては禮儀作法を重んじ、眞面目な態度で、靜肅を守らなければならない。

ロ、休息の際には他人の練習をよく見學し、長所を採つて自分の缺點を補う謙虚な心掛けが必要である。

ハ、直接身體が接觸する敷物は勿論、常に場内の清潔と整頓に注意し、通風をはかり、採光に注意して氣持のよい場所とするように協力するがよい。

ニ、敷物を運搬する時は出來るだけ丁寧に取扱い、傷害防止の見地から敷物は平らかに敷いて合わせ目に隙間をつくらぬようにし、破損すれば直ちに修理したり、或は使用度の少い隅に移すなどの方法を考えることが大切である。

3. 服裝について

イ、練習は普通柔道衣を着用して行うのであるが、常に着裝上の注意を守り、服裝を整えなければならない。

ロ、柔道衣は體に合うものを選び、着用する時には、帶や下穿の紐は緩くなく、かたくない程度に締め、帶はさがらず、上すぎず、結び目を體の前面中央にするなどの注意を守ることが望ましい。

ハ、柔道衣は清潔に保つと共に、破れた箇所は必ず修理する心掛けが大切である。

ニ、金屬類のような、相手に危險を及ぼす心配のあるものは一切身につけてはならない。

4. 衞生について

イ、練習は互に相組み、肉體と肉體を接觸して行うものであるから、特に身體並びに柔道衣の清潔に留意し、手足の爪を短く切つて互に怪我をしないようにするがよい。
ロ、練習には食事の直前、直後を避け、大小便は豫め通じておくことが必要である。
ハ、練習中や練習後に水を多量に飲まないように注意し、汗が出ればよく拭い、濡れた柔道衣は充分に乾燥、或は洗濯するなどの配慮が望ましい。
以上は學生生徒の心掛けねばならない練習の心得であるが、更に柔道の練習、即ち投技、固技を用いての亂取とその試合を行う場合に特に留意しなければならぬ事項を次に列擧しよう。

練習法

1. 亂取を主にして練習する
練習には亂取と形の二形式があるが、亂取を主要な方法として行うのがよい。しかしながら、豫め順序方法を定めて反復練習する形の練習もこれに加え、兩者相補うようにするのが合理的で効果のあがる方法である。
2. 準備運動、整理運動、補助運動を行う
練習の能率を高め、効果を擧げるために、練習の始めには準備運動を行つて心身の準備を整え、練習後は整理運動を行つて心身の常態への復歸をはかることが望ましい。又隨時にそれぞれ適した補助運動を選んで實施し、柔道技能の向上を圖るようにすることが大切である。
3. 基本的練習を重んずる
柔道練習の基礎動作である、姿勢、進退、受身、崩し、作りと掛けなどを常に正しく反復して確實にする。更に基

本的練習に、進んではあくまで技術の理に沿うようにし、基本を重視して十分にこれが練習を積むがよい。

4. 多くの技を習得しかつ得意技を作る

技術習得の場合、先ず出來るだけ多くの技を、簡單なものから復雜高度のものへと循環漸進的に練習することが大切である。他方、自分の身體的その他の特徴を生かして得意技を早く作ることが必要である。なお、わざ習得の効果的な方法は全習法を主にし、これに分習法を加えることである。

5. 相手による三様の練習を考える

練習は何時も同じ相手と行わず、出來るだけ相手を變えて多くの者と行い、苦手とは努めて練習するがよい。さて相手によつて三様の練習が考えられる。

(イ)技術が自分より上の相手と練習する場合は、氣力を盡して出來るだけ多くの技をかけるようにする。

(ロ)同等の相手に對しては愼重に構え、好機をとらえて、「一本」をとるかとられるかという、のるかそるかの練習をする。

(ハ)技術が自分より下の相手には、技能の程度に應じ、調子を合わせていわゆる引き立て稽古を行い、不得意な技の研究をするがよい。

6. 掛り稽古によつて技の冴えを増す

同一の技あるいは二種以上の技を、その場で連續して掛ける、更に移動しながら同様の方法で掛ける稽古を行うことによつて、技を確實にし、冴えを増し、他面受ける者の防禦力を強めることを心掛けるがよい。

7. 三つの先を重んずる

練習の場合大切なことは、常に先を取り、機先を制して相手を攻めることである。相手の先《セン》に先んじて技を掛ける先々《センゼン》の先《セン》、相手の先《セン》が掛らない前に技を施す先《セン》、相手が技を施した後に虚を衝いて技を掛ける後《ゴ》の先《セン》の三つはいづれも重要であるが、初めの内は特に先々の先を心掛けることが必要である。

8. 亂取技では、投技を中心に練習し、固技は抑技を基礎にして練習する

柔道の練習は投技を中心として行うのであるが、その習得順序は投技を先にし、固技を後にするのがよい。（第三章、第二節參照）しかしながら、投技、固技は柔道技術に於いて表裏一體的なものであるから一方に偏することのないように留意するのが望ましい。又、固技においては、抑技を基礎にして先ず練習し、それから絞技、關節技に進むのがよい。

9. 技の連絡變化を工夫する

練習の場合、投技の連絡、固技の連絡、投技固技の連絡變化を工夫することが肝要である。自分の技から、或は相手の技に應じて連絡變化し、右に左に凡ゆる方向に相手を攻撃する變化ある練習を積むことが大切であろう。

10. 隨時に試合を行う

亂取やその他の練習によつて正しい技能を練るだけでなく、時には全力を盡して試合を行い、これによつて練習の効果を一層あげることが必要である。なお、試合に當つては、簡易たると正式たるとをとわず、規程を守り、平素公認の審判規程をよく研究しておくがよい。

第六節 試合の指導

一、簡易な試合と正式の試合

従來一般に行われてきた試合は端的に言つて亂取で練習した投技、固技を、公認せられている試合審判規程に從つて試み合い、勝を競うことであつた。時には試合者の技能や身心發達の程度に應じた簡易な試合も行われたが、公認せられている現行の規程を變更して臨時的な規程をもうけ、それによつて試合するという事は殆どなかつたのである。故に普通に考えられる柔道の試合は、公認の規程によつて試合するいわゆる正式試合のことであつた。

しかしながらスポーツ教材としての新しい學校柔道の性格から考察すると、結局試合についてはその內容に大きな幅を持たせ、各種の試合を練習に採り入れ、兩者綜合の漸進的な取り扱い方をして、學習指導の効果を擧げることが必要であろう。基礎練習と亂取技のいくつかを習得し、必要と思われる試合法、審判法の箇條を理解したら簡易な試合を行う。そして練習、試合と繰り返して、簡易なものから正式のものへと進めて行く。これはボールゲーム等においで、ゲームから入り、次いで練習、再びゲームというように簡單なものから正式のものへと漸次移つて行くのと同じである。

こゝにおいて指導の便宜上、試合は簡易なものと正式のものとの二つに分かれることを明らかにした。

(1) 正式の試合

正式の試合とは全日本柔道連盟などで制定された公認の柔道試合審判規程によつて行われるものをいう。全日本柔道連盟が採用している講道館柔道試合審判規程（案）は附錄に全文を掲げてあるから參照されたい。

正式の試合を略述すると、試合場は地床より約一尺五寸の高さに五間四方の台を設け、疊五十枚を敷くことを正式とする。試合者は柔道衣を着用するが、服裝についても細かい規程がある。

試合時間は三分から二十分の間で適當に決めることになつているが、普通三分乃至七分程度で行うことが多い。

選手入場式

試合は一本勝負で立勝負から始まり、投技又は固技で勝負が決まる。試合者が寢技に移ることの出來るのは

勝負の決つた瞬間

(イ)投技が相當の効果があつて引續き寢技に轉じて攻める場合

(ロ)投技を施そうとして倒れた時又は倒れかゝるのを利用して他の一方が攻める場合

(ハ)立つた儘絞技又は關節技を施して相當の効果があつて引續き寢技に轉じて攻める場合、の三つである。

審判員は主審一名、副審二名を正式とし、主審は試合の進行並に勝負の判定を司り、副審は主審を補佐する。副審は主審の宣告に異議を申し出ることが出來るが、審判員の決定は絶對である。

「一本」及び「技アリ」の判定については、それ〴〵の基準があり、「技アリ」を二回得た場合は「合せて一本」になる。規定の時間内で勝負が決しない時は、「優勢勝」又は「引分」の判定が行われる。「優勢勝」は

(イ)試合者の一方が「技アリ」をとるか又は「技アリ」に近い技をとつた時、但し「技アリ」をとつてもその後、その試合者が見苦しい試合をした時は必ずしも「優勢勝」とはならない。

(ロ)技の効果の上で判然とした判定の資料のない場合は試合態度、技の巧拙等を比較して、審判員多數の決に從つて判定される。「引分」は試合態度、技の巧拙其の他を比較しても優劣がきめられない時、及び試合者が負傷或はその他の事故のため試合を繼續することが出來ないで、その原因が試合者いずれもの責任でない時に宣せられる。

なお、試合者が固く守らねばならぬ禁止事項があり、重大な禁止事項を犯した時又は審判員の注意に從わず禁止事項を繰り返して犯した時は「反則負」が宣告される。

以上のようにして正式の試合は行われるが、從來の試合は餘りにも勝敗にこだわる傾きがあつた。試合に勝つことを最大の目的としながら戰い振りに重きをおき、更に如何に戰つたかという競技過程を第一にして結果を第二にするといつた態度で、正々堂々とスポーツ精神を發揮しての試合でなければならない。規程を嚴守し、立派な態度で相對し、乾坤一擲の冴えた技を見せる正式の試合こそまさに柔道の華であろう。

(3) 簡易な試合

簡易な試合とは、公認の柔道試合審判規程の一部を變更して行うものである。これは學生生徒の心身發達の段階、技能の程度、並びに施設、人員其の他のことがらを考慮して決定される。簡易な試合の具體的なものとして、第一に考えられることは使用する技を制限しての試合である。その內譯を擧げると、

イ、投技だけの試合
ロ、投技の一部を使用しての試合
ハ、固技だけの試合
ロ、固技の一部を使用しての試合
ホ、投技、固技の一部、或は投技又は固技の一部と投技、固技を使用しての試合
ヘ、特定の技を禁じた試合

などである。

更に審判員の數を減じたり、試合場を狹くしたり、試合時間を短縮して行う試合もある。又一本勝負とせずに三本勝負としたり、或は一定時間內の極つた本數で勝敗を決定するなど種々の試合が考えられるのである。

柔道の魅力は投げたり、抑えたりすることであり、これらの技術を習得すれば、誰でも直ちに試みたい衝動にかられる。これを敎育的に指導し、その効果を擧げるためには簡易な試合が十分に活用されなければならない。

指導者は學生生徒の技能の程度、心身發達、生徒の必要、社會の要請などを考慮して、新しい試合の方法について研究工夫し、學生生徒が興味をもつて公正に試合を行うよう導くことが大切である。

二、試合の分類

試合が公認の試合規程によるか否かによつて、簡易な試合と正式の試合の二つに分けたのであるが、柔道の試合は正式、簡易を問わず、種々なる形で行うことが出來る。

試合を分類する場合、大きく二つに區分することが出來よう。一つは出場單位の區別によるもの、他の一つは參加者のクラス別によるものである。

(1) 出場單位の區別による試合

個人試合と團體試合の二つに分かれる。普通に行われている形式を列擧すると次のようである。

A個人試合の部

イ、一回限りで、二人宛組合わせて行う試合。

ロ、勝殘り試合。これにはトーナメントで行うもの、二回戰以後も勝者の抽籤によつて組合わせて行うもの、出場者全部を一列に並べて高點を爭うもの、一人に對し順次何人かが掛つて行くものなどがある。

ハ、出場者全部が相互に試合して勝率を競う總當り試合。

ニ、勝殘り試合を行い、殘つた何人かで總當り試合をして、優勝者を決めるロとハを結合した試合。

B團體試合の部

團體試合は二人以上でティームを構成し、各ティーム間で優劣を競う場合であるが、これには點取り式と勝拔き式の二方法がある。優勝決定までの形式としては、

イ、二團體で行う對抗試合

ロ、トーナメント或は二回戰以後も抽籤によつて組合わせて行う勝残り試合
ハ、總當り試合
ニ、勝残り試合と總當り試合を結合したもの
などが一般に行われている。

(2)　出場者のクラス別による試合

從來は段級別、年令別の外は區別を設けないで行われる場合が多かつたが、これからは同じ條件の者同志が試合出來るようにクラス別のものも實施することが必要であろう。次に普通考えられるクラス別試合を擧げよう。
イ、年令別試合、十四才の部十六才の部など年令によるもの、
ロ、學年別試合、一年の部二年の部など學年によるもの、
ハ、體重別試合、重量級、中量級、輕量級など體重によるもの、
ニ、技能別試合、初段の部、二段の部など技能の程度によるもの、
などがある。

三、競技會の運營

單に競技會といつても、一校內の校內競技から二校間の對抗競技、更に全國的な競技會というように範圍の廣狹がある。從つてその運營についても教育團體の組織、關係學校の委員、或は學校內の組織等によつて種々の形で企畫運營されるのである。

しかしながら競技會の運營に當つて一般的に最も大切なことは常に教育的見地に立つて一切が處理されなければな

らぬことであろう。それがためには先ず競技會の根本目標を明らかにし、事前に周到な計畫を立てることが必要であり、この點指導者、關係學校、主催敎育團體などの適切な指導と處置が肝要となるのである。

事前に準備すべきものとしては準備委員會の編成、實施計畫（試合方法、審判規程、日時、申込、役員、宣傳、表彰、救護、豫算等）の決定、役員の委囑、試合の細目の發表、申込の受付、プログラムの作成、會場、用具の整備などが擧げられる。

運營を圓滑ならしめるには先ずその組織を整備することが肝要である。したがつて準備委員會は時間的餘裕をもつて適切な組織をつくり、準備を整えなければならない。この場合、なるべく學生生徒にできるものはその自治活動によつて行うように指導することが望ましい。實施細目は參加者に練習する機會を與えるために早く發表されることがよく、校内競技のような小範圍のものでも少くとも一ヶ月以前には發表するのがよいであろう。なお、指導すべきことがらとしては、(イ)競技會の形式を適切ならしめる、(ロ)なるべく多數の學生生徒が同等の條件で樂しく競技が行える、(ハ)應援を行う場合はあらかじめ指導する、(ニ)經費の收支を明らかにする(ホ)學生生徒の自治活動に期待促進すると共に、出來得ないことがらは敎職員で處理し、必要なれば卒業生、父兄に連絡をとつて援助を求めることなどであろう。

競技會の當日までに準備しておくことは、以上の外、試合場、更衣室、救護室など各種の設備を整備することや、申込書、プログラム、試合規程、賞狀、役員章、接待用具その他である。これらは大小を問わず十分に準備しておくことが必要である。

さて競技會の當日は實施計畫に從つて運營されるのであるが、各係はそれぞれの分擔事項について十分研究し、責任をもつて任務を果すと共に他の役員とも連絡協調して競技會の圓滑なる進行を圖らなければならない。

係員は競技會の規模によつて決定せられる。毎年五月擧行される全日本柔道選手權大會の役員を一例として擧げると會長、委員長、參與、審判長、審判員、總務委員、委員など他に當日の係員として秘書係、庶務係、會計用度係、會場係、外賓係、選手係、試合係、放送係、揭示係、新聞係、記錄係、救護係、進行係、受付係を加えている。しかしながら學生生徒を對象としての普通の競技會の係員は、少くとも總務數名、審判員三名以上、計時係二名以上、進行係二名以上、揭示係二名以上、記錄係二名以上を置くことが望ましい。その外必要に應じて庶務係、受付係、會計用度係、會場係、接待係、救護係などを加えるのである。

總務は競技會を管理し、プログラムの進行に責任を負い、審判員は試合の進行を司り、試合の勝敗を決定し優劣を判定する。そして試合に對しては全責任を負うのである。計時係は、試合時間、抑え込み宣告後の計時などを正確に計測する。進行係は、プログラムに從つて競技の進行を圖り、記錄係は競技會の記錄をする。揭示係はプログラム、試合組合わせ表、成績等を揭示する。庶務係は各係に屬しない事務一般を處理し、受付係は選手、役員來賓などを受付け、會計用度係は會の收支と用具に關する責任を負い、接待係は主として外來者の接待を、救護係は負傷者、急病人の救護に當るのである。

競技會は以上の線に沿つて教育的に運營されるのであるが、競技會終了後の處置についてもあらかじめ計畫をたて、その計畫に從つて迅速に處理し、更に反省もして將來のよりよき競技會の企畫運營を期するようにすることが大切である。

第七節　例話の取扱い

柔道を指導する場合、それ〴〵の指導内容について、適切な話を加えることは、學習の効果を擧げ、柔道に對する興味をよりよく起させる場合が少くない。このように柔道學習に參考となる話を例話というのであるが、指導者は時に應じて、これを活用し、指導の能率を一層高めるように圖るべきであろう。次に參考として二三の例話を掲げる。

(1) 技の研究工夫

嘉納先生は柔道の原理を説き、技術もその理に基づいて絶えず研究工夫し、進步させねばならぬと敎え、自らも實踐された。講道館が創設された當時は先生も盛んに稽古をされ、門弟と共に寢食を忘れて技術の攻究に努められたのであつた。當時、先生は、いつも得意とする浮腰で門弟をぽん〳〵投げられるので、一同は苦心の末、先生の浮腰に掛らぬ方法を考え出した。それは先生が浮腰を掛けられのを豫め知ることから、更に浮腰だと直感した瞬間抱き寄せられぬ先に飛び越すことであつた。一時、これに成功した門弟は大變喜んだが、それも束の間先生の研究は更に進んで、飛び越されぬように足をその前に出す事を考案されたのである。これが拂腰の成立した歴史である。先生も自著柔道敎本に「この技（拂腰）を講道館で用ひ始めたのに、かういふ歴史がある。西郷四郎氏はどんな技を掛けられても、暫くするとそれに對應する方法を工夫して逃げることを覺えた。私は浮腰が得意であつたから、當分の間は、浮腰は容易く逃げさせなかつたが、後には浮腰を掛けると、前に飛んで逃げるようになつた。そこでその逃げる足を拂ひながら喰止めて、技を利かせるやうにした技である」と述べられている。鬼才西郷が門弟中の逸足として共同研究の結果をひつさげて先生と眞劍に試み合つたという解釋をすると、まことに興味深いものがある。

又拂腰と釣込腰との間にも歴史的關係が存在する。浮腰を避ける方法を攻究した結果、拂腰が生れたのであるが、門弟は更に工夫して、前へ飛び越すことを止めて、上體を後にそりかえさせることを試みた。そりかえられると拂腰は利かない。そこで更に研究が積まれ、その場合に腰を下げて下の方に支點をうつして、大きく倒す技が案出された。これが釣込腰である。

(2)　受　身

イ、嘉納先生は東京大學卒業後、明治十五年から明治二十四年まで學習院に教鞭を執られた。その時のことである。先生が何時ものように乗馬で學習院に出勤されていた途中、馬が突然膝をつき、先生は前方に大きく飛ばされた。普通の人であれば無事では濟まない椿事であるが、先生は巧みに身を翻がへして平然と立たれていたという。

ロ、關口流の始祖關口彌六左衞門氏心は柔心と號し、受身の名人として有名である。柔心は屋根より落ちた猫を見て深く感じ、自ら屋根に上つて落ち、受身の練習をした。初めは藁を厚く敷き詰め、その上に蒲團を重ね、身體を落しても強く打たないようにして、庇から安全に落ちることを練習した。これが馴れるに従つて巧みになり、後には相當高い屋根から落下しても途中で體をかわし、地に立つことが出來るようになつた。柔心はそれから益々これに勵み、遂に柔一流を開いたと言われている。

第五章　評　　價

評價という言葉が今日ほど使われたことはない。たしかに終戰後の新しい言葉として、多くの人々の關心をあつめていることは事實である。

評價は科學的な教育を特徴づけるものであるが、科學性に乏しいといわれてきた過去の體育指導を反省するとき、評價が單なる流行語に終ることなく、その重要性を認めあうことは、まことに意義のあることである。しかし柔道における評價は前人未踏の大きな研究課題であり、本章においては、日本體育指導者連盟編の「體育の學習指導」（中等學校篇）を參考にしつゝ體育一般の評價から柔道の評價へと、その概要をのべてみたい。

第一節　目　　標

體育の評價は、體育の指導を客觀的事實にもとづいて合理的に進めるために行われるものである。したがつて、よりよい指導のためのあらゆるものが評價の對象になるのであるが、その主なものとして環境、教材、指導目標、指導計畫、指導法、指導過程、學習効果、管理および教師などの評價をあげることが出來る。しかしながら、評價の根本問題は、設定された體育の目標に、個々の生徒がどれだけ近づいて行つたか、生徒によりよい變化をもたらすためには、どんな條件がみたされなければならないか、ということを明らかにすることである。そのためには、まず個々の生徒の心身の現狀をよく知ることが必要であり、その現狀にもとづいて、生徒の具體的な到達目標が設定され、指導計畫が立てられるのであるから、學習効果は、さきにあげたすべてのもの﹅、最も基礎的なものであり、すべてこれとの關連において評價さるべきことがらである。

したがつて、ここでは學習効果の評價を中心として述べてみたい。

體育における評價の目標は、次のように要約することが出來る。

(1) 個々の生徒にもつとも適切な指導計畫をたてるための資料を得ることである。

指導計畫をたてるには、第四章第一節で述べたように一定の手順があり、いろ〳〵の條件が考慮されなければならない。それは、單に集團的、概括的なものだけでなく、個々の生徒についての考慮が必要である。

しかもかかる資料を得ることは、評價の目標であると共に、評價の前提條件である。

(2) 指導計畫、指導內容、指導法、指導過程が有効適切であつたかどうかを検討し、その改善をはかることである。

柔道の指導効果をあげるためには、計畫的でなければならないが、生徒の自發的活動にもとづく指導がなされるのであるから、常に學習意欲を高めるために、正しい評價をもとにして改善がなされねばならない。

(3) 生徒の健康、技能、理解、態度、性格、習慣、鑑賞力、進歩を阻害する條件等を知り、指導の基礎的な資料とすることである。

新しい體育は、生徒の心身發達にもとづき、その興味、能力にもとづくことを特質とするところから、ともすれば放任されるような傾向もある。

したがつて、常に適確な正しい指導目標を把握し、その目標にどれだけ近づいているかを客觀的に評價しつゝ、指導をすゝめていかなくてはならない。

評價は、決して成績の順位をつけるために行わるべきでなく、その個人の進歩の狀態をみて、適切な指導を行うために行われるのであるから、その進歩を困難ならしめている條件は何かを、明らかにして、悪い條件をとり除いたり、それに打かつような指導が望まれると共に、よい條件をます〳〵助長するように心掛けることが大切である。困難性や進歩を阻害している條件は、大ざつぱな評價によつては、決して明らかにされるものではない。主要な原因を分析して詳細に評價されてこそ可能になるのである。

たとえば、投技の釣込腰の上達のおそい生徒の場合、その原因は

相手を崩すことが不充分なのか、
かける場合、自分の體勢が悪いのか、
自分の運足、手のつかい方が悪いのか、
腰の位置が悪いのか、
自分の不器用を氣にしての、一種の劣等感のためなのか、
或いは練習を怠けているためであるのか、
更に體力が劣つているのか、

その他いろ〳〵の原因があるであろう。これらを眞に究明し、把握してこそ、適切な指導がなされるのである。

(4) **分團編成や、生徒に學習意欲を起させるための資料を得ることである。**

柔道の指導に際して、分團學習を行うこともあるが、かゝる場合の分團編成は、前にも述べたように、生徒の諸條件を考慮してなされるが、それらの資料は、客觀的な評價によつて求められねばならない。

學習の動機づけの方法は、いろ〳〵あるが、要するに右の客觀的な評價によつて動機づけのための資料を得るこ

とが必要である。

(5) **他の教師、父兄、その他の協力を得るために必要な資料を得ることである。**

以上は、直接生徒を對象しての觀點からであるが、これは同時に、他の學科の教師や父兄、その他、社會人に知らせて、生徒の理解に資し、望ましい指導に積極的に協力してもらうためにも必要である。

第二節　方　法

評價の方法は、生徒の現狀などによつて、いろ〳〵の方法が考えられるし、又適宜工夫しなければならないが、一般的に評價の方法としては次のようなものがある。

一　檢査、測定による方法

檢査や測定によつて評價する方法は、非常に多く用いられているが、特に體育においては、ストップウォッチや巻尺、その他の器械によつて檢査することが多い。

これら檢査の分類について、米國のブレイス（D. K. Brace）は、體育の領域において行われるべき檢査として、知能檢査、人體測定學的な檢査、醫學的檢査、身體能力檢査、筋力の檢査、感覺器官の檢査、運動素質の檢査、成績成就の檢査、練習檢査、知識檢査、態度の檢査をあげているし、ロジャース（F. R. Rogers）は、大きく左の五項目に分類している。

1　健康、又は器官の醫學的檢査

2　身體及び感覺器官の檢査

（姿勢、足、感覺器官、知能の檢査）

3　筋力の檢査
4　運動能力の檢査
5　知識と性格の檢査

わが國にても、この分類は人によつて異つている。今村、松田、宇土共著「體育の檢査と測定」では、次のように區別して考えている。

1　健康診斷
2　姿勢檢査
3　人體測定
4　循環機能の檢査
5　一般的運動素質の檢査
6　一般的運動能力の檢査
7　一般的身體的成熟檢査
8　各種スポーツ技術の熟練度の檢査
9　知識の檢査
10　性格及び態度の檢査

かようにこれらは、異なる觀點から分類されるからであるが、何れにしても容易に客觀性が得られることがこの方法の特色である。

これら検査や測定を行う場合に、先ず注意すべきことは、如何なる目的で、何を求めようとしているのかということを、常に見失わないことである。

テストのためのテストは勿論のこと、漠然として何かゞ得られるだろう等との態度は、嚴につゝしまねばならぬことである。

二　觀　察　法

生徒が自發的に種々の場面で行動するのを觀察して、生徒を理解するための資料を得る方法が觀察法である。

これは施設や用具を要せず、全體的な行動を、しかも何度でも觀察することが出來るが、やゝもすれば主觀的になり易いものである。

われ〳〵の行動は、平常時の場面よりも、眞劍な、或は危險を生ずる場面の方が、よりよくその本質があらわれるものであり、體育の時間にはかゝる場面が比較的多く、行動の觀察には非常に有効である。

しかし行動の觀察は、漠然とするのでなく、一定の目標のもとに、いろ〳〵の角度から、條件をかえて觀察することが必要である。

三　面　接　法

生徒と面接して、種々質問しつゝ必要な事項について調査する方法である。

これは直接に、全體的な印象を把握し得る長所を有するが、服装や、容貌や、言葉づかいに左右される危險がある。

四　品　等　法

順序不同に配列した事項を生徒の賛成の順序、或は重要度の順序にならべさせる方法で體育においては、性格や態度の評定に用いられることが多い。

五　行動記錄法

これは長期にわたり繼續する觀察法である。即ち生徒の態度や、性格の特徴をあらわす行動を觀察した時、これを具體的に客觀的に記述し、その記錄を累積して、その生徒の性格像を作り、それによつて評價し指導に資しようとするものである。

六　事例研究法

生徒の現狀に影響をあたえていると思われる、各種の環境を明らかにすることによつて、より適切な指導を行おうとする方法である。

七　質問紙法

或る問題を紙に印刷して、それによつて多數の解答を求め、大體の傾向を見出そうとする方法である。これは、直接解答することの出來ない事柄や、觀察のみでは資料が不正確である場合に用いると便利であるが、反面、生徒は記憶に頼ることが多いので、記憶のあやまりに左右されることがある。

この方法によつて質問する場合は、なるべく簡單で客觀的であることが大切であり、解答も簡單に出來るものでなければならない

八　實　驗　法

生徒の環境に一定の條件を設けて、そこで現れる生徒の態度や行動を、環境との關係において觀察把握する方法である。

以上、評價の一般的方法について述べてきたが、要するに眞の評價は繼續的で、しかも個々の生徒の具體性に即して、行わねばならないから、各種の方法を利用して、全體的に總合して生徒を理解することが大切である。

さて以上の方法に基づいて、柔道の學習効果をながめてみたい。然し前に述べた樣に、柔道の練習形式は、複雜多岐の總合された格技であるから、これを總合して完全に評價をする事は、未だ先輩の試みなかつた至難な事柄である。著者等はこの課題の重要性を認識しながらも、研究が目下その緒についたばかりで、まとまつたものはいづれ後日にゆずり、とりあえず、その構想を述べ參考に供したい。

柔道の學習効果の評價は、生徒心身の現狀の理解と目標との關連に於いて、生徒の進歩の程度を知り、それを通して爲されるものであるから、その領域は大體次の樣に考える事が出來る。

(一) 身體と運動能力の評價

これに關係ある檢査並びに測定のうち、主だつたものを擧げてみると、

(1) 身體檢査

健康狀態や身體の發達狀況を明らかにするために用いられるが、普通學校で行う身體檢査には、健康診斷、身體測定、視力、聽力、歯の檢査、榮養檢査、姿勢の檢査、循環機能の檢査等がある。

柔道の練習は比較的強い練習形式であるから、定期檢査は勿論、隨時これを行つて、健康生活に妨げとなる缺陷がひそんでいないか、正常な發達を妨げているものはないか、などという事を發見すると共に、どの程度の強い練習が適當であるが、強い練習を行つた時、健康に障害を起すことはないか……などという事に重點をおいて行うことが望ましい。特に入學時より隨時、簡易なものは一ヶ月毎に定期に行つて、體格の發達、榮養、姿勢等に、細心の觀察をつ

づける事が大切である。柔道部員と他のスポーツ部員との體格の比較、變化は、今まで若干の人々によつて檢査されているが、(第三章第一節㈢體育的効果參照)自分の學校の生徒に於いても、各部毎に檢査し、結果を比較して、その結果を、評價する事は極めて有意義である。

殊に標準よりはるかにへだたつているものについては、その原因を明かにし、それに對する適當な處置をしなければならない。例えば柔道部員の中に身長の割に體重が極めて小である場合、それは食糧不足、偏食、過勞、便秘、睡眠不足、胃腸病、貧血、寄生虫、神經質、無力體質、淋巴體質、更には、早産、人工榮養等が原因する場合もあるから、醫師や家族の協力を得て、その原因を究明し、適當な處置をとる事が必要となつてくる。

(2) 一般的な運動能力の檢査

一般的な運動能力は健康狀態、全身の活動能力、及び生活に必要な基礎的身體能力をよく表すものである。評價のためには、筋力の檢査、走、跳、投、懸垂等の、基礎的な運動能力の檢査を用いる事がある。

(イ) 筋力の檢査

マルチン(F. G. Martin)は「身體の筋力のあるものの力は、全體としての、身體の力の良き指標である」という法則を立てたが、身體の各部の大筋肉の力は、全身の活動能力の狀態をよく示すもので、從つて身體が活動出來る狀態にあるかどうかは、これらの大筋肉の力によつて推測出來る譯である。筋力の檢査として、握力、背筋力、足の伸力、腕の屈伸力、腰の力、首の力等の檢査がある。格技としての柔道は、これら筋力の有無に左右されやすい上に、筋力は柔道の學習によつて、よく發達するものであるから、これらを一ヶ月單位に定期的に、生徒が自主的に、檢査する習慣をつける事が必要である。しかも、これらを記録し、筋力指數を出したり、更には身體的の活動能力の指數を算出する事が、評價する上に極めて必要である。然し、我國には未だ標準化された檢査がない。指數が算定されゝば、評價も容易になつてくる譯である。尙筋力指數(Strength Index S. I.)の算出法として、代表的なものを擧げてみると、

ロジャースの筋力指數

S. I.＝肺活量(立方糎)＋右握力(ポンド)＋左握力＋背筋力(ポンド)＋脚筋力(ポンド)＋懸垂屈臂回數

$$＋體の押上回數\times\left\{\frac{體重}{10}(身長-10)\right\}$$

$$身體能力指數\ (\text{Physical Fitness Index P. F. I.})=\frac{個人のS.\ I.}{標準}\times 100$$

(ロ) **基礎的な運動能力の檢査**

これは走、跳、投、懸垂等の基礎的な運動能力を檢査するもので、文部省に於いては、次の種目を任意抽出見本法によつて標準化しようとしている。

五〇米走、立巾跳、スポンジボール投、懸垂屈臂

これらは、柔道の學習効果の評價と、直接の關係がないように思われるが、基礎的な、運動能力として、必要な檢査である。

(ハ) **運動素質の檢査**

體育に於いては、個人差による指導が大切であり、從つて、この運動素質を知る事が必要である。然し、素質と習得したものとを嚴密に區別することは不可能に近く、現在行われているものは、比較的に先天的なものを檢査する方法にすぎない。

次にその檢査種目を擧げてみると、

○サージャントジャムプ（Sargent Jump）　これは、その場の上方跳躍の檢査で、筋肉の爆發的な攣縮の檢査である。

○バーピーテスト（Burpee Test）　直立姿勢と、腕立伏臥をくりかえし、十秒間行うことに依つて、生得的な敏捷さと、大筋群の調整能力を測定しようとするものである。

○ブレイステスト（Brace Test）　生得的な運動の學習能力を檢査する目的で、巧緻性、平衡、支配力、柔軟性、力性等を要するスタンツ（Stants）（用具を用いないで行う巧緻運動）から成つている。

これらについても、我國には未だ、標準化されたものがなく、目下、文部省に於いて作成しつゝある。

(二)　熟練度の檢査

スポーツ技能の進歩の程度、及び、學習上の困難性、又は進歩を阻害している障害等を診斷して、評價するために、各種の熟練度の檢査が用いられる。

これで大事な事は、個々の生徒の熟練度を、標準と比較することよりも、個々の生徒がどれだけ發達したか、進歩を阻害しているものは何か……ということを明らかにし、指導について反省することである。

ところで走、跳、投のように、時間や距離で測定出來るものは、進歩の程度が明瞭であるが、柔道のように、複雜な運動では客觀的な數字であらわすことは出來ないから、いくつかの重要な部分に分けて

例えば受身の熟練度においては

1　手のつかい方

2　手と體のタイミング

3　體全體のこなし方

といつた式に、更に進歩すれば
　4　受身する距離、高さ、強さ
等を考慮して、檢査したり
又練習全般については
　1　受身
　2　膝車、浮腰等の各技の正確度、柔軟度、支配力
等、それぞれの結果を記述尺度法によつて、なるべく客觀的にあらわし、最後にこれを結合して總合的に評價する。

(二)　知識及び理解の評價

柔道學習は、練習が中心であり、その目標は、練習を通して達成されるものである。

しかし、學習目標、自分の身體、技術の力學的の原理、規則と審判法、練習心得等の理解は是非とも必要である。

この場合に主として、知識を調べる方法として、

(1)　再　生　法

學習したことを思い出させて、簡單に答えさせる方法である。
例　(1)柔道は何時頃、誰が創案したか。
　　(2)柔道の固技には、どんな技術があるか等。

(2)　選　擇　法

一つの問題に適不適の答を多くあげておき、その中から適當な答を選擇させる方法である。

例　(1)柔道の正式試合における抑込は、(二十秒、三十秒、四十秒、五十秒)で勝となる。

(2)柔道は、嘉納治五郎氏によつて(明治五年、明治十五年、明治三十年、大正五年)に創始された。

(3)　眞　僞　法

一つの文章の眞僞を判斷させる方法である。

例　(1)出足拂は、出ようとする相手の左膝に自分の右足をあて、相手を投げる技である。　正、誤

(2)試合の際「技あり」を二回とると勝になる。　正、誤

(4)　組合わせ法

二系列の事項から、互に關係のある二つの事項を組合わせる方法である。

例

投　技　　關節技　　絞　技　　抑　技

袈裟固　　肩　車　　腕　緘　　送襟絞

5　記　録　法

表をつくつて問題に關係のある、正しい答に○をさせる方法である。(下表)

例

	膝　車	浮　腰	腕　緘	巴　投
固　技			○	
捨身技				○
腰　技		○		
足　技	○			

6　圖　解　法

圖によつて解答させる方法である。

例　右自然體に組んでいて、背負投をかける時の自分と、相手の足の位置の變化を書きなさい。

又考え方や理解を調べる方法として、

1 完　成　法

文章中のぬけている所へ、文字を入れ、完全な文章にする方法である。

例　柔道は□氏によって□年に創案された。

2 訂　正　法

文章中、正しくないところを訂正させる方法である。

例　柔道の技術は、受身、固技、投技及び關節技に大別される。

3 配　列　法

一つの文章を、いくつかの部分に分解し、これを順序不同にならべてあるものを、正しい文章にするために、一定の順序に配列する方法である。

例　○學んだ柔術の
○創案したものである
○柔道は
○嘉納治五郎氏が青年の頃
○長所をあつめて

以上は大體、分析的な方法であるが、問題が小さくなり易く、又記憶の檢査になりがちになる。

それ故、時には大きな問題について論文を書かせ、總合的な精神機能を評價することも必要である。

(三) 態度及び社會的性格の評價

態度や性格の評價は、檢査や測定では仲々、把握出來ない困難なものである。

わが國で、通常行われているものに、田中寛一博士の内向性、外向性の向性檢査があるが、體育の評價で、直接問題になるのは、體育の指導を通してなされた社會的態度、性格の變化の樣相を知ることでなければならぬ。

しかしそれは困難な問題であり、柔道においては、他のスポーツ同樣に

禮儀正しいか

積極的であるか

勇氣があるか

責任を果たすか

學習態度はどうか

正々堂々と試合を行うか

規則にしたがうか

勝敗に對する態度はどうか

必修時や自由時の出席や缺席の狀況はどうか

等について、各種の檢査法で具體的に、繼續的に把握する努力をしなければならない。

(四) 習慣の評價

習慣は、健康生活のために、必要な事項を實行する習慣で

爪は常に短かくきられているか
手拭を持つているか
柔道衣は清潔に保たれているか
實施後　手足や體を清潔にするか
姿勢に注意しているか
柔道場についての衛生的考慮をよく實行するか
時々健康診斷をうけているか
などについて、定期的な簡單な検査を繼續的に行うがよい。

㈤　鑑賞力の評價

技術の巧拙を正しく評價したり、それを味わう力がどの程度に育成されたかを評價するものである。これらは技術よりうける感じを調べて評價するもので、したがつて主觀に流れ易い傾向をもつものである。これらを調査する場合、一般には並立比較法、順位比較法等が用いられる。柔道においては、他人の技や各種の形を見學する場合、記述尺度法によつて自分の鑑賞力の程度をあらわすことが出來るが、この基準の定め方は頗る困難である。

㈥　管理の評價

學習効果を一層有効にあげるためには、環境的條件を整えるとともに、組織や指導計畫、運營などの評價が大切である。

管理については、
施設や用具は充分に整備されているか
その利用はよく行われているか
その管理はよく行われているか
自由時や必修時の指導計畫はよく立案されているか
指導内容は適切であつたか
その組織や運營がよくなされているか
などについて評價する。

第三節　結果の活用

檢査や測定の實施にあたつては、これらが單なる檢査や測定ではなく、又生徒の價値や順位を定めるためのものではなくて、生徒の現狀を評價し、より望ましい變化をもたらすためになされるものであるから、生徒によくその趣旨を理解させ、生徒がたのしんで、積極的に參加するようにさせ、更に自發的に、自身で檢査する態度を作ることが望ましいことである。これら測定や檢査の結果を正確迅速に整理をするためには、先ず記録用の用紙を用意することである。

記録用紙には

1　個人の繼續的な記録カード

2　個人の一時的な記録カード

3　クラス用の記録カード

などが必要である。これら記録用紙の形式については、測定の內容によつて異るので、それ〲研究工夫されることを期待してこゝでは省略する。

又測定して、ある結果をえても、それを解釋し、活用し得るのでなければ、何等の意味もない。例えば、AはBよりまさつているというだけでは、あまり意味をもたない。しかし一定の標準をもつ時には、その記録は大いに意味をもつてくるのである。こゝに標準の作成が必要となつてき、統計的な知識も必要となつて來る。即ち、一通りの統計的な手續に習熟していなければならない。

統計理論の解説は、他の數多い書物にゆずるが、この統計技術によつて整理された結果は、指導計畫、指導法、指導內容、指導過程など、あらゆる體育活動に具體的に、個々の生徒の指導に役立つように活用しなければならない。即ち、教材の選擇、教材の配當規準とすると共に、個々の生徒の具體的目標の設定、指導の基礎として、活用されねばならぬ。

かくして評價の結果は、時には異常生徒の發見となり、或は生徒の個人差を明らかにして、その特徴を把握し、指導に役立つことになるのである。

以上柔道の評價の概要を述べてみた。しかし、もとより皮相の研究にすぎず、これに肉をつけ血を通わせて具體化するまでにはかなりの困難もあるが、後日の研究と發表を約して、一先ず筆を次にすゝめることにする。

第六章　指　導　者

教育の効果をあげるにあたり、指導者の人がらが、重要な役割をもつことはいうまでもないが、特に體育は、實踐を通しての全人的な教育であるだけに、その人がらの重要性は他教科の比ではない。なかんずく、對人的な格技形式による柔道指導において特にその感がふかい。

しかるに、戰前の柔道教育の實際を省みるに、柔道が當時の人々から、理解と援助をうけながらも、その實の伴わないがちであつたことを認めざるをえない。それは、施政者や教育責任者の無理解な冷遇のために、立派な指導者が得られなかつたことも原因であつたろうが、更に遡つて指導者自身の無自覺にもよつたためではなかろうか。

終戰時全國の中等學校の柔道指導者を調査した結果によると、指導者總數千七十五名中、有資格者は僅かに二百六十六名にすぎない狀態であつた。

勿論、資格の有無のみで指導者の適否を判斷することは出來ないが、これら數多くの指導者の中には、正しい教育理念や體育觀の確立がなく、徒らに、學生生徒を試合に驅り立てることを以て、柔道教育のすべてであるかの如く考える者や、立派な實技をもちながらも、知識教養に缺けている者など、柔道指導者の中には、識者のきびしい批判をうけた者もあつたのではなかろうか。

終戰後、柔道が學校教育の闗與外におかれ、その免許狀は、昭和二十一年文部省令第十號（一七頁參照）によつて廢止されて、指導者に一應の終止符が打たれたことについては、戰時中、柔道が極度に歪められて、跛行的柔道に墮したためであることは勿論ながら、教育の場において、柔道の眞價を、充分施政者ならびに一般國民に認めさせることが出來なかつた指導者にも、責任の一端があつたのではなかろうか。

ところで、今回柔道が學校體育の中で、一スポーツ教材として、實施されるにあたり、必修時(正課時)における指導者は、戰前の如く、單に柔道のみの指導者ではなく、他のスポーツ種目にも通曉して、體育の免許狀をもつた教官を原則としたところに、意義極めて大きいものがある。即ち、スポーツの一種目のみを多年練習することは、概して偏頗な體をつくると共に、精神的にも、狹量獨善的な性格をつくる傾向にあるといわれている。學校體育の新しい考え方は、この點を充分考慮して、スポーツのシーズン制によつて、なるべく多くのスポーツを習得するようになつており、そのために體育指導者は、各種のスポーツに通じていることを原則としているので、柔道の指導者も、その掣肘をうけることは申すまでもない。

體育以外の教官で、柔道の實技に長じている者も、以上の線に沿わなければ、必修時におけるこれが指導の資格は認められないことになる。

總司令部關係官も「戰前の行きすぎた柔道觀を是正するためには、何よりも先ず、その指導者の考え方を、新しい體育方針に徹底させることである。」との意見をもつているが、文部省も、この意に沿つて、昭和二十五年十月文部次官通牒で、『必修時體育において、柔道を指導するものは、體育を擔當する教官で、新しい柔道を理解している者であること。』と規定している。

(こゝでいう「新しい柔道を理解している者」とは、實際問題として、こゝ當分文部省ならびに都道府縣の教育委員會が主催する柔道指導者の講習會を修了した者をさしているのである。)

更に柔道の取扱いの點から考えてみても、學校柔道は、他のスポーツ種目との關係上、戰前のように一年間を通じて實施することが困難であり、第四章第一節の指導計畫にもあるように、どこかにまとめて實施せねばならないが、一ヶ年の體育プランの一環としての柔道指導であるためには、體育教官が直接指導にあたることが好都合であり、又柔道專任者を採用することは、學校の豫算や定員の關係上、困難な問題があるので、これらの點からも體育教官が柔道を含めて全種目の指導にあたることが最も理想的である。

しかし柔道は、他のスポーツに比べて複雜多岐の技術であり、單に一、二年間の短年月の練習では、指導者としての體得はむつかしく、まして現在立派な體育教官の中でも、僅か三、四日の講習のみで柔道を指導することの出來る者が果してどの位あろうか。更に今後の體育指導者養成學校で、はじめて柔道の手ほどきを受けたものが、柔道の指導にあたれるかどうか甚だ疑問でもある。文部省としても、かゝる事情を勘案し、自由時（課外時）の柔道指導者については、さきの文部次官通牒で『自由時の柔道指導者は、(1)その學校の教官で新しい柔道を理解している者。(2)大學または都道府縣教育委員會等が特に新教育の理念に充分な理解をもち、人格教養ともにすぐれていると認めたもので、新しい柔道を理解し學校長より指導者として委囑された者であること。』と規定したのである。

以上、必修時、自由時體育における指導者のあらましについて述べてきたが、これら指導者の養成の方法について、文部省は、將來體育指導者養成學校で、學校柔道の講座を設けて、必要な教育を施すと共に、とりあえず文部省ならびに縣教育委員會が、學校教官や社會人でこれを希望する者に對し、目下、學校柔道の講習會を開催して、種々研究理解させているが、更に學校柔道の指導者になることを希望する者のために、新しい教育職員免許法（昭和二十四年法律第百四十七號）に則つて具體的な説明をする。

一、中等學校（中學校、高等學校）の教官

(一)　必修時體育の場合

必修時における教官は、すべて新免許法に規定された者であるが、新免許法は將來の理想をえがきながら、現實に可能な程度のものを規定してあるので、甚だ複雜であり、專門的である。したがつて法規だけでは難解であるから、若干說明を加えたい。

免許狀については、新免許法、第二章にくわしくのべられているが、それを要約すると、大體次のようである。

免許狀の種類は、効力の差異と所要資格の差異によつて、下から、臨時免許狀、假免許狀、二級普通免許狀、一級普通免許狀の四段階に分れている―（第四條）

これを今少し詳しく述べると、

(1)　臨時免許狀は各學校の助教諭についてのみ認められるもので、いゝかえれば、普通免許狀や假免許狀を有する者を採用することが出來ない場合に限り授與されるものである。それ故、教育職員としては、正式の資格ではなく、したがつて望ましいものではないが、現下の教員需給の狀況上やむをえない措置である。

この免許狀の授與資格については、免許教科（第四條第六項）缺格條項（第五條第一項）のほかは、すべて都道府縣に一任されている。

この免許狀は、授與した時から一ケ年間その免許狀を授與した都道府縣においてのみ、効力を有するものであるから、―（第九條第三項）―一ケ年を經過すれば、又新たに免許狀をうけるように申請すればよい。かくの如く

免許狀としては一ヶ年のみ有效であるが、繰返し繰返し申請して、免許狀を授與されることによつて、長く同一都道府縣内の學校に留ることが出來るわけである。

しかも、その間に中學校では三ヶ年以上、高等學校では五ヶ年以上勤務し、中學校では、文部大臣の認定する講習や通信教育或は大學等で三十單位、高等學校では四十五單位とれば假免許狀が授與される。

(2) 教諭の假免許狀は、主として短期養成によるものに與えられるものである。即ち、中學校においては、大學一年以上を修了した程度、高等學校では、大學二年以上を修了した程度の者に與えられるものであるが、正規の大學の代りに大學の別科、又は、文部大臣の指定する教員養成機關でもよいとされている。

この免許狀は、授與された時から五ヶ年間、全國において效力を有するもので、教育職員檢定によつて、一回だけその有效期間を更新することが出來る。―(第九條第二項)そして中學校で三年以上、高等學校で五年以上勤務し、中學校で十五單位、高等學校で四十五單位を修得すれば、二級普通免許狀が授與される。

(3) 普通免許狀は、所要資格の差異によつて、一級と二級とに分けられている。新免許法の精神では、一級が教育職員資格の理想であるが、現下の我が國教育の諸狀勢によつて、便宜上一、二級に分けられたものである。

しかし、效力の點では、第九條第一項に明記してある通り、全國において效力を有し、一級二級の差別はない。二級普通免許狀の有資格者が、中學校で五年以上、高等學校で三年以上勤務し、中學校で四十五單位、高等學校で十單位を修得すれば、一級免許狀が授與される。

(4) 講師については、第四條で免許狀は認めていないが、第三條第一項で、講師も教育職員として免許狀をもたなければならぬと規定しながら、第二項で特例として「講師については、前項の規定にかゝわらず、各相當學校の教員の相當免許狀を有する者をこれに充てるものとする。」と規定している。かく複雜に規定しているのは、講師には非常勤のものと常勤のものとがあり、その他、各種の形態があるので、講師免許狀を一律に設けることが出來なかつたためであるといわれる。結局、具體的に述べれば、高等學校の體育の講師になるためには、高等學校の體育に關する普通か、假か、臨時のいづれか一の免許狀を有していなければならぬということになる。

以上、免許狀の種類について、簡略な説明を試みたが、こゝに新免許法第五條の別表(1)を基礎にして、別の觀點から一覽表を作つてみると次の通りである。

免許狀の種類＼所要資格		基礎資格	大學における最低修得單位 一般教育科目	專門 教科に關するもの	教職に關するもの
中學校教諭	一級普通免許狀	學士の稱號を有すること	三六	一八	二〇
	二級普通免許狀	大學に二年以上在學し六十二單位以上を修得すること	一八	一〇	一五
	假免許狀	大學に一年以上在學し三十一單位以上を修得すること	一	五	一五
高等學校教諭	一級普通免許狀	二級免許狀所有者が三年以上勤務し十單位以上を修得すること	―	―	―
	二級普通免許狀	學士の稱號を有すること	三六	一八	二〇
	假免許狀	大學に二年以上在學し六十三單位以上を修得すること	一八	一〇	一五

尙單位については、新免許法に次のように規定されている。大學の學生、或は文部大臣が認定する講習及び通信教育においての受講者が科目について、その種類に應じ、左に掲げる基準により定める課程を履修した場合に與えられる。

(イ)　一時間の授業につき、二時間の豫習又は復習を必要とする講義によるものについては十五時間の授業の課程。

(ロ) 二時間の授業につき、一時間の豫習又は復習を必要とする演習によるものについては三十時間の授業の課程。
(ハ) 前二項に掲げるものを除くほか、豫習又は復習を必要としない實驗、又は實習によるものについては四十五時間の授業の課程。
又、體育の免許狀を授與されるに必要な專門科目の單位は、新免許法は施行規則(昭和二十四年十一月一日文部省令第三十八號)の第三條に中學校の體育の專門科目を、第四條に高等學校の體育の專門科目を規定している。即ち、中學校も高等學校も同樣に

體育原理と體育管理
運動生理學
個人及び公衆衞生
學校保健管理
體育實習

の五專門科目にわたり、その三分の二以上の科目にいて、それぞれ二單位以上を修得しなければならないことになつている。

以上、體育關係の立場から新免許法を解說してきたが、次に、舊免許狀の所有者、舊制學校の卒業生で、必修時體育の柔道の指導を希望する者の立場から、新免許法を解剖してみよう。
(1) 舊令による免許狀の所有者
さきに述べたように、柔道の免許狀は、昭和二十一年の文部省令で無効になつているから、これにはふれないで、

體育の舊免許狀と他教科の舊免許狀とに分けて考えてみよう。これらは何れも新免許狀に切換えなければならないが、新免許法施行規則（昭和二十四年十一月文部省令第三十九號）の第一條によると、切換は、昭和二十七年三月三十一日までとなつている。

(イ)　舊體育免許狀の所有者

新免許狀に切り換えることは先決條件であるが、柔道の技術を理解し體驗があれば、堂々指導にあたれることは申すまでもない。

(ロ)　舊他教科免許狀の所有者

新免許法施行法施行規則の第二條によつて、舊免許狀に記載した科目に相當する教科の免許狀—例えば舊令によつて地理の免許狀をもつている者は、社會科の免許狀、生物をもつている者は、理科の免許狀に切換えられる他に、出身學校又は所轄官廳（公立學校の教員ならば、都道府縣教育委員會、私立學校であれば都道府縣）の、體育について成績が良好である旨の具體的な證明があれば、體育免許狀の出願資格があるから、これによつて免許狀授與を申請し授與されゝば、柔道は勿論、體育一般の指導も出來ることは申すまでもない。

(2)　舊制の大學、高等專門學校の卒業生

これらの人々は、新免許法施行法第二條により、それ〴〵の資格によつて、二級普通免許狀、又は假免許狀を授與される資格があるが、新免許法施行規則の第二條によつて、前項(ロ)と同樣に二つの免許狀の授與を申請することが出來る。例えば、早稻田大學の法科を卒業している者は、社會科の普通免許狀が授與される他に、大學總長の「在學中、體育一般について特別の研究をなし、又活躍をしていた。」との證明があれば、體育の免許狀の授與を申請

する資格がある。

(3)　舊制中等學校の卒業生

新免許法施行法第二條第一項第三十四號によつて、中學校の臨時免許狀の授與を申請する資格がある。この場合でも二つの免許狀の授與を申請する資格のあることは同前である。

(4)　舊制の中等學校卒業以上の學歴を有しない者

(イ)　小學校しか出ていないが、大學、同豫科、高等學校高等科、專門學校、又は教員養成諸學校の體育教員の經歷を有する者は、新免許法施行法第二條第十號の規定によつて、體育の假免許狀の出願資格がある。

もつとも、この場合、免許狀の授與權は、都道府縣又は同教育委員會にあるので、極端に在職年數の短いものは、不合格になるおそれがある。

(ロ)　小學校しか出ていない者で、前項(イ)以外の學校、例えば、中等學校の體育教員の經歷をもつている者は、「新制高等學校を卒業しない者には、免許狀を授與しない。」という新免許法第五條の規定によつて、新制高等學校卒業の資格を取得しない限り、たとえ、舊制中等學校に何年經驗があつても（そのために何か免許狀を授與されておれば別であるが）現在では、免許狀の授與は不可能である。

(二)　自由時體育の場合

自由時體育といえども、學校教育の一環として實施する關係上、その指導者も、新免許法の原則によることは勿論ながら、前文にも述べたように、先般の文部次官通牒には、柔道の特殊性が認められて、

(1)　體育又は體育以外の教官で、新しい柔道を理解した者。

(2)　大學又は都道府縣教育委員會等が特に新教育の理念に充分な理解をもち、人格教養共にすぐれていると認めたもので、新しい柔道を理解し、學校長より指導者として委囑された者。

と條件づけられたのである。

これを要するに、(1)は、自由時の理想の指導者をさしたものであり、(2)は、柔道の特殊性と指導者の現狀とを勘案して、廣く立派なコーチャーを得んとするに他ならない。

但、(2)に規定されている大學又は教育委員會で推せんする者の、具體的な條件になると、なかなか微妙なものがあるが、當局の意向として、同校教官と同等の敎養をもつているもの、更に具體的に申せば、舊制中等學校、新制高等學校以上の學歷ある者を一應の基準として判斷すべきであると云われる。

又こゝでいうコーチャーとは、從來わが國でいわれていた短期のコーチャーの意ではなく、米國で云われているように、學校の敎職員としての長期の指導者をさすのである。

二、大學の敎官

(一)　必修時體育の場合

大學の教官は、新しい免許法の制約をうけないし、又大學の免許狀に關する規定はないが、これに類するものとして、大學の教官は、すべて文部大臣の諮問機關としての、大學設置審議會に協議しなければならないことになつている。これは、教官を希望する者が、直接、協議申請するのではなく、採用豫定の大學長が申請して、教授、助教授、又は助手等の判定をうけるのである。

(二) 自由時體育の場合

大學における必修時體育の教官に準じ、更に、中等學校の自由時體育に準ずればよい。實際問題として同大學の卒業生で、優秀な者を採用することが最も適當であらう。

以上、新免許法を中心として體育教官の資格の一般をのべてきた。しかし、この法律には、種々の問題を藏しており、一般より改正の聲もあるので、早晩、若干の改訂があると思われるが、何れにしても、中等學校免許狀の授與權は、都道府縣教育委員會であり、大學關係の大學設置審議會は、文部省管理局管理課が主管しているので、具體的な問題について不審の點は、直接問い合わせると氷解されるであろう。

第七章　施設と用具

柔道の練習に、ふさわしい施設と用具が必要であることは、今更改めて申すまでもない。

現在用いられている施設用具は、恐らく遠く武家の柔術時代より、うつりかわつて、現在に至るまで、たえざる研究がつゞけられ、逐次改良されてきたものであろうが、柔道の學習効果に密接な關係のあるこれらについて、教育的な考察をしてみよう。

第一節　柔道場

柔道を練習するためには、先ず專用柔道場が望ましいことであるが、戰災にあつたバラック校舍や、學制改革によつて、教室の狹隘に喘いでいる學校の多い現在、加えて、學校柔道の中止にともなつて、すべての柔道場が教室その他に轉用されて、皆無の狀態におかれている現狀では、學校に專用柔道場を設けることは、仲々困難な問題である。戰前ですら專用道場がなくて、體操場あるいは講堂と兼用していた中等學校が、八十餘校（全體の約二割）もあつたという。

結局、以上の實態から推して、今後柔道の實施を希望する學校においては、種々苦心され、工夫されて逐次施設の充實を見ることゝ思われるが、以下柔道場について若干解説してみよう。

一、專用柔道場

柔道練習場として、専用柔道場をもつことは最も望ましいことである。これには、終戰後、他の施設に轉用していた元の専用柔道場を復元する場合と、新たに建築する場合が考えられ、新設の場合は、更に純粋に柔道のみの練習場と體操その他の練習をも兼ねた柔道場が考えられる。しかし、こゝでは理想的な専用柔道場について述べることにする。

講道館道場の一部

要するに柔道場は、あらゆる角度から檢討して、明るく晴々した健康的なものであればよい。

戰前、學校や巷間に見た柔道場の中には、實に立派なものがあつたが、反面、窓が少い上に、高窓で陰氣な雰圍氣のものも散見された。高窓にしたのは

(1)行的修練をするにふさわしい一種獨特な雰圍氣をつくるため。

(2)その昔、武藝は門外不出で常に人目をさけて練習した因習の名殘であること。

(3)窓際で、練習する場合の危險を考慮したため。

等の理由が考えられるが、これらについても、新しい觀點から考慮をはらいつゝ愚見を述べてみたい。

㈠床（ゆか）

頑丈な木造の下に、緩衝用のスプリングを入れることが必要であるが、それ以外に、衝擊を和らげるために、種々工夫をしなければならない。

床板は、狂わない正八分以上の堅木板を用いることが望ましく、堅牢を主として、板を縦横二重張りにする場合も

ある。

スプリングは鋼徑十八粍位のもの、スパイラル《螺旋》の直徑十二糎位、高さ十八糎内外の弾力の強い、スパイラルスプリング（Spiral spring）を大曳の下に約一・八三米（一間）間隔に挿入し、床の全荷重をこれで支えるのである。

但し、室が小さい場合は、これよりも弾力の弱いスプリングを用いるのが適當であらう。この場合には大曳はスプリングの間隔だけに配置せねばならぬ。

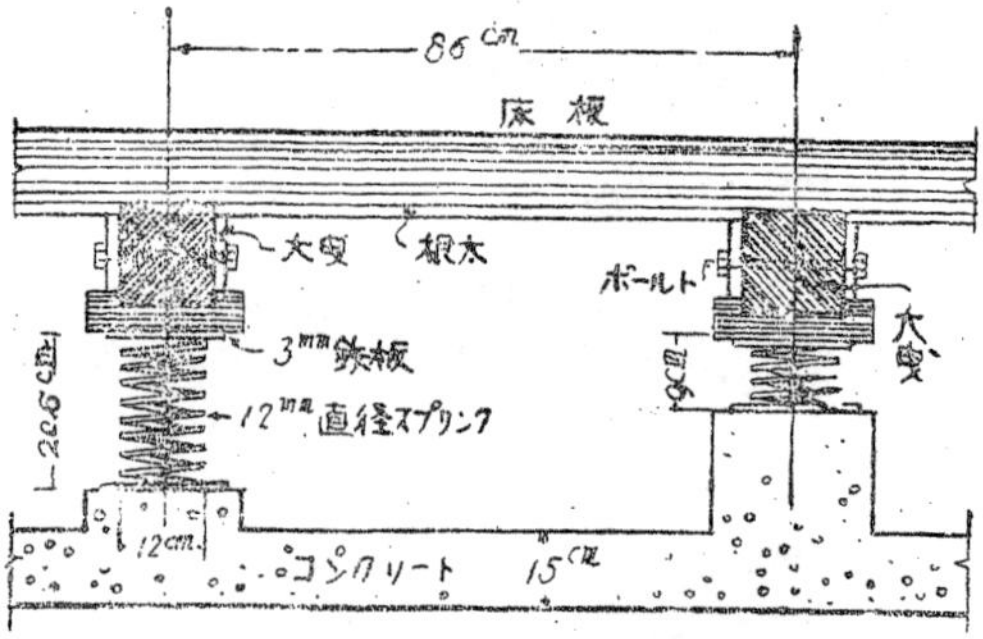

講道館柔道場スプリング床の構造圖（一）

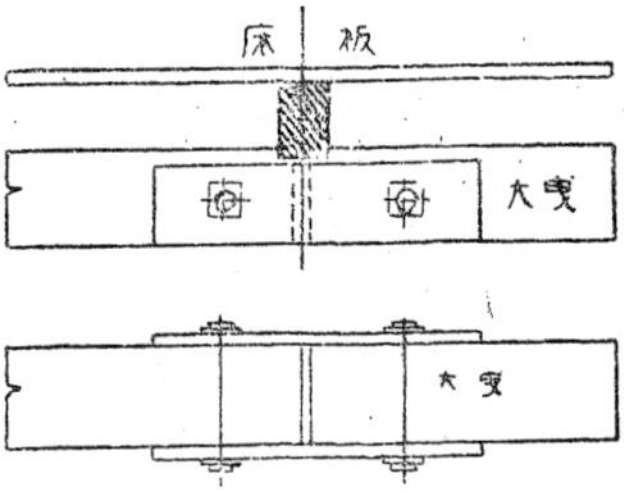

同　上（二）

講道館道場は西村好時氏の設計で、非常に研究されたよい構造であるが、特にスプリングはAB二種のものを使用し、これを交互に九十糎（半間）間隔に挿入したものである。

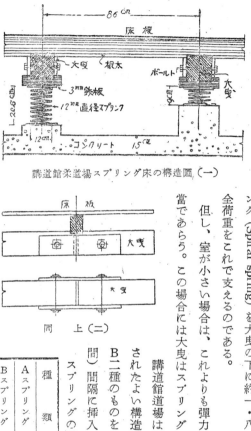

スプリングの詳細は、次の通りである。

種類	鋼徑（粍）	中心徑（糎）	高さ（糎）	總卷數
Aスプリング	12	12.0	22	9
Bスプリング	16	10.5	9	5.25

スプリングは、A號において、八十瓩の荷重を受けて二糎、B號において、百六十瓩の荷重を受けて一糎の割合に壓縮されるものが使用されている。かように、長さ、強さの異るものを使用したのは、靜荷重は、全部A號で支え、動荷重が加つた時にも、主としてA號と、若干をB號で支えるようになつている。B號の役目は、A號の特別の荷重

を補助するとともに、A號の振動によって生じた床面の餘波を、B號によって削減するためのもので、實によく研究した特別な考案である。なお、床でもう一つ面白い考案は、床の大曳が一部の振動を他部になるべく傳えぬように、所々これを切離し、輕く添板でおさえて接合に可動性をもたせていることである。

スプリング床をつくるのはよいが、一部分の強い衝撃が床全體を振動させるようでは、かえつて不便を感ずることになるから、これを防ぐ工夫が極めて大切である。

宮内廳濟寧館の柔道場は、鋼徑十二粍のスプリングで、スパイラル徑十五糎のものを一・八三米（一間）間隔に配置してあるという。

早稻田大學柔道場は、桐山均一氏の設計で、高さ二十六・二糎、鋼徑十三粍および七粍の二種のスパイラルスプリングを一・八三米（一間）間隔に挿入してある。

これらスプリングの壓縮率は次のとおりである。

鋼徑十三粍	荷重二百瓩に對して壓縮	二・二糎
〃　九　〃	五百瓩　〃	七・二糎

東京工業大學の柔道場では、徑十二粍鋼のスプリングを大曳下に入れ、九十糎間隔に縱横に挿入して、適度の彈性を與えている。

明治大學の柔道場は、徑十二粍鋼、長さ十二糎のものを、七十五糎間隔に配置してあるという。

(二) 敷　物

床の上に敷つめる敷物は、一般に床(とこ)を丈夫にした、緣なしの刺疊が用いられている。これは長い間、研究され改善されたもので、材料の關係で製作は簡易であり、比較的廉價である上に、柔道の基礎となる足捌きが極めて容易である等の長所があるが、反面、耐久性に乏しいので、疊表の代りにキャンバス（Canvas）が用いられることもある。しかし、キャンバスは擦過傷をおこし易い缺點があり、また兩者とも塵埃がたち易い。要するに敷物の理想としては(1)受身の際の衝撃をやわらげ (2)足のつき趾、擦過傷等の傷害を完全に防止し (3)耐久力があり (4)塵埃が出ず(5)比較的に廉價であつて (6)取扱が便利であることが望ましい。

目下ゴムスポンジ（Gum-sponge）の少しかたいようなもの、フエルト（felt）等を芯にしたもの、あるいはキャンバスで擦過傷をおこさないような工夫等、かなり熱心に研究している向きがあるが、柔道の練習効果をあげるために、よりよき敷物となるよう、お互工夫考案せねばならぬ。

(三) 廣さ

道場の廣さは、大小種々あるが、戰前、全國の中等學校の柔道場の廣さを見ると、平均五〇・五七坪になつている。大學になると前者よりはるかに廣い面積になつている。要するに、柔道場の廣さは、使用人員によつて定まるもので、經驗によれば、大體一人二疊の割合位の廣さは最少限必要とするようであるから、專用柔道場としては少くも百疊 165m² 以上が望ましい廣さである。また、疊敷のまわりには敷物と同じ高さに少くとも一・八三米（一間）巾の板敷が必要である。これは、疊全部が有効に利用も出來るし、又、見學する者のためにも都合がよい。

(四) 窓

採光、換氣の觀點から、窓はなるべく多く、廣くすることが望ましい。

床面から窓にしておけば、夏の練習は實に快適であるが、冬季の氣温の保持等を考え、床面には換氣窓を、又、床面より〇・六六米（二尺）位の高さから窓を、更に、その上に回轉窓をつくることが適當であろう。

但し、窓をつくる場合には、次の考慮が必要である。

(1)窓は、南北に多くし、東西は少くして、朝日、夕日の直射を防ぐこと。

(2)ガラス戸は、上下動か、左右開きにするがよい。扉にする場合は、外開きにすべきであるが、これは、風の強い日に不適當である。

(五)　天　井

一般に體育館は、高さが約5.5m――6.6m位といわれているが、専用の柔道場はもつと低くてもよい。

しかし、環境を整備して、氣持よく練習するために、體育館に準じ、更に塵埃の落下を防ぎ、室內保溫のために、小屋組をかくして、天井板を張りつめる方がよい。

(六)　壁

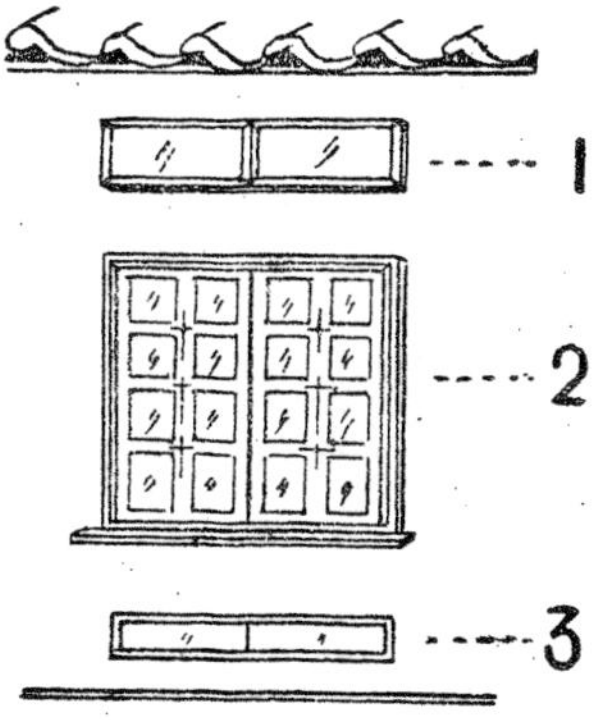

1……廻轉窓
2……　　窓
3……換氣窓

壁は、體育館に準ずればよい。即ち、構造を堅固にし、表面をモルタル塗にするも、木の羽目板張りにするも、柱等の突出物をつくらず、平らかで特に堅固につくらねばならぬ。腰羽目は汚れ易いので、洗い拭きの出來るように仕上げることが大切で、ペンキ塗よりはワニス塗の方がよいであろう。

(七)　その他裝置

(1)　換　氣

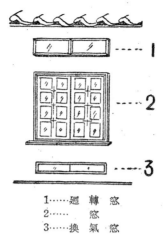

柔道場は塵埃がたち易いので、充分換氣を行う必要がある。

このためには、窓を開放して排氣する他、屋根に排氣塔を設けておき、また入氣孔を壁面の下部に設け、これにレジスター《(調節器)》等を取付けて、入氣を加減し得るようにするとよい。

(2) 照　明

夜間は、塵埃のため、空氣の汚濁が目立ち、そのため照明度を低くして陰氣な氣持になるものであるから、經費にも關係するが、なるべく明るくすべきである。大體、床面で二百 lux（一ルックスとは、一燭の光源から一米離れた面の明るさ、卽ち、照度の單位）位は必要であると思う。

照明施設については練習者の便宜、管理の點から次の事を考慮すべきである。

(イ)練習がまぶしくないように、裸電球による直接光線をさけて、間接光線にすること。

(ロ)電燈の大きなものを少數用いるよりは、濃い陰の出來ないように、小さいものを多數用い、しかも室內平均に散在するようにとりつけること。

(ハ)點滅のスイッチは一燈毎に設けておくこと。

(3) 煖　房

東北地方の寒冷地は勿論のことであるが、冬季の練習のために、適當な煖房裝置を設ける方がよい。

しかし、その場合、次の點を考慮せねばならぬ。

(イ)練習者が誤つて突當る危險などのないようにすること。

(ロ)練習の邪魔にならぬようにすること。

(ハ)火氣を用いる場合は、火災にかゝる危險のないようにすること。

(八) その他の備品

柔道學習の効果をあげ、また便宜をはかるために

(1) 鏡　技術の自已反省の便宜をはかるために、窓のない壁面などになるべく大きな鏡をとりつけることが必要である。

(2) 黒板

(3) 掲示板

(4) 痰壺　練習中窓外に放痰などしないよう注意すること。

等を備えつけることが必要である。

二、兼用柔道場

専用柔道場が望めぬ場合、考えられるものは兼用柔道場である。これは、柔道の練習にふさわしい疊、マット等の敷物さえあれば、講堂、體育館、教室、廊下その他の施設に、その敷物をならべればよい。これを恒久的なものと、臨時的なものとに分けて考えられるが、何れも經費は比較的に僅少である。しかし(1)敷物の運搬が煩雜であり　(2)敷物がいたみ易く　(3)緩衝設備がないから倒れた時の衝擊が大きく　(4)練習中、敷物が移動して隙間が出來て事故をともない易く　(5)不整備の環境のために氣持の落着かない等の缺點がある。

三、屋外練習場

校舎内に兼用柔道場がえられない場合は勿論、專用及び兼用柔道場の設備はあつても、屋外練習場のことを考慮する必要はある。これは、晴天の時に屋外に敷物をならべて行うもので、氣候のよい時は、氣持のよいものであるが、前項と同様の缺點がある上に、天候ならびに氣候に制約されて、困難を伴い易い。

屋外練習場を設ける場合には、
(1)直射日光をさけるために、練習場の上方に、スノコの覆をつくるとか、木の植込みなどが必要である。
(2)地面は、芝生にしてよく整備すること。さもない時は簀の子板など敷くよう準備すること。
(3)練習場は、敷物を保管する場所とあまりはなれていないこと。
等の考慮が望ましい。

第二節　附屬施設

柔道場の附屬施設として必要なものは、更衣室、柔道衣乾燥室、器具室、研究室、教官室、映寫室、教室、靜養室、シャワー室（浴室）、洗面場（水呑場）、便所、管理人室等が考えられる。

これらの施設は、他の一般體育館の施設と同様に、出入に便利な場所であり、なるべくまとまつて、柔道場に隣接していることが、管理上望ましいことである。

以下主な施設について解説しよう。

一、更衣室

更衣室は、利用する者の數や經費等によつて廣さ、構造、設備等は異るが、管理上、室をクラブ員（柔道部員）用と一般學生用の二室に分けておくことが理想であり、更にこれらの室には、更衣棚や柔道衣架を配置することが必要である。

(1)　更衣棚

更衣棚は、種々あるが、大要次のように分けて考えられる。

(イ)最も簡單なものは、棚をつくらず、壁面あるいは窓の高さを一・五米位にして、その下に〇・三米位の間隔にカケ釘をとりつけたもので、練習中は洋服類を掛け練習が終れば、柔道衣をかけて乾燥させる。(上圖右)

(ロ)前項より少し手を加えたものには、衣類をのせておく、巾一・八米位、高さ二米位、奥行〇・四〇米位のものに五段位の簡易な棚を設けたものがある。(上圖左)

(ハ)ボックス型では風呂屋の棚のように縱、横、奥行各々〇・四五米位のものが考えられる。またこれを完全にするには、各々に扉をつければよい。

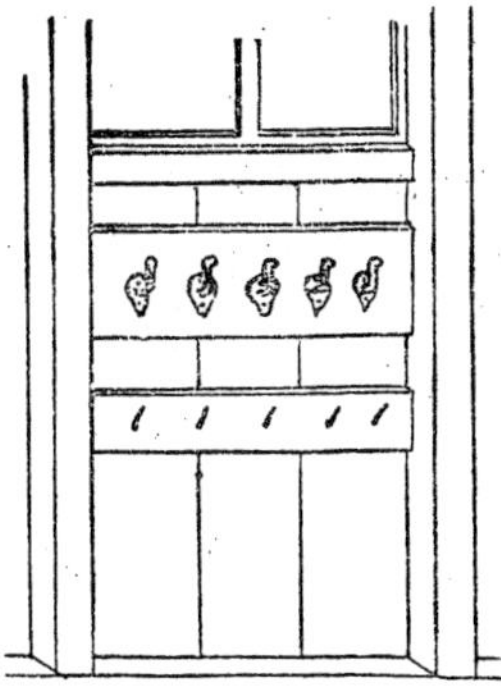

板壁を利用した柔道衣架の一例

更衣棚

(ニ)最も便利で、最近どこでも使用されているものは、立型ロッカーである。これは巾〇・四米位で、高さが二段式で一人分が一米内外、單式で一・八米位、奥行が何れも〇・四米位あるものが適當である。

これらボックス型ロッカーには、鋼鐵製のものは鋼鐵家具會社や運動器具店で製作販賣しているから、カタログをとりよせ研究され、設備する場合には、體裁もよく、且堅牢なものをつくるべきである。

また木製の場合も、大體、鋼鐵製に準ずる。これらの棚は窓のない壁面につけるとよいが、せまい室にかなりの數が必要である場合には、これらを背中合わせにならべておく方法もある。この場合、戸棚間の通路を一・

五米以上とし、中間に腰かけをおくと便利である。

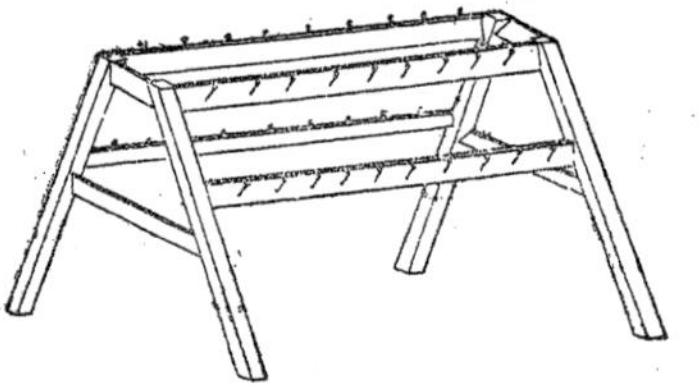
柔道衣架の一例

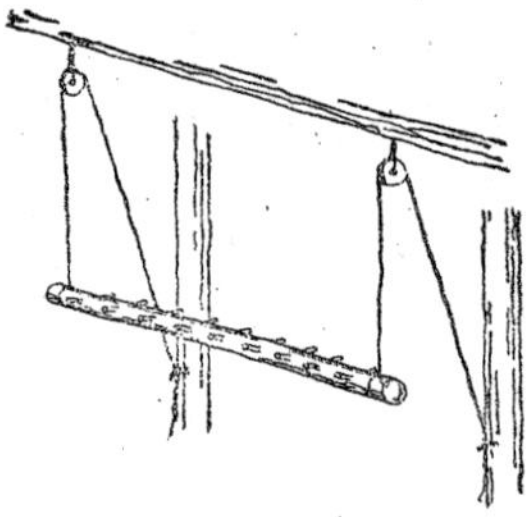
柔道衣架の一例

斯様に配置した場合、これら更衣棚の收容數は、床面一平方米について簡易棚（ロ）およびボックス式棚（ハ）は、大體二十四名内外、二段式ロッカー（ニ）の場合は、六・二人位、單式ロッカー（ニ）の場合は、三人—五人位の割合となる。

(2) 柔道衣架

これは柔道衣の保管ならびに乾燥のために使用するもので、上右圖のように、高さ一・七米位、上部は、〇・五米はなれた二本の横木に〇・二米位の間隔にとりつけてあるカケ釘、またはコートハンガーに、柔道衣をかけるようになつている。また上左圖のように、三—四米の丸太を横にし、丸太には、兩側に〇・三米間隔に柔道衣をかける装置をなし、丸太の兩端にロープをつけて天井からつり下げておく方法もある。

尙室内に、柔道衣架を配置する場合、背中合わせにした棚のように、隣の間隔を一・五米位とつて平行にならべておくと便利である。

以上の外に、更衣室を建造する場合には、次の事項を考慮に入れることが望ましい。

(1) 床（ゆか）

床は、楢材、檜材等の板張りが一般に使用されている。

(2) 窓および換氣窓

窓は、換氣、採光上なるべく大きいものが必要であるが、階下の場合には、外部からのぞき見られぬように、窓は、床面上一・五米位のところに設けるのがよかろう。更衣室は、柔道衣を乾燥させるために、窓の他に入氣孔、排氣孔を設けたり、床際に、換氣窓を設けることが必要である。

(3) 煖　房

煖房は、柔道衣を乾燥したり、東北地方の嚴寒の時期に更衣する場合に必要である。しかし、この場合、危害、火災防止等に特に注意しなければならない。

(4) その他、經費の餘裕があれば、タオル掛け等も設備しておく等の考慮が望ましい。

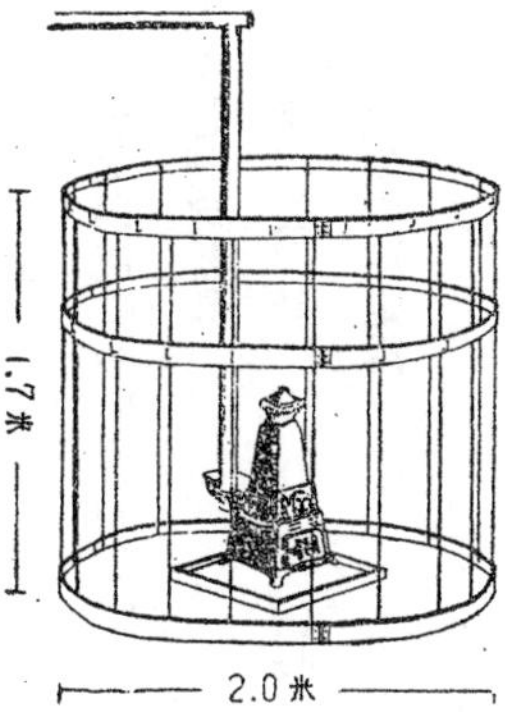

乾燥装置の一例

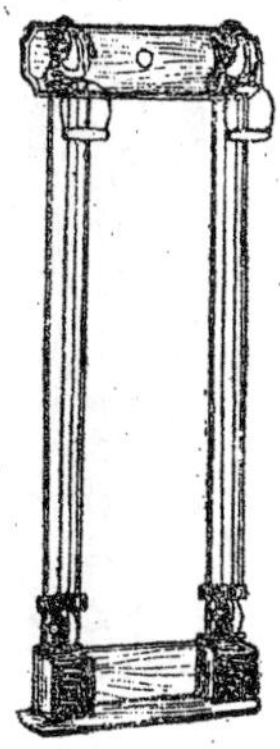
チェストウエイト
(chest-weight)

二、柔道衣乾燥室

練習後、汗にぬれた柔道衣を乾燥することは衛生上大事なことであるが、特に冬季または雨天の日は乾燥ならびに、保温のために、かゝる室を設けることが必要である。この室には柔道衣架と暖房用施設とが必要である。上圖は、暖房のまわりにある、高さ一、七米、直徑二米の柔道衣架に、柔道衣をかけて乾燥する装置で、この柔道衣架は蝶番で二つに開くようになつている。この室は、更衣室、殊にクラブ員の更衣室と兼ねてもよい。また、南面の室を乾燥室にあてると、暖房の經濟になる。

三、器具室

この室は柔道練習の補助的な器具を設備しておき、練習の前後に補助運動をするために設けられるもので、設備する器具は、チェストウェイ

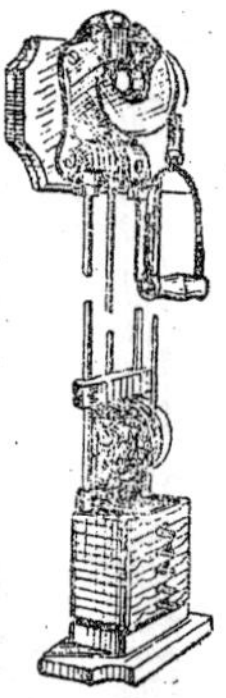

プレイウエイト
(pulley-weight)

ト、プレイウェイト、エキスパンダー(Expander)鐵亞鈴、自轉車用古チューブ、懸垂用器具等である。

室の大きさは別に標準がないが、最小縦六米、横四・五米は必要であろう。また天井の高さは、普通三米—三・五米位あれば充分であるが、懸垂器具を備える場合には、五・五米—六米位が必要である。

四、研究室

この室は柔道について種々研究するための室で、主として設備すべきものは次のようなものである。

(1)身體測定器具

身長計	體重計	坐高計
柔軟度測定器	マルチン人體測定器	巻尺
握力計	背筋力計	肺活量計

身體發育表（カード）等

(2)研究圖書、各種統計圖表、雜誌（柔道、保健、體育、教育、心理、哲學等に關するもの。）

(3)(1)(2)を管理して置く戸棚。

(4)關係帳簿（例えば備品臺帳、貸出簿、備品使用規程、健康調査簿等）

五、教官室

この室には、机、椅子、圖書等指導者の研究施設の他に、更衣施設を兼ねて設備しておけば便利であるし、これに隣接して専用の浴場、便所等も設備しておくことが望ましい。
なお、教官室に備えるべき諸帳簿は次のようなものである。
關係法規綴　關係規約綴（免除規程　選手規程　校內競技規程　對外競技規程　評價規程）　年間計畫
行事記録　評價記録簿　指導日誌　出席簿等

六、映寫室

柔道の科學的な研究をするために、是非必要であるが、何時も使用するわけではないから、特別の映寫室でなくとも研究室や教室などを利用してもよい。

七、教　室

柔道の學習が一時間中、講義のみに終るということは珍しいが、經濟的な餘裕があれば、講義用の教室をもつことが便利である。この教室は、一般教室と同じで、明るくするために、窓は大きく天井を高くすることが必要である。窓には映寫時に備えて、黑のカーテンを準備することも必要で、何時でも暗室化出來るように滑車裝置による自由開閉にしておけば便利である。その他、黑板、照明裝置の必要も申すまでもない。

八、靜養室

この室は、事故をおこした生徒を一時安靜にするためのものであるから、寢臺や救急藥品を入れた戸棚のある小さな室で充分である。なおこの室には、疾病傷害關係の帳簿を備えつけることが必要である。

九、シャワー室

普通のシャワー室は壁面にシャワーを並べて設けられただけであるが、高級な設備になると、水が上方よりと前後および左右側より水平の方向に多數の線をなして灌ぐものがあるし、更に理想を言えば、冷水だけでなく、溫水が使用出來るように設備したいものである。この場合、冷水と溫水の二箇のバルブを設け、各自希望する溫度に混合する如く裝置してあるのが普通であるが、更に便利で經濟的なものとしては、自動的に適當な溫度に混合して流出する裝置を取付けたものである。

シャワーをとりつける場合、以上の考慮の他に、堅牢なものをつけること、あまり細霧になりすぎない、目のあらいものをつけるようにすることが望ましい。シャワーの數は利用する者の數にもよるが、大體五人に一箇位の割合といわれる。

一〇、管理人室

柔道場ならびに附屬施設は、クラブ員や各學年の學生生徒が交代して管理することも出來るが、清掃、整理、盜難、火災、その他の諸管理のために、專任職員をおくことが必要である。

管理人室は柔道場、附屬施設の一群の中にあつて、全體に目がとゞき、しかも外部との出入に便利なところに位置することが必要である。

以上第一・二節に述べたところのものは、理想的な柔道場を述べたもので、新設に際しては、建築の様式、煖房、電氣等のことに關して、夫々專門の技師とも相談し、研究して出來るだけ便利で使用價値のある柔道場を建設すべきである。

次頁の平面圖は新設する場合の參考として著者の設計したものである。

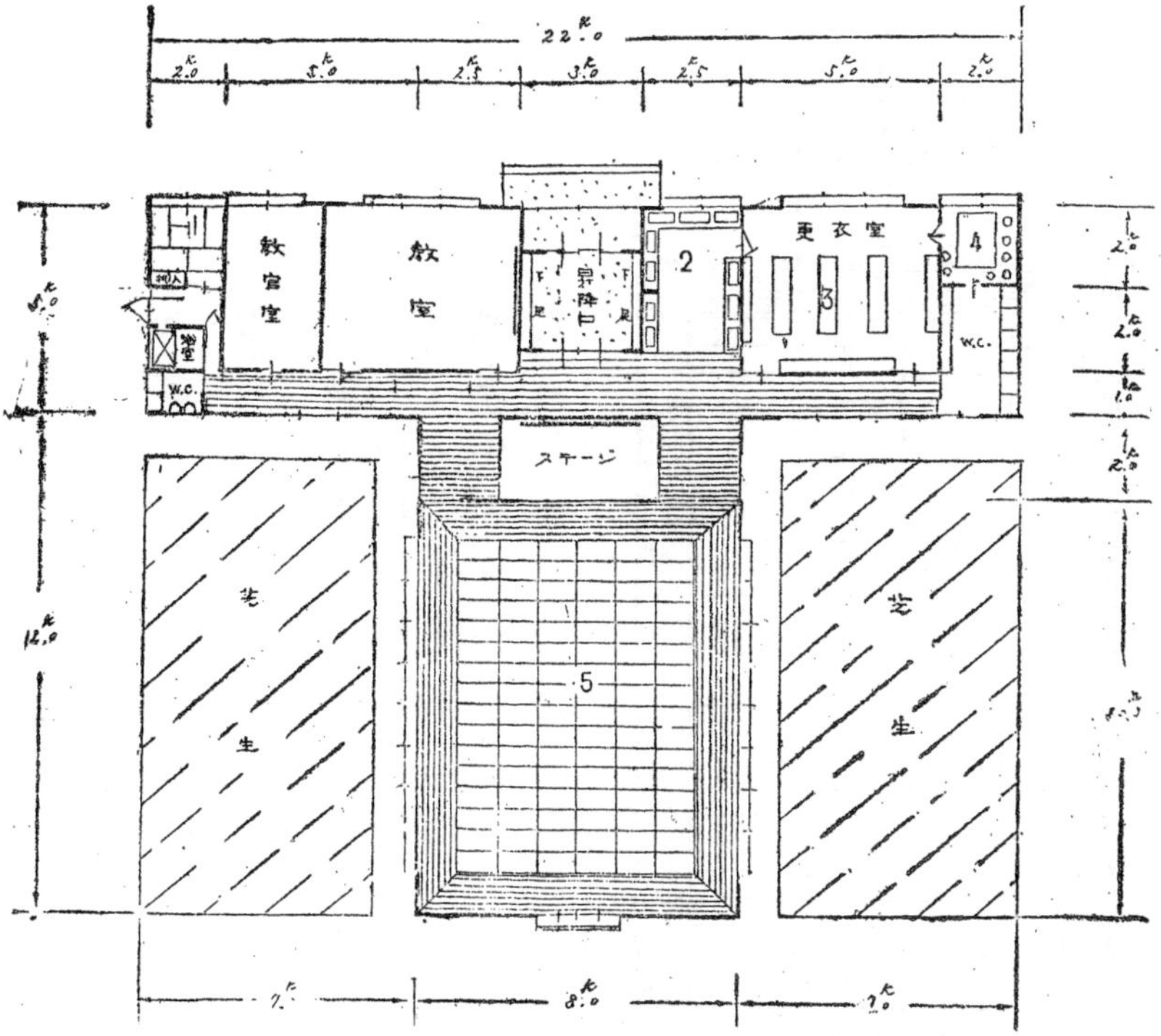

柔道場平面圖（例1）

①…管理人室　②…洗面所　③…ロッカー　④…シャワー室　⑤…柔道場

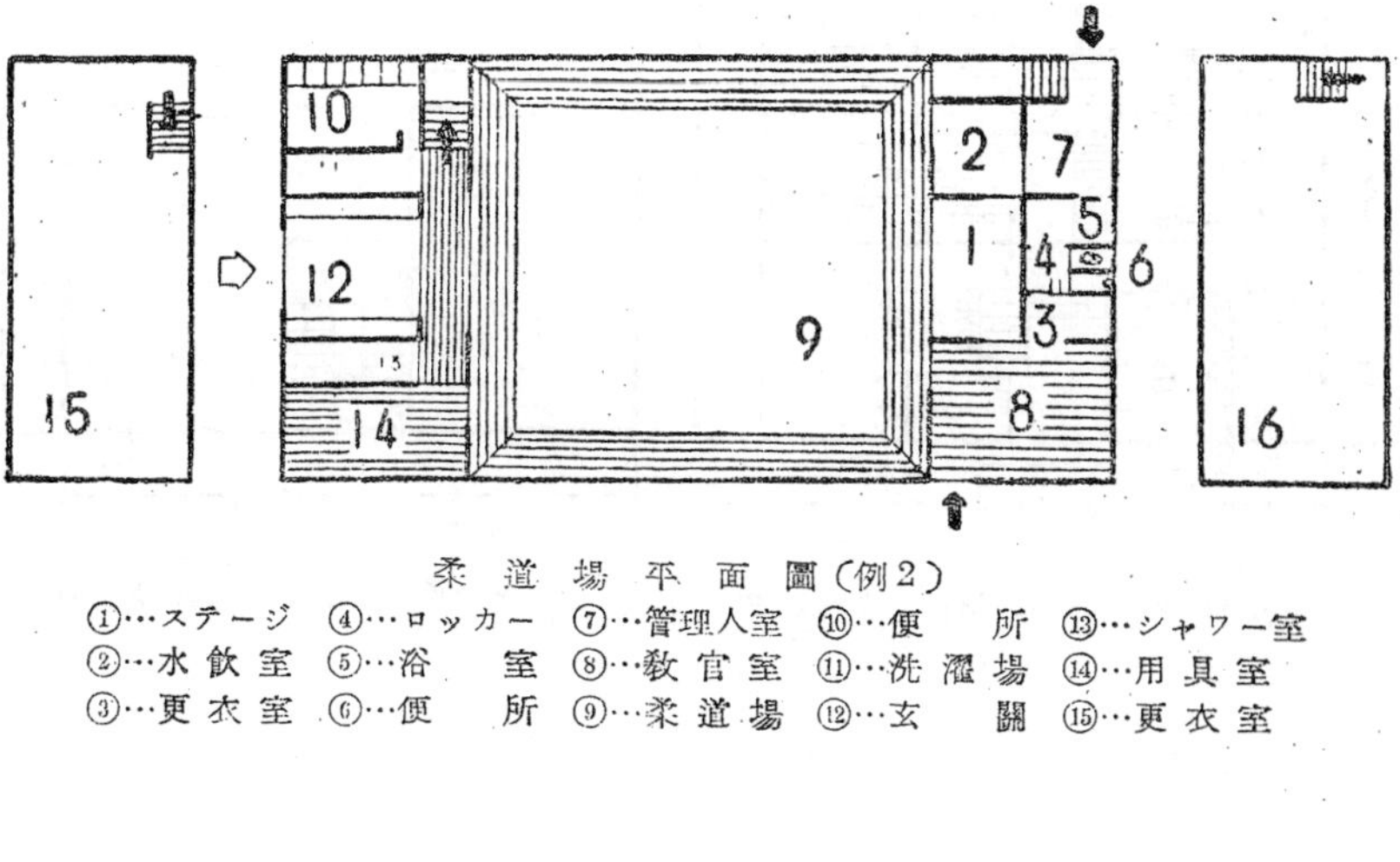

柔道場平面圖（例2）

①…ステージ	④…ロッカー	⑦…管理人室	⑩…便所	⑬…シャワー室
②…水飲室	⑤…浴室	⑧…教官室	⑪…洗濯場	⑭…用具室
③…更衣室	⑥…便所	⑨…柔道場	⑫…玄關	⑮…更衣室

柔道場平面圖（例3）

①…敎官室
②…湯沸場
③…管理人室
④…裏玄關
⑤…柔道場
⑥…更衣室
⑦…戸棚
⑧…戸棚
⑨…ステージ
⑩…浴室
⑪…戸棚
⑫…玄關
⑬…シャワー
⑭…便所
⑮…浴槽
⑯…敎室
⑰…敎室
⑱…倉庫
⑲…廊下
⑳…黒板
㉑…踊場
㉒…黒板

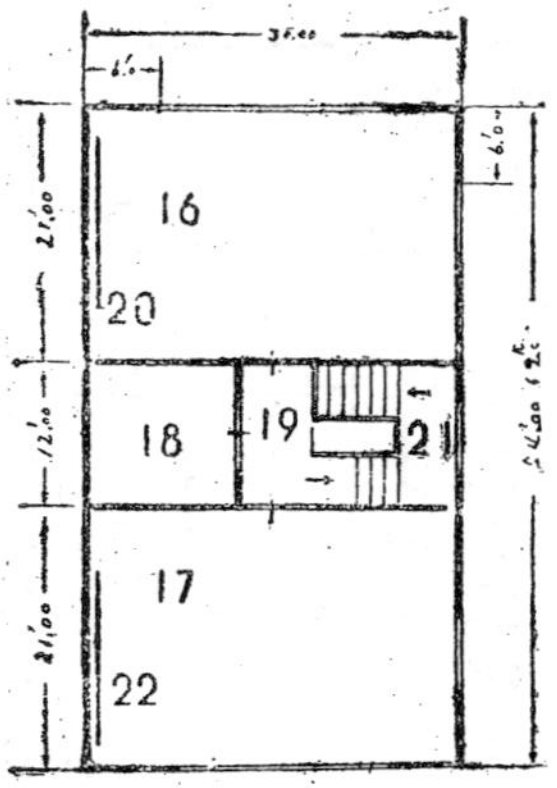

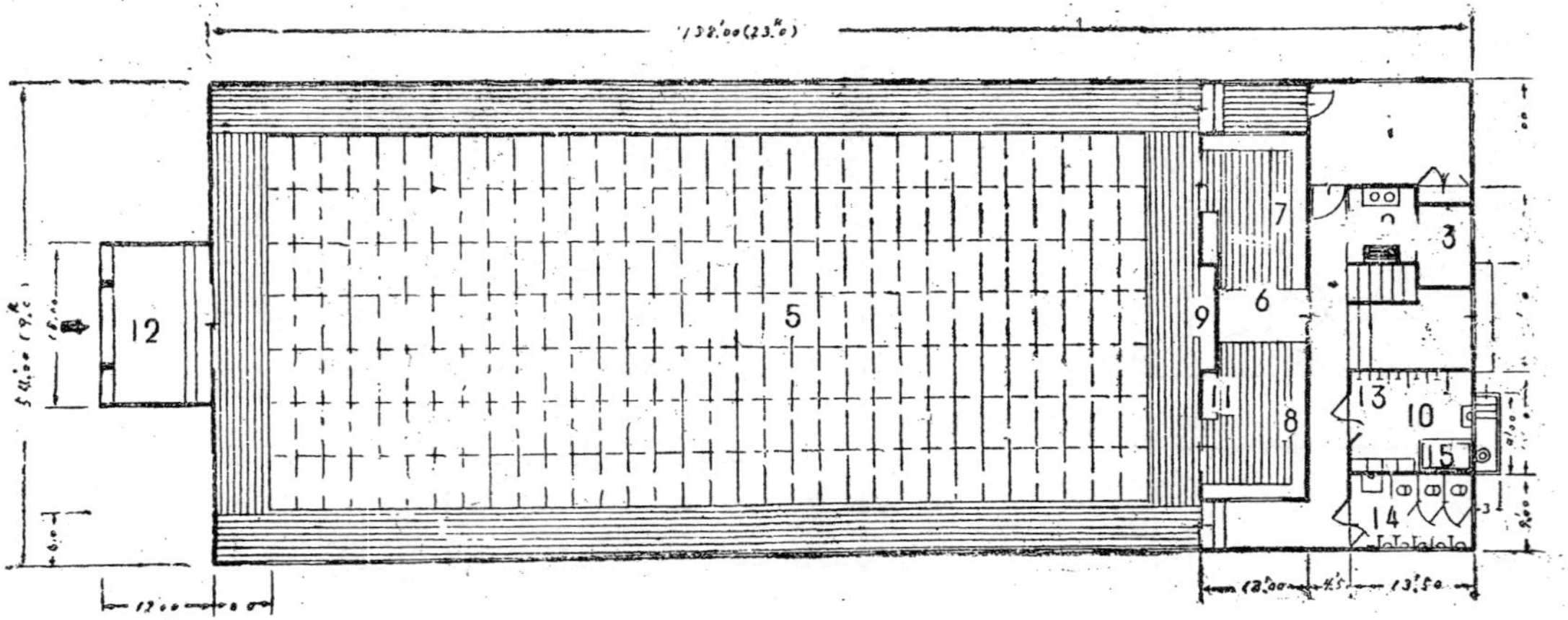

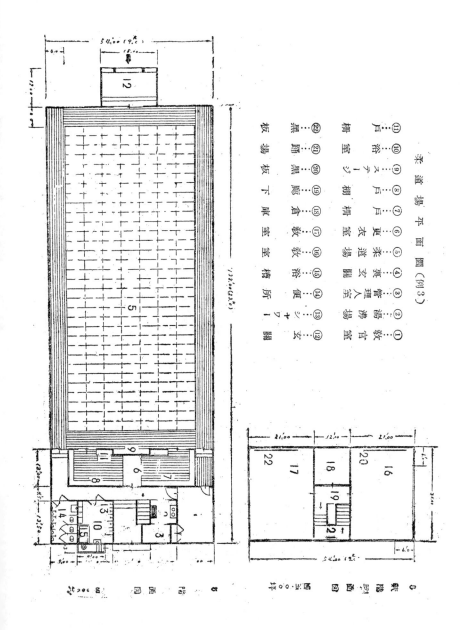

第三節　柔道衣

柔道衣は、丈夫な綿織物太綾（刺子織綿布）でつくられた上衣と、太綾綿布でつくられた下ばきおよび帯からなつている。

形は日本の生活様式を基礎にして考案されたもので、批判の餘地があるにしても、長い間の研究によつて柔道の練習や試合の方法に合致するように、都合よくつくられている。

1…前　帯　7…右横襟
2…左横帯　8…内奥袖
3…外口袖　9…内中袖
4…外中袖　10…内口袖
5…外奥袖　11…右横帯
6…左横襟

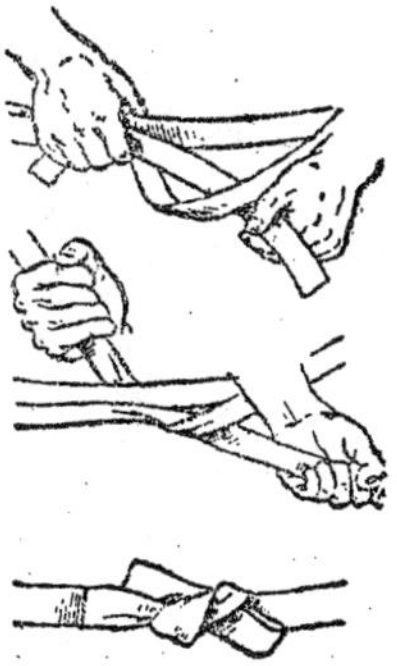

帯の結び方

大きさについては、柔道の試合審判規程に、次のように規定されている。

一、上衣の身丈は、帯をしめた時臀部を覆う程度であること。

二、袖は、ゆるやかで、前膊と袖口とのあきが少くとも三糎以上あり、長さは前膊の半ばを越えるものであること。

三、下ばきは、ゆるやかで、下ももと下ばきの最下部とのあきが少くとも三糎以上あること。長さは下ももの半ばをこえる程度のものであること。

要するに、發育盛りの學生生徒にとつて、更に傷害豫防の觀點から少し大きい位の方がよい。

帶は腹部を二回まわして前で結ぶのであるが、結び方は、前頁の圖のような方法が用いられる。

段級を示すため通例帶の色を次のように分けている。

四級以下……………白　色
三級以上……………茶　褐　色
初段―五段…………黑　色
六段―八段…………紅白色のだんだら
九・十　段…………紅　色

また柔道衣には前頁の圖のような名稱が用いられている。

第四節　施設用具の管理

柔道の學習効果をあげるためには、傷害、衛生、その他の觀點から、環境を整備して、有効適切な管理を行うことが必要である。そのためには次の事項を考慮することが望ましい。

一、兼用の柔道場においては、時折建築の專門家に、壁、床下等を檢査してもらうこと。
柔道の練習には、強い衝擊を床、壁その他建造物に及ぼすものであるから、講堂、教室、廊下その他で兼用として使用する場合は、あらかじめ、建築專門家に、その衝擊に耐えられるかどうかを檢査してもらうことが肝要である。

また、はじめの中は異常がなくても、床下の土臺が下つたり、敷板が折れたり、壁が狂つたり、柱が傾いたりすることがあるから、この點、愼重でなくてはならない。特に、老朽建築物の場合は、これを入念にして、事故のないようにすべきである。

二、柔道場、附屬施設内の火災、淸掃、器具の整頓整理等については、教師、學生生徒は、細心の注意をなし、管理人のみに責任をもたせないこと。

三、練習中は窓を開放して、換氣を充分にすること。
從來の敷物では、塵埃がたち易いので、入氣孔や排氣孔にのみたよらず、寒い日でも窓をあけることを忘れてはならない。

四、敷物を運搬する場合は二人以上で協力して丁寧に運ぶこと。
疊は、無理すれば一人で一枚運ばれるが、壁や下にうちつけたり、引きずつたりすると、忽ち破損するものであるから、なるべく一人持ちはさけて二人で運ぶこと。

五、敷物を敷く時には、高低やすき間のないようにすること。
すき間や高低は、練習中つまずいて趾の捻挫をすることがあり、また高くなつている所は割合早く破損するものであるから入念に敷くべきである。

もし高低が出來た場合は、低い方の下に適當なものを入れて、同じ高さにすればよい。

六、敷物の淸掃は、入念にし時折消毒液で拭うこと。
敷物のほこりをとるためには、眞空掃除器などを使用すれば便利であろうが、現在では敷物をよく叩いて入念に掃けばよい。

柔道場の塵埃は、學者の研究によれば、有毒な菌は少く無害の枯草菌が多いと言われてはいるが、時折消毒液で拭くことが必要である。

七、敷物や柔道衣の破損は、速かに修理すること。
これらの破損が大きくなると、怪我をするおそれがあり、修理が面倒になるばかりでなく、折角修理しても使用に耐える期間が短くなるから、出來るだけ早くすることが肝要である。

八、練習後の柔道衣は、速かに乾燥すること。
前回の汗がまだ殘つているようでは、練習の意欲を減ずるばかりでなく、衛生的にもよくないことは申すまでもない。

九、柔道衣を洗濯して常に清潔を保つこと。
前項と同樣自分だけでなく、他人にも不快な氣持をおこさせ、又衛生的でないので、常に水洗いだけでも心掛くべきで、清潔であればまた長持ちもするものである。

十、全部の學生生徒に柔道衣を購入させることが困難な場合には、學校備品として備えつけ、これを學生生徒に貸與する等の方法を工夫すること。しかしその場合は特に衛生的な考慮をはらうことが必要である。即ち、一シーズンを特定の生徒專用に貸與し、シーズンが終れば洗濯して返却させたり、又、各自のシャツを使用させてその上に學校の備品柔道衣を着用せしめる方法等種々工夫する必要がある。

十一、自己所有の柔道衣には、必ず持主の名前を記入させること。
これは管理の上からも指導の上からも都合がよい。記名の場所については、上衣の左襟の下方へ、下ばきは腰のところに記名するのがよかろう。
十二、練習場が狹い場合には、特に工夫して分團毎に交代して行わせ、無駄のない學習をさせること。
十三、清掃、整頓等の管理は、學徒が交代して自治的に運營し、無責任にならぬようにすること。
十四、その他、適當な箇所に痰壺を設けて、禮儀上、衞生上窓外に放痰しないなど細心の注意も必要とする。
十五、管理人は、學生生徒の管理に頼ることなく、火災の豫防には、常に萬全の監視をなすと共に、常に氣持のよい柔道場たらしむべく努力すること。

後篇　技術

第一章　柔道技術の概要

第一節　技術の構成

柔道の技術は、投技、固技、及び當身技と各々性質を異にする三つの技術部門をもつて構成されている。

投技とは、相手を投げ倒す技法である。

固技とは、相手を抑え、頸などを絞め、關節を逆にし又捻じて、その自由を制する技法である。

當身技とは、相手の急所を打ち、突き、蹴る技法である。

(一)　投技部門

投技は、技術の性質上、甚だ多種多樣であつて、柔道技術の中核をなし、最も特色ある技術部門である。

これを施術時の體勢の上から大別すれば、立技と捨身技の二つになり、更に立技は、力の主として働く部位によつて、手技、腰技、足技に、又、捨身技は、體の捨て方によつて眞捨身技と横捨身技の二つに小別される。

手技といゝ、腰技、足技と稱するも、それは單に、手、腰、足、それぞれの部位の働きのみによつて行うものの意ではない。何れの技にあつても、手も腰も足も使い、就中、腰の働きが中心となつて、全身がよく調和して働くことが肝要であるが、ただ、施術の際に最も主要な働きをなす部位が、手（腕）にあるか、腰或は足（脚）にあるかによつて斯様に類別するのである。これ等は何れも、立つた姿勢で技を施すものであるから、總括して立技というのである。

これに對して、捨身技というのは、相手を投げ倒すに先立つて、自らの體を眞後に、又は横様に捨てゝ施す技であつて、前者を眞捨身技といゝ、後者を横捨身技というのである。

投技の効果は、次の二つの條件に照して判別される。その一は、その技の結果として、相手を大體に於いて仰向けに投げ倒すことであり、他の一は、相當の「勢」又は「はずみ」をもつて投げ倒すことである。從つて、假令相手を仰向けに倒しても、それに必要な「勢」「はずみ」が無いとき、又はそれが十分であつても、投げ倒した結果に於いて、相手が仰向けになつていない場合は、何れも完全な投技とは認められない。試合時に、相手の體を制して巧みに凡そ肩の高さまで抱き上げれば、その方が勝とされるが、これは、未だ投げ倒してはいないけれども、この體勢からは、次の瞬間に、相手を完全に投げ落すことが出來ると認められるからである。しかしこの場合に、相手をそこから突き落すことは危險防止の上から嚴禁されている。この他、投技に於いては、攻防の動作中、その結果として危險が豫想されるものについては、練習者として堅く守らねばならぬ禁止事項が指示されている。

(二) 固技部門

固技とは、抑技、絞技、關節技の總稱であつて、相手を拘束して自由を得しめざる様にするを目的とする。

相手を仰向けにして、これを上から抑え込み、起き上れない様にする技法を抑技といい、腕や脚を用いて相手の頸部や軀幹部を壓する技法を絞技という。相手の關節を逆にしたり、捻じたりする技法を關節技という。

(1) 抑　技

抑技は、相手を仰向けにし、これを上から抑えつけることによつて成立し、俯伏している相手を抑えても「抑込み」とは認めない。これは、俯伏の姿勢が抑向けの場合に比較して、起き上り易く、相手を制御する體勢としては不完全であるという考えによるものである。従つて、抑技には、相手を抑える際の體勢の上から次の二つの仕方がある。その一は、主として體側部を相手に接して抑える袈裟固型の技であり、その二は、主として胸腹部を相手に接してする四方固型のものである。

抑込みは、巧みな體の移動變化によつて、相手を制するを主眼とするものであるから、抑えるにも、又これを外して起き上るにも、柔道衣の裾や帯を相手に巻きつけて抑えたり、或は相手の帯や柔道衣の襟に足をかけ、又は直接、掌を相手の顔面に當てるとか、相手の身體を打つ、突く、蹴る或はつかんで相手に苦痛を與えるようなことなどは許されない。抑技での勝敗は、一定時間相手を抑え續けるか否かによつて決せられる。この時間は、通常の試合にあつては三十秒間である。

(2) 絞技及び關節技

絞技、關節技のあるものは、立つた姿勢で技を施すこともあるが、その多くは、所謂、寢技の形で行われる。そして絞技、關節技は、抑技の練習によつて、それに必要な體の捌きが練習され、又事實上、抑技から絞技、關節技に變化する場合が多く、固技の練習は、抑技が中心となり、三者互に三つ巴の如く相連絡して行われる。

絞技、關節技にあつては、技の効果上、危險を伴い易く、教育的考慮に基づき、技術的に大きな制限が加えられている。絞技は頸部に施す頸絞にのみ限られ、軀幹部を脚で挾んで絞める胴絞又は同じ要領で、直接頭部や頸部を絞めることは禁止されている。頸絞といつても、頸を絞《シボ》る様にするのではなくて、主として側頸部を、その多くは、相手の柔道衣の襟を利用して壓するのであつて、掌で相手の口、鼻を塞いだり、又喉を摑み、或は帶を相手の頸に巻きつけることなどは絞技として認められないことは勿論、これ等の動作は反則とされている。

關節絞にあつては、技術の範圍を肘關節にのみ限定し、これ以外の關節に技を施すことは一切除外されている。

絞技、關節技での勝敗は、技の効果があらわれた時に決するが、多くは、技を掛けられた方の「參り」の合圖によつて、その技は直ちに解かれる。

投技、及び固技を合わせて、亂取技といゝ、柔道の試合はこれによつて行われる。

(三)　當身技部門

人體には、その構造上、その部位に衝撃を受ければ、直ちに生命にも闘し、或は比較的容易に損傷し、或は苦痛甚だしくて一時その機能を失う様な生理的弱點、所謂急所がある。

當身技は、相手の急所を打ち、突き、蹴つて、その自由を制する技法であつて、この練習によつて技の施し方を知り、如何にすればこれ等の攻撃から安全に身を守ることが出來るかを習得するを主眼とする。

(1)　急所の名稱

(イ)天《テン》倒《トウ》　頭部のほゞ中央部

(ロ)烏《ウ》兎《ト》　眉間

(ハ)人《ジン》中《チュウ》　鼻下

(ニ)霞《カスミ》　顳顬部「こめかみ」

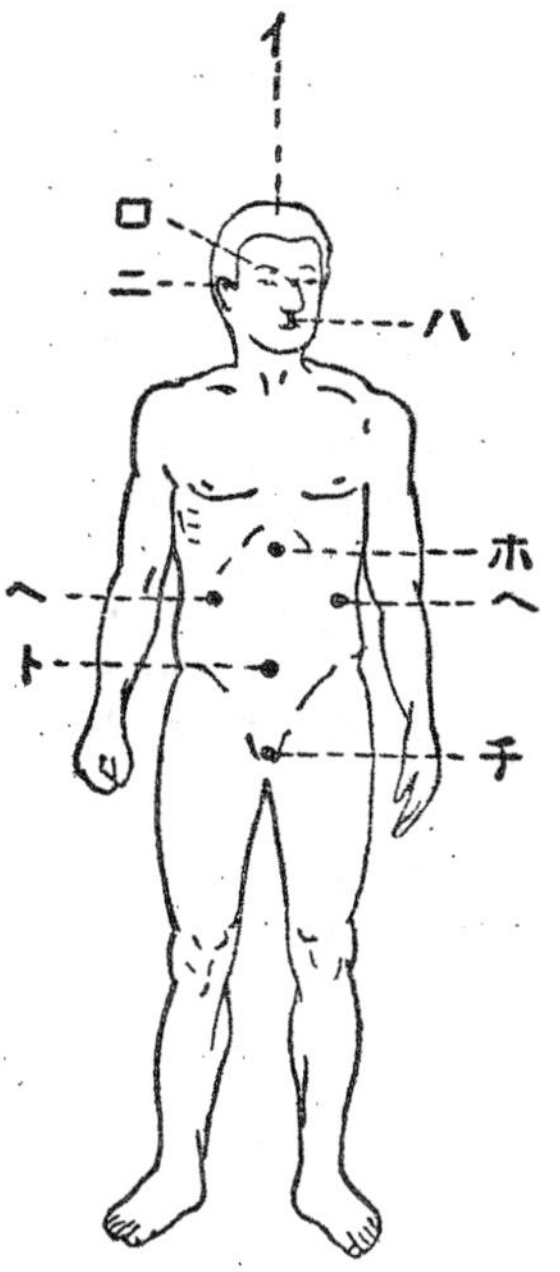

(ホ)水《スイ》月《ゲツ》　心窩部「みずおち」
(ヘ)電光《デンコウ》及び月影《ゲツエイ》　季肋部「ひばら」
(ト)明星《ミヨウジヨウ》　下腹部「へその下」
(チ)釣《ツリ》鐘《ガネ》　睾丸

(2) 當《アテ》に用いる部位

(イ)拳　打技、突技に用いる。
(ロ)指先　突技に用いる。
(ハ)手刀　打技に用いる。
(ニ)肘　打技、突技に用いる。
(ホ)膝頭　蹴技に用いる
(ヘ)蹠頭　蹴技に用いる。
(ト)踵　蹴技に用いる。

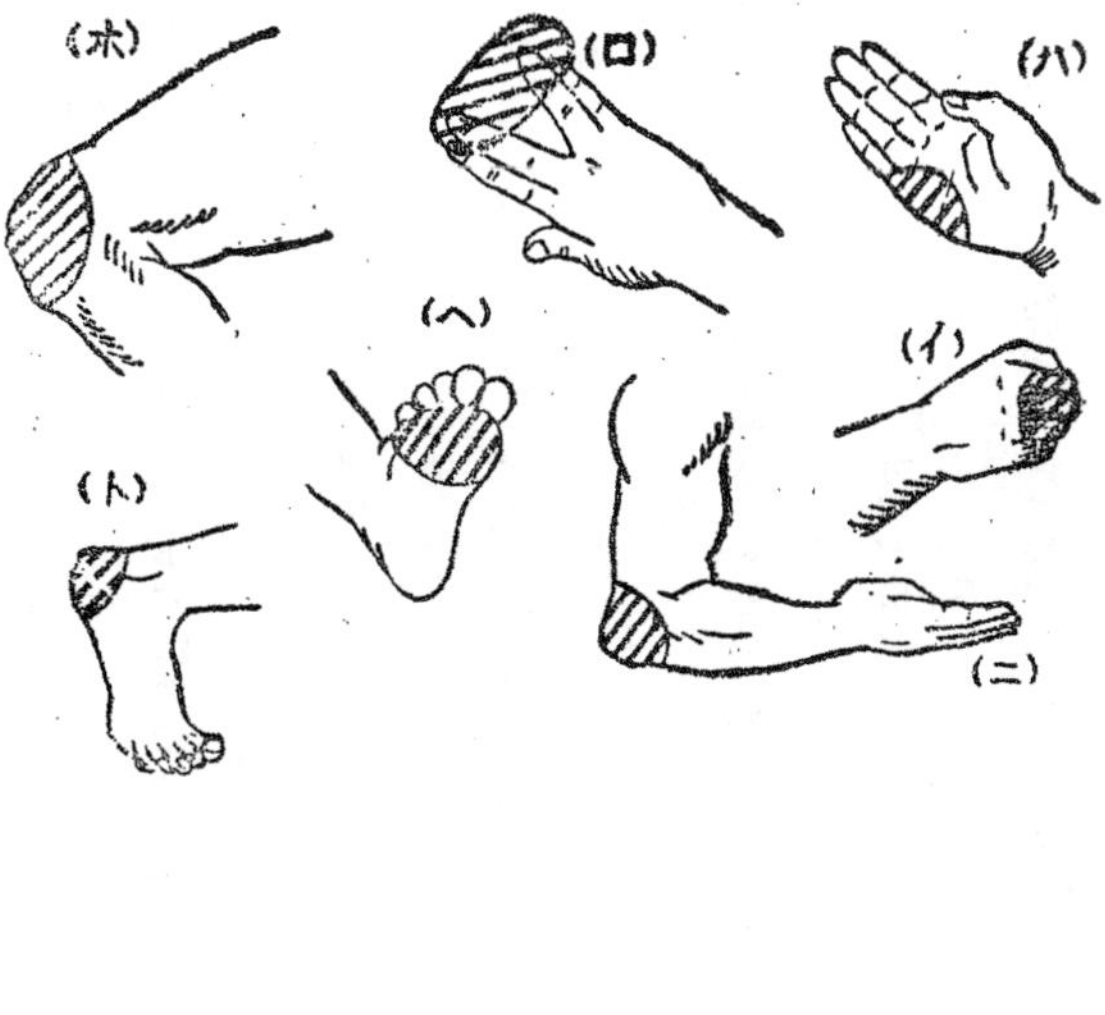

當身技は、技術の性質上、この練習は専ら形《カタ》として行われ、亂取には全く用いられない。先ず、空撃で正確に打、突、蹴の基本的練習

からはじめ、一方では、巻藁、砂嚢、パンティングボールなどを用いて、打ち方、突き方、蹴り方の練習をするほか、これを用いて行う形《カタ》、即ち、精力善用國民體育の形、極《キメ》の形、などによつて練習する。

以上は、柔道技術の構成要素たる三つの技術部門についての大要であるが、これを一表にして示せば次の如くである。

- 投技
  - 立技
    - 手技—體落、背負投、肩車、浮落、隅落、掬投、双手刈、朽木倒、踵返、帯落、その他
    - 腰技—浮腰、大腰、釣腰、拂腰、釣込腰、跳腰、腰車、後腰、移腰、その他
    - 足技—膝車、足車、小内刈、小外刈、小外掛、大内刈、大外刈、大外落、大外車、支釣込足、拂釣込足、出足拂、送足拂、内股、大車、山嵐、その他
  - 捨身技
    - 眞捨身技—巴投、裏投、隅返、俵返、その他
    - 横捨身技—浮技、横掛、横車、谷落、横落、横分、抱分、蟹挾、引込返、跳巻込、拂巻込、外巻込、内巻込、その他
- 固技
  - 抑込技—袈裟固、崩袈裟固、後袈裟固、枕袈裟固、肩固、上四方固、崩上四方固、横四方固、縦四方固、その他
  - 絞技—並十字絞、片十字絞、逆十字絞、裸絞、袖車絞、兩手絞、突込絞、送襟絞、片羽絞、三角絞、その他
  - 關節技—腕緘、腕挫十字固、腕挫腕固、腕挫腋固、腕挫膝固、その他
- 當身技
  - 打技—拳當、手刀當、その他
  - 突技—拳當、指先當、肘當、その他
  - 蹴技—蹠頭當、膝當、踵當、その他

第二節　練習の方法

柔道の練習は、形《カタ》及び亂取《ランドリ》の二つの形式によつて行われる。兩者は互に相補い合つて行われるのであるが、このうち亂取は、柔道の主たる練習方法である。

形とは、豫め理論に基づいて組み立てた一定の攻防の順序方法によつて行う練習形式である。

亂取とは、柔道の理法に從いながら、各自が意志するまゝに、自由に技を競い合う練習形式である。

取、嘉納治五郎　受、山下義韶
古式の形

(一) 形

無數とも言える攻防の手段の中から、各々目的に從つて、如何なる場合には如何にするが最もよいかという方法を實際的に、或は理論的に考究して、最も軌範的なものを選び、これを最も簡素な形に組織體系づけたものが各種の形である。從つて、形の練習は、一定の攻防の順序と方法によつて行われ、その一擧一動總べて理に適い、これによつて攻防の理論を知り、原則的な技術の實際を學ぶことが出來る。しかしながら、形が總べて、豫め定められた順序方法による約束的攻防であるから、學ぶに亂取ほどの興味がなく、これを練習しただけでは、技術的にも、又體育的にも、所謂「練る」ことが出來難い憾がある。

現在、柔道の形として制定され、練習されているものには次の様なものがある。

投《ナゲ》の形
固《カタメ》の形
柔《ジュウ》の形
極《キメ》の形
五《イツ》の形
古《コ》式《シキ》の形
精力善用國民體育の形

この他、舊い頃には、剛の形（十本）、勝負の形（十本）が行われていたと言われるが、これ等は、今日に傳えられていない。

(イ)投の形、固の形を合わせて亂取の形といい、亂取に用いる投技及び固技について、その理論と實際を教えるのを目的としている。

(ロ)柔の形は、緩やかな動作で、攻防に關する原則的な體の扱い、力の用法を練習するを目的とし、特に體育に意を用いて制定されているから、老若男女の別なく、これによつて柔道を學ぶことが出來る。また練習の際、特別の服装や場所を要せず、尙攻防の仕方が表現的に行われるから、練習して面白く、柔道に對する趣味を增す。

(ハ)極の形は、當身技などを用いてする攻防の理論と身體動作の原則を教えるを目的としている。

(ニ)古式の形、五の形は、攻防の理論を教えるばかりでなく、柔道藝術とも言うべき點で興味の深い形である。

㈭精力善用國民體育の形は、名稱の示す通り、體育法として考案されたものであつて、このうち、單獨練習は當身技の練習であり、相對練習中、柔式練習は柔の形より、極式練習は極の形から取材されているから、その目的は大體この二つの形と同様である。

- 投の形（十五本）
  - 手技　浮落、背負投、肩車
  - 腰技　浮腰、拂腰、釣込腰
  - 足技　送足拂、支釣込足、内股
  - 眞捨身技　巴投、裏投、隅返
  - 横捨身技　横掛、横車、浮技
- 固の形（十五本）
  - 抑込技　袈裟固、肩固、上四方固、横四方固、崩上四方固
  - 絞技　片十字絞、裸絞、送襟絞、片羽絞、逆十字絞
  - 關接固　腕緘、腕挫十字固、腕挫腕固、腕挫膝固、足緘
- 極の形（二十本）
  - 居取（八本）　兩手取、突掛、摺上、横打、後取、突込、切込、横突
  - 立合（十二本）　兩手取、袖取、突掛、突上、摺上、横打、蹴上、後取、突込、切込、拔掛、切下
- 柔の形（十五本）
  - 第一教　突出、肩押、兩手取、肩廻、顎押
  - 第二教　切下、兩肩押、斜打、片手取、片手擧
  - 第三教　帶取、胸押、突上、打下、兩眼突
- 古式の形（二十一本）
  - 表（十四本）　體、夢中、力避、水車、水流、曳落、虚倒、打砕、谷落、車倒、錣取、錣返、夕立、瀧落
  - 裏（七本）　身砕、車返、水入、柳雪、坂落、雪折、岩波

五の形　五本（名稱はない）

精力善用國民體育の形
- 單獨練習
  - 第一類（十五本）　五方當、大五方當、五方蹴
  - 第二類（十三本）　鏡磨、左右打、前後突、上突、大上突、左右交互下突、兩手下突、斜上打、斜下打、大斜上打、後隅突、後打、後突前下突
- 相對練習
  - 第一類（極式）（十　本）　居取＝兩手取、振放、逆手取、突掛、切掛／立合＝突上、横打、後取、斜突、切下
  - 第二類（柔式）（十　本）　突出、肩押、肩廻、切下、片手取、片手擧、帶取、胸押、突上、兩眼突

(二) 亂取

亂　取

亂取は、投技と固技とを用い、互にその智力、體力、氣力の總てを傾倒して、技術を競い意志するまゝに千變萬化の攻防をなす練習方法である。形を軌範的、約束的練習と言うならば、亂取は應用的、自在的練習というを得べく、形と亂取は、技術の練習上各々特色をもち、この關係は、文章に於ける文法と作文の如く二者互に相補い、柔道の實地練習は、この二つを並び行うことによつて完全に行われる。

亂取の目的とするところは、これによつて身體を心の欲するまゝに自在に働かしめると共に、體力、氣力を練

るにある。即ち、俊敏強靱なる亂取技を用いて互に攻防することによつて、輕妙なる進退、敏速なる體捌きに慣れ、自在に相手の虚に乘じ、相手の技に應ずるの妙を得ると共に、身體を鍛錬し、氣力を練るを本來の使命とするものである。

たゞしかし、亂取に際しては、技術として有効であり、動作として行い易くとも、それが明に危険を伴うもの、又は技術の上達を妨げ、或は柔道の品位を墜す様な方法、所作は除外されていることは當然のことである。

第三節　技術の發達

柔道の技術は、その基礎を古來の柔術に取材して發達した。所謂柔術は、我が國に於いて特異な發達を見たる無手を主とする一連の武術の總稱であつて、時代により流派により、その名稱も種々異り、技術上にも多少の差異はあるが、これ等を總括的に見れば、諸流殆ど大同小異と言うべく、無手或は短かき武器をもつて、無手或は武器を持つてゐる敵を攻擊し、また防禦する術である。技術的には打つ、突く、蹴る、投げる、組伏せる、絞める、關節を挫ぐ、捕縛するなど、凡そ無手を以て可能にして、武術として役立つ總ての技法を網羅し、諸流各々技の精鋭を競つていた。

柔道の始祖、嘉納治五郎先生は、初め天神眞楊流を學び、次いで起倒流を修めてその蘊奥を究めた。この二流は、技術に於いて餘程その趣を異にし、前者にあつては固技及び當身技に、後者にあつては、鎧組討と稱し投技に最も特色があつたという。

嘉納先生は、柔道の理念に則り、新たなる技術構想の下に、二流を主とし更に他流の粋を取捨綜合し、投、固、當の三部門を採つて柔道技術の基礎を確立した。これが明治十五年のことである。先生は、講道館柔道に於いては、勝負と練體とは同時に修め得られる方法を取つたのである。この譯は、勝負の修行をする場合にも怪我を避けることが必要であり、同時に兼ねて身體を強健にすることは願はしい。また練體として修行する場合にも體操の如き意味のない運動は厭き易く、精神が籠り難いが、平行して攻撃防禦の練習が出來れば面白くもある。さういふ譯で出來るだけこの兩者を兼ね得るやうに仕組んだのである。と述べているが、これによつて先生の柔道の技術構想を窺うことが出來よう。

以來、先生の創意工夫と卓絶せる指導は、門下の研究精進と相俟つて、柔道技術は急速に開拓せられ、その形《カタ》に於《テ》ては舊い柔術を繼承するも、その生命を全く新たにした柔道は技術的にその面目を一新したのである。

勝負と練體とを同時に修めることを目標とする柔道に於いては、新たに亂取法を定め、これを柔道の主たる練習法とし、技術的には危險な技術を制限し、最も變化多い投技を主體とし、輕妙自在に進退する稽古法をとつたのである。

舊來、柔術諸流の多くは、技術の練習は殆ど形《カタ》によつて行つたというが、これは、柔術が武術そのものを目的とし、從つて、その技術自體に危險性多く、その練習は、自然形《カタ》によらざるを得ないという技術的理由と、他の諸藝にも共通に見られる如く、簡素にして軌範的なる練習が、複雜にして應用的なる技術に通ずるとする考え方によるものと思われる。

嘉納先生は、教育的立場から、柔道の練習法として形の價値を認め、後日、新たに諸種の柔道の形を制定し、これ等によつて技術の理論と正しい身體の操縱を習得する基本的練習法としたが、約束的に行う形のみによつては、技術錬磨の上からも、又體育的効果の上からも缺陷あるを考え、亂取を主とする方法を用いたのである。

かくて、學ぶ者の技術の進歩は著しく、先生の學理に基づく技術の説明は、門下の技術に新境地を拓かしめ、新技相次いで創作せられ、柔道技術の各部門は年と共に飛躍的に發達した。

(一) 投 技

今日行われている投技は、講道館に於ける投技指導の要目ともいうべき五教の技を繼承し、その後の研究による新技をこれに加えている。五教の技は、各種投技のうち代表的な四十本を選定し、これを技の難易により、凡そ指導の順序に従つて、第一教より第五教まで五段階に分ち、その各々に八本宛の技を配列したものである。

五教の技が初めて制定されたのは、明治二十八年であつて、講道館柔道が創始されて僅かに十三年の後である。その後、二十數年の絶えざる研究の結果、大正九年に至り改正五教の技が制定された。

第一教
- 舊 膝車、支釣込足、浮腰、體落、大外刈、出足拂、横落
- 新 出足拂、膝車、支釣込足、浮腰、大外刈、大腰、大内刈、背負投

第二教
- 舊 隅返、大腰、小外刈、腰車、背負投、巴投、谷落
- 新 小外刈、小内刈、腰車、釣込腰、送足拂、體落、拂腰、内股

第三教
- 舊 送足拂、拂腰、後腰、裏投、内股、帶落、跳腰
- 新 小外刈、釣腰、横落、足車、跳腰、拂釣込足、巴投、肩車

第四教
- 舊 浮落、浮技、抱分、肩車、引込返、外巻込、釣腰、移腰、大外落、俵返
- 新 隅返、谷落、跳巻込、掬投、移腰、大車、外巻込、浮落

第五教
- 舊 横車、横分、内巻込、小内刈、足車、背負落、横掛、拂釣込足、山嵐、大外車、釣込腰
- 新 大外車、浮技、横分、横車、後腰、裏投、隅落

これを對照するに、改正後には、帶落、抱分、引込返、大外落、俵返、内巻込、背負落、山嵐の八技を除き、大内刈、小外掛、跳巻込、掬投、大車、隅落の六技が加えられている。これ等の投技は、所謂古流を繼ぐもの數技を除き、他は悉く嘉納門下の創造にかかり、講道館柔道は、これ等の新技を縱横に驅使して、當時殘存せる柔術諸流に對し新生柔道の技術的優秀性を示したのであつた。

磯貝一氏の、雜誌「柔道」に述べるところは、柔道草創期に於ける投技を窺う資とするに足ると思われるが故に、少しく長文ではあるが次に引用する。

「自分が講道館に入門した頃は、講道館の苦難時代もやゝ一段落を告げて、漸く講道館柔道といふものが世間一般から認められて來て、日々隆盛に向いつゝあつた頃のやうである。何故にこんなに世間から認められるやうになつて來たのか。勿論嘉納師範始め、多くの先輩の血の滲むやうな努力と精進の結果であることは、申すまでもないことであるが、先づ、一つの要因は、講道館柔道が、今までの柔術とは本質的に違つたものだといふことを識者に認識させたからだと思ふ。この表面に現れたものが姿勢であり、態度であつた。當時の修行者の中には、昨今見るやうな頑張るといふやうなことをやるものは一人もなく、スラスラと歩き相手を崩して、その隙をみては思ひ切つて技を出すといふ妙味ある稽古振りであつた。これは當時の他の如何なる柔術にも見ることの出來ない稽古振りであつたのである。

講道館柔道と當時の柔術とが、どう違つたか、どんな風に世間から見られてゐたか、技の上に於てどんなに違つてゐたか、これを最も雄辯に物語つて呉れるものは、例の明治十八年、警視廳に於ける講道館對戸塚派の一戰である。明治十八年といへば、自分は未だ郷里延岡にゐた頃だから、直接これを觀た譯ではないが、當時講道館としては空前絶後、乘るか反るかの瀨戸際の一戰、然もこの受難を極めて素晴らしい成績で乘り切つた直後に自分が入門したのだから、折に觸れこの話が新入門者の教訓の題材に使はれたことは當然のことだ。自分もこの話は、感激を以て隨分詳しく先輩から聞かされ、其度每に稽古衣の袖を噛んだものだ。話はかうだ。

當時、警視廳の武術修行のため、柔術の教師を招聘することになつたが、關係者の間に於て、これを從來の有名な流派である戸塚派楊心流から求むべきであるか、またはその頃、非常な勢で擡頭しつゝあつた講道館から求むべきであるかについて意見一致せず、遂に實力によつて決しようといふことになつたのである。今から考へると、隨分大人氣ない事をしたものだと思はれようが、恐らく當時は、これが極めて眞面目に論議され甲論乙駁、とうとう警視總監にまで持ち出され、總監も、ぢや一つ強い方に賴まうぢやないか、といふやうな事を言はれて兩派の試合となつたのであらう。だが講道館としては、これがはじめての正式な他流試合である。今のやうに柔道といへば日本中、講道館柔道しかない時代と違つて、まだまだ他流他派の方が幅を利かしてゐた頃のことだ。こゝで勝たねば、なんだ講道館柔道と喧しく言ふが、理窟ばかり言つて、ものの役に立たんではないかといふことになり再び立つことは出來ない。いはば興亡をこの一戰に賭けた、所謂非常時中の非常時であつたのである。嘉納師範始め門人一同の緊張が思ひやられる。

さて、結果は如何に。十名づつの對抗試合が、一名の引分け、九名の勝といふ講道館の壓倒的な勝利となつた。これは世間も驚倒したらうが、何といつても一番驚いたのは、當の戸塚派楊心流と、講道館とであらう。一方はこんなに慘敗しようとは夢にも思はなかつたらうし、講道館としても負けようとは思はないまでも、こんなに大勝とは、また豫想外であつたに違ひない。この一戰に因り講道館は磐石不動の地歩を當時の柔術界に築き上げ、凋落して行く他派他流の柔術を尻目に、一歩一歩着實な發展段階を辿ることになつたのだ。

さて、この時の試合内容を技術的に檢討してみると、用ひられた技は殆んど、足拂、小内刈、膝車、大内刈、返技といふ小技のみで、この輕妙な、洗練された小技が、戸塚派楊心流の大外刈、及び寢技を壓したといふ譯になる。要は頑張りではない。輕妙な體捌きこそ、何ものにもまして講道館柔道には、必要缺く可からざるものたることを實證した最もいい例で、當今修行者のよき參考になる話であらう。」

講道館柔道の投技部門の優秀性は、新しい柔道が舊い柔術を綜合する爲に役立つたというのみならず、この事は柔道今日の隆昌に絶大の貢獻をなしているのを見逼してはならない。

投技をしてこの著しい進歩をなさしめたものは、柔道が練習法として亂取を主とし、練習の順序として投技を第一とし、その研鑽甚だ熱心を極めた結果によるのであつて、特に注目すべきは、姿勢と組み方及び技術の理論を學理的に研究したということである。即ち、嘉納先生は、學理の上から、自然體の組み方が自護體で所謂四つに組むに比し技術的に有利なるを研究し、投技の基本姿勢を自然體に置き、襟と袖を取る組み方を常態とし、一方に於いて、技術の研究、教授は、只管に體驗、體得を重んじた柔術的方法を改めて、技術の理論を學理に基づいて究明し、理論の如くに動作すれば、誰人も目的を達するという技術の理合を教授したのである。

從來、柔術に於いては、自護體で、相手の腋下に手を差し入れて四つに組むものが多かつたというが、この組み方によれば、運動は自然體に比して輕妙を缺き、變化の範圍が狹く、施す技が制限され、技としては腰技、捨身技などが主なるものとなり、足技、手技などは容易に施し得ない。更に腰技、捨身技にあつても、組み方によつては右技のみ、或は左技のみ施し得て他の技を施し得ない不便がある。

柔道が自然體をもつて投技の基本姿勢とした結果は、攻防共に有効にして變化に富める技を發達させ、腰技、捨身技はもとより、輕妙なる體の捌きを必須の條件とする足技、手技を創作せしめ、講道館創業當初、柔道對柔術の試合に於いて、柔道の鋭利なる諸多の足技は、時の柔術人の間に「講道館の足技」と稱せられ、大いにその威力を恐れられたといわれるが、容易に首肯し得るところである。

かかる投技の研究と教授は、自然體を基本とする輕妙敏捷なる稽古法と相關連して、實に千變萬化の新技を生み出し、大正の初期、約四十年間の研究精進は、結晶して五教の技の改正となつて現れたのであるが、この時を以て、投技部門が一應完成した時期と見ることが出來るであろう。

(二) 固技

この部門の發達は、投技のそれに比して、稍々立ち後れている。これは、技術的、體育的考慮に基づき、技術練習の順序として、投技を第一とし、次で固技を學ぶべしとした講道館の基本的な教育方針にもよるが、實は講道館創設當初、投技の研鑽甚だ急を要し、固技の研究に力の及ばざりし結果と見るべきであろう。投技と共に亂取技として併用さるべき固技も、當時は投技ほどに奬勵されず、從つて、他流との試合に於いて、投技では斷然他を壓した講道館柔道も、他流の固技と戰つては、苦戰することを免れなかつた。よつて、講道館に於いては、この方面の研究にも力をそそぎ、漸次進歩の見るべきものがあつたが、大正の初めに至り、高等專門學校の柔道爭覇戰が行われるに及んで、固技はこゝに異常の發達をなしとげるに至つた。

磯貝氏は

「明治二十八年以來、武德祭演武大會になると、いつも他流の田邊、今井、青柳、大島等のために寢技で壓せられてゐたので、寢技の研究に努力を拂つた。これが講道館に於ける寢技研究の發端ともなり、……」と述べているが、これに依つて講道館初期の固技を窺うを得べく、又、次によつて、大正初期頃までの固技の傾向と技術内容の概略を知ることが出來よう。

「大正初年頃は、試合は立技、立技は大技といふことが通念になり、試合に臨んで寢技など用ひようものなら穢い穢いと口を極めて嘲罵されるといふやうなことになつた。從つて寢技の研究も次第に怠られ、抑技の袈裟固、上四方固、横四方固、絞技の突込絞、關節技の甲手挫、荒馬、十字固といふ幼稚な技しか行はれず云々。」

柔道創始以來四十年、投技部門に於いて一應完成を見た大正の初期に至つて、技術の研究は當然、未開拓の固技の分野に向けられたのであるが、特に注目すべきは、高專大會の固技に於ける技術的發展への貢獻ということであらう。これに就て磯貝氏は、

「寢技の認識は大正十年を過ぎてからであらう。その根源は、京都帝大主催の全國高等專門學校柔道大會である。この大會は、大正三年十二月二十九日を第一回とし、大正十五年の第十三回から京都、東京、東北、九州の四帝大柔道聯盟の主催となつて、東、中、西の三ゾーンで豫選を行ふこととなつたが、今用ひられてゐる寢技は殆んどこの大會に發端してゐる。

この大會でも、初めの頃數回は四高、六高が多少寢技を試みる程度で、主として立技で勝負が決められてゐたが、この六高が關節技や絞技に鮮やかな連絡變化を見せるやうになつたのは大正八年頃からで、俄かに寢技に對する關心が昂つて來た。三角絞が生れたのもこの頃のことである。これは四高の連勝を敗らんが爲に、六高が血みどろになつて研究した現はれであつて、高專大會が寢技の殿堂となり、なかでも六高がその研究の中心となつたのも

この頃のことである。」

と言つている。かくて、投技に一足後れて發達した固技は、大正年間を通じ急速に發達し、固技への入り方の周到なる動作方法、固め方の千種萬態、以前の柔術は到底これに比肩すべくもなく、柔道は、固技部門に於いても古今獨歩の境地を開いたのである。

講道館柔道は創設の後約半世紀を要して、精妙なる投技、巧緻なる固技、柔道の亂取技はこゝに完成されたのである。

なお、亂取技の發達に關連して見遁し得ないことは、柔道衣の改善と、學校に於ける柔道の教授である。柔術時代の短袖短袴の稽古衣は、講道館になつた後も暫くそのまゝ使用せられていたが、明治四十二年頃にいたつて、今日の如き長袖長袴の服裝に改善せられ、負傷の豫防と技術の向上に多大の貢獻をなしたのである。また、柔道が早くより學校教育に採用せられ、學徒の眞摯なる技術研究は、投技に、また固技に、その發達を促し、高專大會の固技への寄與は、顯著なる一例である。

(三) 當身技

嘉納先生がこの種の技法を採擇して、柔道技術の一要素とした所以のものは、一面に於いては、この練習の結果期待される體育的効果と、他面に於いては、この技法の無手防衛の術としての價値を認めたことによる。

講道館に於いては、當身技が技術自體に危險性をもつという技術的特異性によつて、この練習は他の、投、固の技術と切り離し、亂取によらずして專ら形《カタ》の形式によつて行うこととし、講道館創立後數年にして、眞劍勝負の形十本を作り、これによつて當身の理論と技術の實際を教授したのである。その後、明治四十二年頃、この形は、技數十五本となり、極の形と改稱され今日に至つている。

然しながら、一般的には亂取に比して形が輕視され、當身技の練習が形のみにより、試合から除外されているところから、一般にこの種の技に對する關心は甚だ薄く、技術的には見るべき進歩なくして大正年間を經過した。

昭和の初めに至り、嘉納先生は、當身技に取材して、新たに精力善用國民體育の形を制定發表して、これを日本のみならず世界的に普及すべく企圖され、提唱大いに努められたのである。

この形は、その名稱の示す如く、體育法として考案され、廣く家庭的にも社會的にも、眞に國民の多數が行い得る、文字通りに國民體育たるを目標としたのである。

かくて、當身技の部門は、他の技術部門と趣を異にする技術的展開を示し、紳士の嗜として、二つの形により、一は主として護身法、他は主として體育法として練習されて來たのである。

第四節　技術の特色

洋の東西を問わず、今日世に行われている一群の徒手格技類は、その源に遡れば、何れも、人間の本性に根ざして發生した格闘の術から發達したことに於いて全く共通である。

しかし、それらは、長い間異る環境の中に成長し、各々發達の過程を異にした自然の結果として、それぞれは、それを育成した民族の文化的教養の發達に裏づけられて、技術的にそのもの特有のものを形成しおり、現狀をもつてすれば、何れも、その内容に於いて、その形式に於いて、明瞭にその特色を認め得るのである。

今日一般に柔道と呼ばれているものは、嘉納治五郎先生によつて創始せられた、所謂日本傳講道館柔道のことであつて、これが、日本古來の武術の一科たる柔術から發達したものなることは、誰でも知つているところである。嘉納先生は、自ら柔道を修めて、柔術の心身に對する効果まことに大なるを體驗せしより、廣くこれに吟味検討を加え、これを教育上極めて有効なるものたらしめようとしたのが、講道館柔道の創始せられた所以であつた。即ち、從來の柔術には、多くの流派があり、何れも、それぞれ特色もあつたが、また缺陥もあるを免れなかつた。且つ、柔術諸流は、間接には體育の助けとなり、精神修養に有効であつたことは勿論であるが、その直接の目的とするところが、武術たる攻撃防禦の練習にあつたが故に、體育法として完全とは言い難く、また精神修養としては、周到なる注意を缺くきらいがあつた。こゝに鑑み、嘉納先生は、諸流の長をとり舊法に拘泥せず、新たに方法をたて、柔道の本義と修行の目的を、

「柔道は心身の力を最も有効に使用する道である。その修行は、攻撃防禦の練習に由つて身體精神を鍛錬修行し、斯道の眞髓を體得することである。そうして是に由つて己を完成し世を補益するのが、柔道修行の究竟の目的である。」

となし、新たに講道館柔道を興したのであつた。

かくしてこゝに、柔道の技術は、創始者の新鮮にして、教育的なる構想の下に成立し、所謂柔術が柔道と生れかわるに及んで、その意義目的は非常に廣く、且つ高いものになつた。

柔道の技術構成及び練習方法については、既にその大要を前述したが、これを他の同類のそれと對照して、その最も著しい技術上の特色をあげれば、一は、技術要素の多方向性、他は、合理的且つ教育的なる練習方法にあると言い得るであろう。

(一)　技術要素の多方向性

柔道技術を構成する投技、固技、當身技は、技術の性質上、何れも徒手を以て行う格技類に於ける最も主要なる技術要素と言うを得べく、柔道は獨り一にして三者を具備し、技術要素の多方向性は、柔道技術の一大特色である。他の格技についてこれを見れば、例えば、日本の相撲は、柔道の言う投技を主とし、空手或は支那の拳法、西洋のボクシングは當身技、レスリングの技法は、柔道の固技に類を主とし僅かに投技を加えているもののようである。

技術要素の多方向性は、そのまゝ複雜多方向の練習を意味し、從つて練習の興味、技術的、體育的効果の優秀性を示すものである。またこれは、練習者をして、己の好むところにより技術別に練習するを得しめ、投技、固技の併用に關連して、練習の強度を加減する可能性を示すのである。

尚、現に、ボクシング、レスリング等は、嚴格なる體重制によつて競技せられているが、昨今柔道に於いてもこのことを言うものもあるが、柔道のもつこの技術上の特色は、柔道の體重制を考慮する最も大きな條件となるであろう。

(二)　練習方法に於ける特色

亂取と形《カタ》は、柔道の二つの練習形式である。亂取は、投技と固技を用い、所謂立技と寢技を併用する柔道獨特の攻防法であり、形は、當身技の如き、形以外の方法によつては練習し得ない技術は勿論、投技、固技についても豫め定めた軌範的な攻防によつて原則的な各種技術の實際と攻防の理論を學ぶ方法である。柔道に於いては、形は亂取に原則を與え、亂取は形に力を與える關係に於いて、二法を併わせ學び、始めて正しい身體の操縱と活用性ある技術を得るとなすのである。

而して、形的、亂取的練習方法は、格技に於ける技術練習の二法であり、他にありては何れかその一法のみによつて練習されるに對し、柔道は、亂取により、形により、兩者を表裏一體として併わせ用いるところに、合理的にして且つ教育的なる練習方法上の特色を見るのである。

第二章　學校柔道の技術

第一節　舊學校柔道の技術

(一)

柔道が早くより正課として、男子中等學校に於いて必修せられていたにもかゝわらず、文部省は、その實施に關しては、

「一定の方式を示さざるも、適當なる方式を定めてこれを授くべし。」

となし、教授の實際は、總べてこれに携る者の見識に委ねられていた。從つて學校に於いて、柔道の指導を任とする者は、學校體育の目標とするところに則つて、柔道教授の適正を期し、こゝに大いに苦慮するところがあつたが、指導の内容に於いては、人により多少選ぶところを異にし、教授に過不及あるを免れなかつた。

文部省は、ここに見るところあり、一は指導者の切なる要望に應え、一は學校柔道の嚮うところを明確にして、柔道教育の徹底を計るため、昭和十一年六月、始めて男子師範學校、中學校、男子實業學校に於ける柔道教授要目を次の如く制定公布した。

		基本動作	亂取技	形	講話
中學校及男子實業學校	第一學年	姿勢、組ミ方、進退、力ノ用法、崩シ、「作リ」と「掛ケ」、受身	膝車、支釣込足、出足拂、背負投、大外刈、浮腰、袈裟固、崩袈裟固	基本ノ形	柔道ノ意義及目的、道場心得、修行心得、亂取及試合心得。柔道ニヨリテ養ハル、諸德、柔道術理、柔道發達ノ概要等。
	第二、三學年		釣込腰、跳腰、拂腰、小内刈、巴投、大内刈、送足拂、内股、體落 小外刈、肩固、横四方固、上四方固、崩上四方固、裸絞、片羽絞、送襟絞	投ノ形	
	第四、五學年		拂釣込足、移腰、小外掛、投技ノ連絡變化、腕緘、腕挫十字固、固技ノ連絡變化	極ノ形	
師範學校本科一部男生徒ノ部	第一學年	姿勢、組ミ方、進退、力ノ用法、崩シ、「作リ」と「掛ケ」、受身	膝車、支釣込足、出足拂、背負投、大外刈、浮腰、釣込腰、袈裟固、崩袈裟固	基本ノ形	同上
	第二、三學年		大内刈、小内刈、拂腰、巴投、送足拂、體落、肩固、上四方固、崩上四方固、送襟絞、腕緘 跳腰、内股、小外刈、移腰、拂釣込足、小外掛、横四方固、裸絞、十字絞、片羽絞	投ノ形	
	第四、五學年		隅返、後腰、裏投、浮技、投技ノ連絡變化、縦四方固、腕挫十字固、腕挫腕固、固技ノ連絡變化	極ノ形	
師範學校本科二部男生徒ノ部	第一、二學年	姿勢、組ミ方、進退、力ノ用法、「作リ」と「掛ケ」、受身	隅返、後腰、裏投、浮技、縦四方固、十字絞、腕挫腕固、投技ノ連絡變化、固技ノ連絡變化	投ノ形 極ノ形	同上

本要目に教材として採擇せられた柔道技術を、その種別によつて見れば、中學校及び實業學校にありては、投技十

九本、固技十一本、師範學校にありては、投技二十三本、固技十四本、形としては、兩者共に基本の形、投の形、及び極の形の三種となつてゐる。

		中學校及實業學校	師範學校
投技	手技	背負投、體落	背負投、體落
	足技	膝車、支釣込足、出足拂、大外刈、送足拂、大内刈、小内刈、内胯、小外刈、拂釣込足、小外掛	膝車、支釣込足、出足拂、大外刈、送足拂、大内刈、小内刈、内胯、小外刈、拂釣込足、小外掛
	腰技	浮腰、釣込腰、拂腰、跳腰、移腰	浮腰、釣込腰、拂腰、跳腰、移腰、後腰
	眞捨身技	巴投	巴投、裏投、遇返
	横捨身技		浮技
固技	抑技	袈裟固、崩袈裟固、肩固、上四方固、崩上四方固、横四方固	袈裟固、崩袈裟固、肩固、上四方固、崩上四方固、横四方固、縱四方固
	絞技	裸絞、片羽絞、送襟絞	裸絞、十字絞、片羽絞、送襟絞
	關節技	腕緘、腕挫十字固	腕緘、腕挫十字固、腕挫腕固

これ等の教材は、學校に於ける柔道教授の時間數（一週二時間）、生徒の心身の發達等を考慮し、大體次の如き方針のもとに選擇されたものであるといふ。

(イ)一般的にして專門的ならざるもの
(ロ)體育的なるもの
(ハ)なるべく將來永く繼續して行い得るもの

㈡簡單なる眞劍勝負の技術を修得し得るもの
㈥精神的効果を發揚し且つ技術の進歩精練を助くるもの
なお「教授上の注意」第十四項には、
柔道の教授は、亂取を以て主とすべきも、特に技の基本的練習を重んずべく、亂取に於ては投技を主とし固技を從とすべし。
と指示し、柔道指導の中心を正しい亂取におき、そして亂取をして輕妙合理的ならしむるためには基本的練習を重んずべく、中等學校生徒にありては、體育的、技術的見地から亂取技は、投技を主とし、固技を從とすべきを強調している。
而して、文部省は、高等學校以上の柔道については、別に規定するところはなかつたが、新たに制定せられたこの中等學校柔道教授要目は、自ら、上級學校の準ずるところとなり、所謂學校柔道は、これを基準として整然としかも確實に實施せられることとなつた。

(二)

昭和十四年五月、尋常小學校第五學年以上及び高等小學校の男兒に對し、正課に準ずるものとして柔道が課せられることとなり、その指導要目は次の如きものであつた。

この技術内容は、一見して明瞭なる如く、柔道の簡易なる基礎動作を練習せしめ、心身の錬成を圖るを本旨とし、指導は概ね一週二回、一回を凡そ三十分とし、主として戸外運動場に於いて、平常着のまゝ、學級を單位として團體

單獨動作	第一類	禮ノ仕方、姿勢、體ノ運用
	第二類	前方突、正面打、側面打 後方突、後方打、斜上打
相對動作	第一類	前突、横打、摺上、打下、切下
	第二類	浮腰、背負投、釣込腰
講話		講話ハ修身、國語、國史等ノ教材ノ内容ト緊密ナル連絡ヲ保チ、小學校ニ於ケル武道實施ノ目的、意義並ニ武道精神ノ涵養ニ資スベキモノヲ選ビ隨時行フコト

的に指導することとなし、高等科にあつては、適當なる指導者、設備、用具等のある場合は、柔道衣を用いてする練習が出來ることとした。

昭和十六年四月、從來の小學校は國民學校と改められ、國民學校制度の實施に伴い、柔道は正課として採用せられ、さきに制定された小學校柔道指導要目に基づき、新たに柔道の實施細目が制定せられ、柔道の教授はこれによつて行われることとなつた。

基

	初等科		高等科	
	第五學年	第六學年	第一學年	第二學年
禮法	立禮	立禮 坐禮	〃〃	〃〃

本			應用		稽古	講話	備考
構	體ノ運用	當身技	極技	投技			
自然本體 右（左）自然體	前進 後進 側進 後方（右）左捌	前突 側面打 後方打 斜上打	前突 摺上 横打 突上 後取	受身 浮腰 背負投		武道ノ意義及目的 修行ノ心得 柔道ノ術理	稽古ニ於テハ初等科第六學年カラ膝車、送足拂、大外刈。又高等科第一學年ヨリ袈裟固、上四方固ヲ加フルコトヲ得
〃〃	前方右（左）捌〃〃〃〃	〃〃〃〃	切下〃〃〃〃〃	釣込腰〃〃〃	投技	〃〃〃	
〃〃	〃〃〃〃〃	〃〃〃〃	突上〃〃〃〃〃〃	〃〃〃〃	〃	武道發達ノ概要〃〃〃	
〃〃	〃〃〃〃〃	〃〃〃〃	〃〃〃〃〃〃〃〃	〃〃〃〃	〃	〃〃〃〃	

(三)

師範學校が專門學校に昇格したことと、國民學校に柔道が正課として課されたことに關連して、昭和十八年四月、師範學校體錬科教授要目が次の如く制定せられ、同時に新たに高等學校のそれが公布せられた。高等學校の教授内容は師範學校第二學年のそれに相等しい。

本要目を昭和十一年制定のものと對照して技術的に最も目を惹くところは、一方に於いては從來の如く亂取を行わしめる外、他方に於いて、當身技、極技を大きく取り上げていることである。そしてその指導に於いては、「指導上の注意」二、三、四、五に

二、修錬は勇猛果敢機先を制し實戰的氣魄を錬成すべし。

三、授業は適宜戸外に於て行い應用的實戰的ならしむべし。

四、進度に應じ適宜異種、一人對數人及數人對數人の稽古を實施すべし。

五、投技、固技、極技の一體的聯關に留意し修錬せしむべし。

師範學校予科		第一
基本	禮法	立禮　坐禮
	構	自然本體　右(左)自然體
	體ノ運用	前進　後進　側進
	受身	後方受身　前方回轉受身
	當身技	前方突　側面打　後方突
應用	極技	前突　摺上　横打
	投技	一、手技　背負投　二、腰技
	固技	一、抑技　1 袈裟固　2 肩固
稽古		亂取　試合
講話		武道ノ意義及目的

		第一學年		學年	第二學年	第三學年
基本	禮法	立禮 坐禮	師範學校及び高等學校			
	構	自然本體 右（左）自然體				
	體ノ運用	前進 後進 側方右（左）進 後方右（左）捌 前方右（左）捌		後方右（左）捌 前方右（左）捌		
	受身	後方受身 前方回轉受身				
	當身技	前方突 側面打 後方突 斜上打 前蹴 後蹴		斜上打 前蹴 後蹴		
應用	極技	前突 摺上 橫打 突上 蹴上 橫突 打下 後取 袖取 切下		突上 蹴上 橫突	橫突 打下 後取 切下	
	投技	一、手投 1 背負投 2 體落 二、腰技 1 浮腰 2 拂腰 3 釣込腰 4 跳腰 三、足技 1 膝車		1 浮腰 2 拂腰 3 釣込腰 三、足技 1 膝車 2 出足拂 3 送足拂 4 大外刈	二、腰技 跳腰 三、足技 1 大內刈 2 內股 四、捨身技 巴投	
	固技	一、抑技 1 袈裟固 2 肩固 3 上四方固 4 橫四方固 二、絞技 1 裸絞 2 十字絞 3 送襟絞 三、關節技		3 上四方固 二、絞技 1 裸絞 2 十字絞 三、關節技 1 腕挫十字固	三、絞技 送襟絞	
稽古		亂取 試合				
講話		武道ノ意義及目的 修行ノ心得 柔道術理		修行心得 柔道術理		

學年	第二學年	第三學年
突込		
2 支釣込足 3 出足拂 4 送足拂 5 大外刈 6 大内刈 7 小内刈 8 内股 四、捨身投 1 巴投	三、足技 9 拂釣込足 10 小外刈 四、捨身技 2 浮技	
1 腕挫十字固 2 腕緘 3 腕挫腕固	一、抑技 5 縦四方固 二、絞技 4 片羽絞 三、關節技 4 腕挫腕固	
	審判法 形	
	武道發達ノ概要	

と指示し、應用的、實戰的指導を強調しているのである。

今にして昭和十八年を回顧すれば、我が國の國情は日と共に急迫の度を加え、一物たりとも結集して戰力化せんとする非常時的雰圍氣が國を覆うた時、獨り教育のみこれに例外たり得ず、此の如き狀勢の下、柔道に對する強力なる要請は、右に見る如き軍に於ける白兵戰技的指導を重視する教授要目の制定となつて現われたのである。

しかしながら、時世の推移は學徒をして學問に專念することを許さず、やがてこれを動員して軍務に或は勤勞に赴かしめ、本來學問の殿堂たるべき學校は空白とも言うべき狀態を餘儀なくせられ、從つて新たに制定されたこの柔道教授要目も、事實に於いて、期待せられた如くには徹底せずして終つた。

(四)

昭和二十年三月、戰況の不利は文部省をして國民學校高等科以上の學徒を對象とする學徒體錬特別措置要綱を決定せしめ、男子學徒は柔道を白兵戰技訓錬の一科として次の要領によつて實施することとなつた。

學徒體錬特別措置要綱

白兵戰柔道實施要領

本要領ハ短期ノ鍛錬ニヨリ旺盛ナル武魂ヲ養ヒ近接戰闘ニ於ケル格闘ニ習熟セシメ以テ肉迫格闘ニ於ケル必勝信念ヲ得セシムルヲ目的トス

類別	目的	課目	方法	實施上ノ注意
當身	一撃必殺ノ確信ヲ得セシム	前方突	一、其場突「左(右)ニ構ヘ右「左」突！始メ」 左(右)構ニテ左(右)手ノ甲ヲ上ニシテ僅カニ前方ニ擧ゲ右(左)手ハ肘ヲマゲ手ノ甲ヲ下ニシテ體側ニトリ左(右)手ノ甲ヲ下ニシツツ體側ニヒキツケ乍ラ右(左)手ノ甲ヲ上ニシツツ右(左)拳ニテ強ク前方ヲ突ク。 二、前進突「前進突――始メ」 前進シツ、右突及左突ヲ交互ニ行フ。 三、突進突「突進突――始メ」 數歩突進シテ一氣ニ右左交互ニ數回突ク。	一、當身技ハ常ニ實敵ニ對スル觀念ヲ以テ行ヒ一撃眞ニ敵ヲ殪シ得ルノ信念ヲ養フコト。 二、構ハ實戰ニ鑑ミ左(右)構ヲ用フ、左(右)構ハ構銃ノ要領ニ準ジ左(右)半身ニ構フルモノトス、コノ際兩膝ハ凝ルコトナク僅カニマゲ、體重ハ主トシテ足尖部ニ托シ兩肘ヲ僅カニマゲ兩手ヲ輕ク握ルコト。 三、當身技ハ空間撃突ト共ニ假標撃突ヲ行フモノトス。 假標撃突ハ其場撃突ト突進撃突トニ分チ其場撃突ハ毎回少クトモ五十回ヲ下ラザルコト。 四、前方突ハ又右(左)構ニテ右(左)突ヲモ行フモノトシ其場突ト體轉前進突トニ分ツ、體轉前進突ハ特ニ身體ノ大ナル敵ニ對
			一、其場蹴「左(右)ニ構ヘ右(左」蹴――始メ」 左(右)構ヨリ右(左)足ニテ對手ノ股間ヲ蹴上グ。 二、前進蹴「前進蹴――始メ」	

技		前蹴	前進シツ、右蹴及左蹴ヲ交互ニ行フ。 三、突進蹴「突進蹴――始メ」 繼足ニテ突進シツ、右蹴及左蹴ヲ交互ニ行フ。	スル攻撃法ニシテ、右前ニ體轉シツ、右突、續イテ左前ニ體轉シツ、左構ニテ左突ヲ前進シツ、交互ニ行フモノトス。 五、突キタル拳ノ高サハ肩ノ高サヲ基準トシテ顔面、胸部、水月等適宜攻撃目標ヲカヘテ修練スルコト。 六、拳ハ四指第一關節ガ手ノ甲ニ對シテ直角ナル如ク握リ手首ハ眞直ニシテ突クコト。 七、蹴ル瞬間上體ヲ前ニ傾ケ膝ヲ高ク上ゲテ蹴リ、ソノ高サハ脛、膝、腹部、顎等適宜カヘテ修練スルコト。 八、膝當踏ミツケル修練モ適宜スルコト。
投技	投技ノ基礎修練ヲナシ必殺ノ確信ヲ得セシム	體當	一、體當「構　體當――突込メ」 「構　捨倒――突込メ」 攻者中腰ノ構、防者左（右）構ニテ數歩離レテ相對シ攻者突進シテ防者ノ右胸ニ額ヲアテ兩手ニテ一擧ニ押切ル又押シテ押返シ來ル所ヲ體ヲ右（左）ニヒライテ捨倒ス。	一、投技ハ一氣ニ敵ヲ殪シ得ルノ信念ヲ養フコト。 二、格鬪ニ際シテハ起倒ノ基礎ヲナス前方廻轉ノ受身ヲ行フコト。 三、投技ハ適當ナル芝生、疊、敷物、筵、砂場等ヲ利用シテ投ゲシムルコト。 四、體當リハ一擧ニ敵ヲ押切リ突放シ捨倒シ、ソノ修練ハ交互ニ毎回五回ヲ下ラザルコト。 五、腰技、足技ハ連續掛、交互掛等ノ方法ニヨリ又體當リト關聯シテ反復修練スルコト。 六、足技ハ武器格鬪ニ際シ敵ノ出足ヲ拂ヒ倒スニ有効ナル技ニシテ、彼我ノ狀況ニヨリ對手ノ足ヲ内側或ハ外側ヨリ拂ヒ、又刈リ倒スコト。
		腰技	二、腰技「右（左）構――腰技――投ゲ」 右（左）構ニテ相對シ左（右）手ニテ相手ノ右（左）肘ヲ摑ミ右（左）足ヲ相手ノ右（左）足ノ内側ニ進メテ右（左）手ニテ對手ノ後腰ヲ抱キ寄セ左（右）足ヲ後ニマハシ腰ヲ入レテ投グ。	
		足技	三、足技「右（左）ニ構ヘ　足技――投ゲ」 右（左）構ニテ相對シ左（右）手ニテ對手ノ右（左）肘ヲ摑ミ右（左）手ヲ對手ノ胸ニアテ左（右）足ヨリ體轉入身シ左（右）	

			足ニテ對手ノ右（左）足ヲ後ヨリ刈リテ倒ス。	
稽古及試合	一人若ハ數人ヲ對手トシテ格闘ノ要領ヲ修得セシメ必勝ノ信念ヲ得セシム	稽古 試合	一、稽古 一定區域內ニ於テ一人若ハ數人ヲ對手トシテ適當ナル間合ヨリ双方突進シ、既得ノ技術ヲ活用シテ場外ニ出シ合ヒ撃突シ合フ、但撃突ハ擬スル程度ニ止メ投技ニ關聯セシメテ行フモノトス。 二、試合 稽古の要領ニテ格闘セシメ有効ナル技ニ對シ術者ハ勝ヲ宣ス。試合ハ一本勝負トス	一、稽古及試合ハ素早ク敵ノ懐ニ突進シテ瞬時ニ敵ヲ倒ス修練ヲ積ミ必勝ノ信念ヲ養フコト。 二、稽古及試合ニ際シテハ對手ヲ投ゲ又ハ場外ニ押シ出シタル時ハ勝トシ、場外ニ出タ時ハ理由ノ如何ヲ問ハズ負トス。 三、中等學校以上ニアリテ防具ノアル場合ニハ胴籠手ヲ着用シ、既得ノ術ヲ活用シ稽古及試合ヲ行フヲ可トス。 四、訓練場ハ國民學校（中等學校以上）ニテハ直徑八米（十米）ノ圓內又ハ六米（八米）四方ノ方形內ヲ適當トス。 倘實戰ニ鑑ミ相當ナル距離ノ障碍物走破後ニ實施スルヲ可トス。
備考	一、作業場ニ於テ短時間ニ鍛錬スルニハ體當リ、突進蹴、體轉前進突ヲ中心ニ行フヲ可トス。 二、假標ハ長サ約一・五〇米、直徑約七糎ノ棒ニ空俵ヲ卷キツクルヲ可トス、倘銃劍術ノ假標ヲ使フヲ便トス。 三、繩ヲ用フルコトナク敵手ノ自由ヲ制シテ他ノ場所ニ引致スル「逆手引立」及ビ繩ヲ用ヒテ敵手ヲ制縛スル「後諸手首掛」「連鎖」ノ捕縛法ヲ併セ授クルヲ可トス。			

次頁に掲げるものは女子學徒の實施すべき護身法の要領である。

かくてその後幾何もなく、昭和二十年八月我が國の情勢は急變したのである。

文部省は、終戰後の措置として、學校教育から戰時色を一掃する必要上、柔道をも學校教育の埒外に置くこととなし。同年十一月所謂學校柔道は、こゝに終止符を打つこととなつたのである。

護身法

短期ノ修練ニ依リテ大事ニ處シ冷靜沈着ニ行動シテ身ヲ護リ得ル能力ヲ養フヲ以テ目的トス。

類別	目的	項目	方法	實施上ノ注意
突	突蹴ノ要領ヲ習得セシム	一、前方突 二、側方突 三、後方突	一、片足ヲ少シク側ニ開キタル構ニテ立チ、左右拳ヲ以テ交互ニ前方ヲ突ク。 二、片足ヲ少シク側ニ開キタル構ニテ立チ拳（肘）ヲ以テ交互ニ側方ヲツク。 三、片足ヲ少シク側ニ開キタル構ニテ立チ體ヲ少シク側ニ拔キツ、肘ヲ以テ交互ニ後方ヲ突ク。	一、前方突ハ左右ノ拳ヲ以テ一點ヲ突クベキコト。 二、側方突ハ拳ハ反對側ヲ肘ハ同側ヲ突クコト。 三、後方突ハ體ヲ肘ト反對側ニ拔キ突ク際掌ヲ上向ニシ指ヲ伸バシ前膊ヲ平ニ保チツ、肘ノ十分後方ニ達スル如ク行フコト。 四、拳突ハ危急ノ際ニハ概ネ武器（短刀千枚通手制短柄錐ノ類）ヲ用ヒテ刺突スルモノナレバ平素ノ修練ニ於テモ其心構ヲ以テ實施スベキコト。 五、蹴ハ兩膝頭ヲ以テ夫々體前ノ一點ヲ蹴ルベキコト。 六、突及蹴ハ十分氣合ヲ込メテ行フベキコト。 七、本要領ノ外適當ト認メラル、モノニ付キテハ之ヲ併セ實施スルコトヲ得。
蹴		四、上方蹴	四、片足ヲ少シク側ニ開キタル構ニテ立チ左右ノ膝頭ヲ以テ交互ニ上方ヲ蹴上グ。	

第二節　新學校柔道の技術

學校に於ける柔道が禁止せられてから五ヶ年の歳月が經過した。その後、文部省は、柔道の推移を凝視しつゝ、その性格、內容等に關して愼重に檢討を加えた結果、今日に於いては、柔道が完全に戰時的色彩を拂拭して、スポーツとしての本來の姿を取り戻したばかりでなく、新しい國民生活や學校生活に即應するように種々改善せられた事實が確認せられ、これを再び學校體育の中に採用することは適當な措置であるとの結論に達した。

茲に於いて、文部省は、此度、柔道を學校スポーツの一種目として、中學校以上の、實施可能な學校に於いて行つてよいこととなし、實施に際して據るべき指導内容を次の如く選定指示したのである。

從つて、今後は中學校、高等學校、大學に於いて、適當な施設、指導者があり、その他の事情に無理のない場合には、これを參考にし、各々その實情に應じた指導計畫を立て、自由時は勿論、必修時でも柔道を實施してよいのである。

	中學校	高等學校	大學
柔道一般	1歴史 2練習法 3補助運動 4規則と審判法 5競技會ノ運營 6例話	1歴史 2練習法 3補助運動 4規則と審判法 5競技會ノ運營 6例話	1歴史 2練習法 3補助運動 4規則と審判法 5競技會ノ運營 6例話
受け身	1後受け身 2側受け身 3前受け身	1後受け身 2側受け身 3前受け身	1後受け身 2側受け身 3前受け身
投げわざ	1ひざ車 2出足拂い 3浮き腰 4大外刈り 5つりこみ腰 6送り足拂い 7背負い投げ 8大内刈り 9體落し 10拂い腰 11さゝえつりこみ足 12ともえ投げ 13内また 14はね腰	1ひざ車 2出足拂い 3浮き腰 4大外刈り 5つりこみ腰 6送り足拂い 7背負い投げ 8大内刈り 9體落し 10小内刈り 11拂い腰 12小外刈り 13さゝえつり込み足 14ともえ投げ 15拂いつりこみ足 16内また 17はね腰	1ひざ車 2出足拂い 3浮き腰 4大外刈り 5つりこみ腰 6送り足拂い 7背負い投げ 8大内刈り 9體落し 10小内刈り 11拂い腰 12小外刈り 13さゝえつりこみ足 14ともえ投げ 15肩車 16拂いつりこみ足 17内また 18はね腰 19小外掛け

			20後腰　21移り腰　22隅返し　23浮きわざ
固めわざ	1けさ固め　2上四方固め　3横四方固め	1けさ固め　2肩固め　3上四方固め　4横四方固め　5縦四方固め	1けさ固め　2肩固め　2上四方固め　4横四方固め　5縦四方固め
		1十字じめ　2送りえりじめ	1十字じめ　2送りえりじめ
		1腕がらみ　2十字固め	1腕がらみ　2十字固め
試合	1簡易な試合	1簡易な試合　2正式な試合	1簡易な試合　2正式な試合

以上の學校別指導内容は、各學校に適當と思われるものが掲示せられているのであるが、新しい學校柔道の性格から考えて明らかな如く、當然この中心は、投技、固技、すなわち亂取技の練習と、これ等を用いて行う試合におかれている。柔道一般は、柔道に對する理解を深め、指導を教育的、効果的にするためにおかれたものであり、受身は、亂取技の練習に必要な、基礎的技術として特に重視せられたのである。

これ等の技術の選擇は、

(イ)學生生徒の心身發達の段階に應ずる。

(ロ)試合に多く使用される技に重點をおく。

(ハ)危險をまねき易いと思われる技を除外する。

ということなどを方針として行われ、また、

その配列は、

(イ)動作の簡易なものから複雑なものへ。
(ロ)基礎的なものから應用的なものへ。
ということなどが考慮されて行われている。

かくして選定せられた投技及び固技を柔道技術の一般的類別法に従つて分類してみれば次表の如くになる。

技の種別		中學校		高等學校		大學	
投げ技	手技	背負い投げ、體落し	2	背負い投げ、體落し	2	背負い投げ、體落し、肩車	3
	腰技	浮き腰、つりこみ腰、拂い腰、はね腰	4	浮き腰、つりこみ腰、拂い腰、はね腰	4	浮き腰、つりこみ腰、拂い腰、はね腰、後腰、移り腰	6
	足技	ひざ車、出足拂い、大外刈り、送り足拂い、大内刈り、さゝえつりこみ足、内また	7	ひざ車、出足拂い、大外刈り、送り足拂い、大内刈り、小内刈り、小外刈り、さゝえつりこみ足、拂いつりこみ足、内また	10	ひざ車、出足拂い、大外刈り、送り足拂い、大内刈り、小内刈り、小外刈り、さゝえつりこみ足、拂いつりこみ足、内また、小外掛け	11
	眞捨身技	ともえ投げ	1	ともえ投げ	1	ともえ投げ、隅返し	2
	横捨身技					浮きわざ	1
浮き技	抑技	けさ固め、上四方固め、横四方固め	3	けさ固め、肩固め、上四方固め、横四方固め、縦四方固め	5	けさ固め、肩固め、上四方固め、横四方固め、縦四方固め	5
	絞技			十字じめ、送りえりじめ	2	十字じめ、送りえりじめ	2
	關節技			腕がらみ、十字固め	2	腕がらみ、十字固め	2

なお更に、これを舊制のそれと比較するために對照表を作つて示せば次のようである。

新舊別	技の種別	投技 手技	投技 腰技	投技 足技	投技 捨身技	固技 抑技	固技 絞技	固技 關節技
新	大學	1背負い投げ 2體落し 3肩車	1浮き腰 2つりこみ腰 3拂い腰 4はね腰 5後腰 6移り腰	1ひざ車 2出足拂い 3大外刈り 4送り足拂い 5大内刈り 6小内刈り 7小外刈り 8さゝえつりこみ足 9拂いつりこみ足 10内また 11小外掛け	1ともえ投げ 2隅返し／1浮きわざ	1けさ固め 2肩固め 3上四方固め 4横四方固め 5縦四方固め	1十字じめ 2送りえりじめ	1腕がらみ 2十字固め
舊	昭和十一年師範學校	1背負投 2體落	1浮腰 2釣込腰 3跳腰 4拂腰 5移腰 6後腰	1膝車 2支釣込足 3出足拂 4大外刈 5大内刈 6小内刈 7内股 8小外刈 9送足拂 10拂釣込足 11小外掛	1巴投 2隅返 3裏投／1浮技	1袈裟固 2崩袈裟固 3上四方固 4崩上四方固 5縦四方固	1十字絞 2送襟絞 3片羽絞	1腕緘 2腕挫十字固 3腕挫腕固
舊	昭和十八年師範學校	1背負投 2體落	1浮腰 2拂腰 3釣込腰 4跳腰	1膝車 2支釣込足 2出足拂 4送足拂 5大外刈 6大内刈 7小内刈 8内股 9拂釣込足 10小外刈	1巴投／1浮技	1袈裟固 2肩固 3上四方固 4横四方固 5縦四方固	1裸絞 2十字絞 3送襟絞 4片羽絞	1臂挫十字固 2臂緘 3臂挫臂固 4臂挫膝固

第三章　技術教材の解説

第一節　受　身

投技の練習を始める際は、先ず倒れ方から練習するのが順序である。これを受身という。受身は、投げられた場合、或は自ら倒れる場合に、身體を安全に取扱う方法である、

受身は投技上達の基礎となるものであるから、十分これに熟練するよう練習に努めねばならない。

(一)　受身する方向

亂取の際、轉倒する方向は、實に複雑であり多方向であるが、このすべての方向に倒れる練習を豫め行うことは不可能でもあり、またそうする必要もない。それで次のように大體三つの代表的な方向に對する練習を行う。

(1)　後方に倒れる。これを後受身という。

(2)　側方（右、左）に倒れる。これを側《ヨコ》受身という。

(3)　前方に倒れる。これを前受身という。

(二)　姿勢、位置及び速度

やり方によつて難易があるから、易より難に進み、完全に受身の要點を體得しなければならない。それで凡そ次の如き順序で行うことが安全で且つ自然である。

(1) 低い姿勢から始めて次第に高い姿勢で行い、遂には立姿勢から立派に受身が出來るように仕上げる。
(2) はじめはその場で練習し、正しい動作を覺えこんでから移動しつゝ行う練習に移るが適當である。
(3) はじめから速度の速い練習は無理であるから緩かな仕方からはじめて速度の速い練習に進む。

(三) **會得すべき要點**

受身の基本練習中、會得すべき要點は、凡そ次の三つである。

(1) 手(腕)で疊を打つ要領
掌だけで疊を打つのではなくて、腕全部で打つのである。

(2) 腕と體とのなす角度
疊を打つた時、その腕と體とのなす角度は約三、四十度が適度である。投げられた時に腕が離れ過ぎていれば、たとえ腕で疊を打つても背中を強く打つから受身の意味がないし、近過ぎれば、體が腕の上に重なることがあるから危險である。

(3) 背中が疊につく時間と手(腕)で疊を打つ時間との關係
殆んど同時であるが、嚴密に言えば、背が疊につく直前手(腕)で疊を打つ關係になるがよい。あまり早過ぎたりおそ過ぎたり、これがちぐはぐになつては受身の意味がなくなる。

(四) **注意事項**

(1) 後頭部を打たぬように倒れる瞬間に顎を引きつけなければならない。こうすれば自然に背が圓くなつて轉がるように倒れるから、後頭部を打つ危險がないばかりでなく、身體の一部分に強い衝擊を受けることがない。

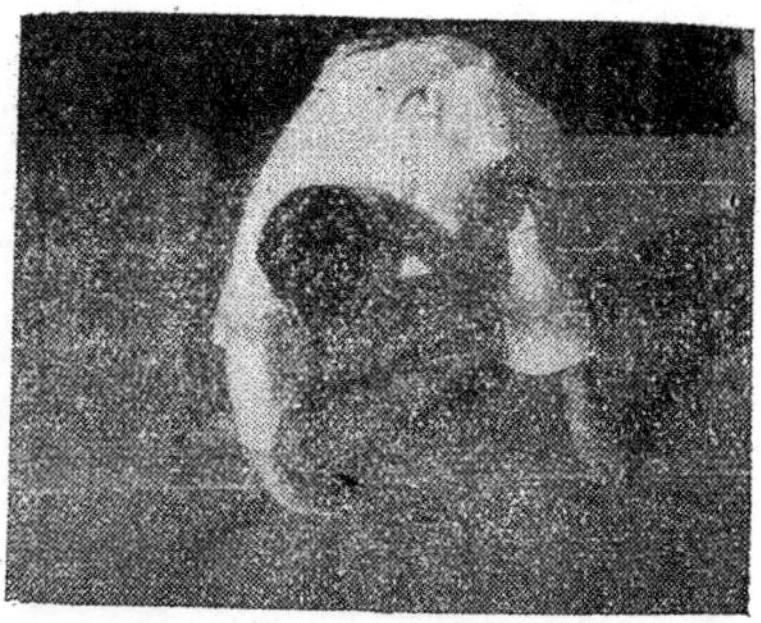

正しい手のつき方

誤つた手のつき方

(2) 手を疊に逆についてはいけない。倒れる方向と同方向に指先を向けてつくと大抵の場合その腕を痛めるものである。

(3) 動作が自然に行われなければならないから、動作の中途で、特に腕、肩、腰、脚などに力を入れて力んだり、強く伸したり、又これと反對に急に脱力したり屈曲してはいけない。

(4) 前方に廻轉する際は、大圓輪を轉がすように體を扱うがよい。この際、兩脚を交叉しない方がよく、兩足の踵を打ちつけぬよう注意しなければならぬ。

(五) **練習の仕上げ**（一通り出來るようになつた場合の練習）

(1) 後受身、立姿勢から小足に二三―四五歩後退しながら後方に倒れる。

(2) 側受身、立姿勢から右、左側へ自由に移動しながら倒れる。

(3) 前受身、主として廻轉受身を練習し、次第に遠方に手をついて大きく廻轉するようにして「距離」の練習をすると共に、時には障碍物跳越しなどで「高さ」の練習をする。

〔一〕後受身（うしろうけみ）

(一) 大要　後方へ倒れる練習である。

㈢ 方法

(1) 坐位

(イ) 臀部を疊について兩脚を揃えて前方に伸ばし、坐位の姿勢になり、兩腕を前方およそ肩の高さに擧げて伸ばし、掌を下に向ける。

(ロ) 體を後方に倒すと共に兩足を自然に上げ、背が疊につく瞬間、兩手（腕）で強く疊を打つ。

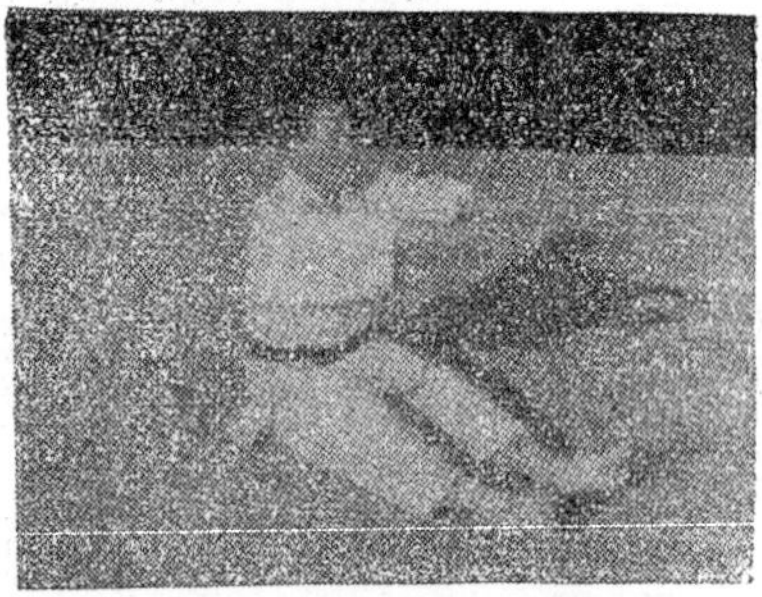

後受身（坐位）第一圖

後受身（坐位）第二圖

後受身（坐位）第三圖

(2) 中腰、立位

(1)の要領に準じ、中腰の姿勢から行い、更に立つた姿勢から行うというように、次第に姿勢を高くして練習する。

その場の練習が出來るようになつたら少し後退しながら之を練習し上手になるにつれて速度を速めて練習する。

後受身（立位）第一圖

後受身（立位）第二圖

後受身（中腰）第一圖

後受身（中腰）第二圖

後受身（中腰）第三圖

後受身（立位）第三圖

〔二〕側受身（よこうけみ）

㈠　大要　側方（右、左）へ倒れる練習である。

㈡　方法

(1)　坐位

(イ)　臀部を疊について、兩脚を揃えて前方に伸ばし坐位の姿勢になり、右（左）手を左（右）肩の上になるように腕を屈げて前にあげる。

(ロ)　右（左）方に倒れながら、右（左）手（腕）

側受身（坐位）第一圖

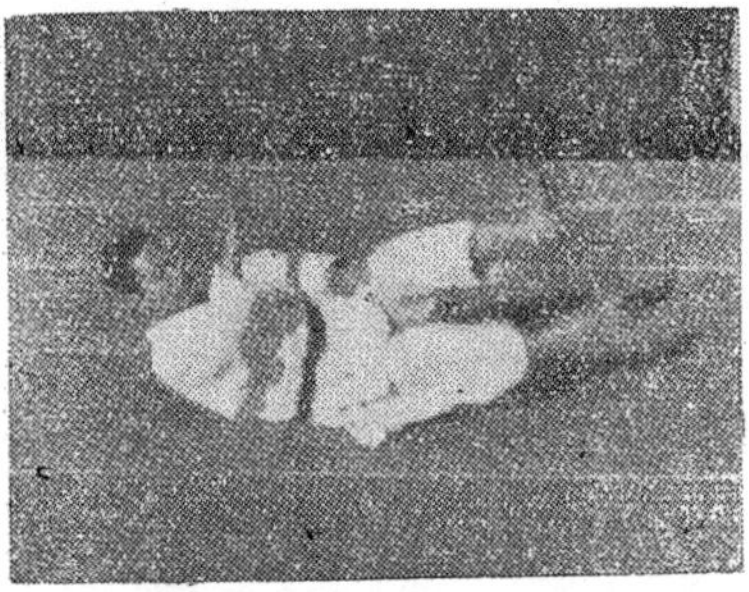

側受身（坐位）第二圖

側受身（坐位）第三圖

をもつて疊を打つ。この時左方の手は初めのままに股の上に置き、兩脚は自然に上にあげる。

(2) 中腰、立位

(1)の要領に從い、中腰の姿勢、立つた姿勢というように次第に高い姿勢から行い、慣れるにつれて側方に移動しつゝ、又速度を速めて練習する。

第一圖　側受身（中腰）

第二圖　側受身（中腰）

第三圖　側受身（中腰）

側受身（立位）第一圖

〔三〕 前受身（まえうけみ）

㈠ 大要　前方へ倒れる練習である。

㈡ 方法

これには、伏臥と廻轉の二つがあるが主として廻轉受身を練習する。

(1) 中腰

(イ) 右（左）自然體の姿勢から、兩膝を屈げ、體を前に傾けて、右（左）手を前方に、左（右）手をその前に、各々指

側受身（立位）第二圖

側受身（立位）第三圖

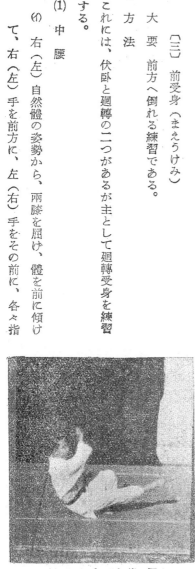

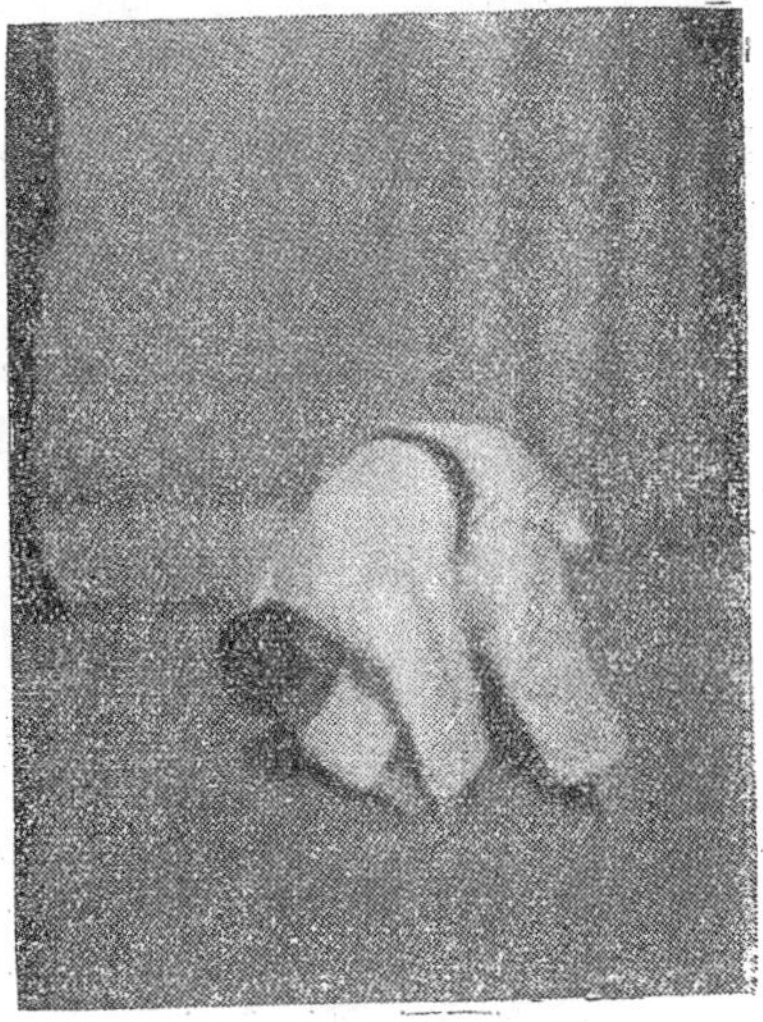
前受身（中腰）第一圖

前受身（中腰）第二圖

前受身（中腰）第三圖

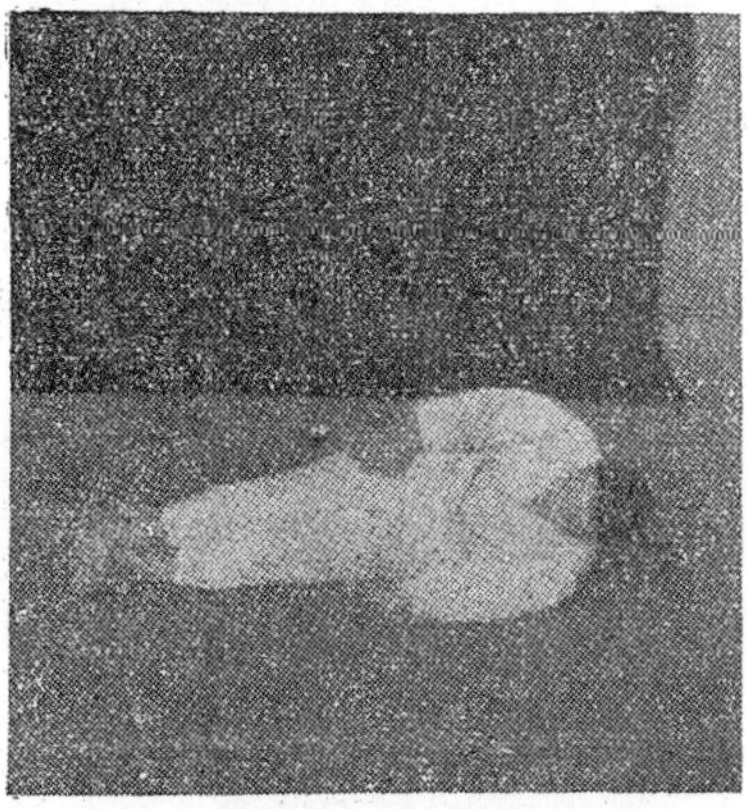
前受身（中腰）第四圖

先を内側に向けて疊につく。

(ロ)　兩膝を伸ばし腰をあげ、右（左）腕を肘、肩、背、腰、足を順次輪の如く疊につけて廻轉し左（右）手（腕）で疊を打つ。

(2)　立位

(1)の練習で圓滑に正しく廻轉出來るようになつたら、次には立つた姿勢から、右（左）手だけを疊につき、(1)の要領で練習し、次第に手を遠くつき高く廻轉するようにする。

前受身（立位）第一圖

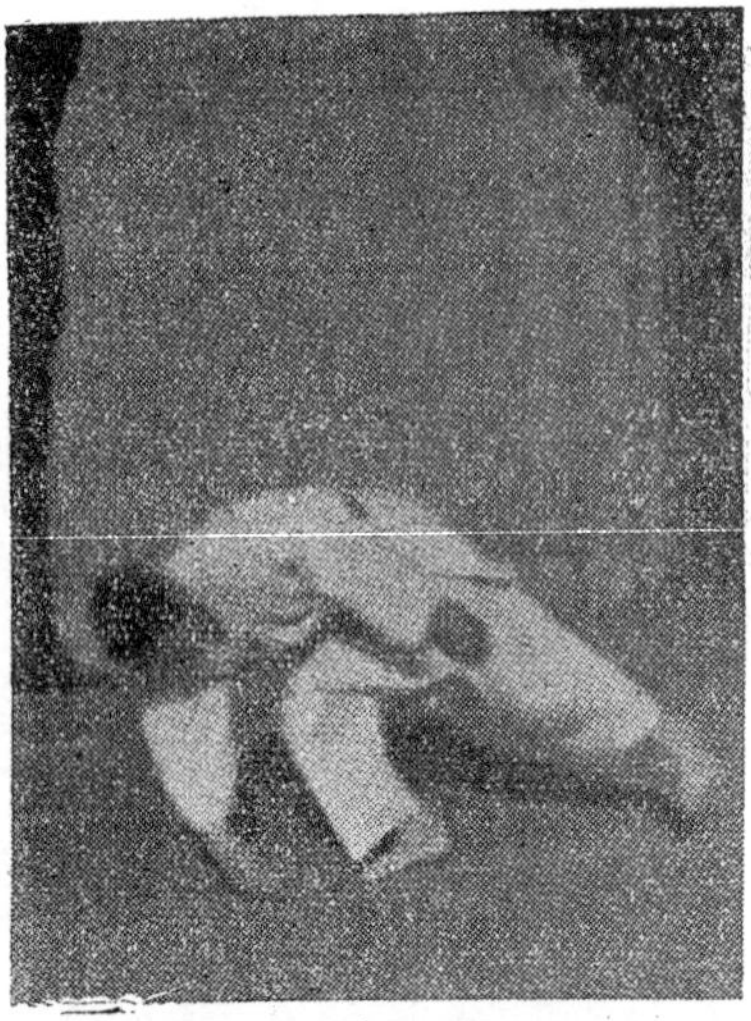

前受身（立位）第二圖

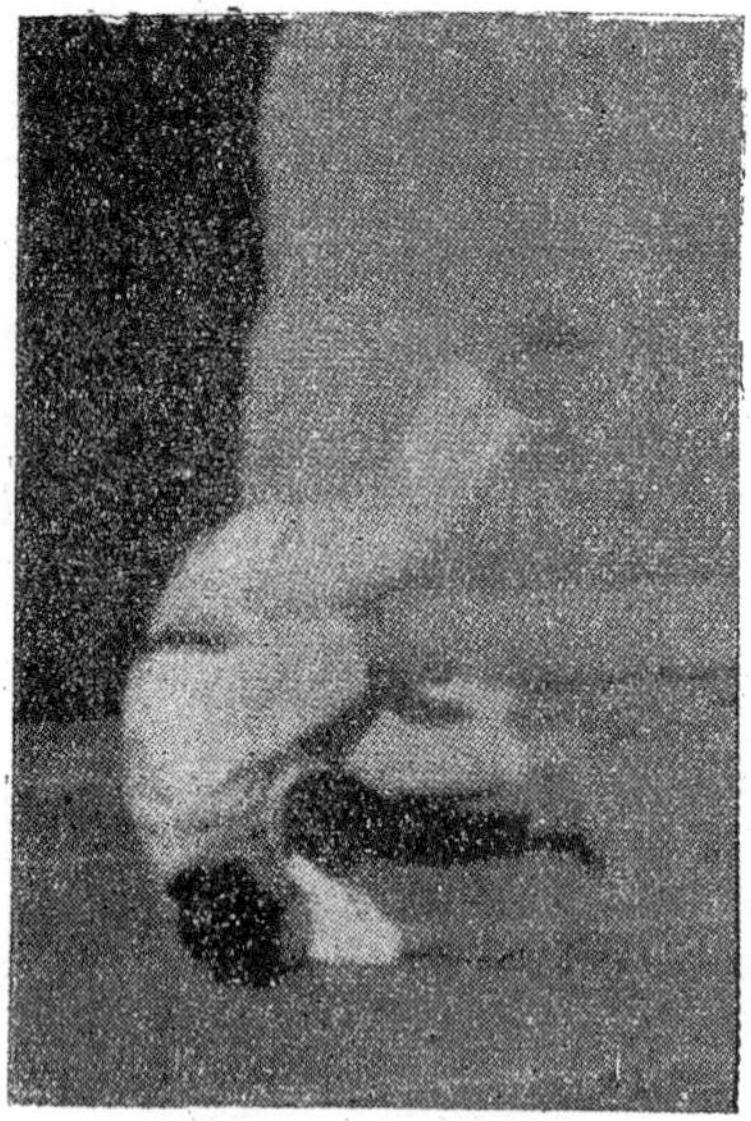

前受身（立位）第三圖

上手になるにつれて前進しながら之を行い速度も速くする。

前受身（立位）第四圖

前受身（跳越）第一圖

前受身（跳越）第二圖

前受身（跳越）第三圖

前受身（跳越）第四圖

前受身（跳越）第五圖

第二節　投技

投技というのは、相手を投げ倒す方法である。

投技の種類は甚だ多いが、これを仕方の上から大別すれば立技と捨身技の二つになる。そして立技は、力の主として働く部位のちがいによつて手技、腰技、足技に、捨身技は、體の捨て方のちがいによつて眞捨身技と、横捨身技とに分けられる。(第一章第一節參照)

學校に於いて練習される投技を右によつて類別すれば次の如くになる

- 投技
  - 立技
    - 手技……背負投、體落、肩車
    - 足技……膝車、出足拂、大外刈、送足拂、大内刈、支釣込足、内股、小内刈、小外刈、小外掛、拂釣込足
    - 腰技……浮腰、釣込腰、拂腰、跳腰、後腰、移腰
  - 捨身技
    - 眞捨身技……巴投、隅返
    - 横捨身技……浮技

技を掛ける時の氣分については勿論のこと、複雜微妙な彼我の位置の變化、力の組み合わせ、動作の緩急などについて、餘すところなく文字を以て說き盡すことは、殆んど不可能といつてよいと思われる。以下順次に各技の基本的な場合についてのみ、何れも動作の順に一通りの說明をすることにする。

技の指導に際しては、その要點を明確に理解させるように、解說の仕方に工夫をこらす必要がある。

(1) 解説の便宜上、兩者互に右自然體で組んだ場合について述べるから、左組みの場合にはこの反對に行えばよい。

(2) 用語のうち、取《トリ》（足型の白）とあるは投げる方を示し、受《ウケ》（足型の黑）とあるは投げられる方を示す。

(3) 足型の圖解中、小型矢印は足の移動方向を、大型矢印は取が受を引き又は押す力の方向を示す。

(4) 出來得るかぎり多くの寫眞を挿入し、また足型をも入れて、練習上最も重要な位置の變化の圖解を試みた。これを見れば、說明文では解りにくいところも大方判然となるであろう。

(5) 見出し技名下の數字は、文部省學校柔道指導書の教材配列順位を示す。

(一) 投技の基本

投技の練習にあたり、その基本として心得ていなければならないことには、

姿勢と組み方

體の捌きと力の用法

崩し及び作りと掛け

受　身

などがある。常にこれ等を反復練習して、投技の基礎を正しく、且つ堅實にしなければならない。

(一) 姿勢と組み方

姿勢は動作の根元である。正しい姿勢は、その中に敏捷で正確な體の働きを含んでいる。柔道では、自分の體の働き一つで相手を制するのであるから、體の運用の源泉である姿勢を正すことに努めなければならない。技の上達は勿

論、心を養うにも姿勢は大きな關係を持つものである。こういうわけで、柔道では姿勢を非常に重く見て、自然體を以て姿勢の本體としている。

自然體というのは、すらりとして柔らかに、極く自然に立つた姿勢である。前後左右いずれの方へも變化するに便であり、進退動作が自由自在に出來、且つ疲勞が少く、長つづきすることが出來るから、相手の隙に乘じて速やかに技を掛ける基本ともなり、相手の技に應ずるにも都合がよい。

自然體を三樣に分け、自然本體、これから少しく右構えになつたものを右自然體、左構えになつたものを左自然體

自然本體

自然本體は、兩足の踵の間を約一足長ぐらいにして横一文字に開き、足先を自然に外方に向けて立つた姿勢である。
兩膝は故意に伸ばさず、また屈げず、眞直ぐではあるが關節に餘裕があり、上體を兩足に平均にのせ、腰は屈がらず伸びきらず、自から腹部丹田に力が入り、胸は自然に擴き、頭を正しく眞直ぐに保つ。口は輕く閉じ、目は自然に前方を見、兩手は自然に兩外股に沿うて伸ばす。すべて殊更に構えたり、力んだりしないで自然にすらりと立つた姿勢である。

と言つている。時として足幅を廣く開き兩膝を屈げて、重心を低く下げた自護體という姿勢をとることもあるが、これは自然體の一時的變化であつて、いつでも自然體の輕妙な働きを忘れてはいけないのである。

右自然體の組み方

右自然體は、自然本體の姿勢から、右足を少しく前に踏み出した姿勢である。兩足の踵の距離は約一足長ほど、體重は兩足に正しくかかり、顏は正面を向いている。

互に右手で相手の左横襟の、その顎の高さあたりを取り、左手で右外中袖を取つて組む。小指側に力を入れて握るがよい。

この場合、手首を固くしたり、兩肘を伸ばしきりにして突張つたり、また組んだために自分の體を固くしてはいけない。すらりと組んで餘裕があり、しかも機に臨み變に應ずるの體勢でなければならない。

相手と組むには、自然體のままで一方の手では相手の襟を、他方では袖を持つて互に組み合う、これが基本の組み方である。

この場合、手に強く力を入れたり、固く握りしめるのではなく、柔らかに組んで必要に應じて強く力を入れることが出來ると共に、必要な時はいつでも、他の組み方に變化出來るようにしていることが大切である。

（二）體の捌きと力の用法

相手に技を掛けるにも、相手の技に應ずるにも、自分の體の移動變化が上手でなければならない。相手に押されればこれを利用して退きながら相手を引き、相手が引けば、それに乘じて進みながら相手を押し、自分は常に安定のある體勢を保ちながら相手の體勢を崩せば、自分が投げられることがないばかりか、何時でも思う通りに相手に技を掛

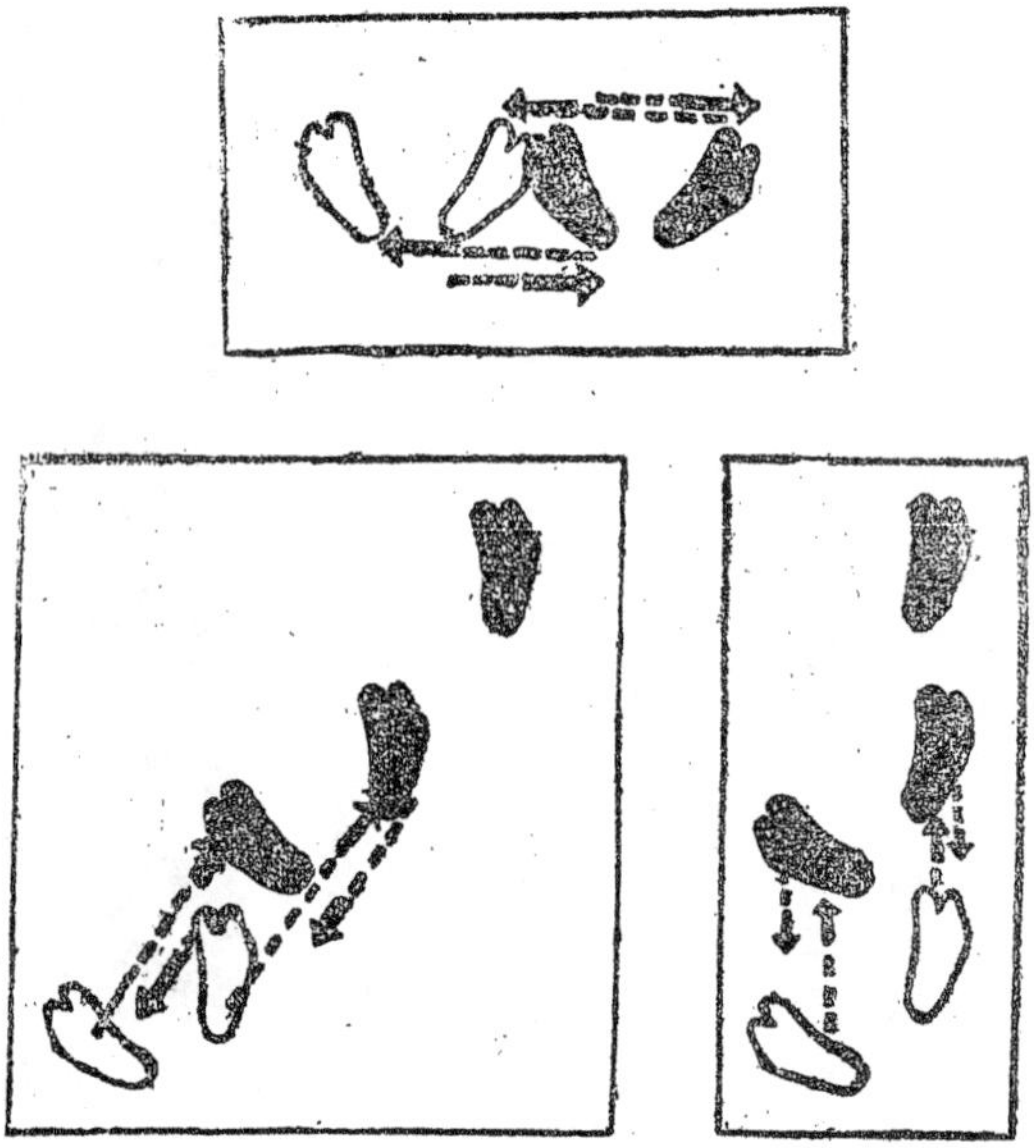

すり足と繼ぎ足

柔道では歩行の際、重心の安定をはかるため、體をなるべく上下に動搖せぬように歩くことを重んずる。また變化を自由にするため、歩幅を廣げ過ぎたり、兩足を一所《ヒトトコロ》に寄せたりすることを嫌う。前者の目的を果すためにすり足が用いられ、後者の目的を果すために繼ぎ足の方法が用いられる。

すり足とは、進退の際、足の裏を輕く疊に擦るようにして歩く運足法である。腰を屈げず、腰から歩くようにし、移動感は常に足心にあるようにするのである。

普通に歩むには、このようにして互い違いに足を運ぶが、相手と接近している場合は、多く繼ぎ足の方法で歩むことになる。

繼ぎ足とは、たとえば右自然體の場合には、最初から右足と左足とは、ほぼ一足長の距離があるが、この距離を崩さないように、先ず右足を進めれば、次いで左足をもそれだけ進めるというように足を運ぶ仕方をいう。

足が進んでから體がこれに從うのではなく、體と足とを同時に移動させることがこの歩き方の要點である。

けることが出來るわけである。どんなに押されても、引かれても、上手に體を捌いて、相手の變化に應じながら、相手の力を利用するように工夫することが大事である。

力の強いものは兎角力を恃むものである。力が柔道に役立たないというのではないが、力を恃めば體がこり固つて動作が重苦しく硬くなる。こういう力は強ければ強いほど、惡い力となつて効力がないし、且つ相手に利用され易い。すらりと滞りなく體を捌いて、持つている強い力をそのまゝに生かして用いなければならない。

(三) 崩し及び「作り」と「掛け」

自然に正しく立つている人を投げることは容易ではないが、一度不安定な姿勢に變化させれば、これを投げるには極めて僅かの力で足りる。相手を正しい姿勢から不安定な姿勢にならせることを「相手を崩す」という。

相手の體勢を崩す事は勝を得る第一歩で、これが下手なら到底巧みに相手を投げることが出來ない。相手を崩すには「押す」と「引く」との二つによつてするのであるが、單に「押す」「引く」だけではなく、押してゆるめ、引いてゆるめ、或は押して引き、引いて押すというように、相手の力に應じて種々方法を講じなければならない。

相手に氣付かれないように崩さなければならないから「押す」も「引く」も手先だけでするのではなく、相手が押して來れば、押させながら、それよりも多く速やかに退いて相手を引き、相手が引けば、引かせながら、それよりも多く進んで相手を押せば、相手の體勢は或は前に、或は後に不安定になる。或は直接的に或は廻りこんで圓く押し、引き、相手を前後左右又はその隅々に崩し、こゝへ氣分を勵まし、身心一體になつて冴えた技を掛ければ見事に相手を投げることが出來る。

相手と自分との姿勢及び位置を、相手を投げるのに都合のよい關係に仕向けることを「作り」といい、技を施すことを「掛け」という。すなわち相手の姿勢を崩して不安定ならしめるのが「相手を作る」ことであり、このとき相手の變化に應じながら、自分が技を掛けるのに都合の良い位置と姿勢をとるのが「自分を作る」ことである。

こうして、十分な「作り」のもとに、こゝへ少しの停滯もなく連絡して、この場合に最も適した技を掛けなければならないが、氣を勵まし全身の力を一つに纏めて、一氣に施すのが「掛け」の要訣である。

「崩し」の基本的な方向を「八方の崩し」という。即ち眞前、眞後、右前隅、左前隅、右後隅、左後隅、右側、左側の八通りである。

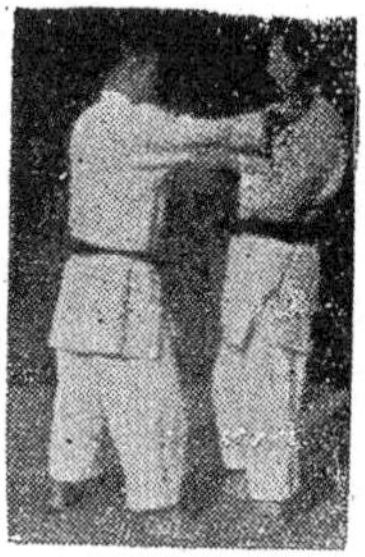

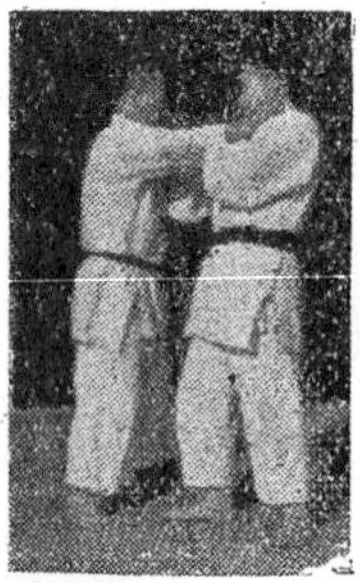

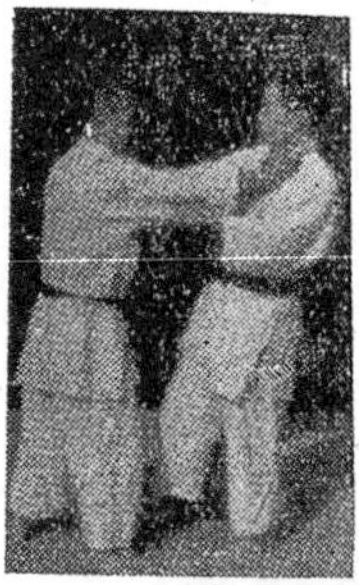

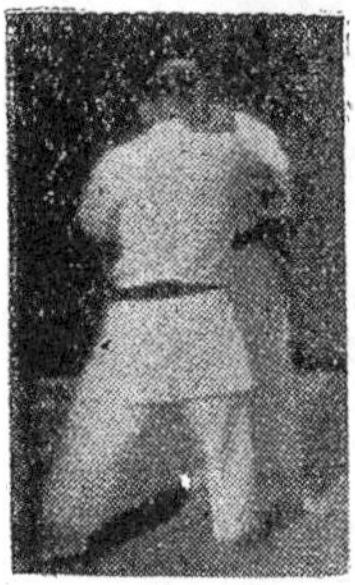

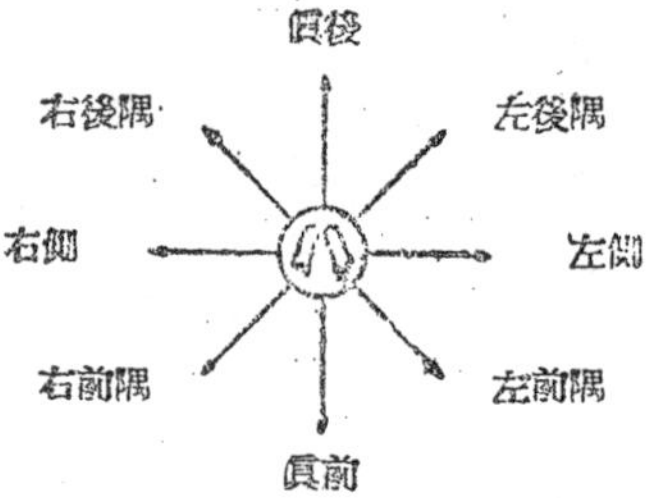

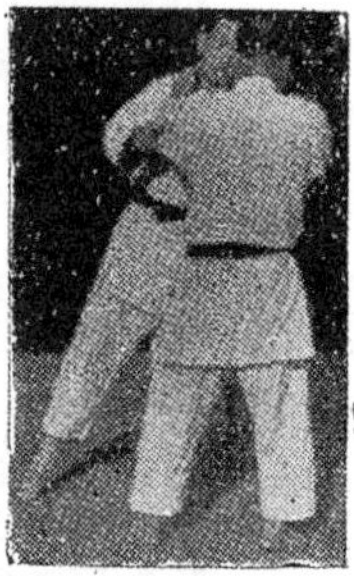

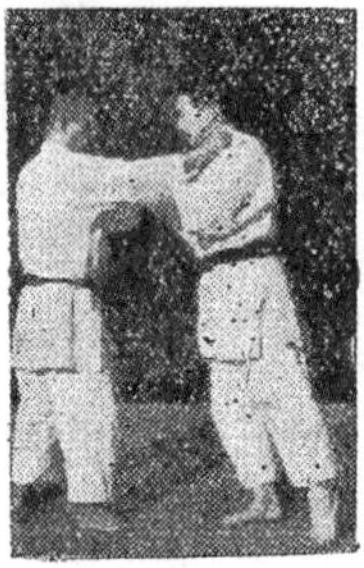

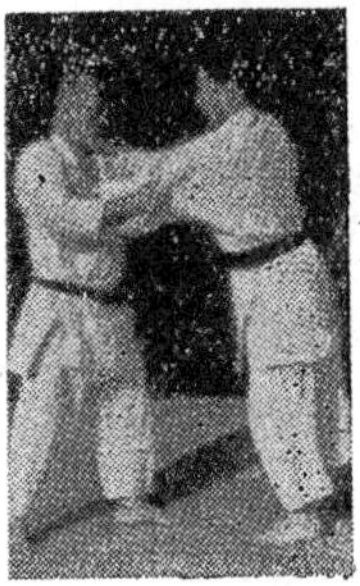

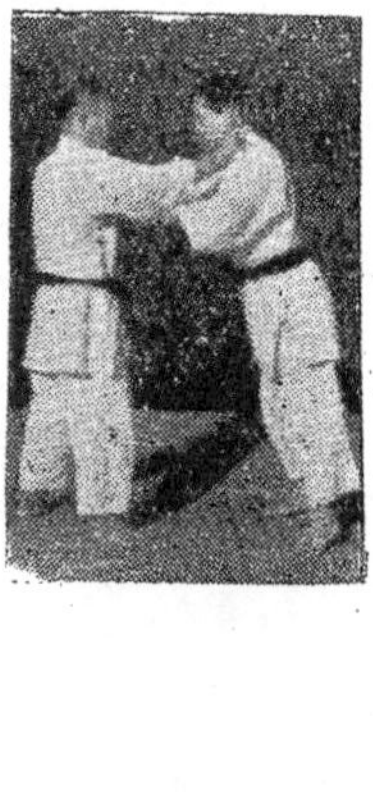

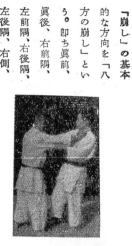

眞前に崩す　重心が前に傾き、體が兩足の足先で支えられる場合、
眞後に崩す　重心が後に傾き、體が兩足の踵で支えられる場合、
右前隅に崩す　重心が右斜前に傾き、體が右足先で支えられる場合、
左前隅に崩す　重心が左斜前に傾き、體が左足先で支えられる場合、
右後隅に崩す　重心が右斜後に傾き、體が右足の踵で支えられる場合、
左後隅に崩す　重心が左斜後に傾き、體が左足の踵で支えられる場合、
右側に崩す　重心が右に傾き、體が右足の外側で支えられる場合、
左側に崩す　重心が左に傾き、體が左足の外側で支えられる場合、

(四) 受身

練習の際、受身に自信がないと、投げられることが恐ろしいために自分を守ることが主となり、その結果、大膽に、自在に動作することが出來ないので、著しく技術の進歩が阻害される。

受身が上手で、投げられることが苦痛でないようになれば、常に立派な姿勢を保ち、思い切つて相手に技を掛けることが出來るし、なお受身をよく練習すれば、體がしなやかになり、動作も輕快になつて、自然に正しい技術を習得することが出來るようになる。（本章第一節參照）

(二)　手　技

(一)　背負投（せおいなげ）(7)

一　大要　取は受をその眞前、または右（左）前隅に崩してこれを背負い、右（左）肩越しに投げる技である。

二　方法

(1)(イ)　互に右自然體で組み、取は先ず左足を退《ひ》き、受の上體を前へ引いてその右前隅又は眞前に崩す瞬間、右足を受の右足先の前方内側近くに進め、その膝を屈げて體を低く下げながら、その足先きを軸にして體を左に廻轉し、左足を速やかに受の左足の前方内側近くに、その足と同方向に向くように退き廻わし、體の廻轉に伴つ

背負投（襟背負）第一圖

背負投（襟背負）第二圖

背負投（襟背負）第三圖

背負投（襟背負）第五圖

背負投（襟背負）第四圖

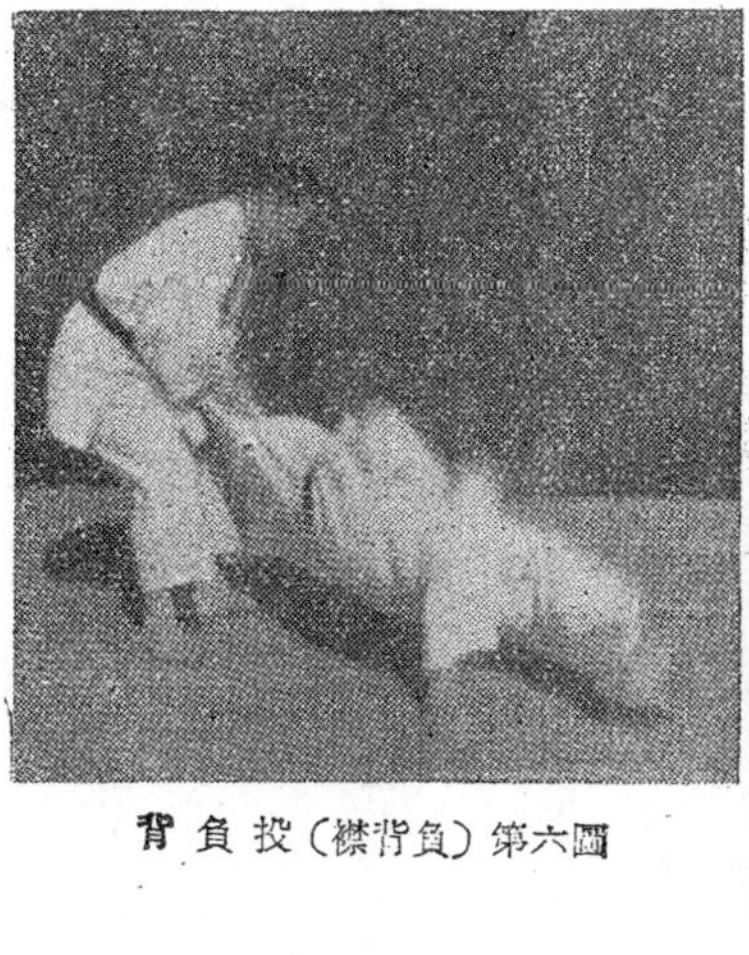
背負投（襟背負）第六圖

て、自然に右肘を受の右腋下に入れるようにし、左手で受の右袖をこの上に被せるように引きつける。この場合には、受の體は兩足先に浮いており、取は受を背にし、兩膝を屈げて低い姿勢をとつている關係にある。

(ロ)　こうして、受の體が取の背にのりかかつて來るを、取は更に引きを利かせつつ急に膝を伸ばして腰を上げ、上體を眞前に深く屈げ、その勢で受を右肩越しに前方に轉倒させる。

これを一般に襟背負、または二本背負と言つている。相手の體勢の如何によつては同側の襟と袖を持つて掛けることもある。

(2)(イ)　互に右自然體で組み、取は先ず左手で受の右内中袖を下から取り、左足を一歩退いて受の右足を一歩出させ、そこをその右前隅又は眞前に崩す。こうしながら取は、(1)の如く右足の位置をかえ、これにつれて、右腕

背負投（一本背負）第一圖

背負投（一本背負）第二圖

背負投（一本背負）第三圖

背負投（一本背負）第四圖

背負投（一本背負）第五圖

背負投（一本背負）第六圖

を受の右腋下に振り入れ、その腕の肩の下近くが受の腋下に密着するようにし、左手の引きつけを強くすると共に、右手の働きをこれに加えて受の右腕を完全に制しながら背負投の體勢となる。

(ロ)　この一瞬に、(1)と同じ要領で、下から受を強く浮かし上げて右肩越しに受を投げる。

これを一般に一本背負といつている。

(ハ)　注　意

(1)　この技の練習で最も大事なところは、入り方としては廻り込みを圓滑、敏捷に、且つ十分にすることと、上體を眞直ぐに保ちつゝ膝を深く屈げて體を低く下げることである。この動作が不十分では、相手の乘りかかつて來た體勢をそのまゝ利用することが出來ない。

背負投（襟背負）同側の襟と袖をとり、足を外に踏み出して掛けた場合。（第一圖）

(2)　引き方としては、屈げた膝を一氣に伸ばすその彈力と上體を眞前に深く屈げて受を引く力とが一連に結合し、前下方に相手を引き落すようにするのが最も効果が多い。これがちぐはぐになつては引き手に緩みが出來るから途中で相手に變化され、折角の好機を空しく逸することとなり易い。

(3)　右背負投の場合で言えば、取が右足を受の右足の外へ踏み出して掛けることも稀にはあ

背負投（襟背負）（第二圖）

背負投（襟背負）（第三圖）

るが、この仕方は極端に自ら右足の方へ急速に廻わる相手に對しては有効である。しかし普通の場合に足を外へ踏み出せば、入り方が深くなり過ぎて、かえつて自分の體が崩れ、相手に乘ずる機會を與えることになり易い。

(4) 同側の襟と袖を持つて背負投を掛けることは場合によつては極めて有効ではあるが、この姿勢は極度に一方に偏する體勢であるから、常時この所謂片襟を取つた組み方をつづけることは攻防の理合から考えて不適當である。

（二）體落（たいおとし） 9

(一) 大要　取は受を右（左）前隅或は側方に崩し、體を半身にして右（左）足を受の前に輕く踏み出し、手・腰・足の拍子を合わせ、はずみを利用して受を投げる技である。

體　落（前方）第一圖

體　落（前方）第二圖

(二)　方　法

(1)(イ)　互に右自然體で組み、取は體を受から輕く離す氣持で左足を一歩退《さ》げ、受の右足を前へ踏み出すように誘う。これに應じて受が何氣なく右足を進めて來るを、取は左手で圓みをつけるように引き出せば、受の重心は右足にかかつてくる。

(ロ)　このとき取は、左足を右足の後から廻わして右斜後に退き、足先を外方に向けてつき、體を半身に開きながら、受

體　落（前方）第三圖

體　落（前方）　第四圖

體　落（前方）　第五圖

をその右前隅に浮き上げ氣味に崩す瞬間、左足で體を支え、その膝を屈げて少しく腰を下げて體を安定させ、素早く右足を踵を上にし輕く受の右足の前に、互に足首のところで交叉する關係にして出し、右手では受を後上方に一氣に押し、左手では受の右袖を鋭く左腰の方に引き下げれば、受ははずみで右足先を軸にして大きく轉倒する。

(2)(イ)　互に右自然體で組み、取は受を誘導して、受の右足がその右側方に、或は右後隅の方に移る瞬間、受を浮くように崩し、

(ロ)　右側方に崩した場合ならばその場で、右後隅に崩した場合ならば、少しく追い込むように體を捌き、(1)の要領で受を投げる。

體落(側方)第一圖

體落(側方)第二圖

體　落(後方)　第一圖

體　落(後方)　第二圖

㈠ 注意

(1) この技は、相手の出る端、退き際を巧みに利用して、はずみで投げる技であるから、よい機會をつかむことが特に大事である。それ故、取は體の捌きを輕快にして受の動きを誘導してこれに拍子を合わせ、受の動く端をその前、後隅、または眞側に輕く崩さねばならない。

(2) 特に相手の體と自分の體とのなす角度を正すこと、及び最後の瞬間、取の腰がよく据つていて、右手の押しと左手の引きとが調子が合つて十分利いていることが大事である。徒らに腕力にまかせて、相手を捻じるようにしても、はずみよく相手を投げることは出來るものではない。

(3) 受と取との體のなす角度が技の成否に重要な關係がある。右體落の場合でいえば、取は左足を受の左足に接近する程に深く退き廻わすのはよくない。

(三) 肩車（かたぐるま） 15

㈠ 大要 取は受をその右（左）前隅に崩し、受の體を右（左）肩から左（右）肩へうつすように引きかついで頭越しに投げる技である。

㈡ 方法

(イ) 互に右自然體で組み、取は先ず左手で受の右中袖を内側から握り右足を進めて受をその後方に押す。受がこれに抗して強く押しかえす端を、取は急に押し手を緩め、左足から繼ぎ足で大きく一歩退いて受の上體を釣り込むように前に引けば、受は自然體を保ち得ないで右足を廣く前に出し、その膝を屈げ上體を右足にかけて、その右前隅に崩れかかる。

肩　車　第一圖

肩　車　第二圖

肩　車　第三圖

肩　車　第四圖

車　第五圖

肩　車　第六圖

(ロ)　このとき、取は體を左に開きながら左手の引きを利かせて益々受をその方向に引き崩すと同時に、膝を屈げ體を低く下げ、右足を受の右足の内側に踏み出し、右肩に受の體を迎えるように入る。この瞬間の彼我の體勢は受の右腰に取の右肩の頸のつけ根がぴたりとあたり、取は右腕で受の右股を内側から抱きかかえ、左手で受の右腕を引いているから左向きになつた取の體に受がおおいかぶさるようにのりかかつている。

こうしながら取は、左足を右足の方によせつつ一氣に膝を伸ばし、この彈力で受の體を下から浮かし上げ、受の體を横ざまにして擔ぎ上げる。この體勢から止ることなく左前隅の方向に受を投げ落す。

(ハ)　注　意

(1)　この技の練習では一般に腰の下げ方が不十分になり易く、従つてよい機會に入つても結果としては、右肩で受を押し返えして切角崩した受の弱い體勢を元に戻すことになることが多い。十分體を低くし、特に右肩を受の右腰にぴたりとつけることが必要である。こうすれば受の體は取の右肩を支點として自ら廻轉するようになるから取が受を投げるのに多くの力を必要としない。

(2) 入るときには、取は十分に引き手を利かせつつ、體を低くすることと共に腰を据えることが必要で、上體が前かがみになつて臀部を後方に突き出すような體勢になつたり、途中で引き手が緩むようでは十分に力を働かせることが出來ない。

(3) 右肩車で言えば、取は左足を右足の方に引き寄せて一氣に膝を伸ばし、この彈力で受の體を下から浮かし上げる要領を十分會得しなければならぬ。

(4) 取は受を一度かつぎあげてから投げ落すのではなくて、受の體を迎えるようにして肩の上を廻わして投げるのである。それ故、引き手と腰の働きが一氣に十分利いていなければならない。

(三)　足　技

(一)　膝　車（ひざぐるま）　1

(一) 大　要　取は、受をその右（左）前隅に崩し、その膝頭を左（右）足で支えて投げる技である。

(二) 方　法

(1)(イ) 互に右自然體で組み、取は先ず右手で受の左中袖を取り、左足を受の右足の僅かに前方外側に、足先を内方に向けて進め、右手では引き、左手では少しく押し上げ氣味にしてこれを助け、受をその位置でその左前隅の方へ崩す。

(ロ) こうしながら取は、體を左足に託して右足を輕く上げ、右足裏を受の左膝頭に前から外側にかけて當てて支

膝車第一圖

膝車　第二圖
（左足の位置と向き及び引手に注意）

え、受を益々その左前隅の方向に引いて體勢に安定を失わせ、遂に受が體を支えきれなくなつた瞬間、取は體を右に捻りながら右腕を大きく孤を畫くように強く引きつければ、受は左膝を中心にして轉倒する。

膝車　第三圖

(2)(イ)　互に右自然體で組み、取は左足から繼ぎ足で大きく一歩後退して、受を前に引き出せば、受は自然體を保ち得ないで、右足を廣く前に出し、右膝を屈げ、上體を右足にかけてその前に崩れる。

㈡　この時取は、右足を少しく前方外側に足先を内方に向けて位置をかえ左足裏を受の右膝の前から外側にかけて當てて支え、(1)の要領で受を投げる。

膝　車　第一圖
（右自然體で組み取は先す右足を退けて受の右足を引き出し。ここへ膝車をかけるところ）

膝　車（2）

膝　車　第二圖

膝　　車（第三圖）

㈢ 注意

(1) 技を掛ける時、取は自分の體を支える足の位置及び向きを適當にすること、この足の踏み方は、膝車の掛け方の生命である。

(2) この時の取の體勢は腰の所でくの字形に屈つてはいけない。これでは體が崩れて受を十分に引くことが出來ない。

(3) 受の膝頭を支えるのは、足の動きをその位置で止めるのが目的であるから、蹴るように強く當てる必要はなく、またこうすることは危險である。自然に膝を伸ばし、輕くしかも確實に足裏を當てるがよい。

(4) 相手を引く要領をよく理解しなくてはならない。受をその前隅の方向に孤を畫くように大きく引くところに引き方のこつがある。なお、右（左）自然體に組んで、右（左）足で受の膝頭を支える場合には、技の効果と危險防止の上から必ず引き手を袖に持ちかえるがよい。

（二）出足拂（であしばらい）3

㈠ 大要　取は、受の右（左）足を前に引き出し、これに重心がのり移ろうとする瞬間、左（右）足で拂つて投げる技である。

㈡ 方法

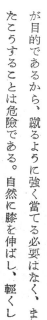

出足拂　第一圖

出足拂　第二圖

(1)(イ)　互に右自然體で組み、取は右足を右後隅に退いて、受の左足を出させ、次いで受の右足が自分の右足の方へ進むように左手で受を誘い出し、その足がまさに疊につこうとする瞬間に、

(ロ)　取は左足を返えして足裏を受の右足の外踝から踵にかかるように當てがいながらこれを疊に添うて拂うと同時に、左手で強く受の右袖を直下に引き落すように引いて受を投げる。

出足拂　第三圖

(2)(イ)　互に右自然體で組み、取は受を後方に押し、受がその左足を

退き、次いで右足を退こうとするところ、即ち右足から左足に重心の移りかわる瞬間に、

(ロ) 取は體を右に開きながら左足を受の右足の外側に進めると共に、右足を、足先を外方に向けつつこれに引きよせ、左足で(1)の要領で受の右足を拂つて投げる。

(三) 注意

(1) この技で受を投げるには、受を居つかせないように取は自身の體の捌きを輕くして、受の動きを誘導することが大切である。

(2) 受の右の出足を拂うには、豫め取は右足で體を支え、受の右足が出てそれが疊につこうとする瞬間に左足で拂い得るよう心も體も待機の姿勢にあることが大事なところで、この體の捌きに十分慣れ、このときの時間的な關係を會得しなければならない。受の體が出足に載り移つて、これを拂われても足をあげて外すことも出來なければ、またしつかり踏みつけることも出來ない瞬間をとらえるところにこの技の妙味がある。

(3) 受の足を拂う場合、取の足はよく返つていて小趾側に力が入つていなければならない。そうでなければ拂う動作に冴えが出ない。

(4) 引き手は直下に引き落す如くするがよく、「拂い」と「引き」の動作に遲速があつてはならない。

(三) 大外刈(おおそとがり) 3

(一) 大要　取は受をその右(左)後隅に崩し、右(左)脚で受の體がのつている脚をその外後方から刈つて投げる技である。

(二) 方法

(1)(イ)　互に右自然體で組み、取は先ず左足から後に一歩退いて受を前に引けば、受は右足を少しく廣くして前に踏み出して來る。

(ロ)　このとき取は、左足を受の右足の外側に體と共に輕く進めながら、この膝を少しく屈げこの足で體を支え、右脚を前に振り出しながら、右手では受の上體をその後方に押し返えし、左手では受を引いて、受の體がその右足の踵で辛うじて支えられるように右後隅に崩す

大外刈　第二圖

大外刈　第一圖

大外刈　第三圖

と同時に、取は右脚を鎌にして右膕（ひかがみ）が受の右膕と合うように後方から鋭く刈つて投げる。

(2) (イ) 互に右自然體で組み、取は受の左足を引き出すか、又は右足を後方に一歩退かせ、その機に取は、左足を受の右足の外側近くに進めて受をその右後隅に崩す。

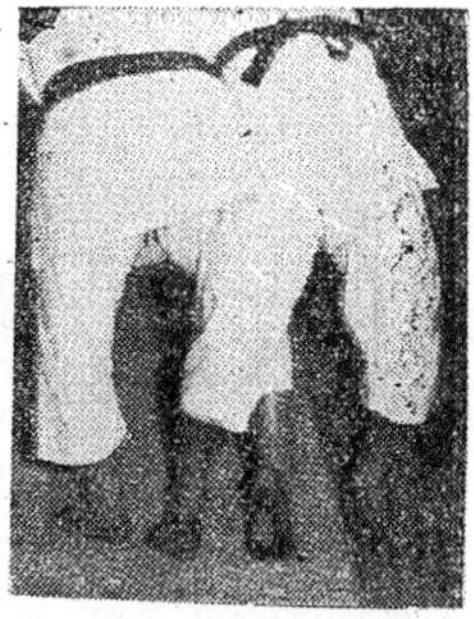

技に入つた瞬間を後方から見たところ

(ロ) この瞬間、取は體を左足に託し、(1)の要領で右脚で受の右脚を後方から刈つて投げる。

大外刈 (2)

(ハ) 注意

(1) 右大外刈の場合、取が右脚で強く刈る、すなわち、右脚を十分働かせるには、先ず以て左足を受の右足の外側に體と共に進め、これに伴つて右手では押し、左手では引き、受を完全にその右後隅に崩す「作り方」が最も大事なところである。このとき、取は左足の足先を外方に向けていては右脚の刈る動作が利かないから、眞直ぐかむしろ多少内方に向く位にするがよい。勿論こうする際、腰を屈げていては十分な踏み込みが出來ない。

(2) 十分に刈ることの重要なことは言うまでもないが、兎角これが不十分になり易く、又このとき、受を押す方向は、眞後の方向が最も有効で、單に右手だけで押すのではなく、受の右肩から胸部に、自分のその部分をおおいかぶせるようにして押すがよい。この場合、兩手を主として捻じ廻わすようにしては押しに鋭さが出ないばかりか、相手に切り返えされることが多い。

(四) 送足拂（おくりあしはらい）　6

(一) 大要　取は受をその右（左）側に浮かすように崩し、取は左（右）足で受の右(左)足をその移動する方向に、側《ヨコ》に送るように拂って投げる技である。

(二) 方法

(1) (イ) 互に右自然體で組み、取は受が左に動く氣配を察し、受の體を浮かし氣味にしながら右足から、右に進んで受を左足から輕くその左に歩ませ、更に右足から一歩右に進んで受をその左に誘う。

(ロ) 受が左足を開き、次いで右足をこれに引き寄せようとしてその足を動かし始めると同時に、取は體を右足に託し、左足裏を受の右足の外踝の邊に當て、それが疊につこうとするところを受の進んだ方向に送るように拂って投げる。このとき左手では、はじめは拂う動作を助けるように側《ヨコ》から押し氣味にして最後に下方に引く。

送足拂　第一圖

送足拂　第二圖

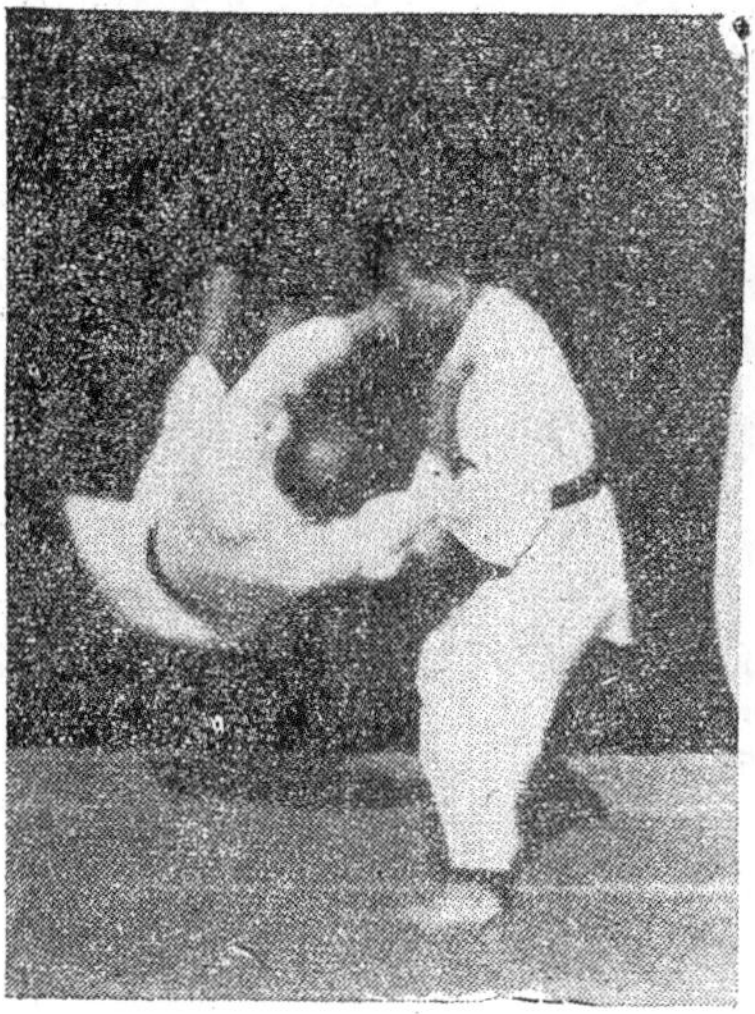

送足拂　第三圖

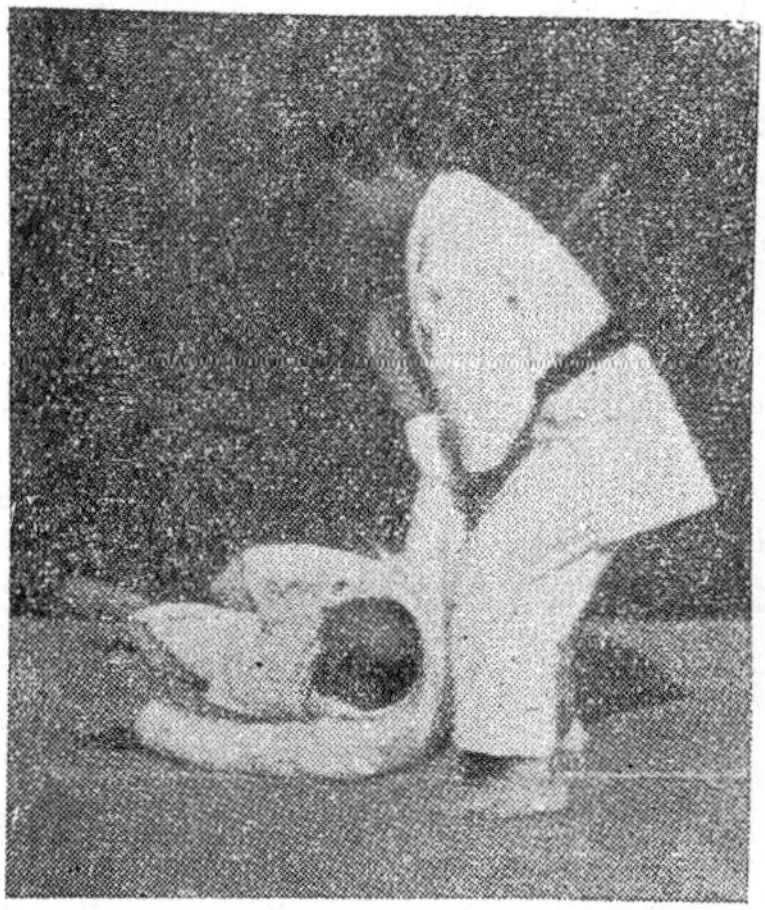

送足拂　第四圖

(2)(イ)　互に右自然體で組み、取は先ず左足を輕く左前隅の方に進め、體を右に開きながら右足を退《ヒ》き、受の左足をその左前隅の方に出るように引く。そうすれば受は左足を孤を畫くようにその左前隅の方に進め、次いで右足をこれに引き寄せる。

(ロ)　この時取は右足で體を支え、(1)の要領で左足裏で受の右足を拂つて投げる。

㈢　注意

(1)　受を居付かせないように、取は自ら體の捌きを輕快にし受の動きを誘い、受が側進する一瞬、一方の足から他方の足に重心の移りかわるところを遲滯なく拂わねばならず、その刹那をとらえるところに苦心が要る。また足の捌きと共に兩手の扱い方にも工夫が要る。はじめから腕に力を入れて組んでいてはこの技は出しにくい。

(2)　拂うときは、むしろ腰を前に張り出す位に體を反らせ、脚を彈力のある棒のように伸ばし、受の足を側へ掃くように拂わねばならない。この際、足が十分返つていて自然に小趾側に力が入り足裏が受の外踝の邊に當るがよい。足の返えりが不十分で、拂うところが高くなつては効果的な拂いが出來ない。

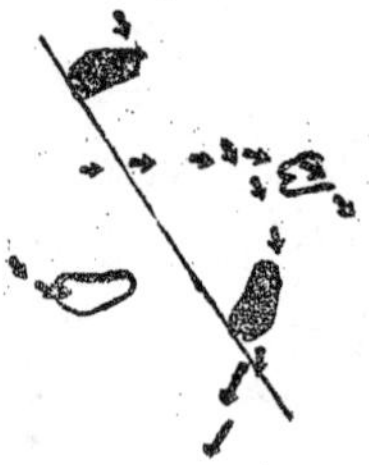

(五)　大内刈（おおうちがり）　8

㈠　大要　取は、受をその左（右）後隅に崩し、右（左）脚で、受の體がのつている脚を内側から刈つて投げる技である。

㈡　方法

(1)(イ)　互に右自然體で組み、取は左足を僅かに左前隅の方に進め、受の右足近くに移しながら、右足を浮かし、右手で受をその左前隅の方に孤を畫くように大きく引

大内刈　第一圖

大内刈　第二圖

き出す。

(ロ) 受の左足が大きく進んできて、それが疊につく瞬間、即ちこの足に受の體がのる一刹那、左手では受の右腕をその位置に制し、右手を以て受の左の胸から肩にかけた部分を後方に押して受の體勢をその左後隅の

大内刈　第三圖

方に崩すと同時に、取は腰を左に捻るようにしつつ右足を、踵を上にして受の兩足の間から深く入れて、これを鎌にし、右膕（ひかがみ）が受の左膕と交叉する關係で、右足先で疊の上に半圓を畫く如くに鋭く右斜後方に刈りひろげ、右手で強く押して受をその崩れた方向に倒す。

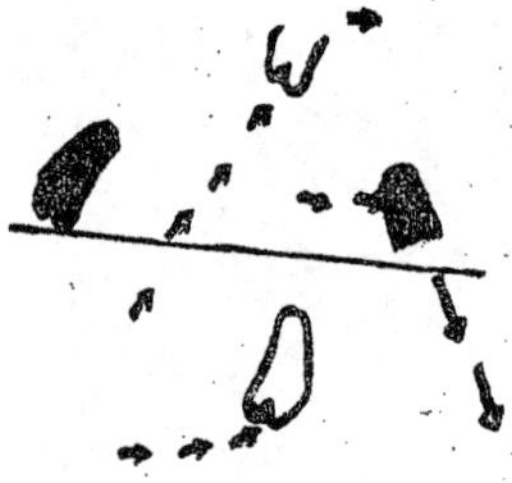

(2)
(イ)　互に右自然體で組み、受が左足を廣く左方に或は左後隅の方に開き、腰を下げて自護體のような姿勢になる瞬間、右手で受の右腕をその位置に制し、右手を以て受の左肩、胸の部分をその後方に押し、受の體が主として左足の踵にのるようにその左後隅に崩す。

(ロ)　こうしながら取は、左足を右足の後から廻わし、體を左に開いて半身になりながら、體を左足で支え、右足を受の兩足の間に深く入れ、(1)の要領で受の左脚を刈つて、その左後隅の方向に倒す。

㈢　注　意

(1)　刈る動作が敏捷で鋭利であることがこの技の大事なところであるが、こうするには右足先で疊の上に孤を畫くような氣持で右脚を働かせるがよい。この場合、右脚で受の左脚を巻き上げるようにするのは効果が少ないばかりか、受にこの力が利用されて、いわゆる裏を取られ易い。

(2)　手の働きとしては、左手では受の右腕をその位置に制することと、右手では受の左肩の前から押し落すようにして、受をその左後隅に崩すのであつて、これがよく利いていなければ、受は重心を左足から右足に移しかえることが容易であり、これでは技が極らないのみならず裏をとられ易い。

(3) 受が刈られた足をあげることも、踏みしめることも出來ないように「崩し」を工夫すると共に、刈る動作と押す方向との關係を十分會得しなければならない。兎角、入る瞬間に崩しに緩みが出來易く、また體を支える足の向きに大きな關係があるが刈る動作が不十分になつて、そのために相手を反對の方へ捻じるように押し勝ちになる。足を掛けたまま何歩も相手を押し進んでいるのをよく見掛けるが、崩した方へ刈り落せばこのようにはならないものである。

(六) 支釣込足（ささえつりこみあし） 13

(一) 大要　取は受をその右（左）前隅に崩し、左（右）足で、受の體がのつている脚の下部を支えて投げる技である。

(二) 方法

(1) (イ) 互に右自然體で組み、取は右足を足先を内方に向けて僅かに前に進め、體を左に開きながら、左手で受を前へ引いてその右前隅に大きく崩す。

(ロ) こうしながら、受の右足の出端を利用し、取は左足の足裏で受の右足の外踝から足首にかけて當てて支え、體を反らして左に捻り、左手では受を左後隅の方法に振り廻わすように大きく強く引き、右手では押し氣味にしてこれを助ければ、受は右足を支點として轉倒する。

(2) (イ) 互に右自然體で組み、取は先ず右足を退げて受を前に引き、その左足を出させ、次いで受が體勢を整えよう

支釣込足　第一圖
（右足で取の右足を支える場合）

支釣込足　第二圖
（左足の位置とその向きに注意）

支釣込足　第三圖（引手の働きに注意）

支釣込足　第四圖

として右足を出そうとする途端に、

(ロ) 取は右足を受の左足の前方に、足先を内方に向けて進め、左足裏で、(1)の如く受の右足を支えて投げる。

(三) 注　意

(1) 取は受との間合、及び位置の關係を適當にすること。これは膝車の場合と同樣でこの技の要點である。左手の引きと、それを助ける右手の働きとは體の捻りに伴うようにするのがよい。體の捻りは、間合と位置の取り方に大きな關係がある。

(2) 受の脚を支える場所が高くならぬよう、又受を引く方向は、取の眞正面に引きつけるのではなく、受の前隅の方向である。大きく圓く引くのが引きの要けつである。このとき取は腰をくの字なりに折つていては引きが利かないから十分張つて掛けるよう注意すること。

(七) 内　股（うちまた）17

(一) 大　要　取は、受をその前に崩し、右（左）後股で受の左（右）内股を内側から拂い上げて投げる技である。

(二) 方　法

(1) (イ) 互に右自然體で組み、受は、右足或は左足を横に開いて足幅を廣くし、少しく兩膝をまげ、上體を前かがみにした體勢をとる。

これに對して、取は、兩手で受を前上方に抜き上げるように引けば、受の體は兩足先にのつて前方に崩れる。

(ロ)　このとき、取は、體を左に廻わしながら、左足に體を託し、右足を輕くして踵を上に向け、一層受を引きつけつつ一氣に飛びこんで、右後股で受の左内股を拂い上げるのであるが、この場合には、取の左足は、受の兩足の中間近くに位置が變り、足先は外に向き、その膝はまがり、この足で體が支えられ、右脚は、後股が受の左内股にあたるように、その踵を上にして、受の兩脚の間に振り込まれ、瞬間的に、受の上體は取の右體側に引きつけられる。

こうしながら、つづいて取は、左膝を伸ばし、受の體を浮き上げると共に、右脚で、受の左脚を捌

内股（左内股）第一圖

内股（左内股）第二圖

內　股（2）第一圖

內股（左內股）第三圖

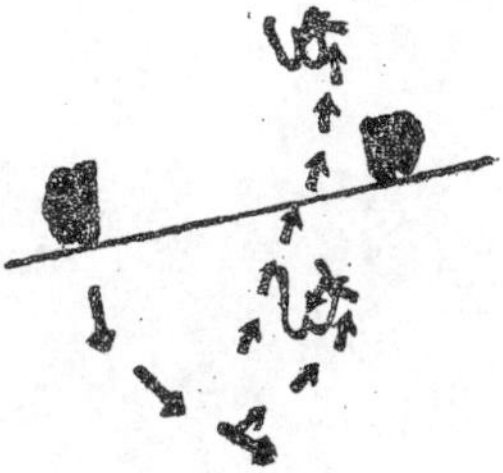

右內股（足の入れ方）

うように拂い上げ、上體を左に捻れば、受は取の右後股を軸にして孤を描いて前方に轉落する。

(2)(イ)　互に右自然體で組み、取は先ず右手で受の後襟をとり、左足を左前隅の方に進めながら右足を浮かし、右手で受を右後に振り廻すように圓く大きく引く、こうすれば受は左足を足幅を廣くして取の右後隅の方に廻りこむように踏み出して來る。

(ロ)　受が左足を進めて、その足が疊につく途端、取は左膝をまげて體を低くし左足に體を託し。右脚を受の左脚の内側に踵の方から入れ、右後股が受の左内股に當るようにし、(1)の要領で受を投げる。

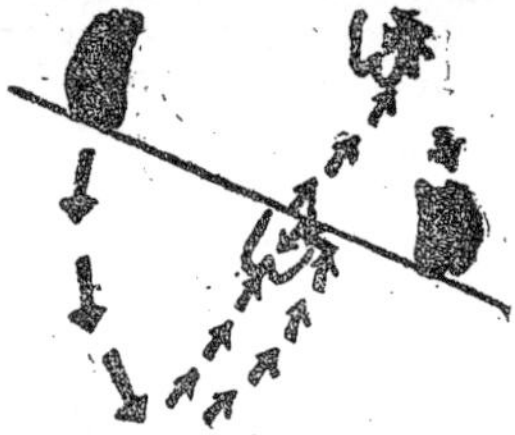

内 胯（2）第二圖

㈢ 注意

(1) 取としては先ず受を足幅の廣い、前かがみの體勢にならせるように誘導するところに工夫が要る。

(2) 入るときの必要條件としては、取は體を低めて深く入り、十分に受を引きつけ、最後の拂い上げを強くすること。しかもこれらは一連の動作として行われなければならないということである。

(3) 取は體を支える足の足先の向きを、十分に變えること。これが不十分であれば他方の脚を効果的に用いることが出來ない。時として相手の股間を痛めることがある。

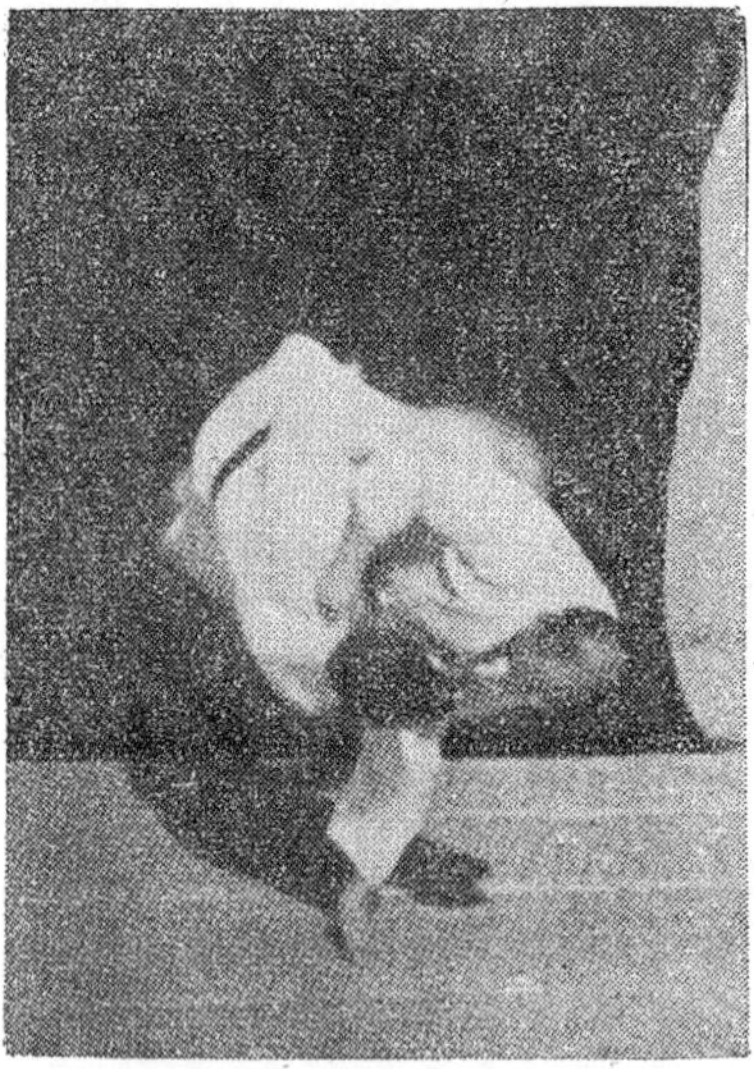

内 胯（2） 第三圖

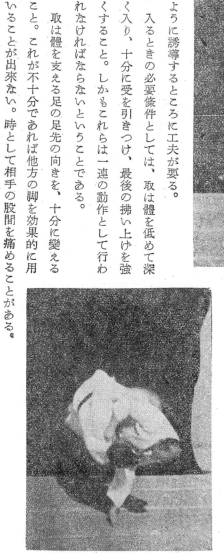

（八）小内刈（こうちがり）10

㈠ 大要　取は受をその右（左）後隅に崩し、右（左）足で受の體がのつている足を内側から刈つて投げる技である。

㈡ 方法

(1) (イ) 互に右自然體で組み、受は足幅をやゝ廣く開き膝を少しくまげ、腰を下げて右自護體のような體勢をとる。

このとき取は、受を右手では強く押し、左手では引きながら左足を右足の踵近くに寄せて受をその右後隅の方に崩す。

小内刈　第一圖

小内刈　第二圖

(ロ) この瞬間、取は右足を受の右足の内側から入れ、足裏をその踵に當てて受の右足を急速に刈ると同時に、右の押し手、左の引き手を利かせ、受をその後方に押しつぶすように力を加えれば受は鎌で刈られた草の如く

小内刈　第三圖

小内刈　第四圖

に倒れる。

(2)(イ)　互に右自然體で組み、取は先ず受をその左後隅の方に押し、受がこれに抗して押し返す端を、押し手をゆるめて急に受をその右前隅の方に誘い出すように引けば、受は體勢を保とうとして右足を大きく一歩その右前隅の方に踏み出してくる。

(ロ)　このとき取は左手で受の右腕をその位置に制しつつ、左足を右足の踵の後方に小さく廻わすようにして退け、左足で體を支えつつ右足を輕くし、受の踏み出した右足が疊について、これに受の體が半ば乗り移ろうとする瞬間を(1)の要領で刈つて投げる。

㈢　注意

(1) 刈る「時」を知ること。受をして兩足の間を廣く開かせ、これを居ついたように自由を失わせるか、又は受の踏み出してきた足が將に疊につこうとするところ、即ち受の重心が兩足の中間よりややその足の踵の方に乘る瞬間を刈らなければ効果がない。刈り方が早ければ受は輕くその足を上げて技をはずし、その足に十分重みがかかつてしまつてはおそすぎる。

(2) 刈る要領は低く、速く、その足先きの方向へ。

(3) 足幅を廣くして、稍々自護體に近い體勢にある受に對しては、右脚を受の右脚に内後方から巻きつけ、同時に右腕で受の右脚を前外方から抱きかかえ、右脚の引きつけと、左足の踏み切りとを調子を合わせ、同體となつて刈り倒すことも稀には行われる。

(九) 小外刈（こそとがり） 12

㈠ 大要　取は受をその右（左）後隅に崩し、左（右）足で、受の體がのつている足を外後方から刈つて投げる技である。

㈡ 方法

(1) (イ) 互に右自然體で組み、取は先ず左足を前に進めて受を、輕くその右後隅に押し、受がこれに應じて押し返えそうとするところを利用して、急に押し手をゆるめ、左足を後に退いて受を前に引けば、受は右足を少しく

小外刈　第一圖

小外刈　第三圖

小外刈　第二圖

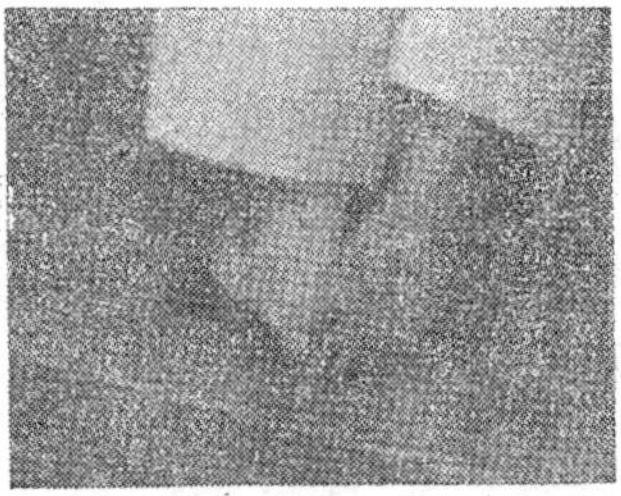

小外刈（足のかけ方）

廣くして前に踏み出して來る。

このとき、取は左足を受の右足の外側近く進めると共に、體を少しく右に開き、次いで右足を左足に引きつけ、體をこの足で支えて左足を輕く浮かしながら右手では押し、左手では引いて、受をその右後隅に棒立ちになるように崩す。

(ロ) この瞬間、取は左足裏を受が體を辛うじて支えている右足の踵に後方からあたるようにし、右手の押し、左手の引きと協調しつつ一氣に刈れば受は直下に倒れる。

(2)

(イ) 互に右自然體で組み、取は受の左足を引き出すが、または

右足を後方に一歩退かせ、その機に取は(1)と同じ要領で受を右後隅に崩し、

(ロ) 受の體をそのまま上に抜き上げるようにしながら左足裏で受の右足をその外後方から刈つて倒す。

㈢ 注　意

(1) 刈る技はすべて理は同じであるが、受が刈られた時、その足を上げて遁がれることが出來ないほどに體重をその足にのせた瞬間を逸しないように刈られねばならない。早過ぎても遲すぎてもいけない。この場合の取の位置であるが、左足で刈る動作が十分出來るように右足を豫め左方に移していなければならない。多くの場合これが不十分になり易い。

(2) 刈る動作は敏捷を要し、速度が鈍くては技に冴えが出ないし、受に變化され易い。特に押し手、引き手の協同が大事である。

(十) 拂釣込足（はらひつりこみあし） 16

㈠ 大　要　取は受をその右（左）前隅に崩し、左（右）足で受の體がのつている脚の下部を拂つて投げるわざである。

㈡ 方　法

(1)(イ) 互に右自然體で組み、取は先ず右手で受の左外中袖をとり、右手では引き左手では押し上げ氣味にし、受をその左前隅の方に釣りこんで崩す。

(ロ) こうしながら、取は、左足を、足先を内に向けて受の右足先近くに進め、その膝を僅かにまげてこの足で體を支える瞬間、右足裏が受の左足の足首の前面から外側にあたるように右脚を振り出して受の左足を強く拂い

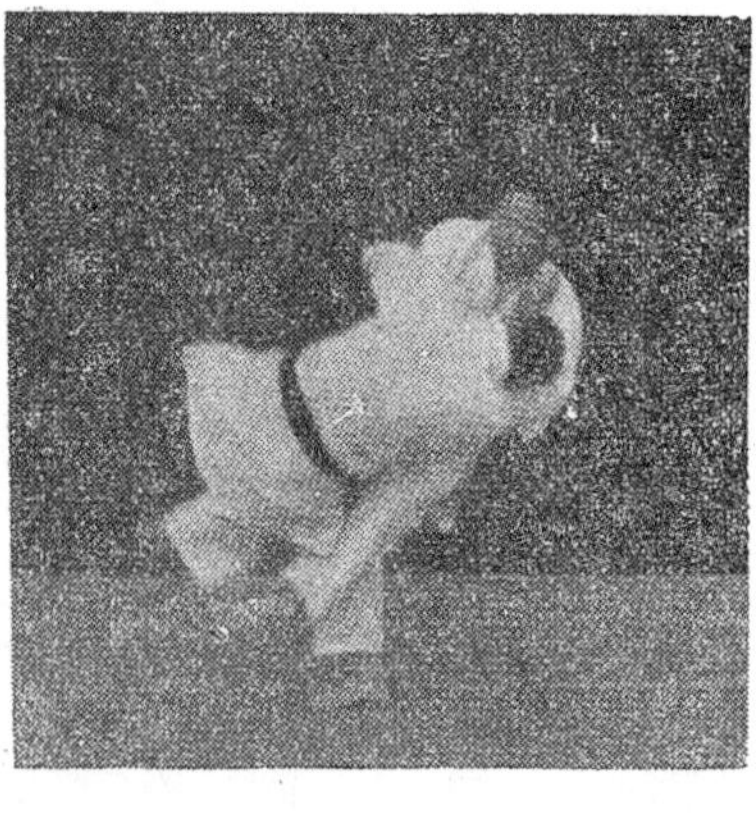

上げると同時に、腰を反らせて上體を右に捻り、右手では受をその左前隅の方に振り廻わすように大きく強く引きつけ、左手では押し氣味にしてこれを助ければ、受は大きく轉倒する。

(2)

(イ)　互に右自然體で組み、取が先ず右足を退げ、受を前へ引いてその左足を一歩進ませるか、又は受を後方に押してその右足を一歩退かせる瞬間、取は左手で受をその右前隅に引き、右手では押し上げ氣味にして受を釣り込み、十分その右前隅に崩す。

(ロ)　受がその體勢を維持しようとして右足を踏み出そうとするとこ

ろを取は右足を足先を内方に向け、受の左足先近くに進めて受に接近し左足裏で受の右足を(1)の要領で拂つて投げる。

㈢ 注　意

(1) 技に入るとき取が體を支える足は必ず内方に向いていること、及びその位置は受に接近していること。若しその足が外方に向いていては肝心の體の捻りと引き手が利かないし、その位置が受から遠くなつていては取の拂い足の力が受に及ばない。

(2) 取の拂い方で最も大事なところは腰をそらせて受の體をあおり上げるようにしつつ、腰から捻り出される脚の力で拂うことである。

(3) 取の拂い足は、十分足裏を返えし小趾の側が受の足の甲を前面から外側にかけて摺りあげるように拂うがよい。

(4) 拂う足の動作と引く手の動作とは遲滯なく協同することが肝要である。引き手は大きく受を振り廻わすように働かせ、小さく下方に引いては効果がない。

（十一）　小外掛（こそとがけ）　19

㈠ 大　要　取は受をその右（左）後隅に崩し、左（右）足を受の體がのつている足に外後方から掛けて投げる技である。

㈡ 方　法

(1) ㈠ 互に右自然體で組み、取は右足を一歩退げて受を前へ引きその左足を一歩出させ、次いで取は更に、左足を

小外掛　第一圖

退げて受の右足を進めさせる。受の右足が踏み出てきて將に疊につこうとする瞬間、取は右手で受の上體を引きながらその右後隅の方へ押し返えし、左手では受をその後下方に押して受の體をその右後隅の方へ傾ける。

(ロ)　こうしながら取は右足をそのままか、或は僅かに進めてこの足に體を託し、膝をかるくまげて體を沈め氣味にすると同時に、左足裏を受の右足の外踝から踵の邊にあてがい、兩手を益々働かせて一氣に腰を伸ばしながら、左足で受の體を抜きあげるようにし、體を浴びせかける心持で受を掛け倒す。

(2)(イ)　互に右自然體で組み、取は受の左足を引き出すか、または右足を後方に一歩退かせ、その機に取

小外掛　第二圖

小外掛　第三圖

は腰を沈め氣味にし、右足を進めながら、左手では受の右腕をその右後隅に引き下げ、右手では受を後隅に押し上げる。こうすれば受の體はその右後隅に崩れる。

(ロ) 受がその右後隅に崩れ、その重心が右足の踵の外側に集つた瞬間、取は(1)の要領で受の右足に左足を掛けて投げる。

㈢ 注意

(1) 受をその後隅に崩す手心に工夫がいる。取は右手の押し返えしと左手の引き下げの動作を協調させ、受の體が踵の外隅で辛うじて支えられる狀態に誘導しなければならない。若し崩し方が不十分であれば取の掛の動作は受にとつては乘ずべき好機となる。

(2) 取の掛けた足は受の體を抜き上げる氣味に使い、體を浴びせて行くように急速に體を進めなければならない。

(四) 腰技

（一）浮腰（うきごし）3

㈠ 大要　取は受をその右（左）前隅に崩し、これを右（左）腰に引きつけてのせ、腰を捻つて投げる技である。

㈡ 方法

(1)(イ) 互に右自然體で組み、取は左足を進めながら受を後へ押してその右足を後退させ、その時、左手を以て受を僅かにその右方に引けば、受は棒立ちになつてその右前隅に崩れる。

(ロ) この瞬間、取は右足を輕く受の右足の内側近くに運びながら、右肩を下げ、胸を開くようにして、右腕を受

浮　腰　第一圖

浮　腰　第二圖

浮　腰　第三圖

浮　腰　第四圖

第五圖　浮腰

の左腋下から帯に沿うてその背部に深く差し入れ、その掌で受の腰を後から押すようにして自分の右腰に抱き寄せると共に、受の右腕を左腕で抱えるように保持する。

これと同時に取は、右足先を軸にして體を左に開き、左足を受の左足近く前方外側に、足先を外方に向けて置きかえ、その膝を僅かに屈げ、體を開く勢と、膝を伸ばす力を合わせて腰を左に捻り相手を振りとばすように右腰を越して投げる。

(2)

(イ)　互に右自然體で組み、取は先ず左足を退げて受が右足を出さずにはいられないように引き、受の右足が前に出た端《ハナ》を、取は左足を右足の後から受の左足の前方側に退き廻わしながら、右手を(1)の如く受の左左腋下から差し入

第六圖　浮腰

第七圖　浮腰

浮　腰　第八圖

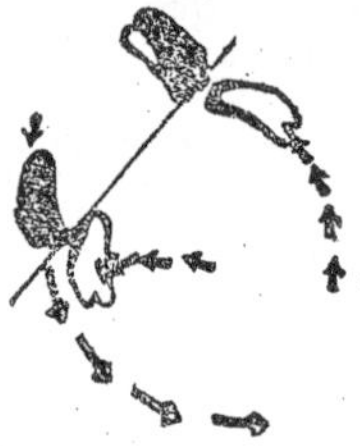

れ、その掌で受の後腰を押すようにし、左手の引きと調子を合わせて受をその前隅に浮くように崩しながら、遂には受を右腰に抱きよせる。

(ロ)　こうしながら、取は右足を受の右足の内側近くに位置をかえる瞬間、(1)の要領で受を右腰を越して投げる。

浮　腰　第九圖

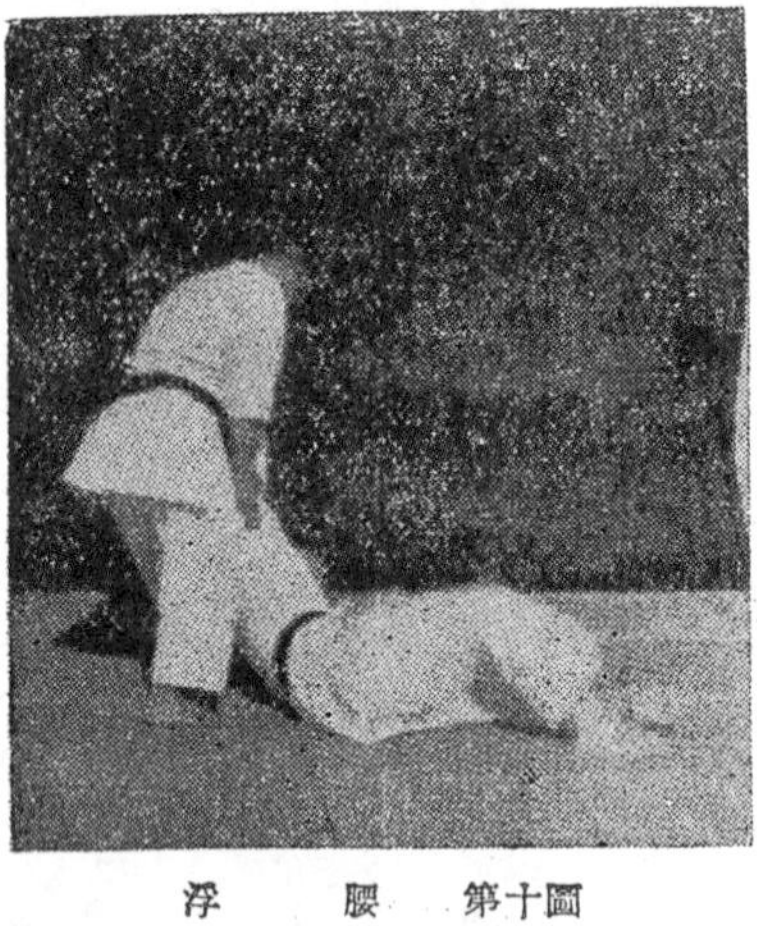

浮　腰　第十圖

㈢注　意

(1)　受が退くに乘じて追い込むようにして掛ける場合でも、前に引き出してこれを迎えるようにして掛ける場合でも、浮腰の利く瞬間は、受の體が兩足先に浮いて來た刹那を取るにある。然るに多くの場合、折角よい機會をとらえても、技に入るとき、受の崩しに緩みが出來易い。取はこのときの體の捌き方を十分練習することが肝要である。

(2)　取は受の前面を腰から右腋、背に密着させなければならないから、肩を下げ、胸を開いて入ること。そのとき體を腰のところで前屈させては腰の捻りが利かない。

(3)　受の背部に廻わした腕は、受の後帶に沿うて伸ばし、その掌で後から押すようにするのである。このとき、帶を握つて引きつけると自然に腰が前屈するようになり勝ちで浮腰になりにくい。

(4)　右浮腰の場合で言えば、右足の踏み込みは大抵うまくゆくが、左足を適當な位置へ退き廻わすことが不十分になり易い。このところが最も大事なところであるから注意して練習しなければならない。

(5)　取は受を腰の上にあげて然る後に、腰を捻つて投げるのではなくて、腰を支點にして體の捻りで、受を振り飛ばすようにするのがこの技のこつである。

(二)　釣込腰（つりこみごし）　5

㈠　大　要　取は受の體を眞前に又は右（左）前隅につりこんで右（左）腰にのせ、腰の上を廻わして投げる技である。

㈡　方　法

第一圖　釣込腰

(1)(イ)　互に右自然體で組み。取は右手で受のやや左奥襟を取るか、又は右腋下に近いあたりを取り、受の出端、或は退き際に、兩手で受の上體を前上方に引き抜くように釣りこんで、受をその眞前か、右前隅に崩す。これと同時に、取は右足を受の右足の内側近くに進め、その膝を屈げ、足先きを軸にして體を左に廻轉し、左足を受の左足の内側近く退き廻わし、この膝をも屈げ、體を低く下げ體を反らし氣味にして右肘を受の左腋下に入れ受の前面を右體側に引きつけて腰を入れ腰が受の前股の邊に當る位にする。

(ロ)　取は背後からおおいかぶさるようにのりかかつてきた相手の體を、膝を伸ばす彈力で受の股を下から押し浮かして腰をあげ、同時に兩手の引きを利かせながら體を左に捻り、受の體を腰の上を廻わして投げ落す。

第二圖　釣込腰

釣　込　腰　　第四圖

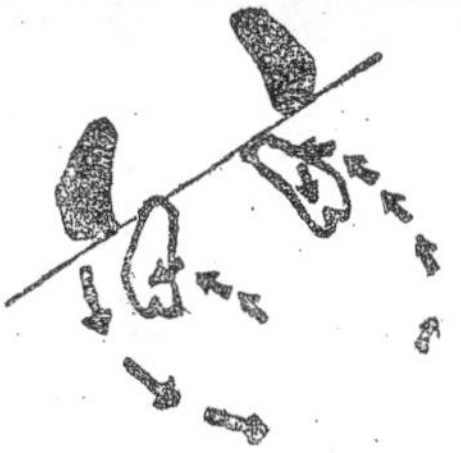

釣　込　腰　　第三圖

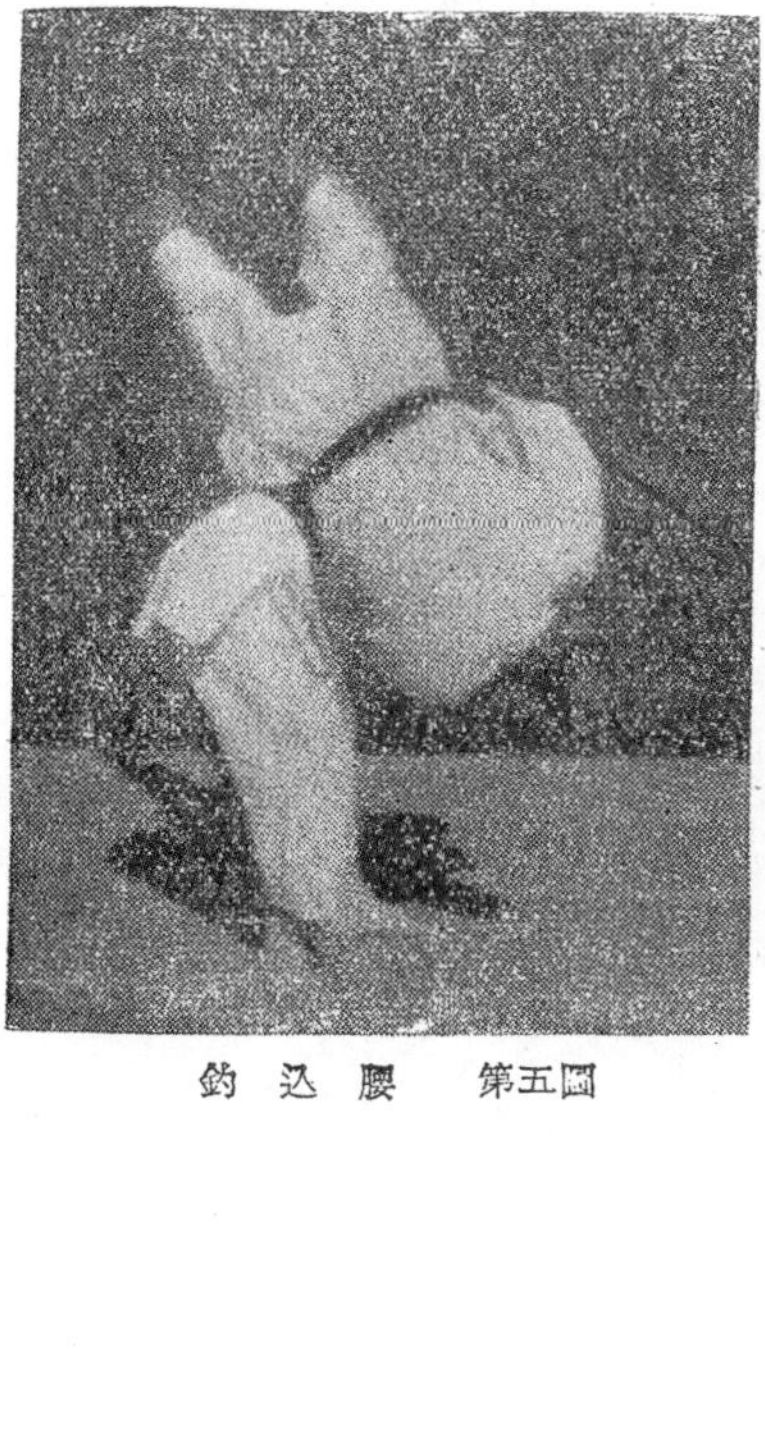

釣　込　腰　　第五圖

釣込腰（釣込む要領　特に右腕の使い方に注意）

釣込腰　第六圖

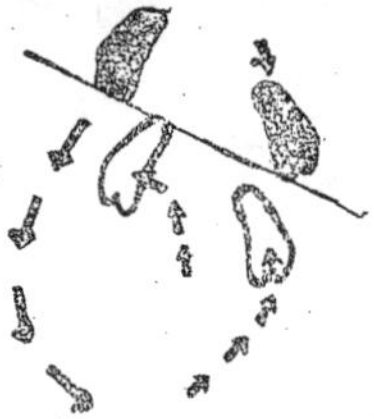

袖釣込腰　第一圖

釣込腰　第七圖

(2)

(イ) 互に右自然體で組み、取は右手で下から受の左外袖を握り、右足を輕く受の右足先の前方内側に進めながら、右手で受を前に引き出して、その左足を自分の左後隅の方に廻わすように誘い出し、その足が疊についた瞬間に釣り込んで受をその眞前の方に崩す。

袖釣込腰（袖の取り方）

袖釣込腰　第二圖

袖釣込腰　第三圖

袖釣込腰　第四圖

(ロ)　この瞬間(1)の要領で右腰の上を廻わして受を投げる。これを袖釣込腰といつている。

(ハ)　注意

(1)　互に右自然體で組んだ場合、そのまま受を眞前にか、また右前隅に崩して掛けるもの、また一般に袖釣込腰と稱するもの、或は組合う際、右前膊を受の頸の後にあてて掛けるものなどの仕方があるが、何れも受を釣り込む要領は同様であつて、受をよく釣り込むと共に、廻りこみを十分にして、能う限り低く入つて受の體を取の體に密着させることがこの技の要點である。

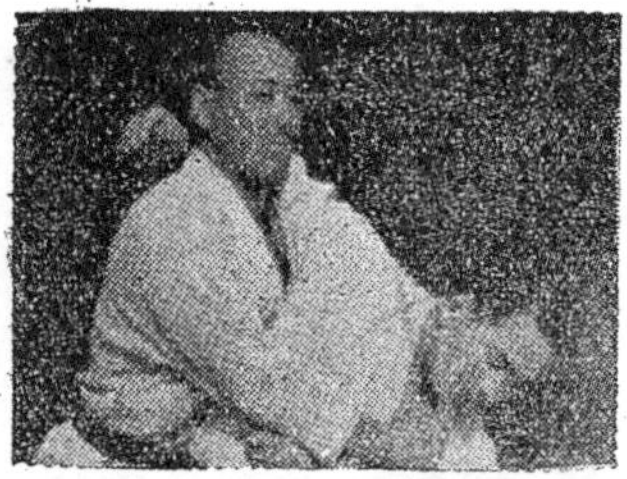
前膊を頸の背後にかけた釣込腰

(2)　右自然體で組んで左の袖釣込腰を掛ける場合が多いが、このときは、右手で襟を持つたまま掛けることは初心の人には甚だ危險であり、またこれでは肝心の引き手が利かないから、必ず右手を襟から袖に持ちかえるようにしなければならない。

(3)　右の釣込腰に入つた場合、取は頭を十分左に廻わし、受を左斜前へ投げ落すつもりで體を捻るがよい。

(三)　拂腰（はらいごし）　11

(一)　大要　取は受を右（左）前隅に崩し、その體を引きつけて右（左）腰にのせ、右脚で受の右脚を拂い上げて投げる技である。

拂腰（1）

（足の踏みかえ方）

(二)　方法

(1)(イ)　互に右自然體で組み、取は先ず右足を一歩退《サ》げつつ、右手で受を前に引きその左足を出させながら、左足を右足の前から受の左足の前に進める。こうしながら左手を利かせて受を右足が後になつたままにしてその右前隅に浮くように崩す。

(ロ)　受の右足の出端に、取は左足先を軸にして體を左に急廻轉し、左膝を僅かに屈げこの足に體を支えながら兩手を利かせて受の上體を右體側に引き寄せ、取の右後腰は受の左下腹部に、右後股は受の前股に當るように右脚を足先を下にして伸ばす。つづいて、左膝を一氣に伸ばして受の體を右腰で浮かし、右脚で受の右脚を下から摺り上げるように強く拂い上げ、同時に左手で受の右袖を引きつけながら體を左に捻れば、受の體は取の右腰を越して大きく轉落する。

(2)(イ)　互に右自然體で組み、取は左足を一歩退《サ》げ受を前へ引いてその右足を出させ、この瞬間、取は更に左足を右足の後から退き廻わして受の左足の前に移しながら、右手では受を浮き上げ氣味にし左手では受の右袖を引いて受をその右前脚の方に崩す。

第一圖　(2)拂腰

第二圖　(2)拂腰

拂　腰（2）第三圖

拂　腰（2）第四圖

拂　腰（2）第五圖

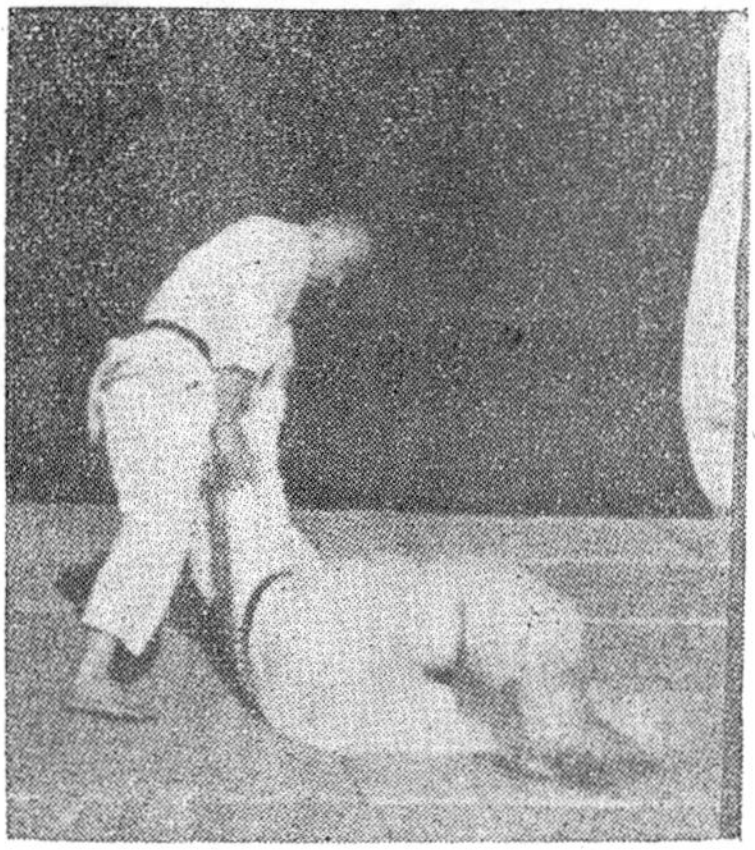

拂　腰（2）第六圖

(ロ)　この機を逸せず、(1)と同じ要領で右脚を以て受の右脚を拂つて投げる。

(ハ)　注意

(1)　この技では一方の脚で體を支えなければならないから、體を支える足の位置によつては、容易に取の體が崩れる。相手の作りと自分の作りの關係について十分工夫し、練習しなければならない。例えば餘り腰を深く入れると脚の拂いが無意味になるばかりでなく、體が崩れやすく、腰は淺く入れ、それだけに受の崩しとその後の引きを十分利かせねばならない。特に左足の位置と向きに注意すること。

(2) この技を練習するときは、はじめ、右手を受の左腋下から淺くさし入れ、受けを崩す要領と脚の動作を基礎的に練習して體の操作になれるがよい。

(四) 跳腰（はねごし） 18

(一) 大要　取は受をその右（左）前隅に崩し、受の體を右（左）腰に引きつけてのせ、跳上げて投げる技である。

(二) 方法

第一圖　跳腰

(1)(イ) 互に右自然體で組み、取は先ず左足を退げ、兩手で受を釣り込むように前に引いて、受の右足を前へ進めさせる。受が取の引きに應じて、右足を踏み出すとき、取は更に左足を右足の後に、足先を外向に廻わして退《ヒ》き、體を少しく左に開いて、受をその右前隅の方へ崩す。この場合、受の體勢は、踏み出した右足先に體がのり、しかも腰のところで少しく前屈し、上體が左に捻じれたかたちになつている。

(ロ) こうしながら取は、急速に體を左に廻わし、左足を受の

第二圖　跳　腰

第三圖　跳　腰

右足の内側に、足先をそれと同じ方向に向け、膝を屈げて踏み込み、これにつれて右膝を屈げ、右胸部、右腰、右外股を受の胸部から下腹、右内股に密着させ、一氣に左膝をのばしその彈力と、腰の捻り、引き手の働とを合わせて、受の體を内側から跳ね上げ、頭を左に廻わして、體を左に捻じれば、受は取の右腰を越して、高く舞い上つて落ちる。

取と受の脚の關係

第四圖　跳腰

第五圖　跳腰

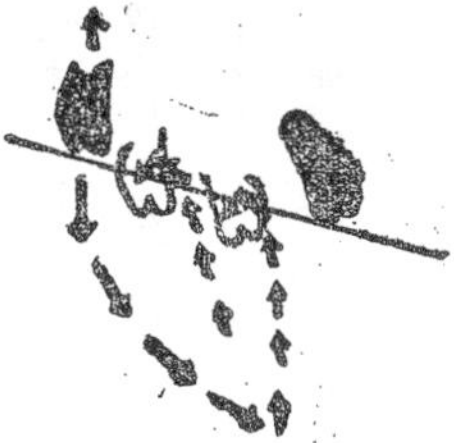

第六圖　跳腰

(2)(イ)　互に右自然體で組み取は受をその後方に押し、受がその右足を後に退けて、體勢を維持しようとするとき、取は兩手を働かして受を釣り上げ氣味に前に引き、受をその右前隅の方に崩す。

(ロ)　取は、受の右足が後にさがるを追いかけるようにして、左足を受の右足の内側に送りこみ、(1)の要領で受を投げる。

㈢ 注意

(1) 取の最も工夫を要するところは、我が體を支える左足のつかい方である。左足は程よき位置をしめること。この時の足先の向については十分注意が要る。膝の屈伸の調節はこの技の生命である。

(2) 取の側胸部は受の前胸部に密着し、一瞬、取と受とは一つの體のようになるがよい。取が上體を前に屈げ臀部を後につき出すようにしていては相手との連絡が中斷され技が利かない。

(3) 一般に跳腰について思い違いされていると思われる事は、右跳腰の場合、屈げた右脚で跳上げるものと思われていることである。これは明らかな誤解であつて、右腰の働きがこの技の生命であり、彈みをきかすために左膝を屈げるから、右膝もそれだけ自然に屈がるのである。

(五) 後腰（うしろごし）20

㈠ 大要　取は受の體をその背後から抱きかゝえ、腰を反らして投げ落す技である。

㈡ 方法

(1)(イ) 互に右自然體で組み、受が右の腰技などを掛けようとして、背を見せたとき、取は受の眞後に廻り膝を屈げて腰を下げ、左手を受左腰に廻わして、受の體を左腕で抱きかゝえる。

第一圖　後腰

第二圖　後腰

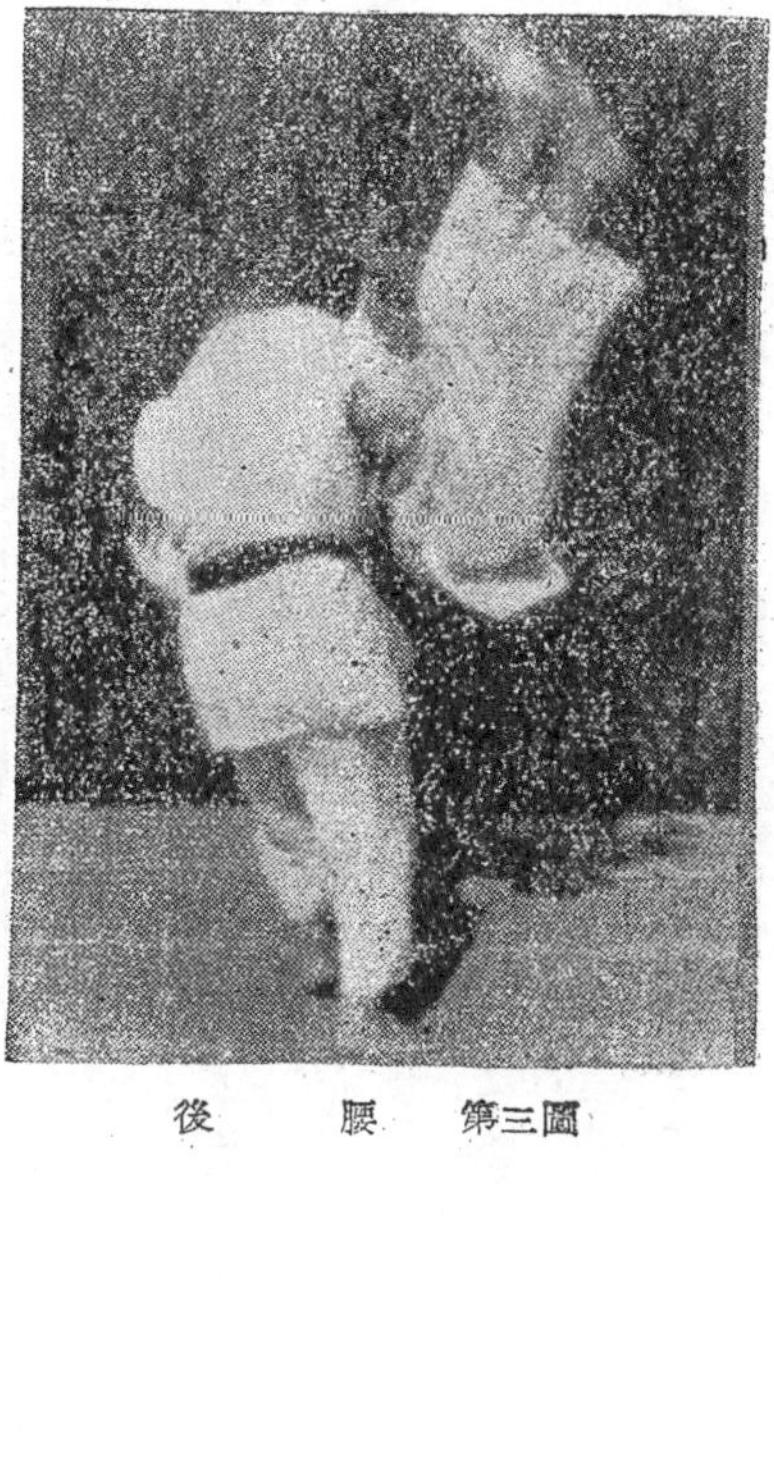

第三圖　後腰

㈣ この瞬間、取は右膝を受の臀部に當て、腰を前につき出すようにして體を反らせ、このはずみで受の體を前方にはじくように抱きあげながら一歩後に退きざま受を眞下に投げ下す。

㈢ 注意

(1) この技を試みようとして、相手の腰技をまつ心があつてはならない。これでは多くの場合失敗に終るであろう。氣がまえが充實しているときには、自然にこういう技が出るものである。

(2) 一氣に體を反らせてかけること。相手を抱きあげる動作が鈍重では途中で相手に變化されてしまう。

(六) 移腰（うつしごし） 21

㈠ 大要　取は受の右（左）腰技に應じ、受を反對に左（右）腰にのせて投げる技である。

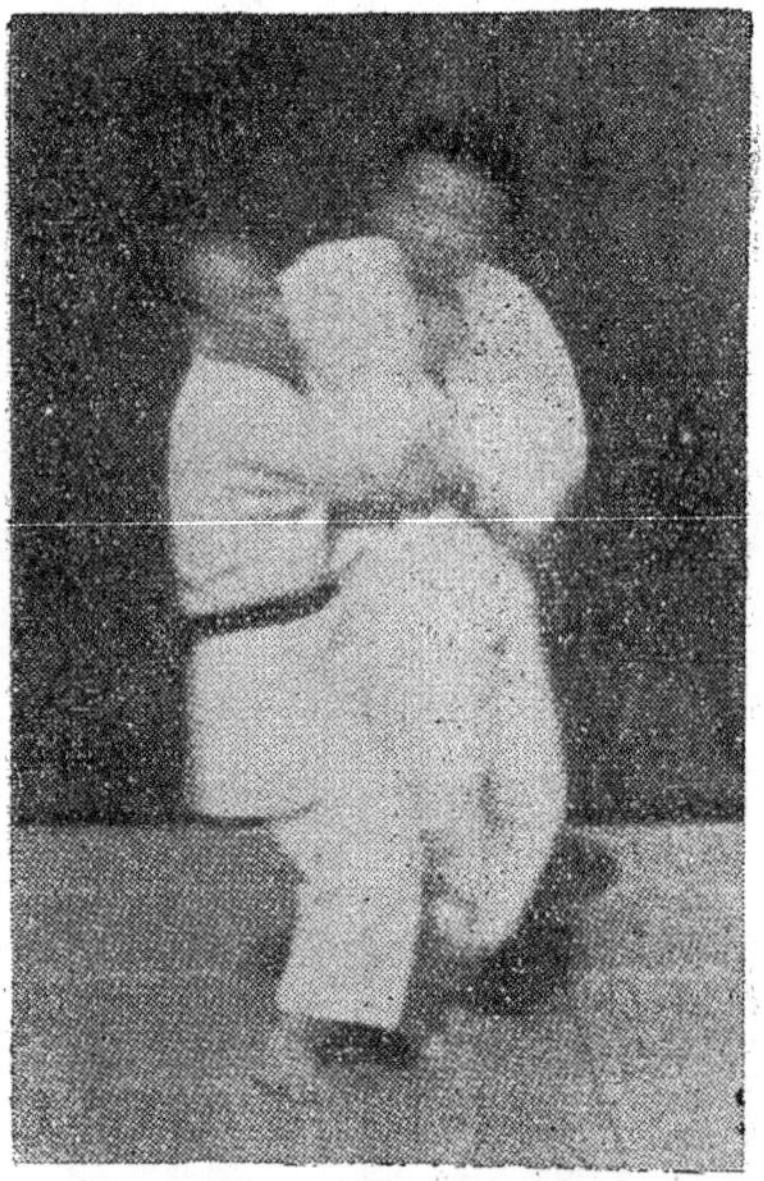
移　腰　第一圖

移　腰　第二圖

移　腰　第三圖

㈡　方法

(イ)　互に右自然體で組み、受が右の腰技をかけてきたとき、これに應じて、

(ロ)　取は少し膝を屈げて腰を低くめ、左手で受の左腰を後から抱き、右手では受の左中袖を取るようにし、一氣に腰を前につき出して體を反らせ、その彈みで受を前方に彈き上げ、その返るところを迎へるように左腰を少し右に捻つてその上にのせ、そのまま腰を右に捻つて受を投げる。

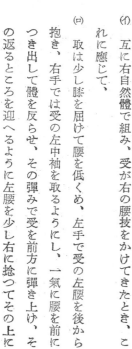

第四圖　腰移

㈢ 注意

(1) 後腰の場合と同様に、相手の技をまつ心は大禁物で體勢・氣構えが充實していなければこの種の技は出せない。

(2) 先ず以て、十分に相手を前方に振り出すように抱きあげる要領を練習しなければならぬ。これが出來れば相手の體を振りあげた時、腰を少し捻れば自然にこの技になる。

(五) 捨身技

(一) 巴投（ともえなげ）14

㈠ 大要　取は受をその眞前或は右（左）前隅に崩し、體を仰向けに捨てて、右（左）足裏を受の下腹部に當て、巴のような形で受を頭越しに投げる技である。

㈡ 方法

(イ) 互に右自然體で組み、取は先ず左足を一歩進めて受を押し、受の右足を退かせ。このとき左手は受の右横襟に握りかえる。受が前の狀態に復そうとするを利用し、急に押し手をゆるめ、左足を僅かに退きつつこれを前上方に

巴　投　第一圖

巴　投　第二圖

巴　投　第三圖

巴　投　第四圖

釣るように引けば、受は退げた右足を前に出して眞前に崩れる。

(ロ)　こうしながら、取は左足を受の兩足の間に深く踏み入れ、その膝を屈げ、すべりこむように臀部を左足の踵近くにおろす動作をしながら、右膝を屈げ、その足裏を受の下腹部中央の邊に輕く當て、眞後に圓く體を捨てつつそのはずみを受の體がのりかかつてくるに合わせて一氣に膝を伸ばすと共に、兩手をつの字形に引き返せば受は取の頭越しに仰向けに轉落する。

第五圖 巴投

第六圖 巴投

㈢ 注意

(1) この技の練習では、相手を眞前に浮くように崩す工夫と、熟練が必要なことは言うまでもない。掛け方として最も大事なことは、自分の體を捨てる位置と時機とを會得するということである。位置について言えば、出來るだけ深く入つて相手の脚下に臀部を下ろす位がよく、いくら深く入つても深すぎることはない。入る時機についていえば、相手の出る端を兩手を以て釣り崩した瞬間が最もよく、この時機を失しては技は利かない。

(2) 體を捨てるとき兎角引き手が緩みがちになる。圓く大きく相手を浮き上げるように引くべきで、最後の刹那には跳ね上げの動作と關連して、急につの字なりに引き返すようにすることが大切である。前隅に崩れた相手に巴投を掛ける場合には、引き手はその方向に引かねばならないので、右手と左手との引き方に多少の違いがあり、相手の倒れ方も強く引かれた方に廻る。例えば左手の引きを強くすれば受は取の左斜後方へ轉落することになる。側歩《ヨコ》きする相手に對してはこの方法が有効である。

(二) 隅返（すみがえし） 22

第一圖　隅返

(一) 大要　取は受をその眞前か右前隅に崩し、取は仰向けに體を捨てながら右（左）脚で受の左（右）脚を内側から跳ね上げて投げる技である。

(二) 方法

(イ) 互に右自然體で組み、受は足幅を廣くし、膝を屈げて腰を下げ、自護體のような體勢をとる。取は先ず右足を退《ヒ》いて、受をその左前隅の方に引いて、その左足を大幅に踏み出させれば、受は體勢を維持しようとして、次いで右足を進めてくる。この出端を利用して取は左足を右足に近く引きよせながら、左手で

第二圖 隅返

第三圖 隅返

受をその前隅の方に引いてその右足を進めさせ、この途端にその眞前或は右前隅に崩す。

(ロ) この一瞬、取は右足首の邊を受の左内股の下部に内からかけるようにしつつ仰向に體を捨て、受の左脚を下から跳ね上げ、この動作と協調して兩手を圓く引きつければ受の體は取の左肩越に轉倒する。

(三) 注意

(1) 體を捨てる動作が投げる動作と一連の關係になつているこ

取と受の脚の關係を示す

と。即ち取が臀部を一度畳につけてから右足で跳ね上げるのではなく、體を捨てる力が相手を投げる力としてそのまま活用されるようになつていなければならない。

(2) 取が體を捨てるとき、臀部を畳に下ろす位置は踵に接近していること。これが遠くはなれていては跳ね上げが利かない。

（三） 浮技（うきわざ） 23

(一) 大要 取は受をその右（左）前隅に崩し、體を左（右）横向きに捨てて投げる技である。

(二) 方法

(1)(イ) 互に右自然體で組み、取は先ず右足を退《サ》げて受の左足を踏み出させ、受をその左前隅に釣り込めば、受はそ

浮技 第一圖
（體の捨て方に注意）

浮技 第二圖

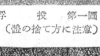

の右足を進めて體の安定を保とうとする。このとき、これを引いて誘い出し受をその右前隅に浮かすように崩す。

(ロ) この時、取は右足を軸にし左脚を輕く伸ばして左足を後に退き廻わしながら體を左に開き自らその體を受の斜左前の方に左體側を下にして捨てる。この場合、取は右足裏を平に疊につけ左足の小趾の側と左肩の背部とで體を支え、體を左向きに反らせ、腰部は僅かに疊からはなしている。こうしながら取は兩手の働きを伴わせて受を左肩の方に投げる。

第三圖　浮技

(2) (イ) 互に右自然體で組み、(1)と同樣の方法で受をその右前隅に浮かすように崩す。

(ロ) 受が右足を前に進めて、その體勢が右前隅の方に崩れかかるを、取は右足の小趾の側をすべらせるようにして、受の左足の外側から進めその踵に近く臀部を下ろしつつ、體を左に開き、左體側を下にして體を捨て、兩手の働きをこれに加えて(1)の要領で受を左肩の方へ投げる。

(ハ) 注意

(1) この技の要點は掛ける機會を外さぬこと、相手を浮かす兩手の働かせ方、及び體の捨て方と捨てる場所とを誤らぬようにすることにある。

(2)　取はその體を捨てる力で受を投げるのであるから、體を捨てる力と兩手の働きとが一筋につながつて、動作がとぎれたり、力が緩んだりせぬようにする要領を十分會得しなければならない。腕力を恃んでこれを試みても効果がないばかりかこれでは相手に怪我をさせることもある。

(六)　投技の連絡變化

「作り」と「掛け」との關係は實に複雜微妙であつて、瞬時に變轉して攻防そのところを變えるのである。この間に處して、常に氣力を充實し、自在に體を捌いて彼我の間合を正し、刻々の相手の變化に應じて力の運用宜しきを得、彼來ればこれを迎え、去れば追い、能く相手の機先を制してその虚に乘ずれば、僅かに一擧手一投足の勞を以て相手を制御することが出來るのである。

然しながら、練習は、兩者互に相手を制せんとして秘術を盡すのであるから、彼の實力著しく我に劣る場合は別として、技倆互角、或は我に優る者を相手としては、理論の如くに一技一倒の勝を得ることは事實に於て容易なことではない。ここに技の連絡變化の研究工夫の重要性がある。

技の連絡變化とは、相手の體勢に即應してその場合に於ける最も適當な技を、次々に、合理的に連絡して施すことをいうのである。投技の中でも、固技の中でも、また投技から固技へでも、技に變化あり連絡あることは、相手を制御する技術上の必要からは勿論、練習の興味の上からいつても、また練習の品位の上からも、或はまた技術を通して心を養う上からも大きな意義のあることである。

技の連絡變化は、自分の技についてばかりでなく、相手の技に應じても當然行われるべく、兩様を表裏として合わせ行い、臨機應變の妙を發揮しなければならないが、練習の態度としては、先ず積極的な前者の方法を第一義として練習し、この熟達に伴れて後者をも合わせ工夫するがよい。決してこれを輕視するのではないが、未熟のうちにこれを行えば、自然、相手の技を待つようになつて、防禦を主とする消極的練習の弊に陷る恐れがあるからである。

（一）積極的連絡變化の方法

好機に乘じ、一技一倒の意氣を以て鋭く技を施したが、不幸にしてこれが利かなかつた場合、そのために崩れた相手の體勢を見遁すことなく、その崩れに應じて、間髪を容れず適切に二の技、三の技を發《ハナ》ち、間斷なく攻め續けて相手を投げる方法である。

崩しの理と攻防の實際から考えて連絡變化の原則的な場合とその實例の一班を示せば次の通りである。

㈠　同一技の連續掛け

最も單純にして容易な場合である。取の掛けた技が一度では奏功しなかつたが、そのために受は大いに搖ぎ、僅かに倒れるを免れ、同方向に益々大きく崩れた場合、取はこの機を逸せず氣力を勵まし、例えば右跳腰——右跳腰、左背負投——左背負投というように同じ技を繰返して掛ければ完全に受を制することが出來る。平素練習の際は、一度で利かなければ斷念せずにそれを二度、三度と續けて掛けるよう心掛けて練習しておくがよい。又この理によつて、例えば跳腰——拂腰とか、釣込腰——背負投というように、ほぼ同じ効果を得られる技を續けて掛けてもよい。

然し技の連絡變化の工夫に當つて心すべきことは、常に初めに掛けた技を、次の技の手段と心得てはならぬということである。必らずどの技でもこの一發で相手を投げるという信念と意氣で行うべきである。

㈢　前後の連絡

眞前と眞後及びこの反對、或は右（左）前隅と左（右）後隅及びこの反對方向へ、技を連絡する場合が非常に多く、且つ有効である。例えば取が大內刈を掛けて受を後に押し、これが利かないとき、受がこれを外すため體勢を前にかけて來る變化に乘じて、受を前に引いてかける、例えば右背負投の如き技を施す如き連絡法である。

(1)　前隅又は眞前に崩して掛ける技から、後隅又は眞後に崩して掛ける技へ、

(イ)　膝車―小外刈或は出足拂

取の右膝車に對し、受が右足を進めて、この足に重心を移しかえて、取の膝車を防いだとき、取は受の膝を支えた右足を左足に引きよせると共に、左足で受の右足を小外刈で刈つて倒す。場合によつては左出足拂になることもある。

(ロ)　浮腰、釣込腰、跳腰、背負投―大內刈

取の右浮腰、右釣込腰、右跳腰、右背負投に對し受が腰を落し體を反らして防いだとき右大內刈に轉ずる。

(ハ)　內股―大內刈又は、小內刈

取の右內股に對し受が腰を落し體を反らして防いだとき右大內刈に、または、受が右足の方へ體を移しかえる瞬間に右小內刈に轉ずる。

(2)　後隅又は眞後に崩して掛ける技から前隅又は眞前に崩して掛ける技へ

(イ)　大內刈又は小內刈―浮腰、釣込腰、背負投、拂腰、跳腰、內股、體落、巴投、肩車、隅返

取が右大內刈或は小內刈を以て受をその後方に攻め、受がこれを防ごうとして體勢を前にかけて來るを、取は

次の瞬間受をその方向へ引いて右の如き背負投などのような技を掛ける。特に取の右大内刈を受が左足を浮かして外した場合、直ちに取は右體落に變化する如き、その結果は實に見事である。

(ロ) 大外刈―拂腰、釣込腰

取の右大外刈を受が辛じて防いだ場合、取は直ちに、右拂腰、右釣込腰に轉ずる。

(ハ) 小外刈又は小外掛―釣込腰、背負投、拂腰

取が右小外刈又は右小外掛を掛けた場合、受がこれを外し、體勢を挽回しようとして前に出る瞬間、取は左の釣込腰、背負投、拂腰などに變化する。

(三) 左、右の連絡

眞側或は右(左)前隅と、左(右)前隅及び右(左)後隅と左(右)後隅の方向へ技を連絡する場合である。すなわち、受を先ず右方に攻め受の變化に應じ、次いで左方に轉じて攻めるか、取が先ず右技を掛け、受の崩れに乘じてそこへ、取は左技に轉じて攻める場合である。

例えば、取が右釣込足を掛け、次いで左釣込足で攻める如き、又は取が左送足拂を掛けた時、受が兩足を揃え、前隅に崩れた瞬間、直ちに取が右跳腰を掛ける如き、或は又取が右大内刈を掛け、受がその左足から右足に體を移しかえてこれを防いだ瞬間、取は直ちに右小内刈に轉ずる如きである。

(1) 眞側又は前隅に崩して掛ける技から反對の眞側又は前隅に崩して掛ける技へ、

(イ) 送足拂―送足拂、拂釣込足―拂釣込足、拂腰―拂腰

同一技で先ず右技で攻め、次いで左技で攻めるというように左右交互に連絡してかける。

㈡　釣込足―浮技

取は右釣込足をかけ、これを防いだ受の體勢を反對の前隅に誘導して左浮技をかける。

(2)　眞側又は前隅に崩して掛ける技から同側の眞側又は前隅に崩して掛ける技へ

㈠　送足拂―跳腰、拂腰、背負投、體落など。

取の左送足拂によつて受は辛くも倒れるを免れ、棒立ちになつて右前隅に崩れた刹那、取はここへ直ちに右跳腰などを掛ける。

㈡　體落―背負投、跳腰―體落

取が右體落をかけ受がこれを辛うじて外したが前隅に崩れた場合、取はそのまま腰を深く落して右背負投を掛ける。また右跳腰に攻めて利かぬとき續いて右體落に變化する。

㈢　支釣込足―拂腰

取が右支釣込足をかけ、受が左前隅に崩れたまま僅かに倒れずにいる場合、取はすかさず大きく廻つて左拂腰に轉じ拂い上げて受を投げる。

(3)　眞側又は後隅に崩して掛ける技から反對の眞側又は後隅に崩して掛ける技へ

㈠　右大內刈―右小內刈

㈡　右小內刈―右大內刈

取の右大內刈に對し受は左足を浮かしてこれを外す瞬間、取は直ちに足を返して右小內刈に變化する。右小內刈から右大內刈も同じ要領ですることが出來る。

(4) 眞側又は後隅に崩して掛ける技から、同じ側の眞側又は後隅に崩して掛ける技へ

(イ) 出足拂―小外刈

取が左出足拂を掛けたとき受は輕くその足をあげてこれを外し、この足が元のところへ戻るところをその右後隅に崩して左小外刈を掛ける。

(ロ) 小内刈―小外刈又は小外掛

取が左足で受の左足を左小内刈に刈つたとき、受がこの足を輕く上げて外した瞬間、取は受をその右後隅に崩して左小外刈或は小外掛に變化して攻める。

(二) 相手の技に應じて行う連絡變化の方法

相手が技をかけて來ようとする出端、または技が掛らなかつたために引返す引端などには、相手の心がそれに専らになつており、また相手の技を外した瞬間には、相手は變化の自由を缺いているからこれに乘ずれば比較的容易に相手を制御することが出來る。また相手の掛けた技が不十分な場合は、相手に技を掛けさせたままで、自分は別な技を掛けることができ、また相手の技をそのまま切り返すこともある。

然しながら、凡そ應じ技に於ては、相手の技を待つ心があつては大方は失敗に歸するものであつて、常に氣力を張り積極的に攻める體勢にあることが應じ技の要訣である。

(一) 相手の技の出端、引き端に應ずる。

(1) 出端をとる

(イ) 巴投―大内刈、小内刈、小外刈

取は巴投をかけようとする受の氣の動きを早くも察し、受が巴投の體勢に移る端を利用して、大内刈、小内刈、小外刈を施す。

㈣　膝車、支釣込足—大内刈

受が右膝車、右支釣込足を掛ける端を取は速かに右大内刈に轉ずる。

㈥　拂腰—體落

受が右の拂腰を掛けようとしてその左足を右足の前へ出し、右足を上げようとする端を左體落に轉ずる。

(2)　引き端をとる。

跳腰—跳腰、膝車、大外刈

受が右跳腰をかけて利かなかつたため、掛けた右足を退く端に、これを追い込んで右跳腰を掛け、右膝車、右大外刈に轉ずる。

㈢　應じ返し

㈠　出足拂、拂釣込足、送足拂—出足拂、送足拂

受が右足で取の左足を拂つて來るを、取はその足をサッと退《ひ》いて受に空を拂わせ、同時にその足で受の足を追うて拂い返す。一般にこの仕方を足拂返しといい、燕返しとも通稱している。

㈣　内股—浮腰、體落

受が飛び込みながら右内股を掛けて來た場合、取は左足を退いてこれを外し受に空を拂わせ、左手で受を右に捻ればそれだけで受は宙を廻つて倒れるが、このとき左浮腰、左體落に入れば、實に容易に受を投げることが出來

る。

㈢ 技を掛けさせたまま逆用する。

(イ) 小內刈―巴投、膝車、浮技

受の右小內刈に應じ、これを取は右巴投、右膝車、左浮技などに轉用する。

(ロ) 大內刈―巴投、浮技

受の右大內刈に對し、取は左足をあげてこれを外し左巴投に轉じ、左浮腰に變化する。

(ハ) 小外刈又は小外掛―內股

受の左小外刈又は小外掛に應じ、取は體を左に捻つて、そのままこれを右內股へ轉用する。

出足拂―背負投、釣込腰、體落、小內刈

受が左出足拂を掛けてきたのに應じ、取は拂われた右足をそのまま前へ運んで、右背負投、右釣込腰、或は右體落、右小內刈などに轉ずる。

㈣ 相手の技を受けて應ずる。

(イ) 跳腰、浮腰、拂腰、內股、釣込腰、背負投―後腰

受が右跳腰など取に背を向けるような技を掛けてきた場合、取はこれに應じて腰をさけ、受を後方から抱いて腰を反らせ、受を前上方へ強く彈き上げて投げる。

(ロ) 跳腰、浮腰、拂腰、內股、釣込腰、背負投―移腰

受の右技に應じ、取は後腰の如くして受を抱き上げ、これを左腰に移して投げる。

(三)　切り返し

(イ)　大外刈―大外刈、拂腰

受の右大外刈に對し取は速かに左足を後に退いて、反對に右大外刈に轉ずる。また受が右大外刈を掛けて來た時、取は右足を後に退いて體を右に開き、右手で引き、左手で押せば、受は空を刈つて自ら宙を廻つて轉落する。時には右の拂腰に變化することもある。

(ロ)　大內刈―小外刈又は小外掛

受の右大內刈を取は刈られた左足を以て、小外刈又は小外掛に轉じて受をその右後隅に投げる。

(ハ)　內股、跳腰、拂腰―小外刈

受が右內股、右跳腰、右拂腰など掛けて來た時、取は左足で受の體を支えている左足を小外刈のように刈つて切り返す。

(ニ)　跳腰―拂釣込足

受が右跳腰を掛けて來た時、受を前に抱き上げるようにしつつ右足で受の左足を拂つて切り返す。

第三節　固技

固技というのは、相手を抑えたり、頸など絞めたり、關節を逆にしたり、捻じつたりする方法である。

固技は、各々性質の異る三種の技で構成されている。即ち抑技、絞技、關節技を總括して固技というのである。相手を仰向けにしてこれを上から抑えつけ、起き上れないようにする仕方を抑技といい、相手の頸などを壓して、その自由を制する仕方を絞技という。又、相手の肘關節などを逆にしたり、捻じつたりする仕方を關節技というのである。（第一章第一節參照）

この類別によつて、學校で練習される固技を表にして示せば次の如くになる。

固技
- 抑　技─袈裟固、肩固、上四方固、横四方固、縦四方固
- 絞　技─十字絞、送襟絞、
- 關節技─腕緘、十字固

以下順次に各技の基本的な要領について解説する。

(一)　固技の基本

固技の練習は、先ず抑え技の練習によつてその基礎を固めるがよい。絞技、關節技は立つていて技を施すことも出來るけれども、その多くは、所謂寢技の形で行われ、これに必要な進退動作は抑技によつて最も安全に、且つ確實に練習される。また、絞技、關節技は抑技から連絡變化する場合が非常に多い。

投技と固技が圓滑密接に相關連して行われるように、固技の練習は、抑技を中心として、絞技、關節技が三つ巴のように互に連絡し合う。相手の變化に即應してその時々に適した技に變化して攻めれば、攻める力を增すことはもとより、自然に練習の妙味が分かり一層興味が深くなる。

固技の練習では、投技の基本として會得した攻防の理合や體の扱い方を活用し、柔かで粘り強く、理に合わせて緩急よろしく行動することが大事なことである。

（一）抑　技

抑技を仕掛けられた相手は、全力を以て起き上るか、または他に變化しようとするから、これを制するには單に力まかせに腕だけでするのではなく、全身の力を調和的に働かせ、その刻々の變化に巧みに應ずる心得と熟練とが必要である。

このときの基本的な力の用い方としては、

自分の全身の働きで抑える。

力を一方に偏しさせない。

相手の起きようとする端々を抑える。

相手の力を無効にするように制する。

などの工夫が要る。練習中、抑えようとする餘り、又起きようとする餘り、相手の顏面に掌をかけたり、或は相手の身體を打ち、突き、つかむなど相手に苦痛を與えるようなことは總べて反則とされている。（第一章第一節參照）

（二）絞　技

絞技には、方法としては頸絞と胴絞の二つがあるが、後者は危險防止の上から絞技の練習から全く除外され、專ら頸絞が行われるのである。頸絞といつても咽喉をしぼるようにするのではなくて、主として頸の兩側を壓するのである。

この技を利かせるためには、

相手の體の働を制する。

自分の體を十分働けるようにしている。

腕の狹い部分を頸に密着させる。

などが工夫すべき要點である。直接に、口や鼻を手のひらで覆うたり、或は咽喉をつかむなどの仕方は許されない動作であり、言うまでもなくこれは絞技とは認められない。（第一章第一節參照）

（三）關節技

關節技は、その性質上、危險を伴い易いので、この練習は肘關節だけに限つて行われる。

肘關節に對して技を施すためには、

相手の體の働を制する。

自分の體を十分働けるようにしている。

力の用い方は挺子の理に從う。

などの諸條件を整えることが必要である。（第一章第一節參照）

〔註〕「柔道試合審判規程」には、寢技に入る機會について次の如く定められている。

試合者が寢技に移ることが出來るのは次の場合とする。但し、技が繼續しない場合は、審判員は見込みによつて之を立たせる。

(イ) 投技が相當の効果があつて引續き寢技に轉じて攻める場合。

(ロ) 投技を施そうとして倒れたときまたは倒れかかるのを利用して他の一方が攻める場合。

(ハ) 立つたまま絞技又は關節技を施して相當の効果があつて引續き寢技に轉じて攻める場合。

以上は試合のときに適用される規程であるが、平素の固技の練習が、これに準據して行われることは言うまでもない。

何れにしても固技に入る機會を合理的にとらえ、瞬間に連絡して相手をして防禦の方途に窮せしめることが肝要である。

(二) 抑技

(一) 袈裟固（けさがため） 1

㈠ 大要　取は受を仰向けにし、その右（左）側から受の肩と腋下とを、いわゆる袈裟がけに抑える技である。

㈡ 方法

(1)(イ) 受は仰臥する、取はその右側から、左手では受の右外奥袖を取つてこれを左腕に挾み、右臀部を疊につけ、右腕では受の左肩越しにその頸を抱え、その掌を疊につけるか又は受の後襟を握る。次いで右脚を前に伸

第一圖　袈裟固

〔本袈裟固〕

ばしてその外側を疊につけ、右腰を受の右腋下に密着させ、左脚をも大きく後に開いて内膝を疊につける。

(ロ) こうしながら取は右腰に體をのせ受の右腕を左腋下に十分抱きこんで引きつけると共に胸を開き右側胸部で受の前胸部を輕く壓して抑えこむ。

これを本袈裟固といつている。

(2) (1)の理を應用し、ただ右腕の使い方をかえて抑えるものを崩袈裟固といつている。

本袈裟固で受の頸を抱えた取の右腕を受の左腋下から差し入れて抑える仕方である。

この抑え方を更に應用して、取が右腰を受の頸の右側につけ、受の右腕を引くかわりに後襟をとつて抑える方法もある。これを枕袈裟と通稱し、又取が後向きになつて抑えこむ仕方もある。これを後袈裟と稱している。

袈裟固 第二圖
崩袈裟固

袈裟固 第三圖
崩袈裟固（枕袈裟）

袈裟固 第四圖
崩袈裟固（後袈裟）

いづれも崩袈裟固である。

㈢ 注　意

(1) どの抑技でも同じことで、柔かに抑えてはいるが何時でも相手の動きに即應して適當な身捌きができて、結局において相手を起き上り得ないようにするのが抑え方の要訣である。しつかり抑えようとして手足に力を入れすぎて體を固くし、受にのしかかるようにしてはならない。返され易いからである。

(2) 取は右腰を受の右腋下にぴつたりとつけ、受の右腕をゆるみなく左腋に挾むように引きつけていること。これが緩むと受の肩が利くようになり、やがて體を捻り脚を利かせるようになるから、こうなつてはこの技では抑え切れなくなる。

(二) 肩固（かたがため） 2

㈠ 大　要　取は受を仰向けにし、その右（左）側《ヨコ》から受の右（左）腕をその頸と一緒にして右（左）腕と頸とで挾み抱えて抑える技である。

㈡ 方　法

(1) 受は仰臥する。取は袈裟固に入る時のように受の右側に寄り、右腕では受の左肩越しにその頸を抱え、左手で受の右肘を押し上げ、取は頸と右肩と右腕とで、受の頸と右腕とを堅く挾むと共に、右手と左手とを握り合わせる。そして右膝で受の右横腹を押しつけ、左脚は伸ばして左横に踏ん張る。

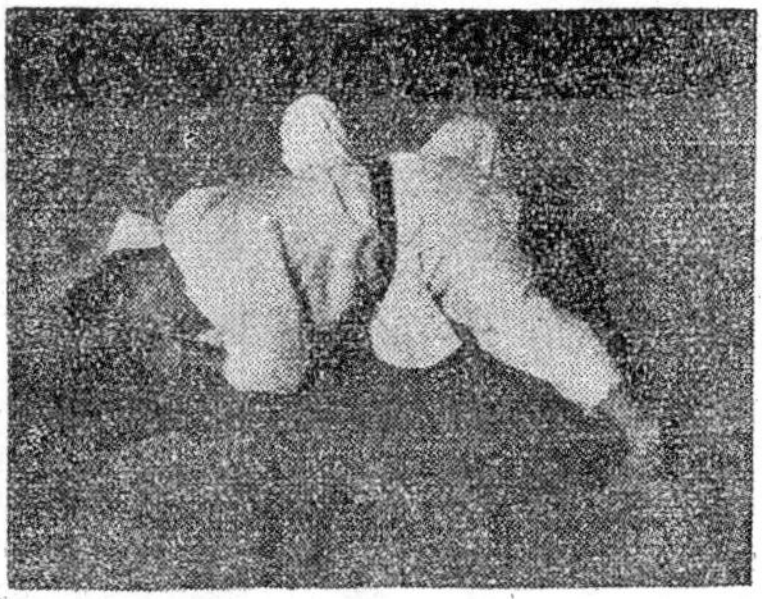

肩固

(2) こうしながらぐつと兩腕をひきしめると共に、右肩を押し落すようにして抑えこむ。

㈢ 注意

(1) この技の要點は、受の頸と腕とを一緒に抱きしめてゆるめないようにすることにある。またこのときに上體をのせすぎないこと。ゆるめば受に拔けられるし、のりすぎれば返えされる。

(2) この技では兩脚が重要なる役をなすのであるから脚の使い方、足の位置を工夫しなければならない。時には袈裟固のときと同様にすることもある。

（三） 上四方固（かみしほうがため） 3

㈠ 大要　取は受を仰向けにし、その頭の方から俯伏になつて受の體を上から抑える技である。

㈡ 方法

(1) (イ) 受は仰臥する。取はその頭の方から受の上に俯伏になり、兩腕で受の肩を外側から抱くようにして、受の横帶を握り、兩膝を開いて疊につけ、腹部で受の顔を壓する如くに體を低く下す。

(ロ) こうしながら兩手をぐつと引きつけると同時に腰を下げ、受の上半身に重

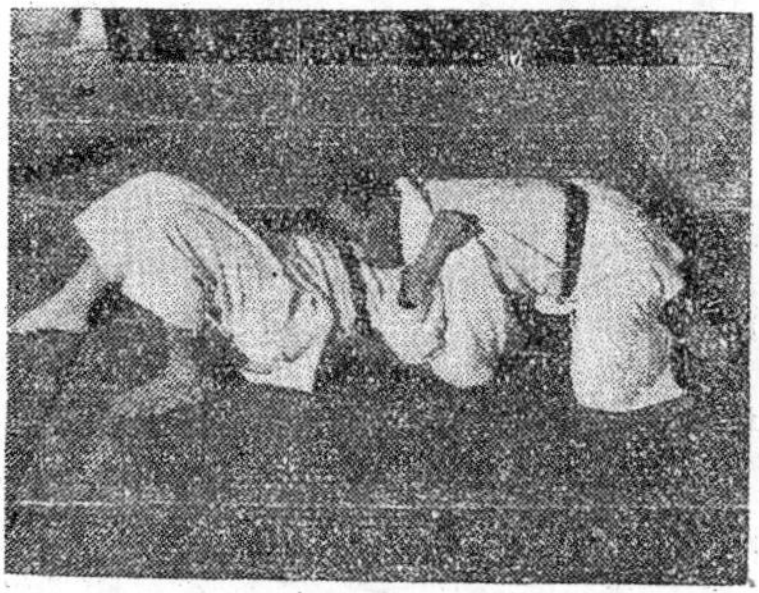

上四方固

みを加えて抑えこむ。

(2)(イ)　受は仰臥する。取はその頭の方稍ゝ右肩寄りから受の上に俯伏になり、先ず左手を受の左肩の下から差し入れて、その横帯を握り、次いで、右手では受の右腕を腋下に抱えて、その後襟をとるか、又は右手を受の腋下から背部に深く差し入れて、先に握つた左手を越し、その手の甲を疊につけるようにして受の帯を握り、兩膝をまげてするか、又は兩脚を伸ばし廣く開いて足先を外方に向ける。

(ロ)　こうしながら、取は一應體を下方に退き下げて體勢を整え、一氣にぐつと胸を張り同時に兩肘で受の體を内にかいこんで抑えこむ。

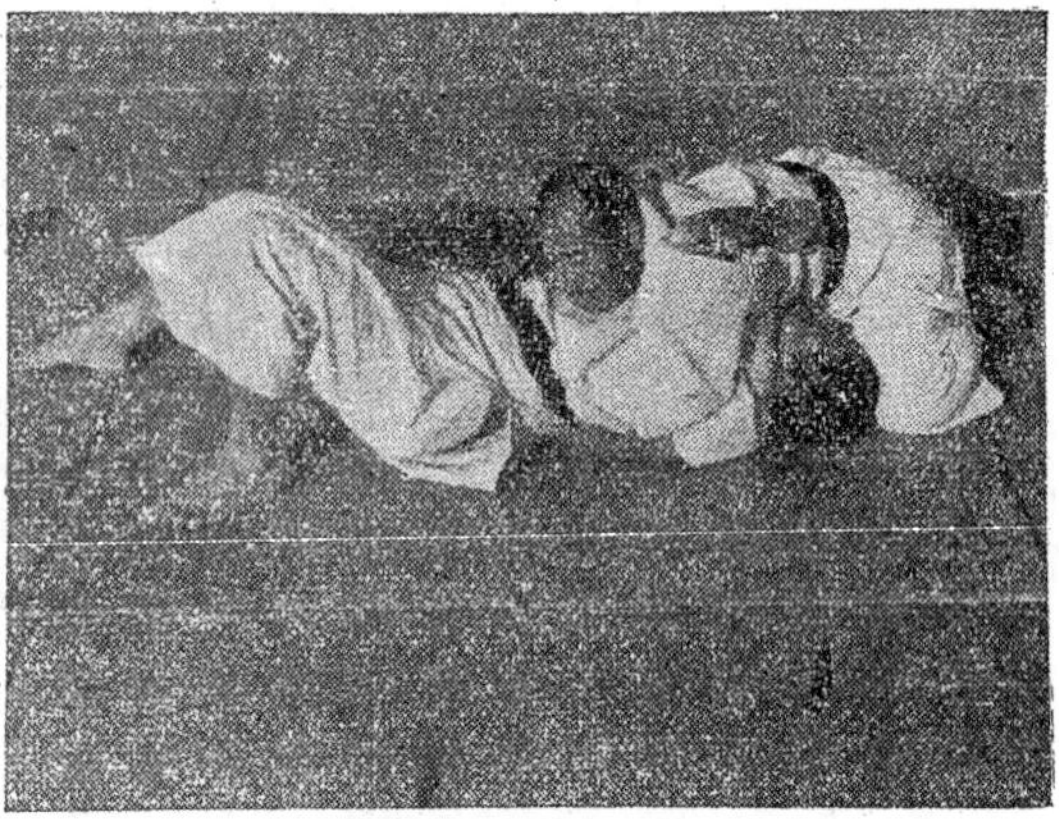

崩上四方固　第一圖

〔兩手の使い方〕

崩上四方固　第二圖

（兩手の使い方）

これを崩上四方固といつている。

㈢ 注意

(1) 抑え方として最も大事なところは、受を抱きこんだ兩腕のはたらきが十分利いていることである。肘のひきしめがゆるむと受は他に變化することが容易になる。

(2) 兩脚の屈伸、開き方の廣狹、腰の捻りは、場合により適當にしなければならない。

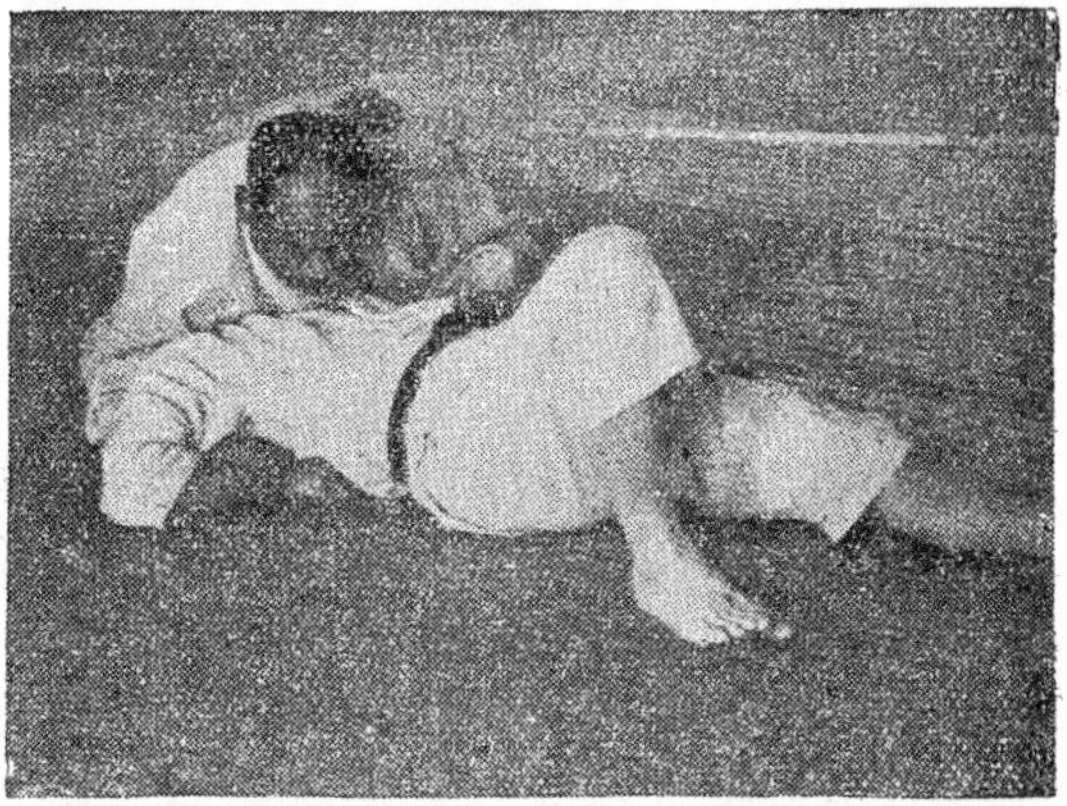

崩上四方固 第三圖

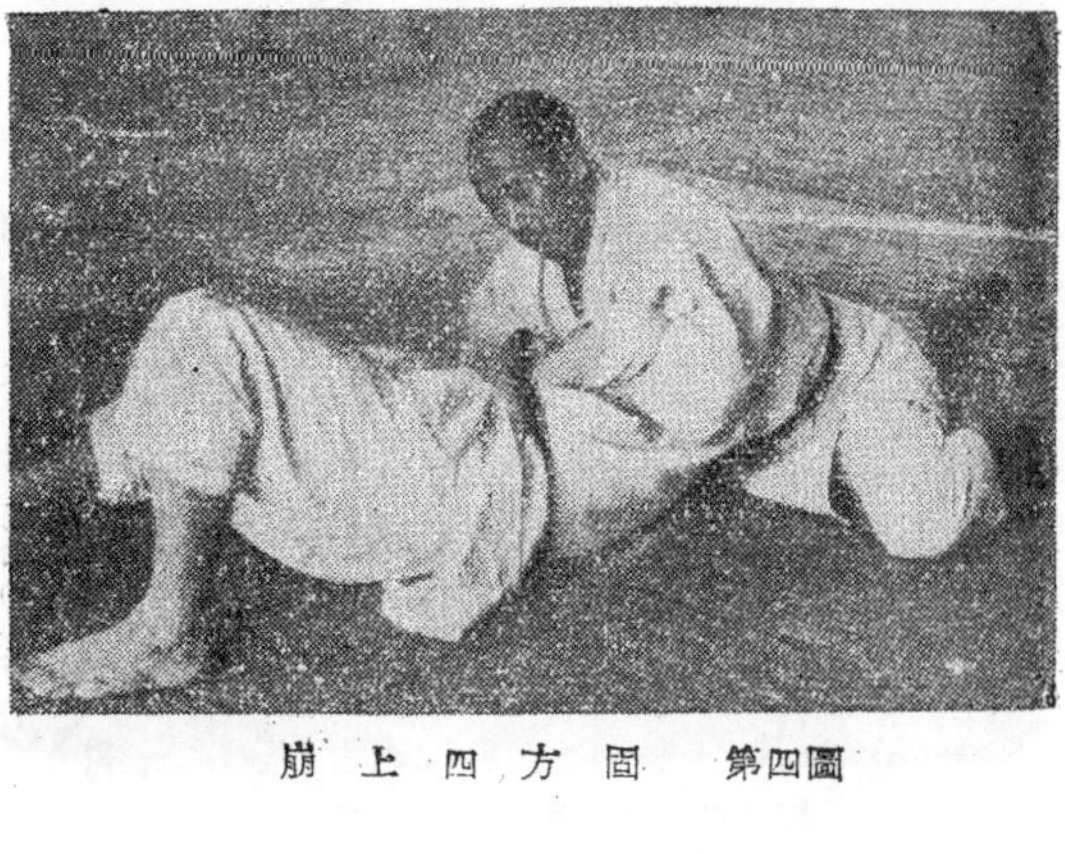

崩上四方固 第四圖

（四） 横四方固（よこしほうがため） 4

㈠ 大要 取は受を仰向けにし、その右（左）側《ヨコ》から、俯伏になつて受の體を上から抑える技である。

㈡ 方法

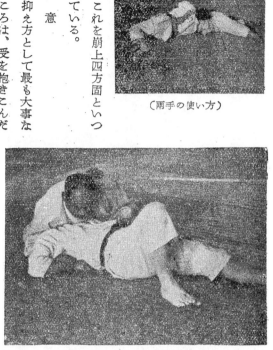

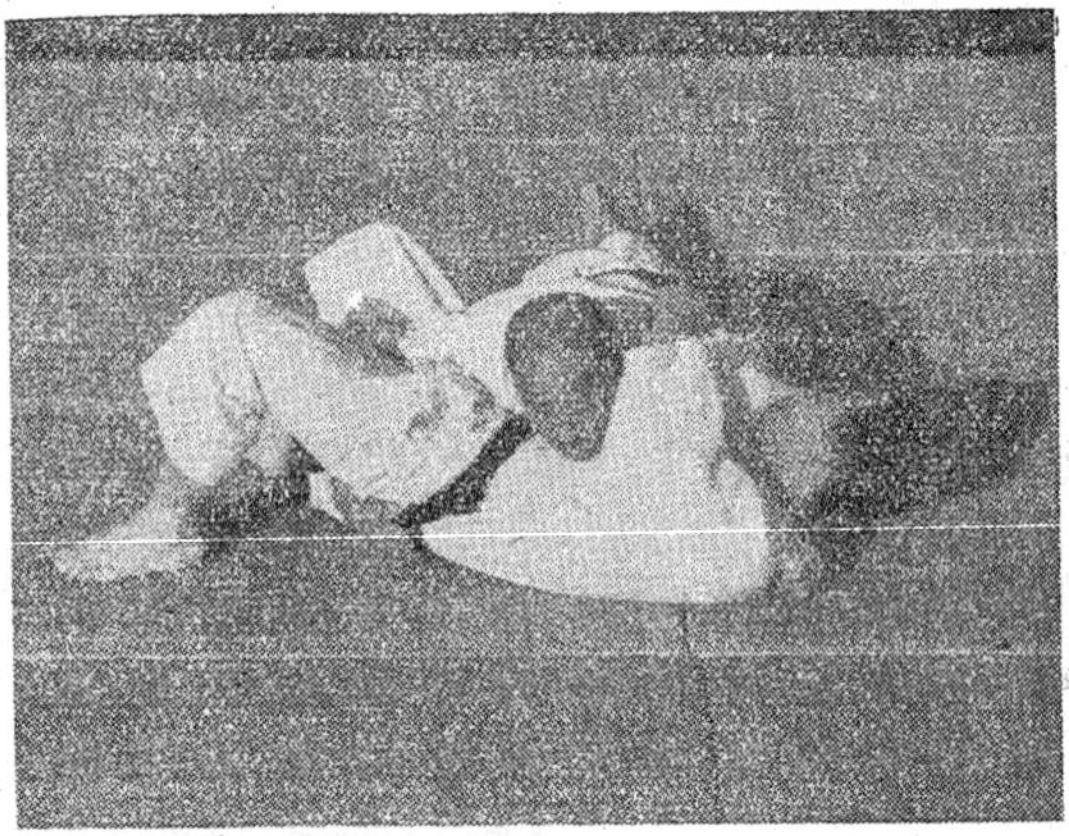
横四方固　第一圖

(1)(イ)　受は仰臥する。取はその右側に位置をとり、右手を受の兩脚の間から左股の下に差し入れて、その左横帶を順に握り、左手では、受の右肩越しにその後襟を取る。そして右膝を受の腰の邊に、左膝をその右腋にあて、取は受とほぼ直角に體を交叉して受の上に俯伏しになる。

(ロ)　こうしながら、取は右膝で受の腰を押しながら兩手を引きつけると共に腰を低く下げ、受の體を壓して仰えこむ。

(2)(イ)　取は仰臥せる受の左側からその上に、(1)の如く俯伏し、右手を受の右肩の下から差し入れ、その右横帶を握つて右肘を受の頸のつけ根につけ、左手を受の兩脚の間から入れて受の右股の下の邊のズボンを取る。そして取は兩脚を開いて伸ばし兩足先を外向けにし、腹部を疊につける。

ロ、こうしながら、取は右肘で受の頸のつけねを右腋に引きつけると

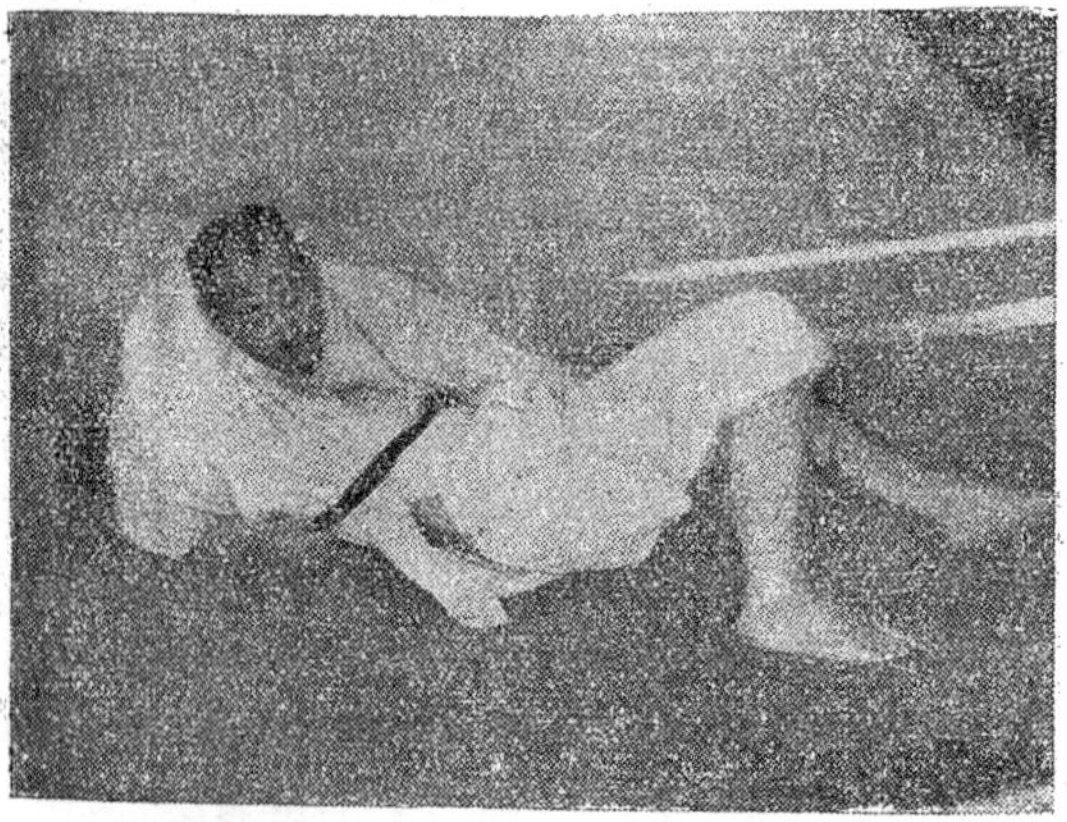
横四方固　第二圖

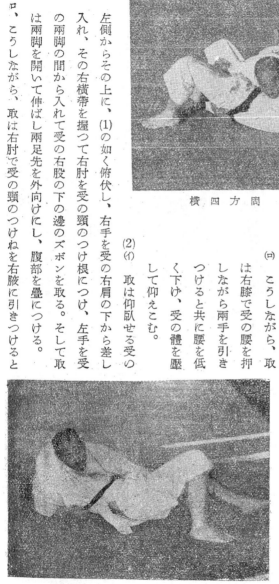

共に腹部を疊にすりつけるようにして胸を反らし受の體を上から壓して抑えこむ。

㈢ 注意

(1) 取は兩手の引きつけと胸をそらせて受を壓することによつて、受に體を捻る餘地を與えぬようにする。

(2) 脚の屈伸、開き方の廣狹、或は腰の捻りなどは受の動き方に應じて適宜變化して、いつでも自分の體勢を安定に維持する工夫が必要である。

縦四方固　第一圖

縦四方固　第二圖

(五) 縦四方固（たてしほうがため）5

㈠ 大要　取は受を仰向にし、その上に馬乗りにまたがつて仰える技である。

㈡ 方法

(1)(イ) 受は仰臥する。取はこの上に馬乗りに跨り、兩足先を受の臀部の下に入れ、上體を前に伏せ、左腕と頭の左側部で受の頸と左腕を肩固と同じ要領で抱き固める。

(ロ) こうしながら、兩足先で受の上腿をはさみ、兩膝の働きと相まつて受の腰の自由を制し、胸腹部で受の體を壓しつつ抑えこむ。

(2)

(イ) 受は仰臥する。取はこの上に馬乗りに跨り、兩足先を受の臀部の下に入れ、上體を前に伏せ、右腕を受の右肩の下から差し入れて受の後帯を握る。

次いで左手で受の右腕を上にあげて抱きながら自分の右横襟を取り、受の右前膊部を頭の左側部と左肩とで押しつつ體を前に乗り出し、受の右肩の斜上方に俯伏となつて前額部を疊につける。

第三圖　縱四方固

(ロ) こうしながら足先と、膝の働きで受の腰と脚の自由を制すると共に胸腹部で受の體を壓しつつ抑えこむ。

㈢ 注意

(1) 受の肩、腕の制し方を確實にするところに工夫がいる。これが完全ならば體をずつと前にのり出して抑えた方がよい。

第四圖　縱四方固

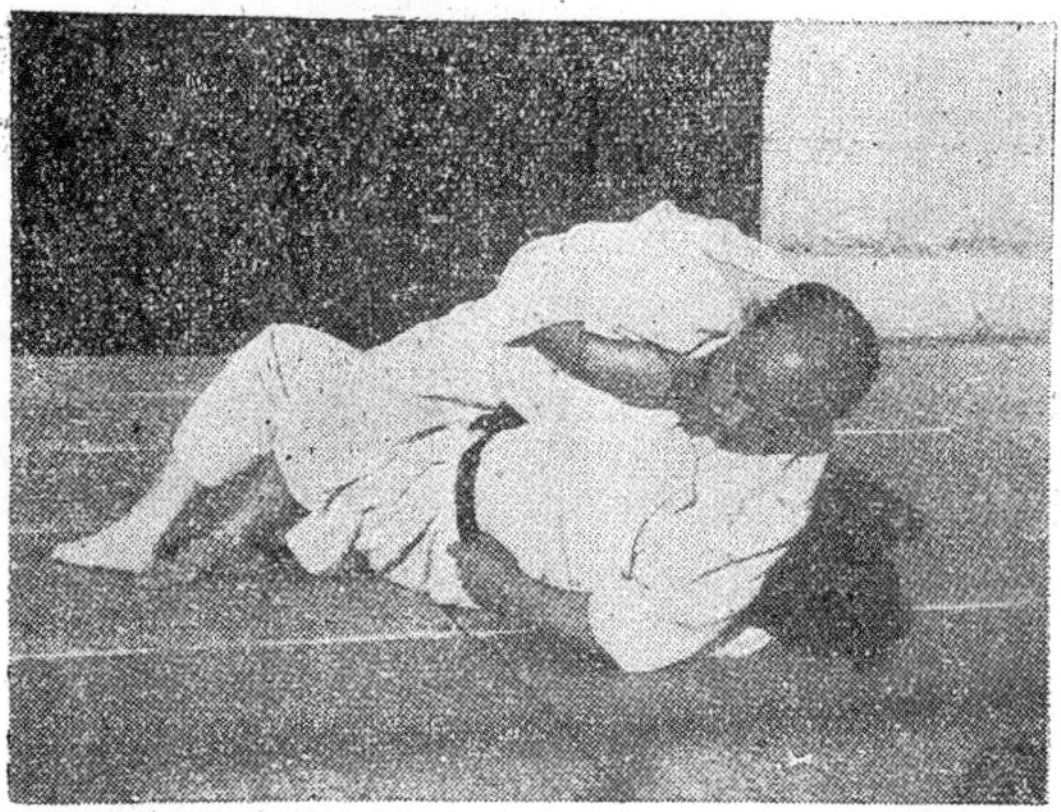

第五圖　縦四方固

（兩手の使い方）

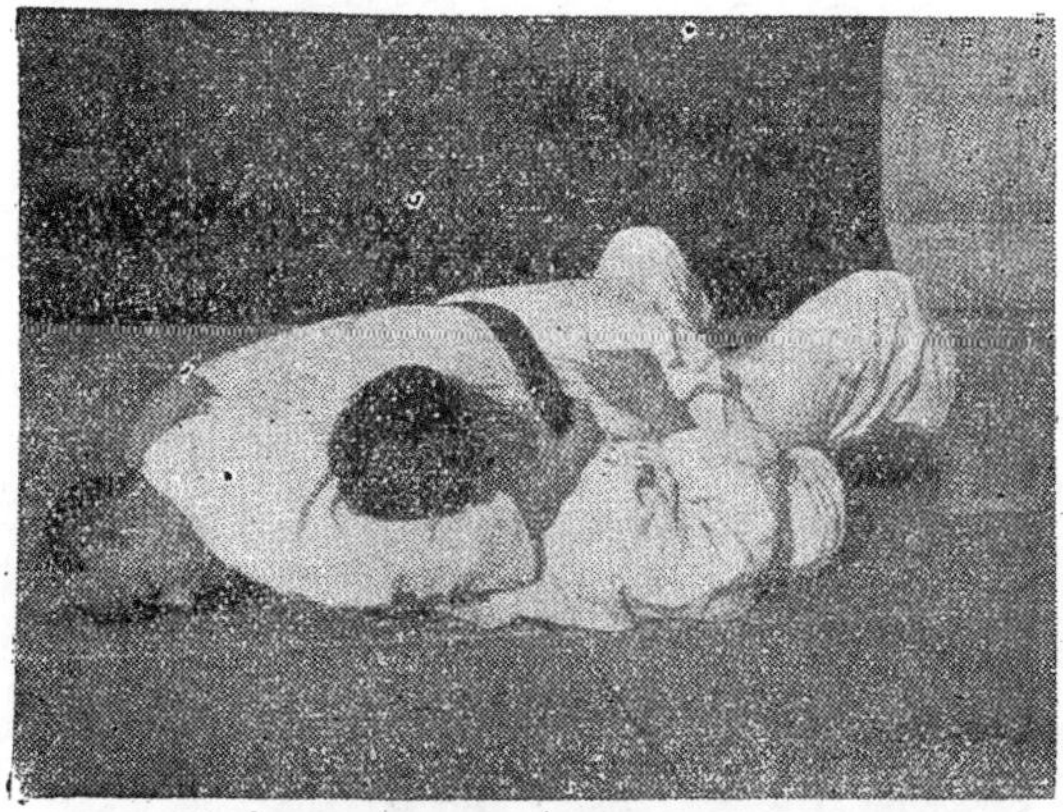

第六圖　縦四方固

(2) 兩膝、兩足先を働かせて、受の腰と脚の自由を制する要領を會得しなければならない。

(三) 絞技

(一) 十字絞（じうじしめ） 1

㈠ 大要　取は兩腕を十字形に交叉させ兩手で互い違いに受の襟をとり、その頸を壓する技である。

㈡　方法

(1)(イ)　受は仰臥する。取はこれに馬乗りに跨り、右手では受の右奥襟を四指を内側にして握り、左手では右腕の前から受の左奥襟を拇指を内側にして取る。

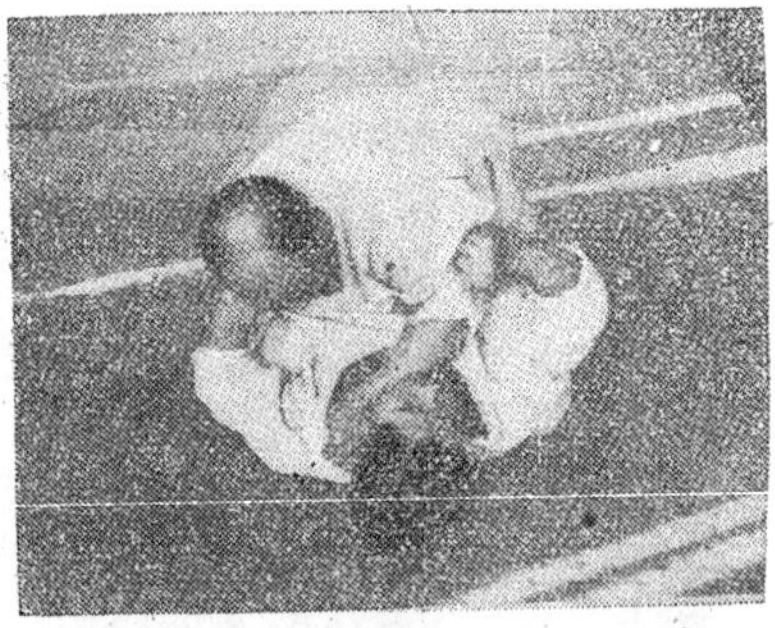
十字絞（片十字）第一圖

十字絞（並十字絞）第二圖

(ロ)　こうしながら、膝、足先で受の胴、腰を制しながら、上體を前にかけ、兩手を自分の方に引きあげ氣味にして受の頸の兩側を壓する。

これを片十字絞と言つている。兩手の組み合わせ方が兩手の甲が外に向くものを並十字絞といい、兩掌を外に向けてするものを逆十字絞と言つている。

(2)(イ)　取は受を引きこんだかたちで受を上にして仰臥し、受の右腕を左腋下に抱えこむ。取は左手を受の後方左腋下から差し入れて、受の左横襟を深く、四指を内側にして握り、右手を受の右肩の方に廻わしてその奥襟を拇指を内側にして取る。

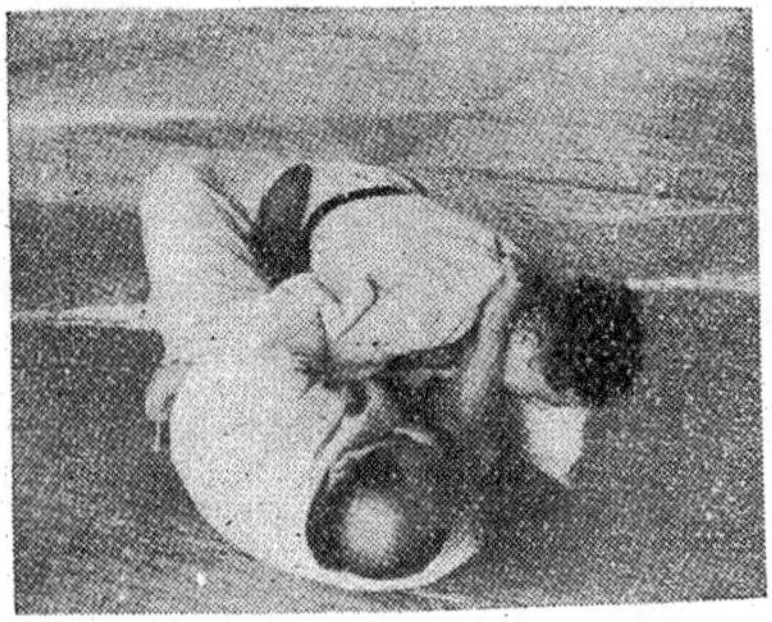
十字絞（片十字）第三圖

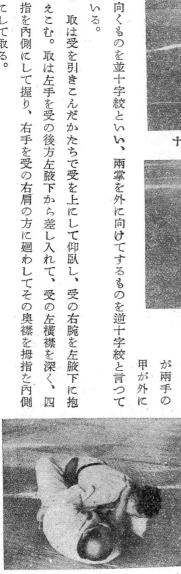

(ロ) こうしながら取は脚で受の體を制しつつ、左手首の拇指側と右手首の小指側とを受の側頸部にあて、受の上體をわが胸に引きつけるようにして受の頸を壓する。

これは自分が下にいて、上にいる受に片十字絞を施した場合である。

(三) 注意

(1) 應用範圍の廣い技であるから種々の場合について練習するがよい。この多くは受の前から技を施すが、時として受の側面或は背後からも行うことがある。

(2) 十分深く受の襟を取ること。受の體を引きつけて絞めるのがこの技の掛け方として最も大事な要領である。一方の前膊部で受の頸を押しつける仕方は、受にとつては防禦し易く、咽喉を押すのではなく側頸部を壓する方が効果が多い。

第四圖　十字絞（並十字絞）

(二) 送襟絞（おくりえりじめ）2

(一) 大要　取は受の背後からその襟をとり、頸に巻きつけるように襟を利用して受の頸を壓する技である。

(二) 方法

(イ) 受は兩脚を前に出し臀部を疊につけて坐位をとる。

取は受の後に接近して、右手を受の右肩の上から前に廻わしてその左横襟を深く、拇指を内側にして握り、左手は受の左腋下から前に出して受の右襟をなるべく深く、拇指を内にして取る。

送襟絞　第一圖

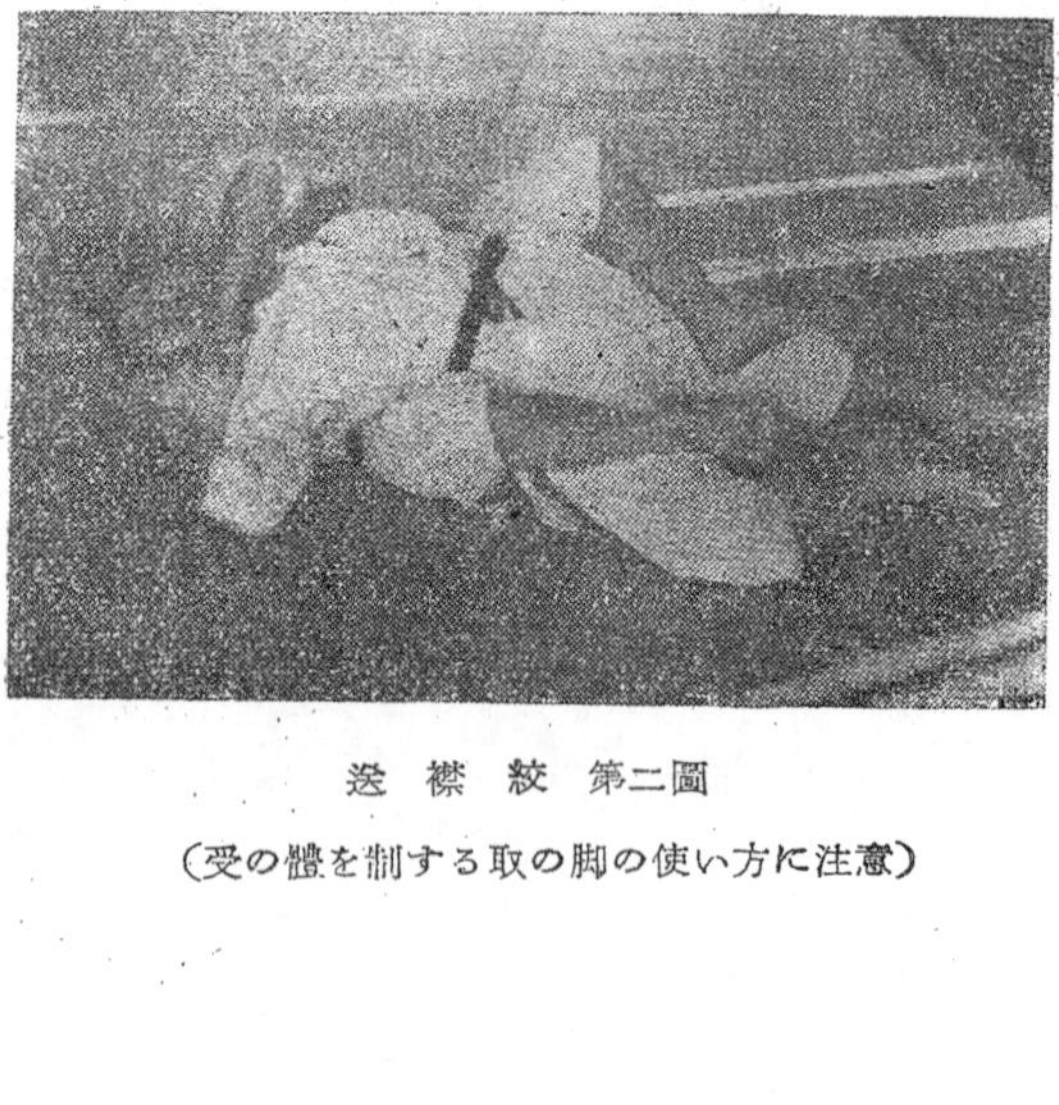

送襟絞　第二圖

（受の體を制する取の脚の使い方に注意）

(ロ)　こうしながら右手首の拇指側の部分で受の左頸部を壓しながら右肘を右側胸部に引きつけるように力を加えると共に左手で受の右襟を下に引き下げるようにして受の頸部を壓する。このときは受の體を後方に崩している。

(2)
(イ)　取は受の背後からこれを抱きかかえて仰臥し、受の背を前胸部に密着させ、受の兩脚を兩脚でその外側からからむようにして受の體を制する。

㈣ こうしながら、(1)と同じ要領で受の頸部を壓する。

㈢ 注意

(1) この技は、絞技の中、最も廣く用いられるから種々の場合について練習するがよい。これは受の背後から施す絞技の代表的なものということが出來、裸絞、片羽絞などと稱せられる方法は、この技の應用と見てよいであろ

送襟絞 第三圖

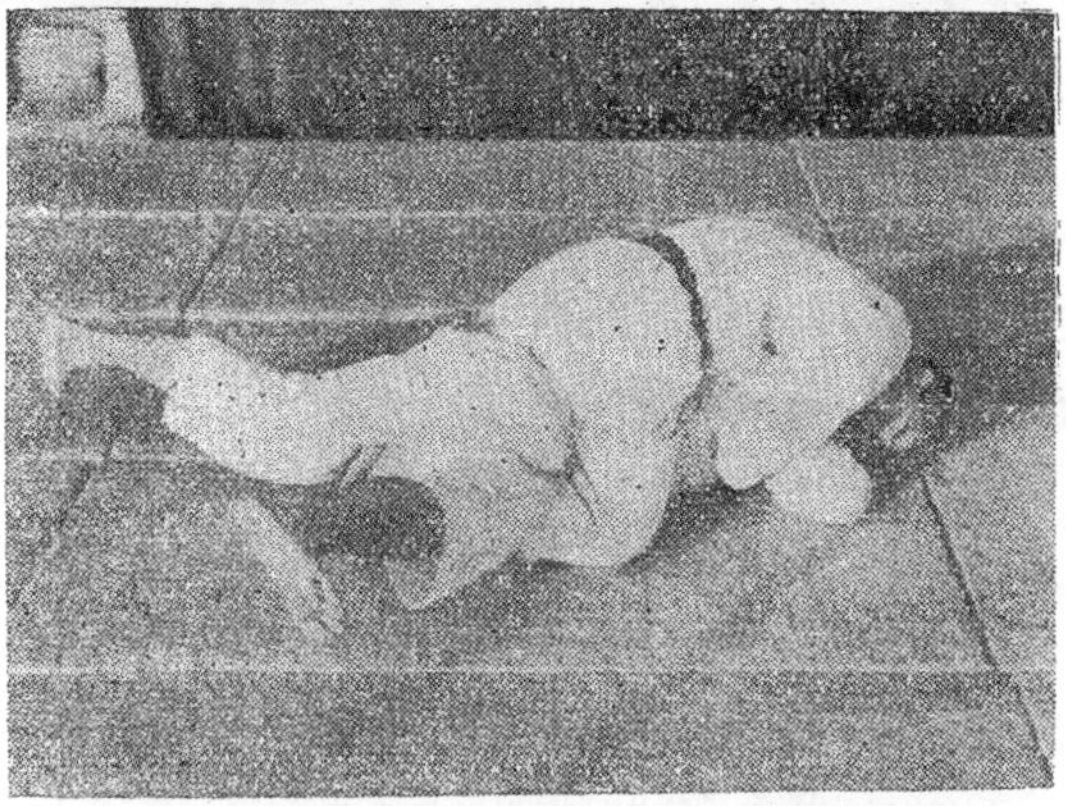

送襟絞 第四圖

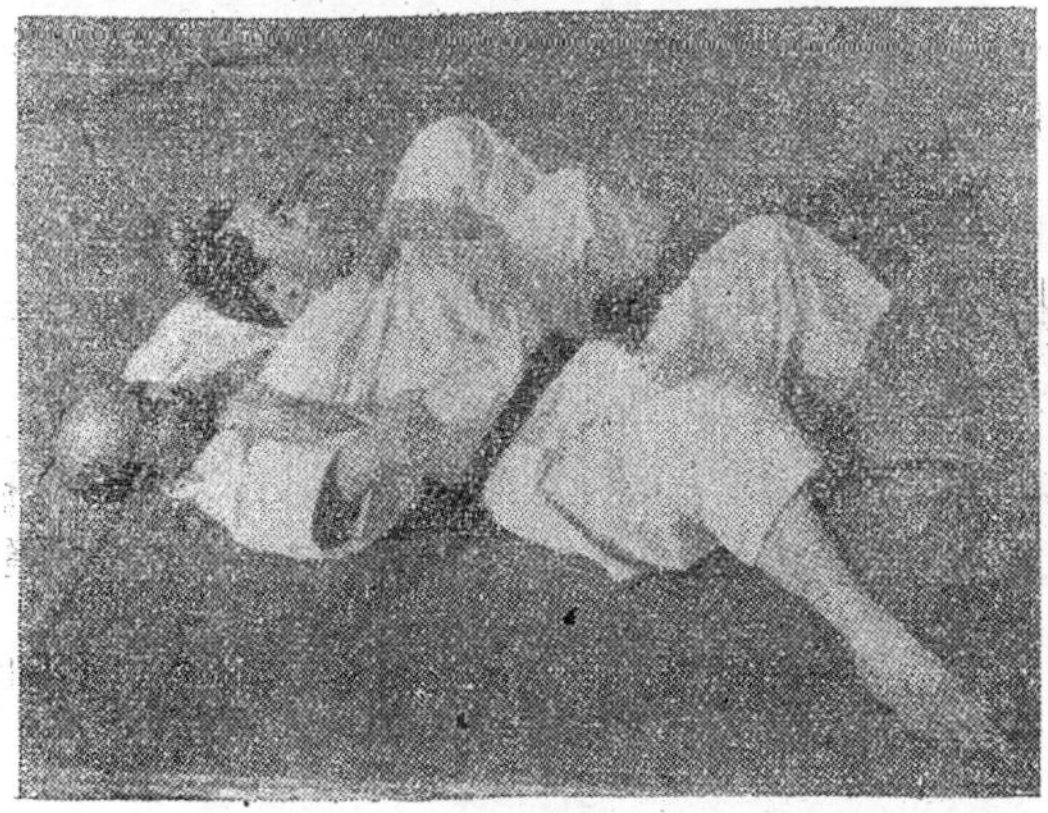

送襟絞 第五圖

送襟絞　第六圖

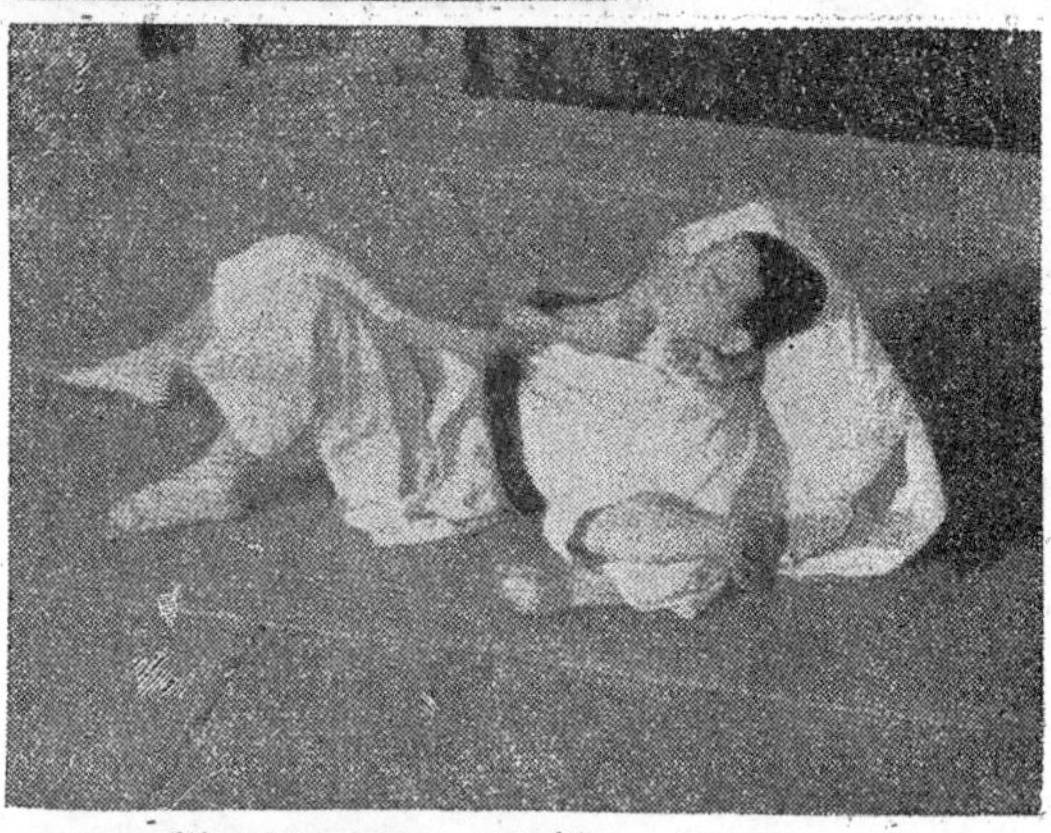

（第六圖の場合を反對側より見たところ）

送襟絞　第七圖
（受の體の制し方に注意）

う。

片羽絞

裸絞

(2) 受の背後に廻つたら先ず兩脚で受の體（脚）を挾んでその自由を制し、受の襟を十分深く取り、手首の狹い部分を受の頸に密着させることがこの技の要點である。

(四) 關節技

(一) 腕緘（うでがらみ） 1

㈠ 大要 取は一方の手で受の一方の手首を握つてその腕をまげ、他方の手で受の肘を下からこじ上げて肘關節を逆にする技である。

㈡ 方法

(1)(イ) 受は仰臥する。取は抑込の要領で受の右側から寄ると受は左手を出してこれに應じようとする。

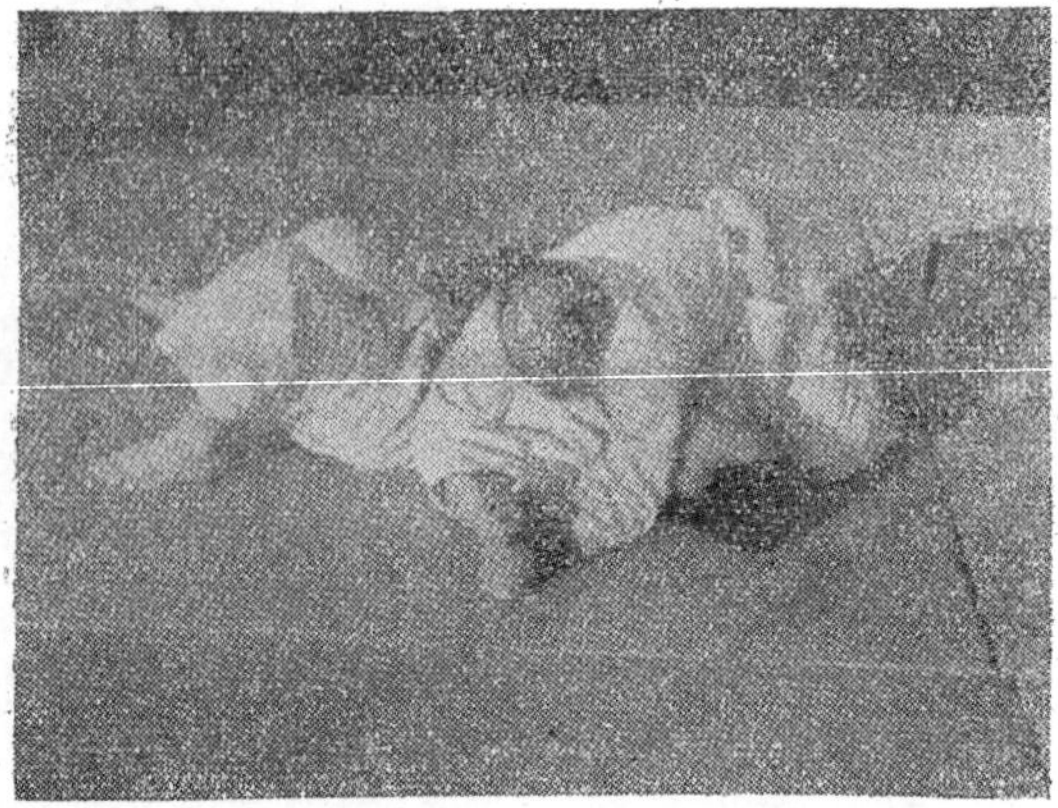

腕緘　第一圖

腕緘　第二圖

(ロ) この時、取は左手で拇指を下にしつつ受の左手首を握つて上體を前にのしかけながら、受の左腕をまげて受の手首をその左肩外方に押しつける。次いで取は右手を受の左腋下から肘の下に差し入れて、受の左手首を抑えている自分の左手首を上から順に握り、左手では受の手首を抑え且つ引きつけると共に、右前膊で受の左肘をこじ上げ挺子を利かせてその肘關節を逆にする。

(2)(イ) 取は受を引きこんだかたちで受を上にして仰臥し、受が左手を出して來たとき、

(ロ) 取はこの手首を右手で握り、左手を受の左肩越しにその後方左腋下から肘の下に差し入れ、受の左手首を握つている自分の右手首を四指を上にして順に握る。こうしながら受の體を脚で制すると同時に右手では受の左手首を押し上げ、左前膊では受の左肘をこじ上げ、挺子を利かせて、その肘關節を逆にする。

(ハ) 注意

(1) 受の手首を固定してその肘をこじ上げてもよく、肘を固定してその手首を上げても同じ理で挺子が利く。用いられる場合が多い技であるから種々の場合について練習しておくがよい。

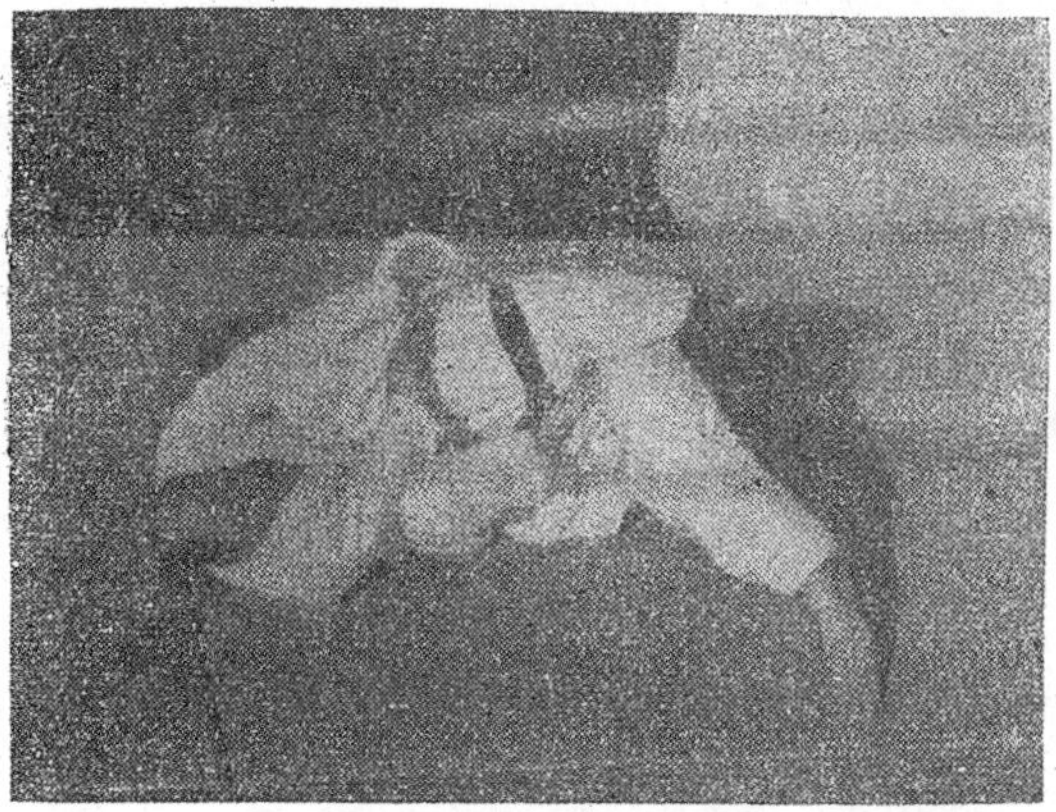

第三圖 腕緘

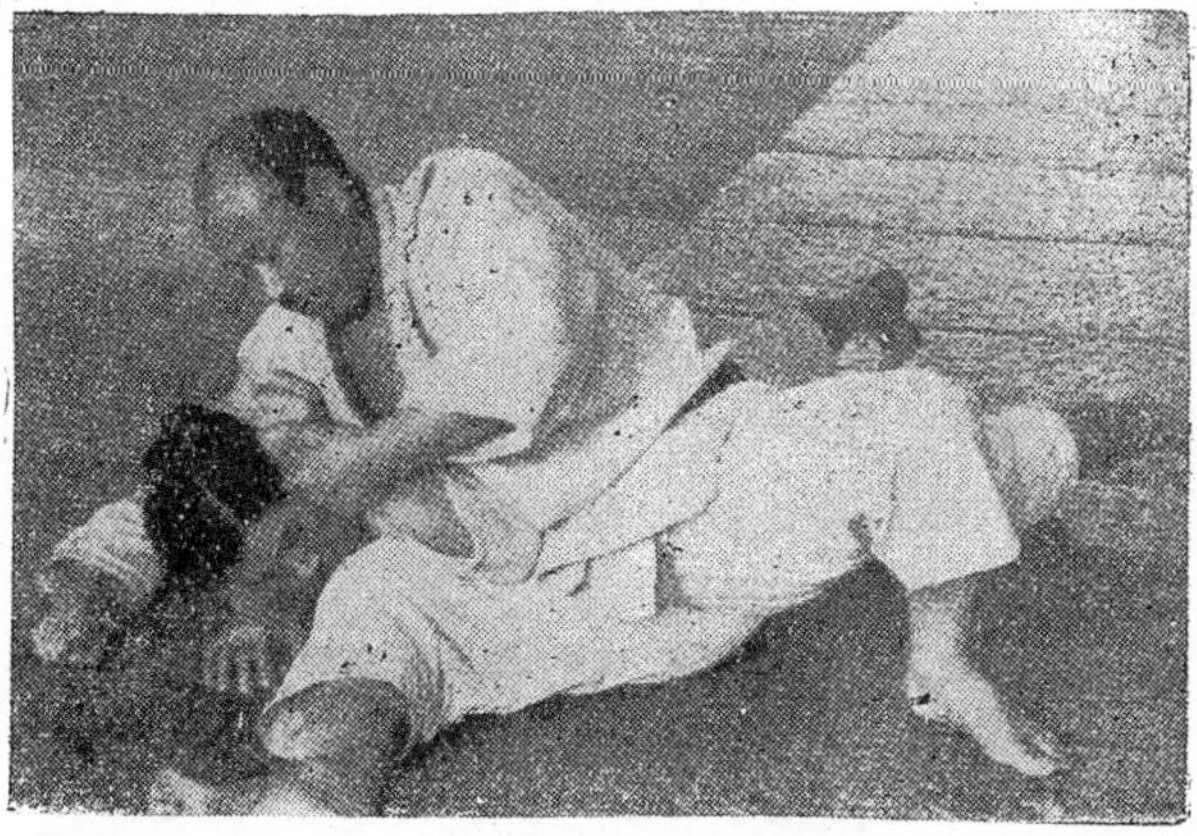

第四圖 腕緘

(2) 受の腕を伸ばしておいては挺子が十分利かないから受の手首を引き寄せてその腕をまげ肘をこじ上げるようにすること。この技は關節技の中で捻じて逆をとる代表的な技といえる。

(二) 十字固（じうじがため） 2

(一) 大要　取は受の體と十字形になるように交叉して、受の腕を兩股で挾み、その肘關節を逆にする技である。

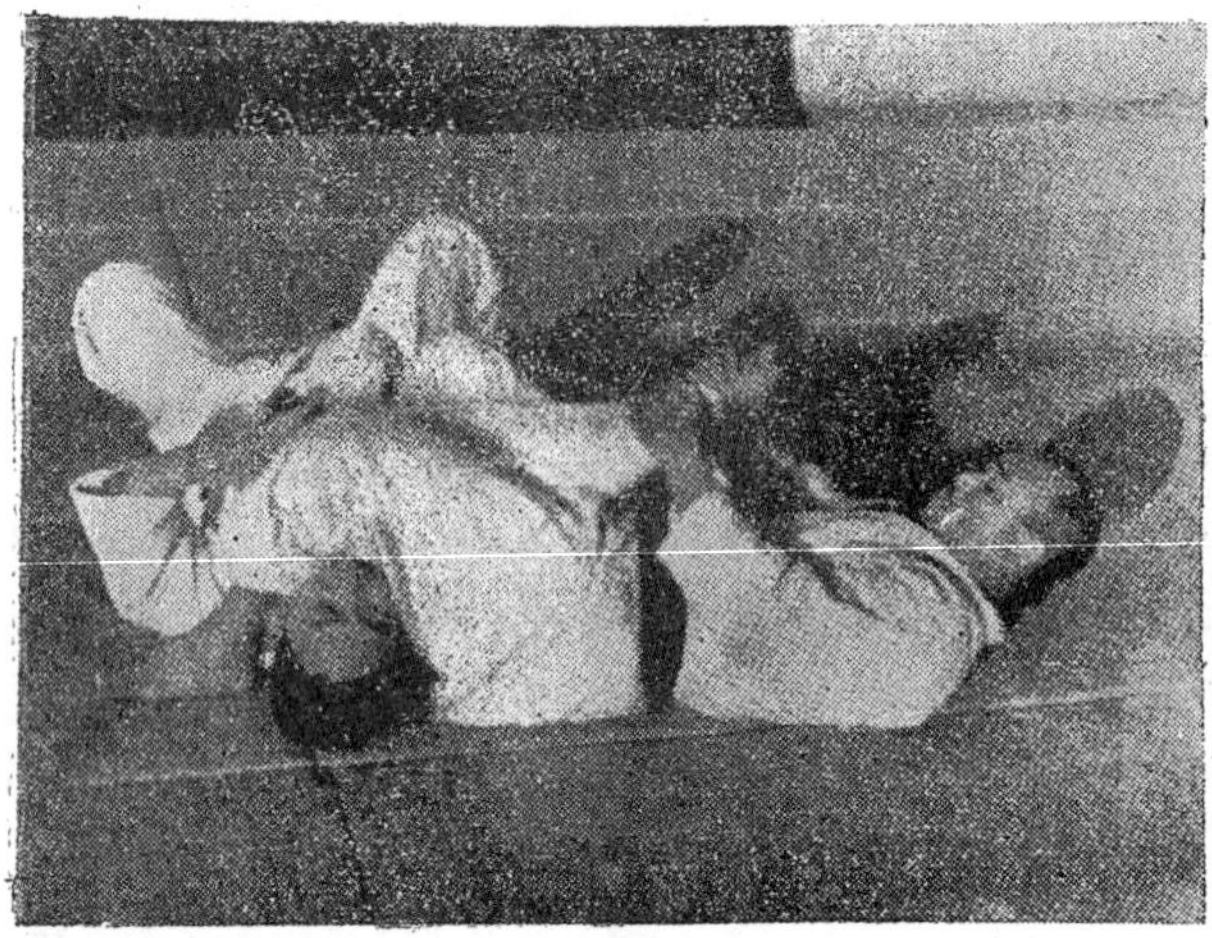

第一圖　十字固

(二) 方法

(1)(イ) 受は仰臥する、取は抑込みの要領で受の右側から寄るを受は右手をあげて取に働きかけたとき、

(ロ) 取は兩手で受の右手首を握つて引きあげながら上體をやや前にのしかけるようにし、右足首を受の右腋下に密着させ、左足を受の顏を越してその左肩の方へわたし、脚で受の頭を制すると同時に、股で受の右腕をしつかりと兩側から挾み、次いで臀部を受の右肩のつけ根にすべりこむように下して仰臥し、受と十字形に體を交叉させると共に、腰を上げ兩手を引きつけて受の右肘關節を逆にする。

十字固（足の位置に注意）

(2)(イ) 取は受を引きこんだ形で受を上にして仰臥し、右脚を前から受の左肩の上にかけ、受の右腕を引いて伸ばす。受が腰を上げてその右腕を引き抜こうとする瞬間。

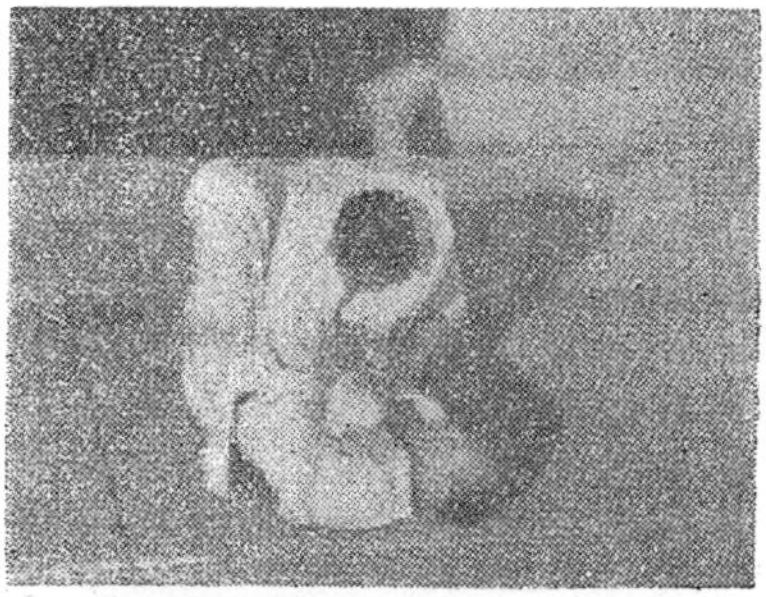

十字固 第二圖

十字固 第三圖

十字固 第四圖

(ロ) 取は逆様に引き上げられたかたちのまま腰を右に捻ると同時に左脚を受の顔の上から、受の左肩にかけていた自分の右脚に平行するように揃えて受の右腕を兩股で挾み、兩手で受の右腕を引きつけながら一氣に腰を反らせると共に脚で受を押し下げて、その右肘關節を逆にする。

十字固 第五圖

(三) 注意

(1) この技は應用する範圍が廣いから關節技の中で最も廣く用いられる。受の體を動けぬように制し、その肘を固定し、ここを支點とし挺子の理に從つて前膊の端に力を加えるのであるが、これと同樣の理で、受の腕を肩と手首の兩端で固定して肘の上から逆になるように力を加えても肘關節を制することが出來る。從つて腕固、膝固、腋固、腹固などと稱せらるるものはこの技の應用といつてもよいであろう。

(2)　仰臥した受に對してこの技を施す場合について言えば、取と受との體のなす角度はほぼ直角、受の腕を十分兩股に挾んでゆるめない。取はその臀部を出來るだけ受の肩に近づけて下す。最後の瞬間には腰を上げて支點を高くし十分挺子の理を應用することなどが要點である。

腕固

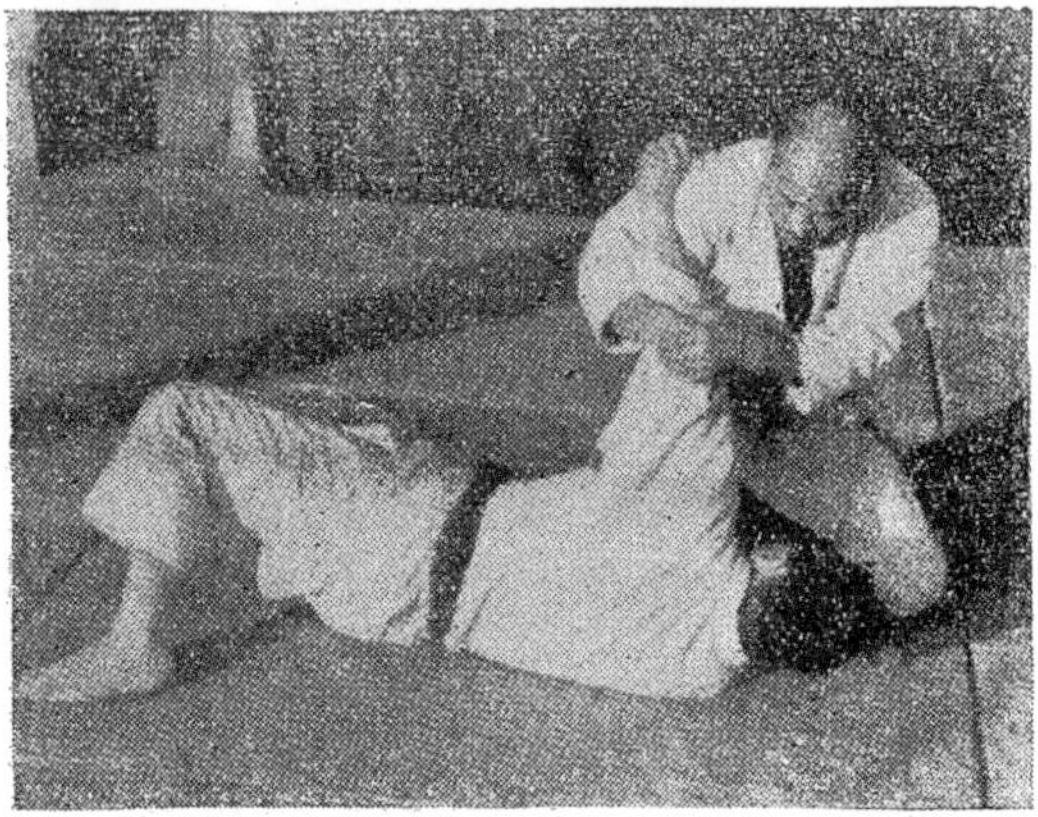

腕固

腕固

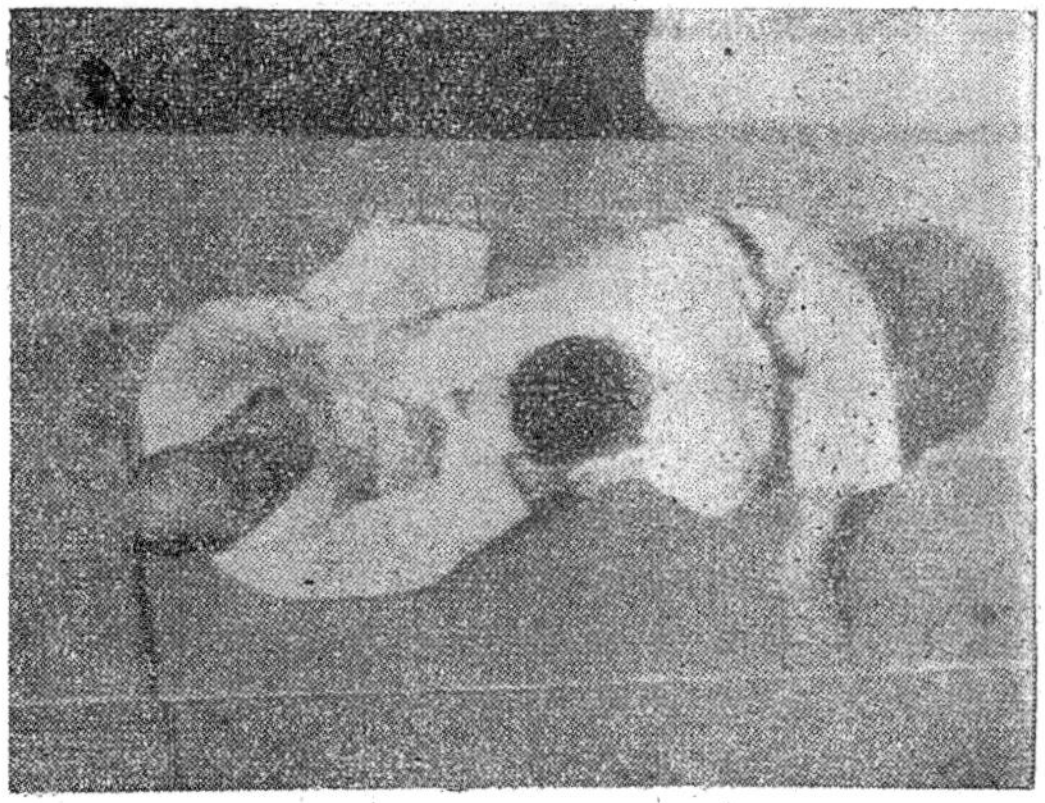

膝　　固

腹　　固（應用）

(五) 固技の連絡變化

固技については既に述べた如く、絞技及び關節技は立つた姿勢で技を施すことが出來るが、その多くは所謂寢技のかたちで行われ、固技の練習は抑技を中心として、三者互に連絡變化するのである。（第一章第一章參照）

(二) 固技に入る機會

固技に入る主なる場合は

(1) 雙方立つたままの姿勢で、相手の體勢に應じて、絞技又は關節技を施す。

(2) 投技で相手を投げ倒し、引續いて固技に移る。

十字絞（立位）

送襟絞（立位）

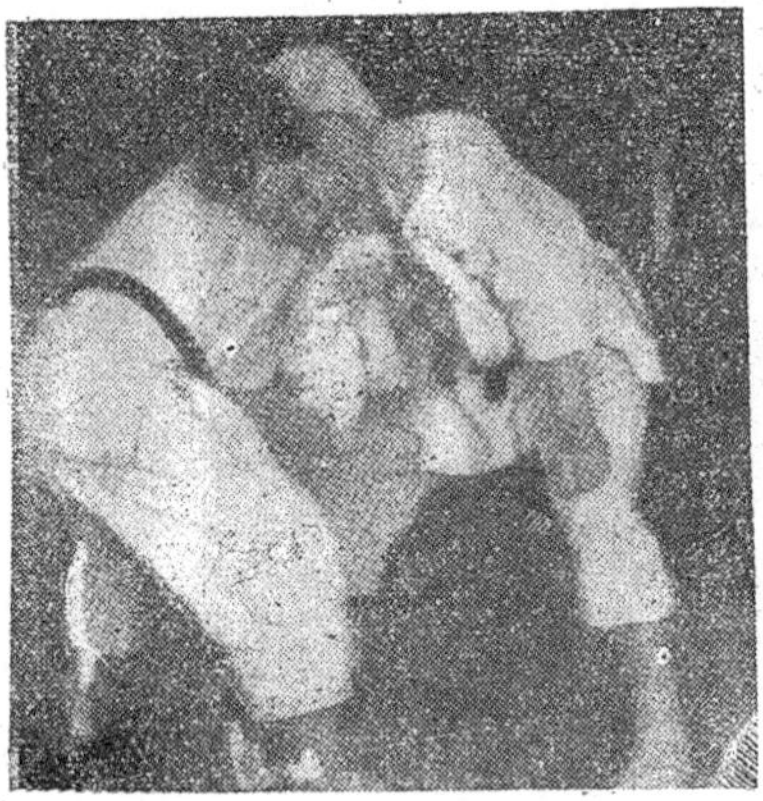

送襟絞（立位）

(3) 相手の投技が不十分な場合これに乗ずるか、又自分の技が利かないで倒れた時、直ちに攻勢に轉じて相手を固技で攻める。
などである。

投技で相手を投げ倒した瞬間、或は立つた姿勢で施す絞技、關節技から、瞬間的に連絡していくのが最もよいが

腕緘（立位）

腕固（立位）

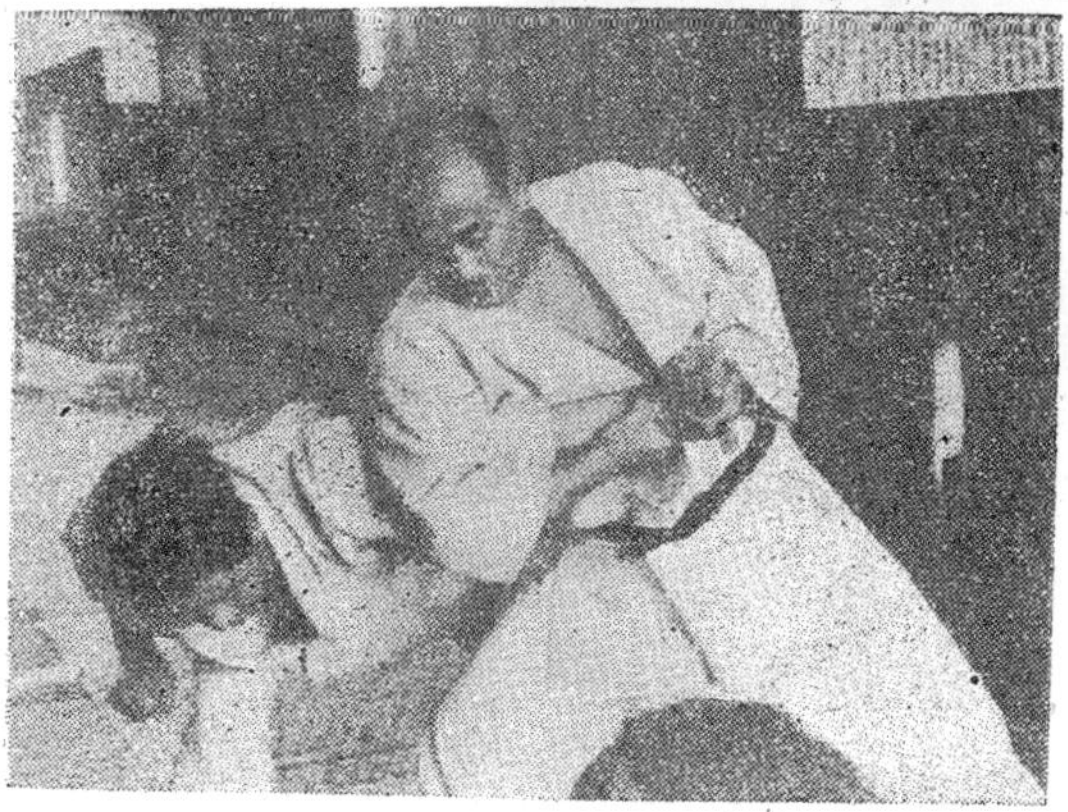

腋固（立位）

投技より固技へ連絡

立姿勢より固技へ

しかしそこに多少なりと時間の餘裕があれば、相手は固技に對する攻防の姿勢を取つて自由に變化する。從つてここから固技へ連絡しようとするならば當然合理的な攻め方の研究と熟練が必要である。

(二) 攻め方

仰臥している相手が、自身を防禦するに最も有利な體勢は、その脚を自由に働かし得る姿勢にあることである。それ故、攻める方にとつての研究の主眼は、如何にして相手の脚の自由を制御するかということに置かれなければならない。次に脚の制御法を述べることにするが、これを仕方の上から、一は速攻法とも言うべく、他は遅攻法とも言うべき二つの方法に大別できる。相手の體勢に應じて兩者合わせ用いられるのであるが、前者は輕妙敏速に體を捌いて相手の脚を越える方法であり、後者は相手の脚を擠ぐようにし、動作は甚だ緩徐であるが極めて堅實に攻め入る方法である。

(1) 兩手で相手のズボンの膝の邊を、それぞれ握り、その兩膝を合わせるようにして、右側方に押しやりながら、體を右に開いてすばやく相手の右側に進み出で、右脛部をその腹にのせる。同じ要領でこの反對側に入ることが出來る。

攻み方 (1)

攻め方 (1)

(2) 相手の兩膝を取り、これを圖の如く我が股間に押し下げ、同時に體を進めてその膝を越す。

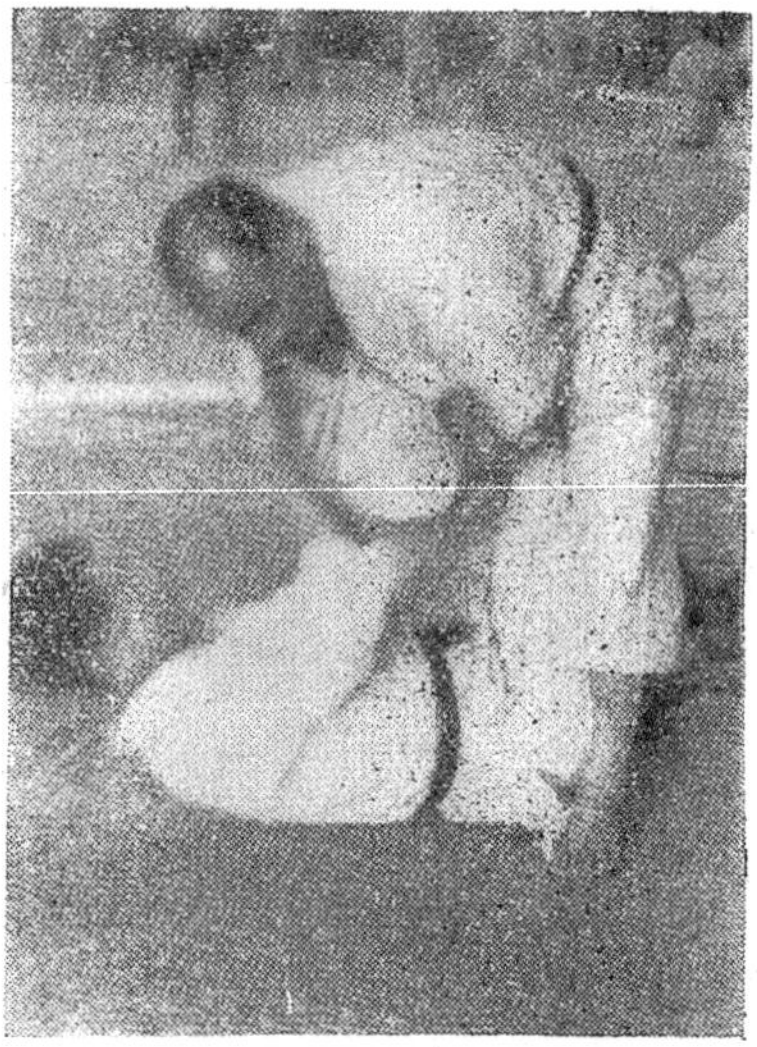

攻め方 (2) 第一圖

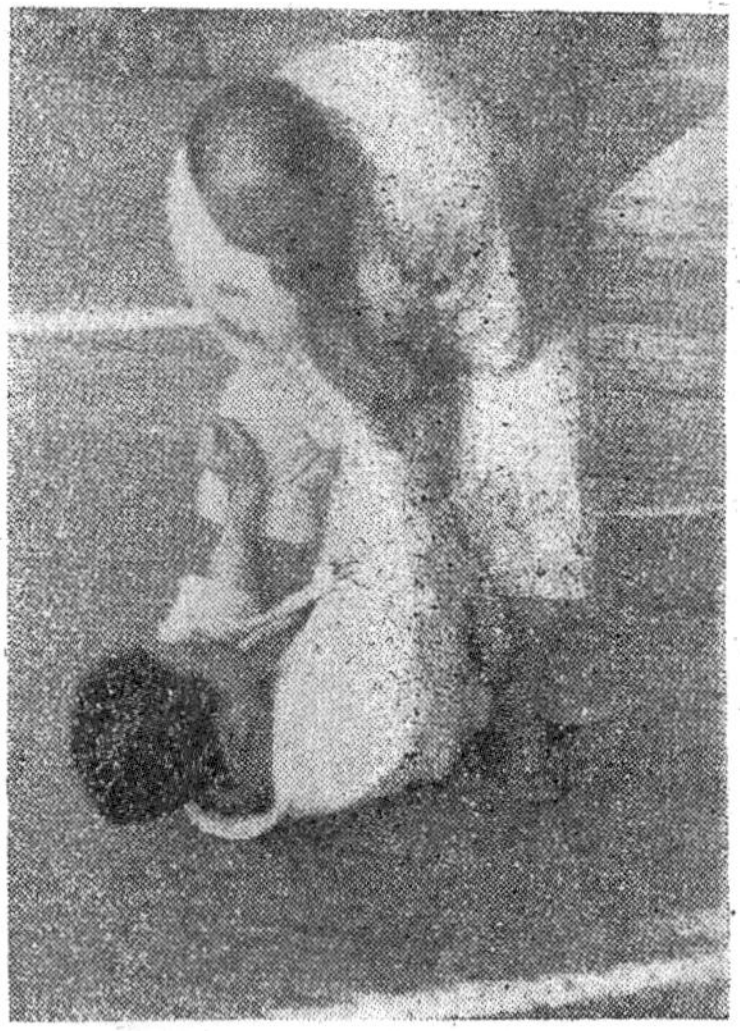

攻め方 (2) 第二圖

攻め方 (2) 第三圖

(3) 右手で相手の前帯を取り、左手でその右足首を握り、一度相手を前へ押し、相手がこれを嫌つて脚を踏み伸ばす瞬間、これに合わせて大きく兩脚を退げ、左手で相手の右足を右方に捨てる如く押し離すと同時に相手の右體側に右足から入る。同じ仕方で反對側に入ることができる。

(4) 相手の兩膝を握り、ここを支點として、圖の如く前方に廻轉して入る。

(5) 相手の兩脚の間から、右足を相手の右體側の位置へ大膽に踏み

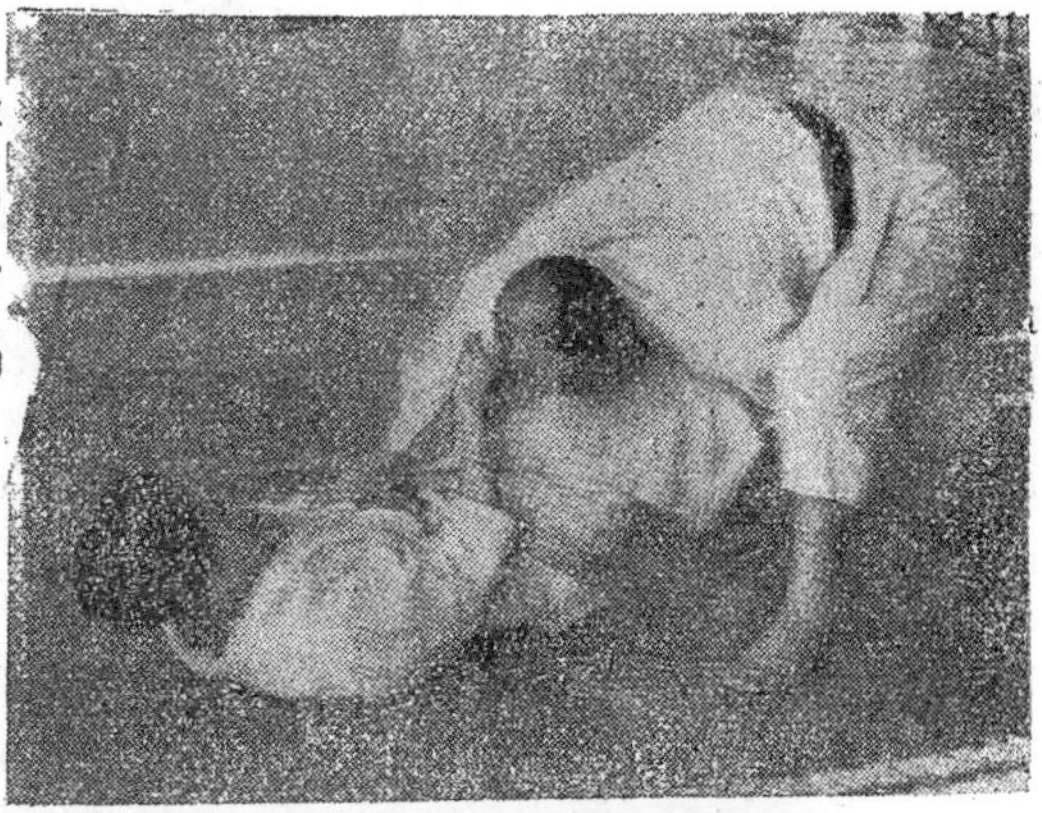

攻め方(3)

攻め方(4)

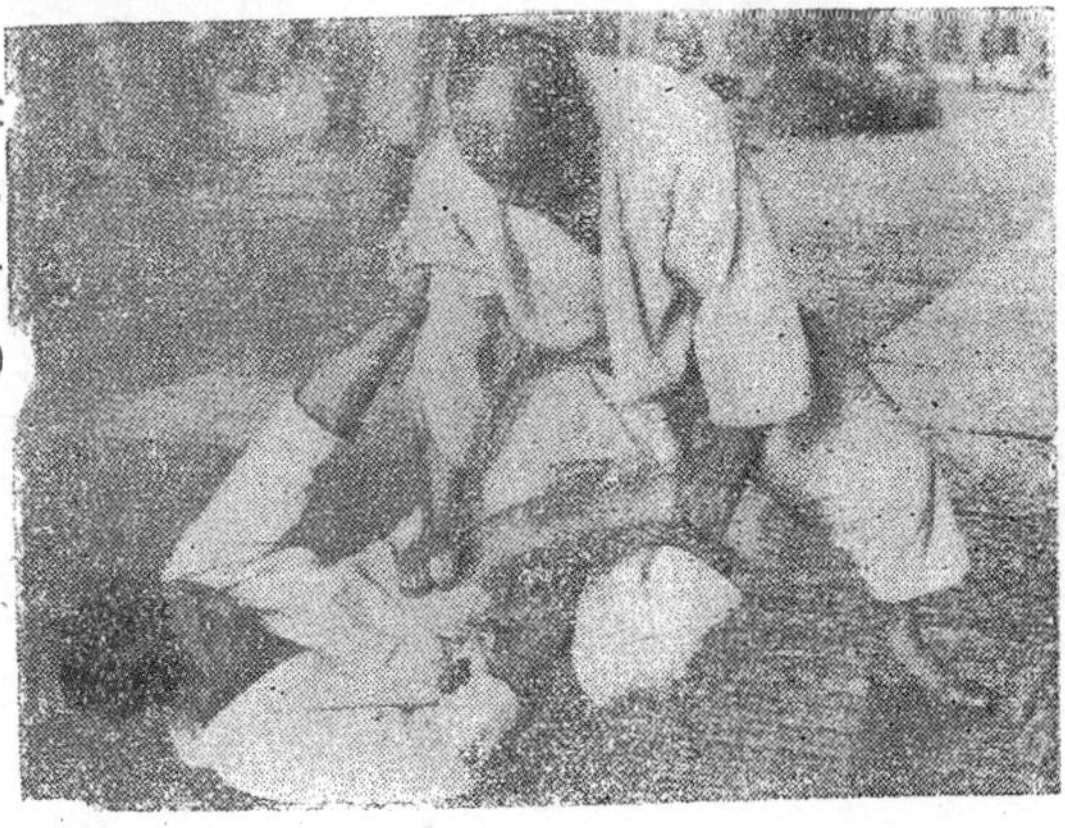

攻め方(5)

込み、相手がこれを防禦しようとして、左脚を巻きつけて來るを、左手でその足首のあたりをとつて押し下げると同時に、右膝でこの自由を制しつつ、左足から相手の右側に入る。同樣の仕方で反對の側に入ることができる。

攻め方 (6) の 1

攻め方 (6) の 2

攻め方 (6) の 3

攻め方 (6) の 3
（反對側から見たところ）

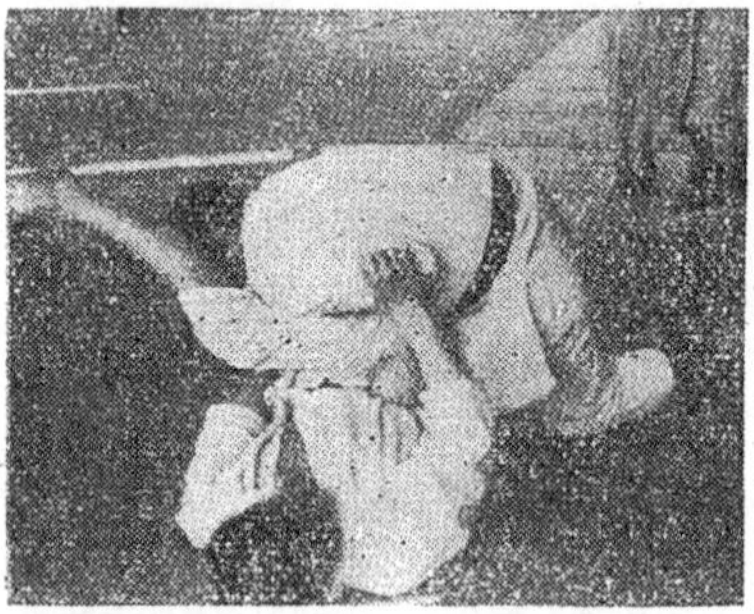

攻め方 (7) の 1

(6)　相手の片脚を右肩に擔ぎ上げて制しつつ、その右方に廻つて入るか、又その左脚を越えながら左方に廻つて入る。

(7)　相手の兩脚を、それぞれ兩肩に擔ぎ上げながら、體を捻つて、相手の右方、或は左方に廻つて入る。この場合兩手で相手の横帶をとる場合もあり、一方の手では相手の襟を取つて引きつける場合もある。

(8) 同じ要領で相手の兩肩を擔いで制し、機を見て圖の如く一氣に相手を前上方に引きあげ、ここから右方に或は左方に廻つて攻め入る。

(9) 相手の一方の袖口と、同じ側のズボンの膝の下あたりを取つて相手の體を釣りあげて攻め入る方法もある。

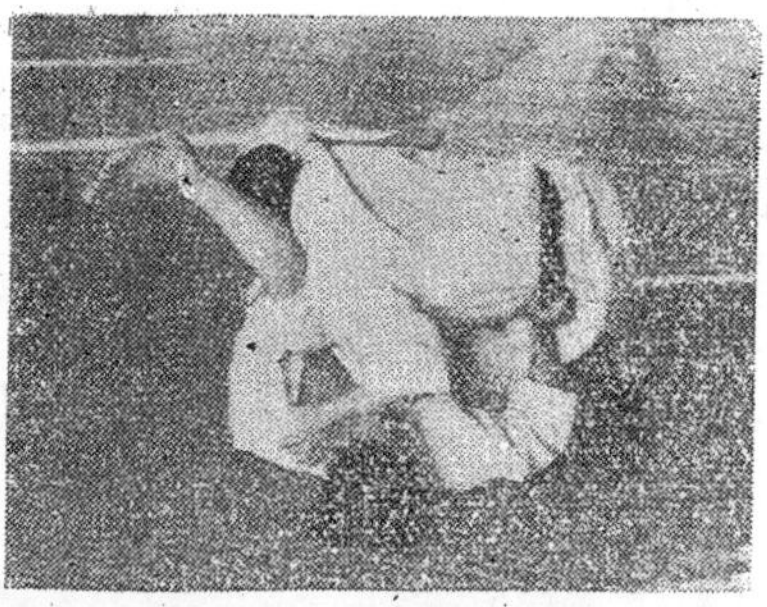
攻め方(7)の2

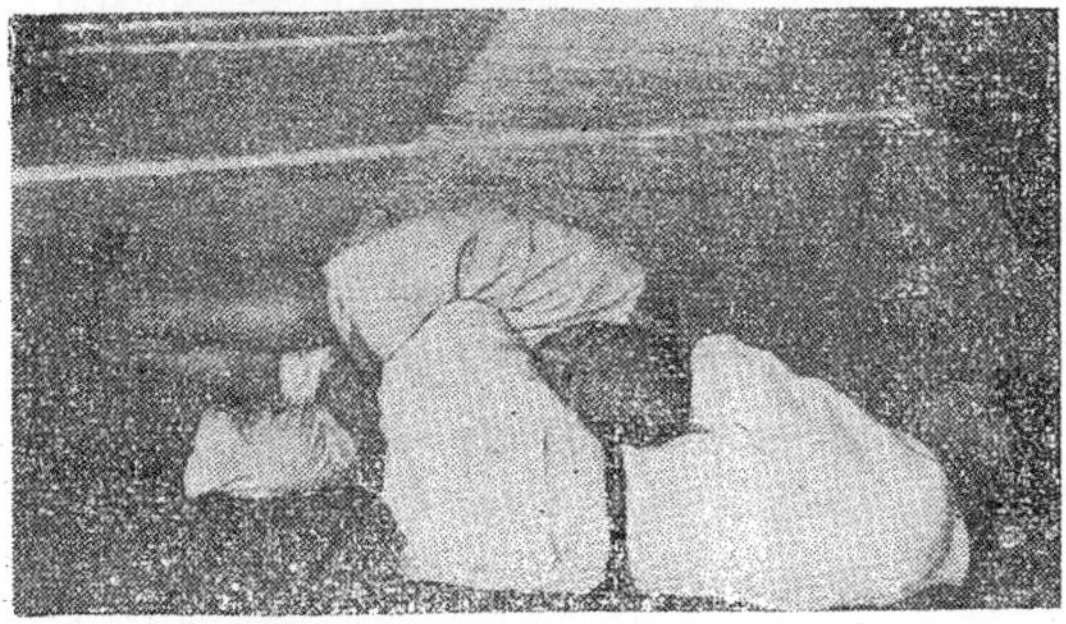
攻め方(7)の3

攻め方(8)の1

攻め方(8)の2

攻め方(9)

以上は、一般に行われている相手の脚を制して入る要領の數例であるが、一度脚を越して相手の體側に入つたならば油斷なく體を捌き、先ず相手の體を、抑技の理によつて固めつつ、その體勢の變化に應じて、完全な抑技へ、或はそこから絞技、關節技へ轉ずるのである。脚の制御に成功すれば固技は半以上成つたと言つてもよいであろう。

(三) 應じ方

右の如くして或は急速に、或は緩徐に、秘術を盡して攻め入つて來る相手に對しては、我もまた合理的に體を捌いてこれに應じなければならない。相手を突き放すか、または自分の脚を相手の腰、脚などにかけ或程度以上相手を近づけないのも一方法であるが、應じ方の第一の主眼は、如何にせば相手の働きを不自由にさせ、如何にせば相手の體を返えして反對に攻勢に出ることが出來るかにある。

この場合の自分の體は、背を平に疊につけるのではなく、體を起して腰部の極く狹い面を疊につけた體勢をとり、脚を自由にし、常に相手とのなす角度を整え、相手の上體を我が體に引きつけると共に、その下半身を脚で浮き上げつつ、相手の體が不安定になるように應じていなければならない。なお、兩足を相手の兩體側にそれぞれ出すことは相手を脚で挾んでその位置に止めるには有效な方法であるが相手を返えすには全く無効であるから、必ず相手の前面より外に出さぬよう、また一方の足首を、相手の一方の膝裏に下から當てたならば、他方の足は相手の下腹部に當てるようにしているがよい。

攻めて來る相手を返えして反對に下にするには次のような方法がある。

(1) 相手が上體を引き込まれることを嫌つて腰をあげて立ち上ろうとする時、一方の手で相手の足首を取り、他方の手で襟を引きながら、圖のように一方の足で小内刈のように刈つて後に倒す。

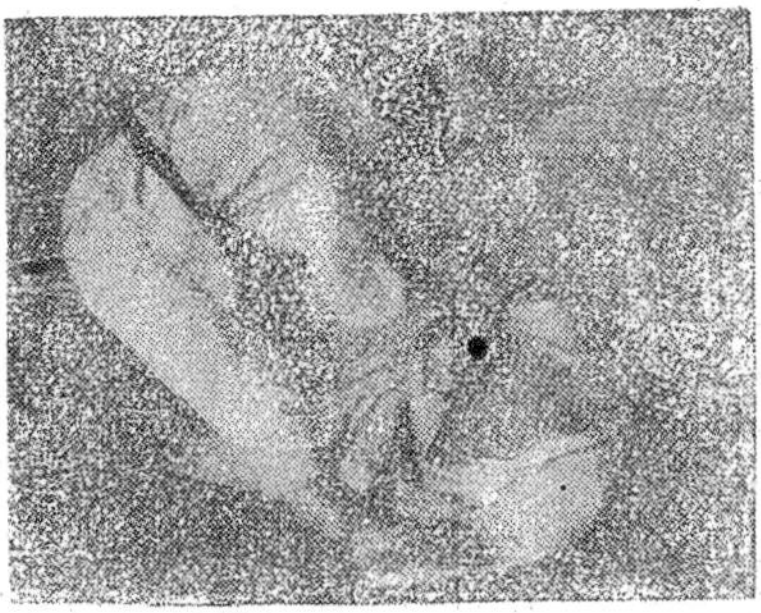
返えし方(1)

(2) 相手の體を圖の如く、一方の手では相手の袖を、他方の手で、相手の後帶をとつて、圖の如く相手の膝裏のあたりにあてて上げ、他方の脚で相手のその側の脚を卷きつけるか、

返えし方(2)

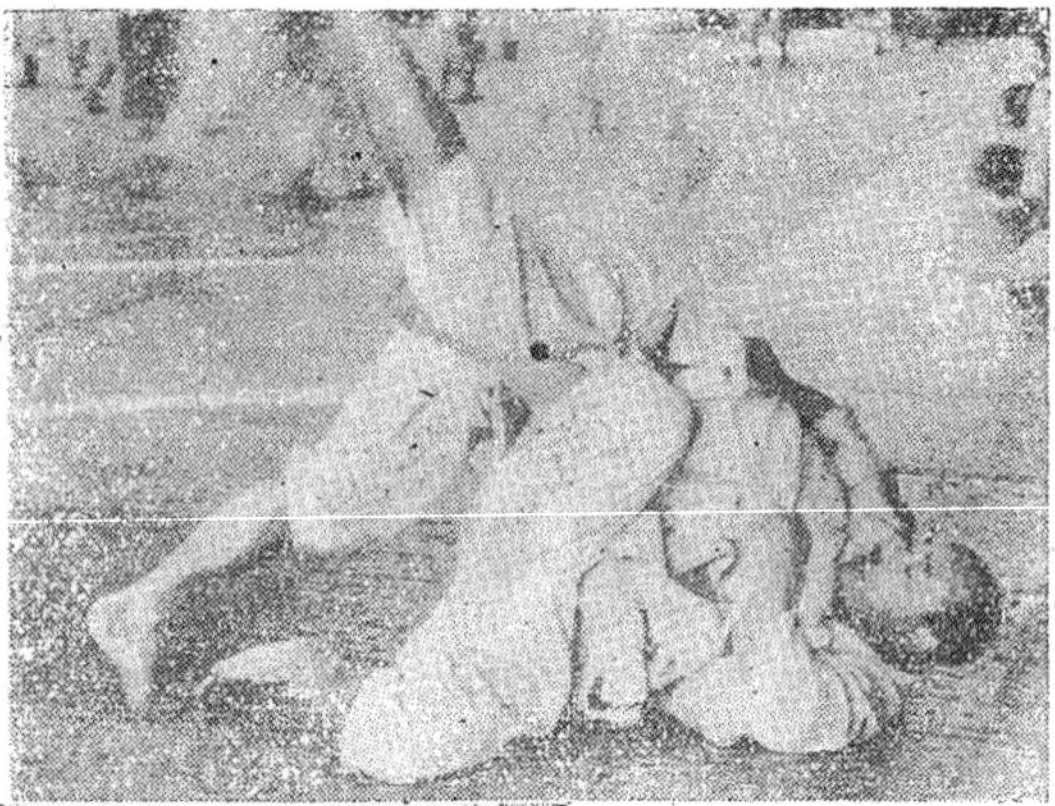

返えし方(2)

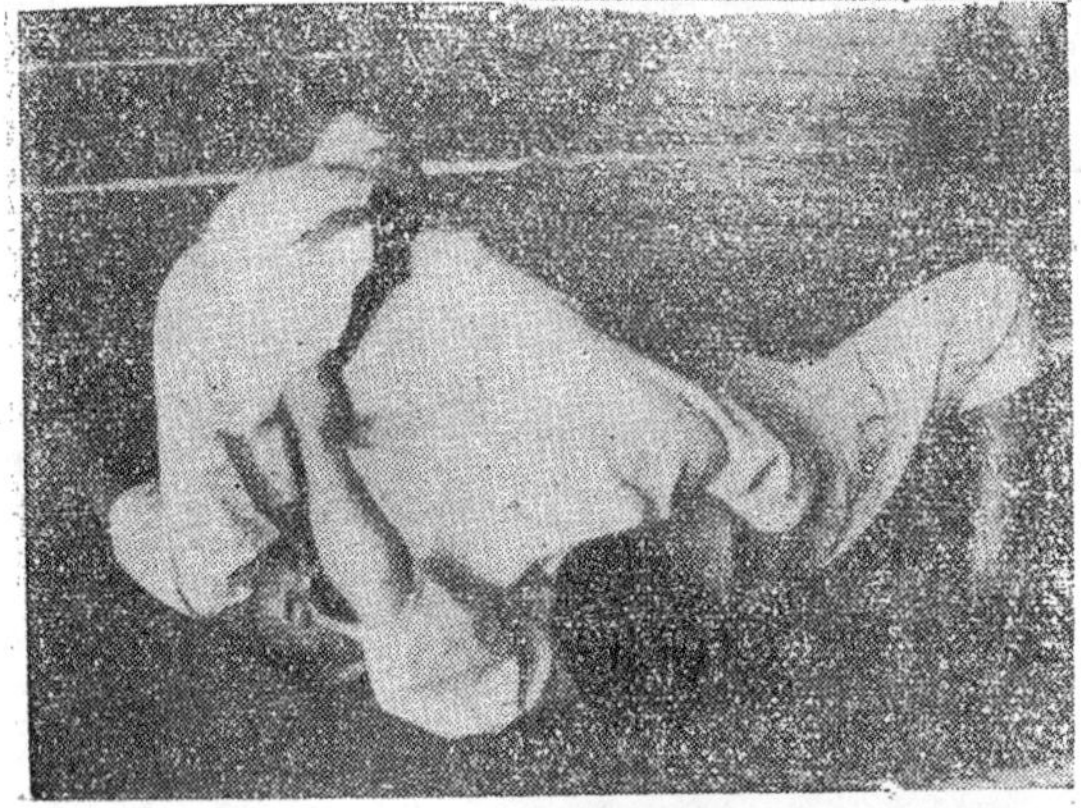

返えし方(3)

返えし方(3)

また、その膝頭を足裏で押してその側に返す。

(3) 右のように隅返の如くして返えす場合もあり、圖の如く相手の體を抱くようにしながら。同體となつて側に廻轉して返えすこともする。

これ等の方法によつて、相手を返えしたならば、直ちにこれにつけ入つて、着々と攻擊の歩を進めなければならない。

返えし方(3)

(四) 技の連絡變化

固技に於いても、投技に於けると同樣に、その技に連絡、變化のあることは、技の威力を發揮する上からいつて極めて必要なことである。常に積極的に、相手が防ぎ遁れるのに應じて、切れ目なく、たるみなく、滑かに、技から技へ連絡し、絕えずその場に適應する技に變化して攻めれば、單に攻める力を增すばかりでなく、自然に技術の妙味を感得することが出來、練習の興味を深くするのである。

固技の連絡變化にも大體二つの仕方がある。その一は自分自らの技からするものであり、他の一つは、相手の技に應じてするものである。固技の練習にあつても、投技の場合と同樣に最も重視せらるべきは前者であるが、複雜多樣な攻防の變化に自在に應じ得るよう兩樣合わせ工夫してその上達を期せねばならぬ。

㈠ 積極的連絡變化の方法

固技の練習に於いて最も熟練を要することは、前述した如く相手を下にして攻める場合にあつては、如何にせば相手の脚の働きを制してこれを越えるかということであり、相手を上にして攻める場合にあつては、相手の體勢によつて、ここから絞技、關節技を施すことも出來るけれども、如何にせば相手の體を返してこれを下敷きにし、更に自由に攻め得る體勢に轉ずるかということである。自分の體勢が確と定まらねば如何なる技も効果的に施し得ないのであるから、自分の技の連絡變化の練習は、先ず相手の體を下にして、これを上から攻めるところから始められなければならない、さきに述べた方法を善用して、相手の脚を以てする。

連絡變化

連絡變化

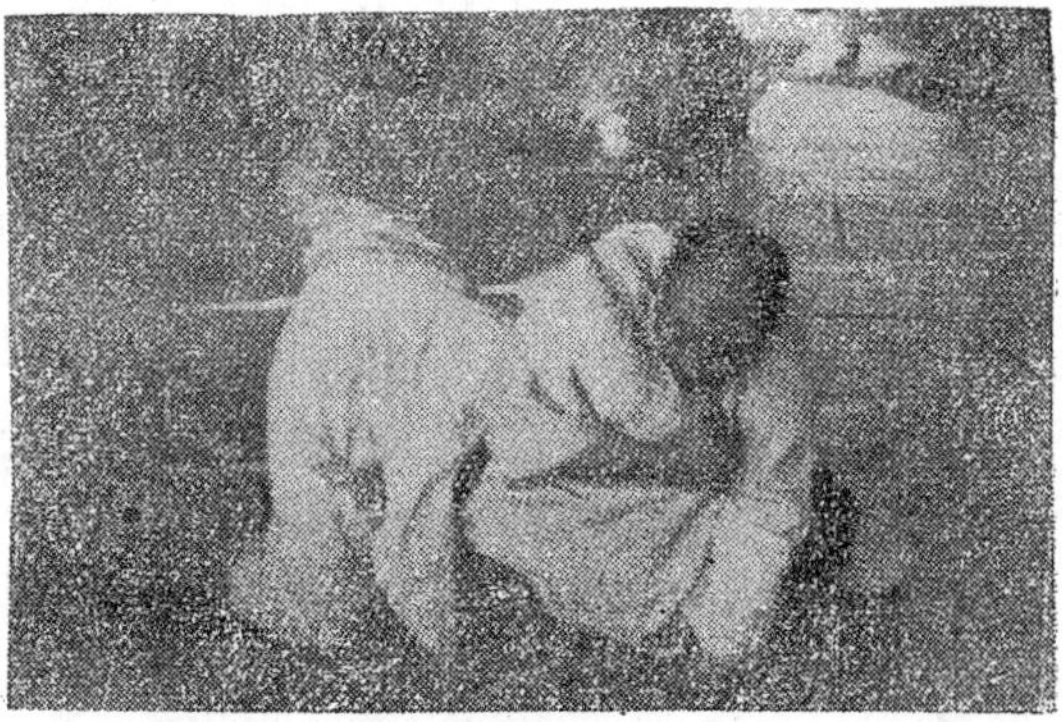

連絡變化

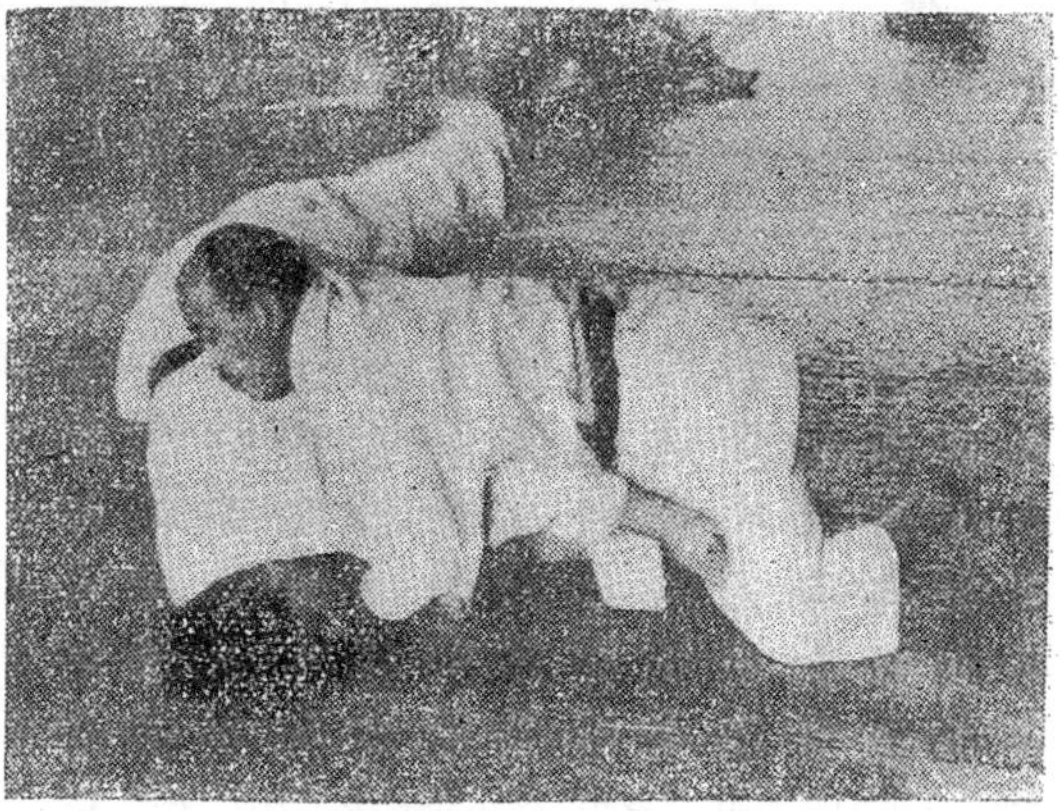

連絡變化

第一の防禦線を破つて、その體側に進入せば、そこからは抑技、絞技に、或は關節技に、各樣の、技を施すことが出來るが、この際の攻め方については、相手の變化をば豫想して幾通りかの一連の攻擊法を豫め定めて、練習しておくが効果的であろう。例えば、その時横四方固で相手を攻めたとすれば相手は恐らく、これに應じて押し上げ、あふり上げ、この技を外すために最善の努力を盡すであろう。そしてこのとき相手が自分に背を向けて遁れようとすれば、これを利用して背後から送襟絞に行くもよく、十字固で相手の右腕の逆を取るもよく、また相手が自分の方に向くように體を捻つて變化したとすれば、これに對しては相手の起き上ろうとする動きに應じて、これに馬乗りに跨つて縦四方固に移るもよく、また右手で相手の右襟を深く取り、左手で左襟を取つて十字絞に轉ずるも一法である。また體を捻つて袈裟固へ、或は廻りこんで上四方固に移るも容易な連絡である。

以上は積極的な技の連絡變化の一例であるが、よし最初の横四方固で抑えることが出來ない程の强力な相手でも、か様に種々の技に變化して攻めれば、遂にはこれを無理なく屈服させることが出來るのである。

㈡　相手の技に應ずる連絡變化の方法

相手を上にした場合に主として用いられる連絡變化の方法であるが、ここまで相手を進入させることは、自分の體勢としては極めて不利である。一例を擧げてこれを述べて見よう。このような場合、先ず行うべき動作としては、相手の體をあふり上げて、相手の體に安定を與えぬようにすることである。こうすれば例えば相手が上四方固に來たとしても、その抑えかかる端を返えして、反對に抑えることもでき、他の抑技に對しても同樣である。この場合、相手の絞技、關節技に對する考慮を忘れてはならない。また、相手を上にして容易に起き上り得ない時に、故意に自分の腕を關節技を取り易いように伸ばし、相手がそれに誘われて關節技に來るのを利用して起き上り、攻防地を變えるのも一法であるが、これなどはまさに死地に活路を見出さんとする最後の方法であつて好んで行うべきことではない。相手の各種の抑技に對し、絞技に、また關節技に對しては平素その應じ方について、當然鍛練工夫しておくべきである。

（五）　各技への應じ方

抑技に於ける抑え方、絞技に於ける絞め方、關節技に於ける逆の取り方については前述した通りであるが、以下各技に入られた場合の應じ方、換言すれば遁れ方について、その大要を述べることにする。

㈠　抑　　技

凡べて抑技は、確り抑えられては、力に相當の差異がある場合でも、容易に遁れ得ないものであり、技が完全に施されぬ中にこれを外すよう努めるが應じ方の要訣である。これは絞技、關節技に於ても同樣である。しかし應ずるに方法を以てせば遁れ得ないこともない。

(1) 袈裟固

(イ) 受は先ず體をあふつて取の體の安定を失わせ、制せられた右腕を引き抜いて、ここを緩めつつ、兩手で取の帶を握り、體をあふつて相手の體を上げると同時に、腰を右に捻り、右膝を相手の右腰の下に入れ、これを挺子にしつつ相手を突き放す。この場合左足を相手の左脚に掛けることができればより好都合である。

(ロ) 相手の體をあふつてその安定を失わせつつ、相手を前方に進ませる。このとき突如として自分は體を左方に大きく開き、反動を利用して相手を後方に押して返す。

(ハ) 自分の體の右側を軸にし、體を右向に捻つて遁れようとするに對し、相手がこれを押して來る時、その押してくる力を利用し、自分の左肩の方向へ、左手で相手の後帶を引き、右手では押し上げ體を捻つて大きく返えす。

(ニ) (3)の理を利用して、右腕で相手の左腕を抱えるようにしてこじあげつつ、自分の左肩の方向へ返えす場合もある。

(ホ) 崩袈裟固の場合には左腕を相手の顔の上から差し入れつつ體を右向きに捻り廻わして遁れる方法も試みられる。

(2) 肩固

(イ) 體をあふりながら、右掌を左掌で押し、右肘を突張つて右腕を抜き離し、次いで袈裟固の時と同じ要領で抜を外す。

(ロ)　右肘を突張つて相手の抱き締めをゆるめながら、體を左方に廻わして相手との角度を大きくし、兩足を上にあげ、それをふり下す勢で上體を起し、相手を仰向きに返す。

(ハ)　(ロ)の如く體を左に廻わしながら、兩足を上げ自分の體を左肩先の方向に俯伏になるように、ぐるりと廻轉する。

(3)　上四方固

(イ)　兩腕で相手の肩を押しながら、體をあふつて後に退り、相手の力がゆるんだ時、體を一方に捻つて俯伏になる。また一方の腕を相手の顏の上から、肩と共に差し入れながら體を捻つて俯伏になる。

(ロ)　兩腕で相手の首を下から抱き、體を一方に捻り、相手が押し返す端を、その方向に急に強く體を捻つて相手を返す。

(ハ)　體をあふりながら、兩手で相手の肩を押し上げ、相手の胸の下に自分の一方又は兩方の膝を屈げて入れ、これで相手を押し離す。

(ニ)　兩腕で相手の肩を押しながら、後に退つて相手の肩を押し離し、このとき、下半身を相手の背部に折り重ねるように屈げて、兩足先を相手の體側部に掛け、ここを足掛りにして起き上る。

(ホ)　崩上四方固に對しても、右とほぼ同樣にすることが出來るが、體をあふつて相手の抱き締めをゆるめ、一方の腕を相手の顏の上から差し入れながら、腰の捻りで他方の肩を引き、腕を引き拔いて俯伏になる。またこのとき、相手が腰を上げて不用意に押して來れば、これを利用し體を捻つて相手を返えす。

(4)　橫四方固

(イ) 相手の下にある手を相手の腹部にあて、他方の手では相手の後帶を取り、兩足を臀部に近く引きよせ、體をあふつて相手の體を浮かすと共に、腰を捻つて一方の膝を相手の下に入れ、兩手で相手を押し離す。

(ロ) このとき取が不用意に押して來れば、これを利用して返えす。

(ハ) 體をあふつて相手の抱き締めをゆるめ、兩手で受の肩の邊を押し、一方の脚を相手の頸に掛けて相手の體を押し下げると共に、腰を捻つて他方の膝をも相手の腹部に入れ、腕と脚との力を合わせて相手を押し離す。

(5) 縱四方固

(イ) 體をあふつて相手の安定を破り、腰を捻りながら制せられていない方の手で相手の膝を押してその脚を脚で挾む。

(ロ) 體をあふりながら、制せられていない手で、相手の體を上方へ押しあげると同時に、體を捻つて制せられた腕を引き拔く、またこうしながら、その方向へ返えすこともある。

(ハ) 兩脚を揃えて上にあげ、これを側方に大きくゆすぶりながら、相手の體を側方に次第に大きく搖り動かす。相手の動搖するに合わせて一氣に大きく脚をふり、相手をその方に横樣に返えす。

(ニ) 絞技

(1) 十字絞

(イ) 相手の十字形に交叉させている腕のその上側の肘を押し外す。また體をあふつて、このままその方向に相手を返えして立ち上ることもある。

(ロ) 兩腕で相手の兩肘を、その外側から抱きかかえるか、或は片手を相手の上にしている腕の下から深く差し入れ、その腕で自分の頭を抱えるようにして、相手の絞を一時防ぎながら次の手段を講ずる。

(2) 送襟絞

(イ) 相手に脚で體を制せられているときは、先ずこれを外す。そして一方の手では、相手の上側にある袖を引きさげ、他方の手では肘を押し上げて、絞をゆるめながら、この下をくぐるように頭を廻わしてこれを外す。

(ロ) 兩腕で相手の頭を抱き、引きつけて絞をゆるめ、體をずり下しながら相手の腕の下から頸をくぐらせてこれを外す。

(三) 關節技

(1) 腕緘

(イ) 完全に固められる前に、その腕を一氣に突き出すように伸ばす。

(ロ) 技をかけられた方の手で、自分の帶を握つて、一時相手の技を防ぎ次の手段を講ずる。

(2) 十字固

(イ) 相手が極めようとする瞬間に體を捻つてその腕を引き拔く。

(ロ) 頭越しに掛けた相手の脚を押し外し、すばやく體を捻つて起き上る。

(ハ) 相手が極めようとする瞬間、體を相手と一線になるように開くと共に、一氣に體を廻轉し、取られた腕を引き拔く。

第四章　補助運動の實際

準備運動と整理運動、及び補助運動の實際を一括して、本章に於いて述べることにする。

第一節　準備運動と整理運動

柔道の練習を行う際は、練習の能率を高め、効果を擧げるために、先ず準備運動をすることによつて心身の準備を整え、練習後は整理運動を行つて心身の常態への復歸をはかる。（前篇第四章第二節參照）

(一)　準備運動

柔道の如く、徒手で直接相手と組合い、その間、一瞬の懈怠なく、些細なる一擧一動にも心身の堪能を必要とする複雜多岐なる攻防の練習にあつては、これに必要な身構えと心構えを整えるを目的として行う準備運動の意義は、極めて高いと言わねばならないが、如何なるものを、如何なる程度に行えばよいかということは、指導上大いに考慮しなければならない問題である。

（一）　準備運動の内容

心身兩面の誘導、訓練を目的として行われる準備運動としては、運動は必ず全身的、且つ活動的に行われることが必要である。

身體的には、全身の筋肉や關節を十分動かし、內臟諸器關に刺戟を與え、精神的には、注意力の覺醒を促して反應を正確敏速ならしめ、運動的氣分を振作旺盛にして、その後の練習や試合を十分實行出來るようにするのである。

從つてこれに適當する材料は、誰にも容易に行い得、且つ短時間に目的を達し得る徒手體操や、受身その他、柔道の既習技術中の適當な基礎的動作から取材される。

その例として、若干を示せば次の通りである。

1　指の屈伸
2　開脚、脚の屈伸
3　開脚、體の前後屈
4　開脚、體の側屈
5　開脚、體の捻轉
6　坐位、脚前伸
7　坐位、開脚、體の捻轉
8　腕立伏臥、腕の屈伸
9　腕立伏臥、開脚、腕の屈伸と胸の後反
10　坐位、頭の廻旋
11　片足上方跳び
12　受身
13　兩腕索引（引手の練習）
14　足拂、背負投、釣込腰、跳腰等の單獨練習
15　仰臥、脚の廻旋と伸展

等、これ等の中からその時の練習の豫定を考慮して、適宜選擇實施すればよく、方法順序を考慮して一連の準備運動の形式を豫め定めて實施させるもよい。

如何なる場合でも、準備運動の中には、受身が取り入れられているのが望ましい。

(1) 指の屈伸

練習中の突指の防止、及びこれによつて前膊の筋肉を慣らし、練習中に起るその部位の硬化を防ぐ一助とする。腕を前にあげ、固く拳を握り、次いで拳を開いて五指に力を入れて伸ばす。適宜の回數を行う。

(2) 開脚、脚の屈伸

脚を廣く側《ヨコ》に開き、兩手を各々膝にあて、左（右）脚を屈げて右（左）脚を十分に伸ばし、これを交互に行う。

この時足先は上に反らせる。

(3) 開脚、體の前後屈

脚を廣く側に開き、腕と共に體を深く前に屈げ次いで後に深く反らせる。能うかぎり深くするがよい。

準備運動 (2)

準備運動 (3)

準 備 運 動 (3)

準 備 運 動 (5) の 1

準 備 運 動 (4)

準備運動 (5) の 2

(4)　開脚、體の側屈

脚を廣く側に開き、腕を交互に上げて體を側に深く屈げる。

(5)　開脚、體の捻轉

脚を廣く側に開き、腕を斜右前に擧げ、體を左の方へ捻り廻わし、次で斜左前から反對に行う。能う限り大きな動作で行う。

(6)　坐位、脚前伸、體の前屈

臀部を疊につけ、脚を揃えて前に伸ばし、兩腕を前へ伸ばして體を前に屈げ、次いで兩手と共に兩足をあげて體を後方へ返えし、趾先が疊につくまで體を屈げ、これを繰返すえ。

準備運動(6)の1

準備運動(6)の2

(7)　坐位、開脚、體の捻轉

臀部を疊につけ、脚を揃えて前に伸ばし、上體を前へ倒しながら、左手を左側の疊につけ、右手を大きく左手の方へ振りながら體を捻る。

(8)　腕立伏臥、腕の屈伸

體操の時と全く同樣にし、靜かに深く屈げ、速く強く伸ばす。

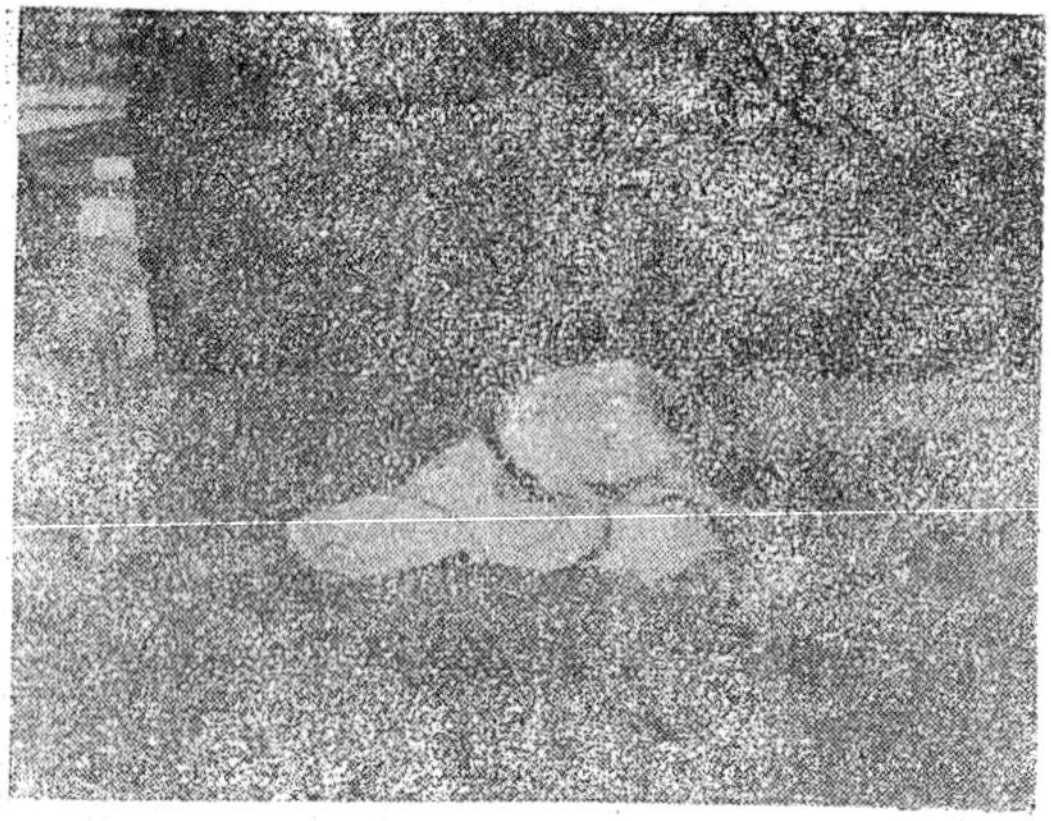

準備運動(7)

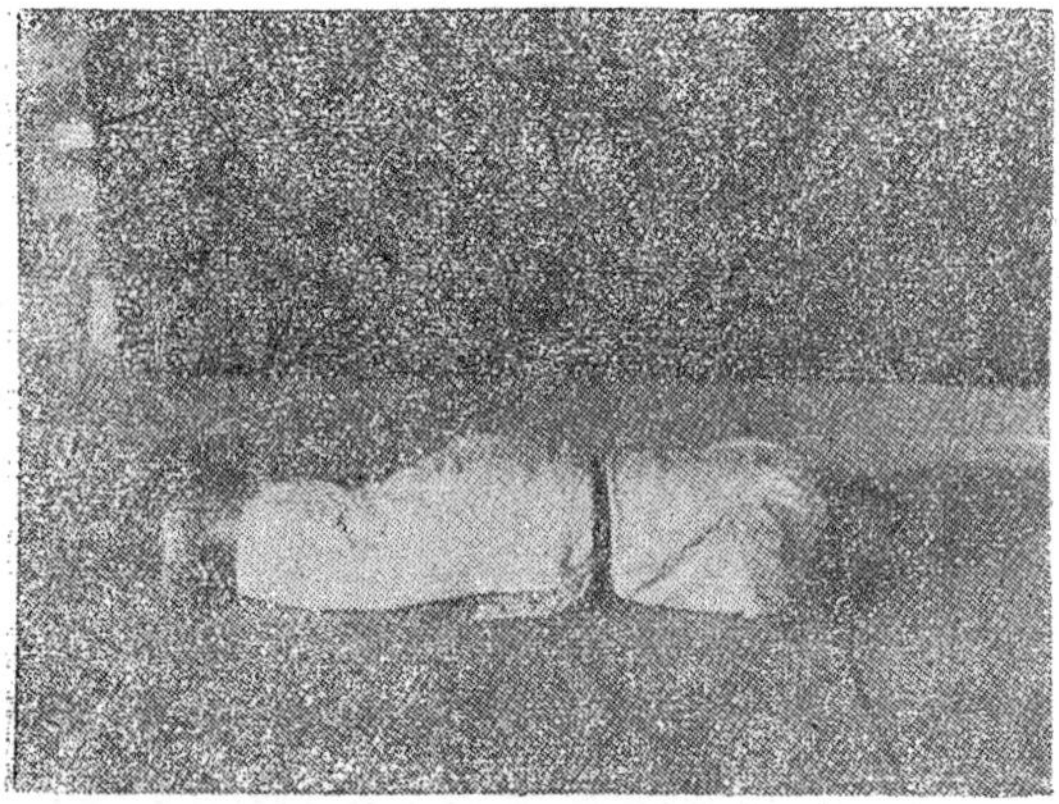

準備運動(8)

(9) 腕立伏臥、開脚、腕の屈伸と胸後反

腕立伏臥の姿勢から脚を開いて、腰を高く上げ腕を屈げて胸を疊につける位に下し、次いで平泳の時のように腕を伸ばし胸を十分に反らせる。

(10) 坐位、頭の廻旋

正座して、頭を右より、或は左より廻旋する。立位で行つてもよい。

準備運動 (9) の 1

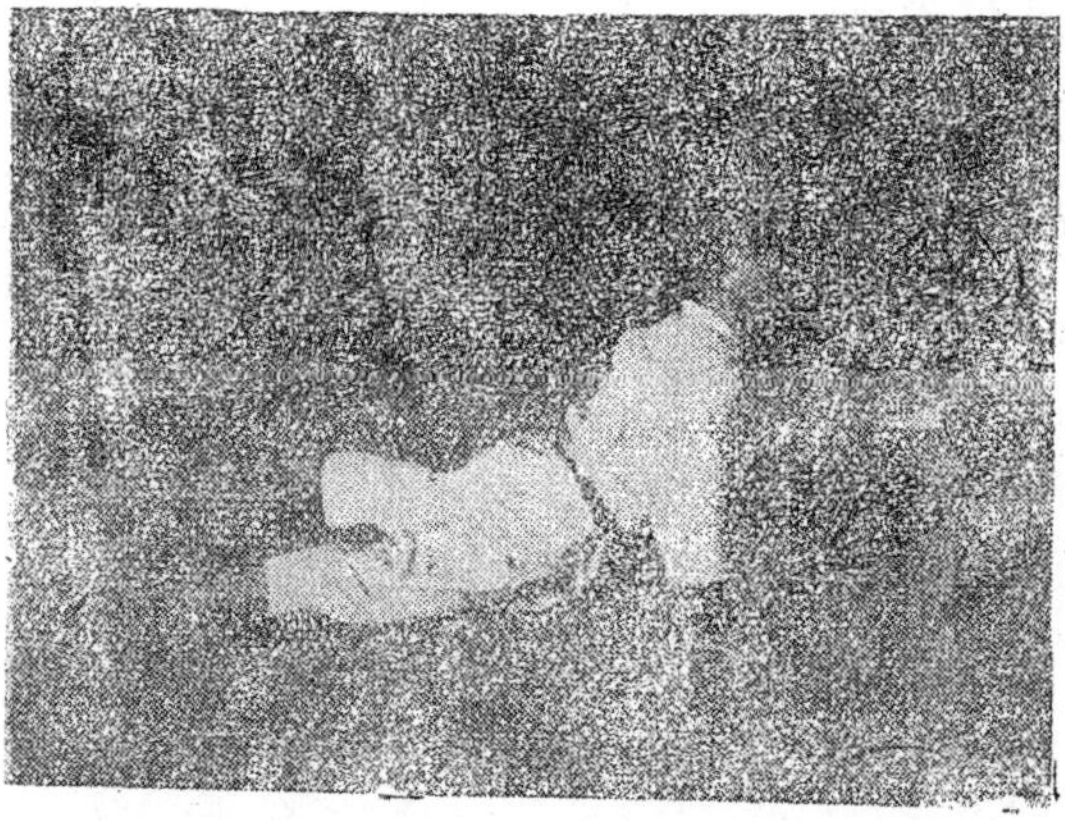
準備運動 (9) の 2

準　備　運　動 (11)

準　備　運　動 (14) の 1

(11)　片足跳、兎跳

片足をあげて片足で立ち、他方の膝を深く屈げて上方に跳ぶ。その場で、或は位置を前後左右に移しながら行うもよい。兩足で行う兎跳（上方跳）も行う。

(12)　受　身

主として前方に廻轉する前受身を數度行う。

(13)　引手練習

兩手を輕く拳にし、腕を伸ばして前方肩より少し

準　備　運　動 (14) の 2
（釣込腰單獨練習）

準備運動(14)の2
（體落單獨練習）

く高めにあげ、腕を開きながら、肘を張つたまま胸に引きつける。時には引く方向を變えたり、引く時に位置を前へ或は斜前へ或は一方の足を退いて廻轉したりして行う。

(14)　足拂等の單獨練習

左側に一、二、三というように移動して右足で拂い、次いで反對に行う。

(15)　仰臥、脚の廻旋と伸展

仰臥して兩膝を屈げ、膝と膝との間を開いたまま、立泳の巻足の要領で交互に脚を廻旋する。伸展は兩膝の内側を接する位にしつつ、交互に前方を踵で蹴るように脚を伸ばす。

準備運動(15)

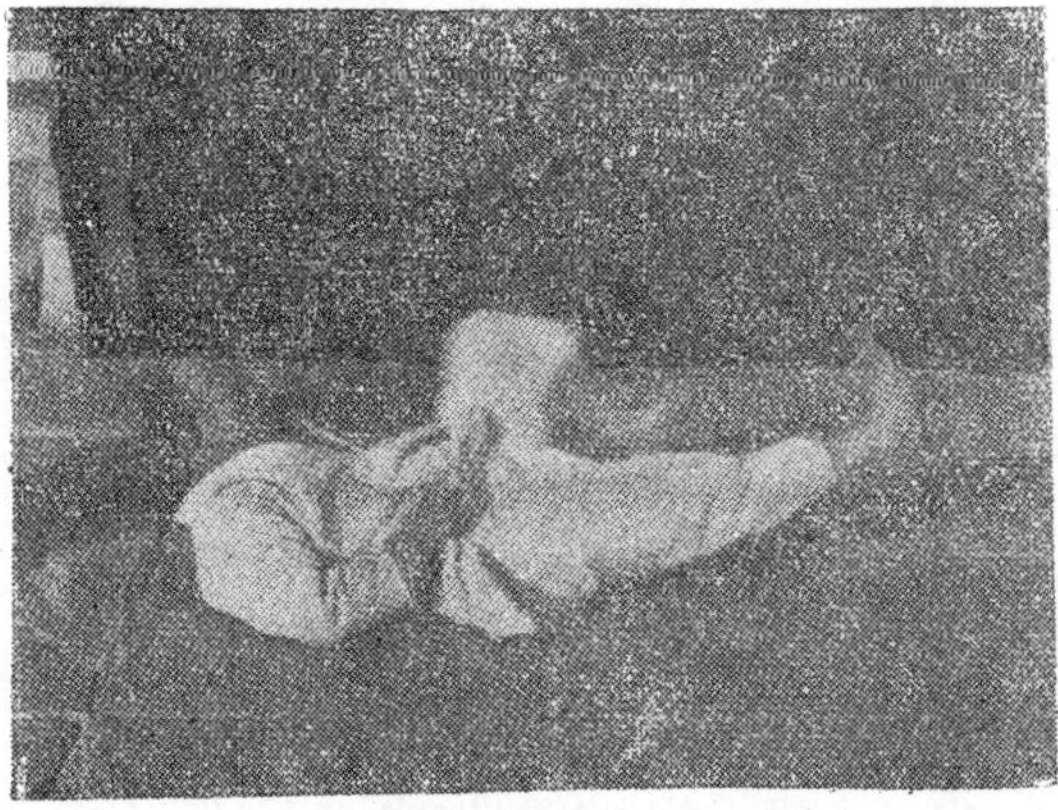
準備運動(15)

（一）準備運動實施の程度

實施の程度は、これを行う者の狀態に應じて適宜に行われなければならない。時間前に十分な運動を行つているような場合は、更に準備運動をするよりも、正坐して心を落着けるようにした方がよいであろう。

準備運動はもともと主として練習される學習內容の準備のための運動であるから、これを行うために、無暗に長い時間をかけることは不適當であると共に、練習に差支える程度の運動量をとつたり、又このために主たる練習の時間を少くすることがあつてはならない。大體に於いて三、四分位を準備運動のための時間として考えへておくが適當であろう。

（二）整理運動

緊張と努力を伴う身體活動のあとは、心身共に興奮狀態にあるのが普通であり、そのままでは速かに平靜な生活狀態に入るのが困難である。

整理運動は、練習や試合などを行つた後の心身を常態に復歸させる、所謂整理を目的として行われるものである。強い練習の後、整理運動を行うことなく、練習を急に止めることは、明らかに適切ならざる事後の處置といわねばならず、指導者としては心して指導すべき重要なことである。

整理運動を如何なる程度に行うべきかは、主として練習されたものの內容や程度によつて定められなければならないが、一般には準備運動と同樣、これに多くの時間を當てる必要はなく三、四分位が適當である。

整理運動（柔の形）

整理運動（柔の形）

整理運動

整理運動（柔の形）

整理運動

整理運動の目的を達成するためには、調整的な輕い體操やその他、準備運動に於けるが如く、柔道自體の基礎的な技術を適宜鹽梅して行うがよく、受身は勿論、柔の形のようなものから材料が得られるであろう。

第二節　補助運動

補助運動は、柔道の技術の上達を助成するために行う運動で、これには、徒手で行うものと、簡單な用具を使用して行うものとがある。

徒手で行うものには、單獨でなすものと、二人組でなすものとがあり、その方法には徒手體操や、柔道の技術に直接結びついたものなどがある。

簡單な用具を利用するものとは、鐵亞鈴、エキスパンダー、繩跳用の繩などを種々の方法で利用し、補助運動の目的を果すものである。

なお、補助運動を實施する場合には次の諸點に注意することが必要である。

(イ) 出來るだけ柔道の技術に關係させる。
(ロ) 運動の選擇と組合わせを効果的にする。
(ハ) 時間を多くかけないで隨時に行う。
(ニ) 過度にならぬように適度に實施し、しかも永續して行う。

(一)　徒手で行う補助運動

㈠ 單獨で行うもの

この種の運動には

(1) 徒手體操

(2) 柔道技術中より選擇した基礎的諸運動

(3) 駈足と階段登降

等がある。

(1) 徒手體操

柔道の補助運動として、準備運動の項に述べた如き徒手で行う體操が用いられる。これらを適宜一連に連續して體操を組み立て、程度を高め、隨時に、永續して行うことは有効な方法である。

(2) 柔道技術中より選擇した諸運動

柔道技術のうち、主として投技に關連した運動と固技に關連した運動とが考えられる。

前者については、各技のうち單獨練習の可能なるものを選んで、一連の運動として組立てて實施する。例えば、足の拂い方、背負投、釣込腰、浮腰、跳腰、內股、體落、肩車、大外刈等の入り方、及びこれらの技中、特に練習を必要とする、脚の屈伸、片足跳、引き手の要領から取材する。

後者については、例えば

(イ) 仰臥して脚の廻施と伸展

(ロ) 仰臥して體のあふり方、體の捻りと肩の使い方。

補　助　運　動 (2) (ロ)

補　助　運　動 (2) (ロ)

補　助　運　動 (3) (ロ)

補　助　運　動 (2) (ロ)

(ハ)　仰臥又は伏臥で前進、後進

(ニ)　腕立伏臥して屈伸、及び胸後反

(ホ)　腕立伏臥して脚を開き腰をあげ、脚を交互に側方に出して體を捻る。

(ヘ)　坐位から體の前屈、捻轉等の運動を適宜連絡して行う。

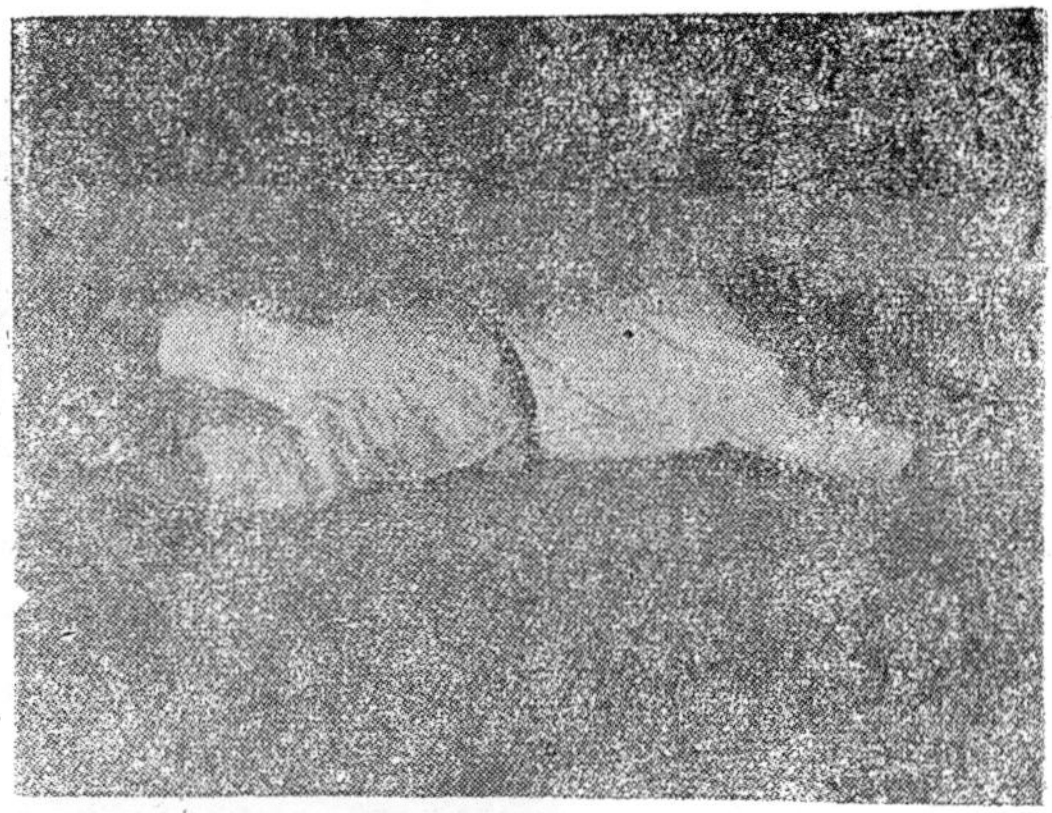
補助運動（八）

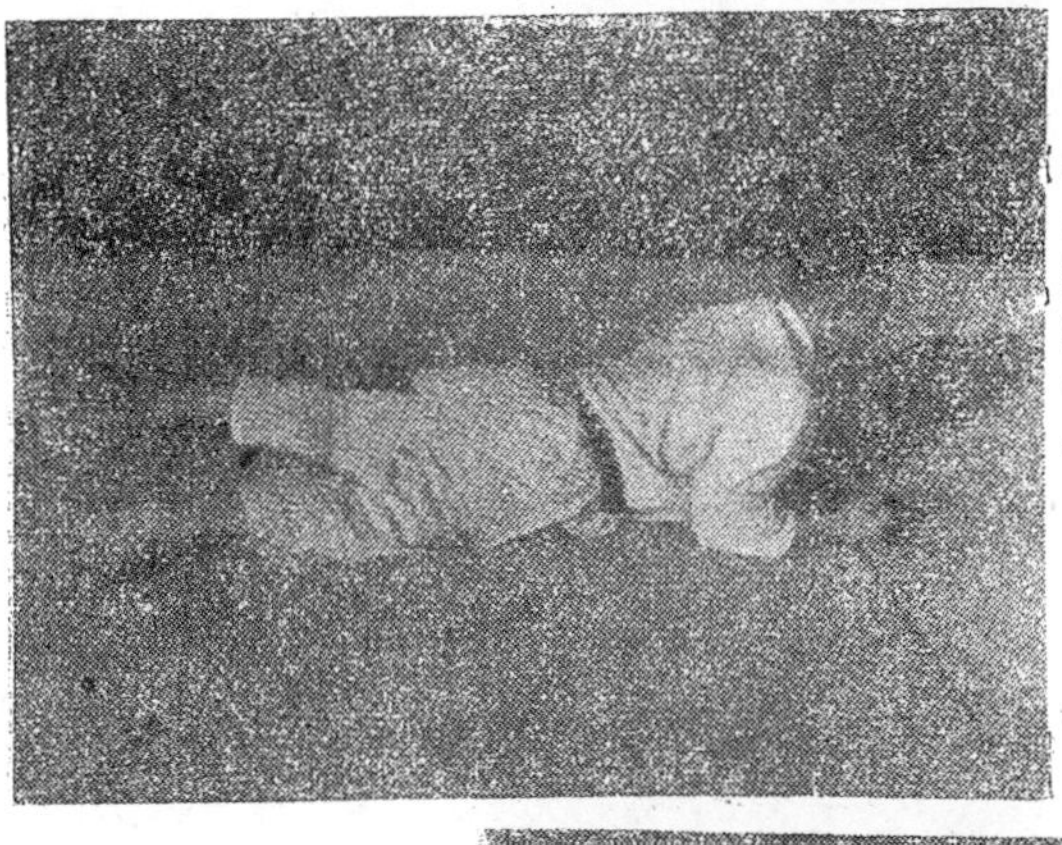
補助運動（八）

補助運動（單獨）（八）

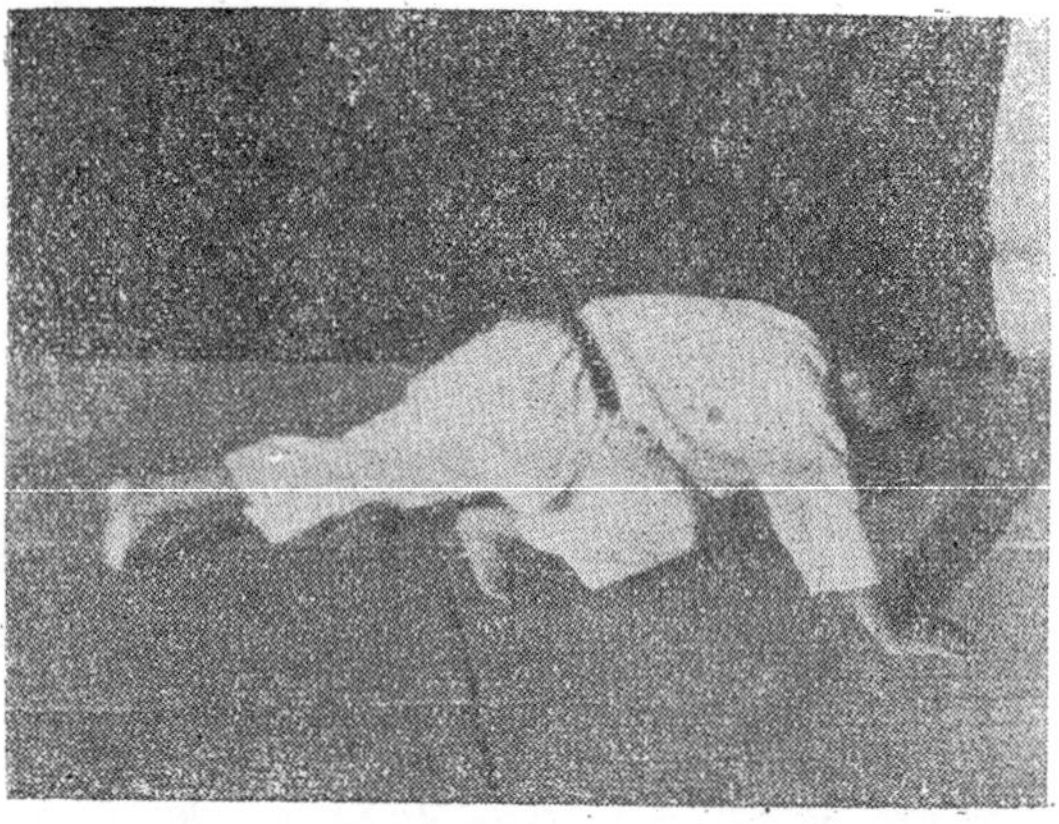

補助運動（ホ）

補助運動（ホ）

(3) 駈足及び階段登降

駈足は柔道の補助運動として適當ならずといいこれを嫌う者もあるが、これを適度に永續して實施すれば、脚力を増し、呼吸力を強め、體の捌きを輕快ならしめるの効顯著である。緩かな傾斜道の駈足は特に有効である。同樣にして階段登降の運動をも推奬したい。

㈡ 二人組で行うもの

體操的に行うものとしては、例えば、腕立伏臥腕屈伸を行う場合、他方の一人がその足首を持ち上げたり、時には肩の上に跨つて腕の荷重を大にしてその運動の強度を増させる。

柔道の技術に直接結びつくものとしては、例えば一方は他方を練習臺として、投技に於ける掛り稽古的運動を行つて投技の補助となし、固技を念頭に浮べつつ、例えば一方は仰臥して他方を、上圖に見る如く引き込んだ形をとり、兩者共に脚の操作に慣れるよう兩人共同して運動を行う。坐り相撲を行うも効果が多い。

補助運動（二人組）

（二）簡單な器具を用いて行う補助運動

㈠ 鐵亞鈴

小型の鐵亞鈴を用い、徒手で行つた如く體操を行う。鐵亞鈴を用いる場合の最も大事な注意は、過度に重いものを用いてはならぬということである。又運動が強度に過ぎ、過勞にならぬよう十分に注意するを要する。柔道の練習に於いては、臂

第一圖 鐵亞鈴

第二圖　鐵亞鈴

第三圖　鐵亞鈴

力の强大は願うところであるが、前述した如く、最も重んぜられることは巧妙なる體の捌きに伴つて、その力が合理的に活用することであつて、所謂腕力を恃むような仕方は、これを悪力といい、最も嫌うのである。

鐵亞鈴を用いて行う運動は臂力を養うに好適であるが、徒らに重きを用いるのは、柔道の補助運動の目的からは不適當である。八ポンド——十ポンド程度の鐵亞鈴を用い、體の捌きに留意して行うがよい。

㈡　エキスパンダー

圖に見る如くエキスパンダーを用いる補助運動は古くより行われている。柔道に於ける押し手、引き手の補助運動として好適である。

エキスパンダー　第一圖

エキスパンダー　第二圖

エキスパンダー　第三圖

エキスパンダー　第四圖

エキスパンダー　第五圖

古チューブ利用　第一圖

徒手で行う體操の如く、これを用いて各方向に或は引き或は押す。

これの使用に當つて注意すべきことは、鐵亞鈴に於けると同樣、過度に彈力の强いものを用いることは不可である。むしろ自由自在に引き得る程度のものを用いるがよい。

この代用として、自轉車などの古チューブを用いるも賢明な方法であつて推奬したい。價格廉にして入手に易く圖に見る如く利用の範圍廣く、一方を固定すれば、チェスト

古チューブ利用　第二圖

古チューブ利用　第三圖

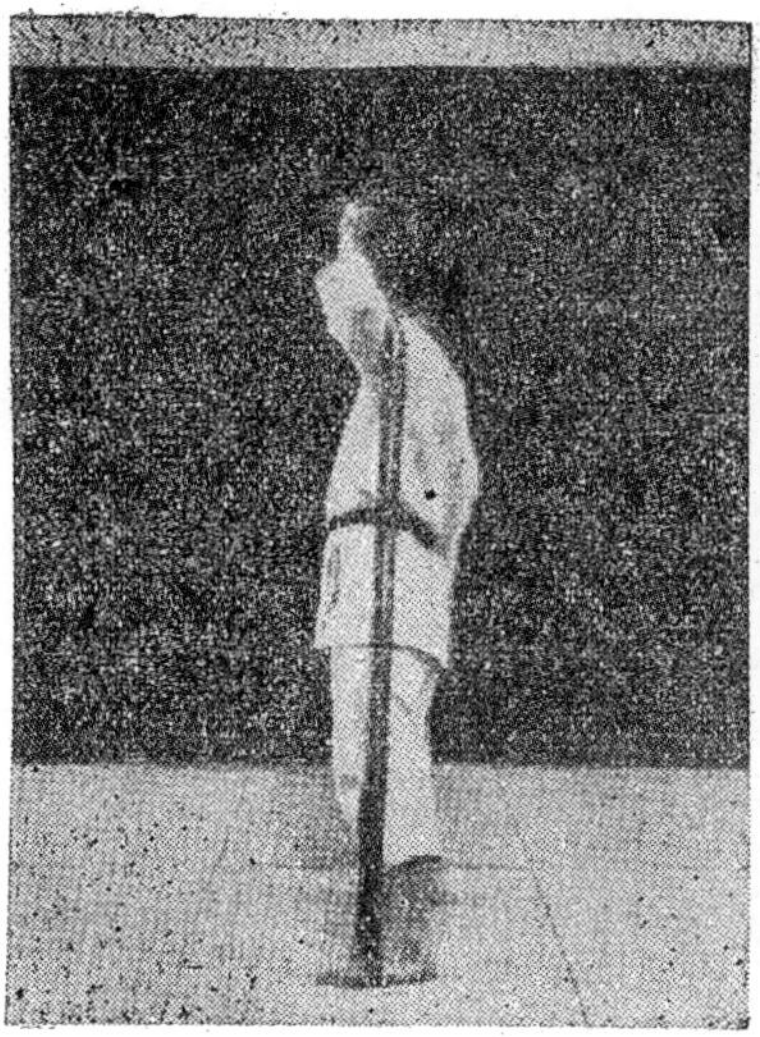

古チューブ利用　第五圖

古チューブ利用　第四圖

ウェイトと同様の目的に用いることも出來、圖の如くすれば、投技に於ける掛り稽古的練習を行うことも出來、腕の運動のほか脚の運動にも好適である。圖によつて明らかに了解されるところであろう。

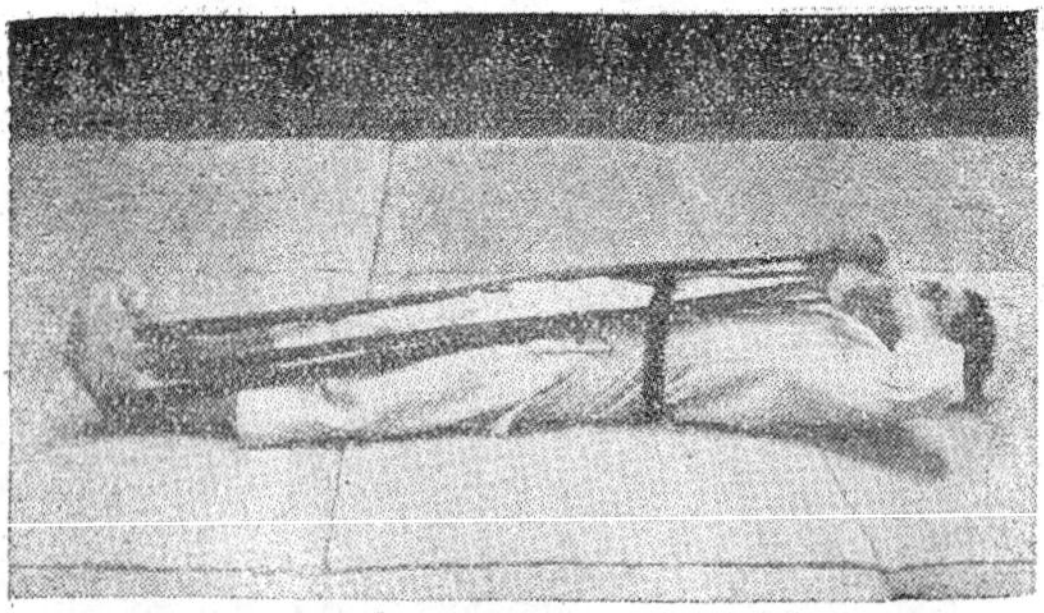

古チューブ利用　第六圖

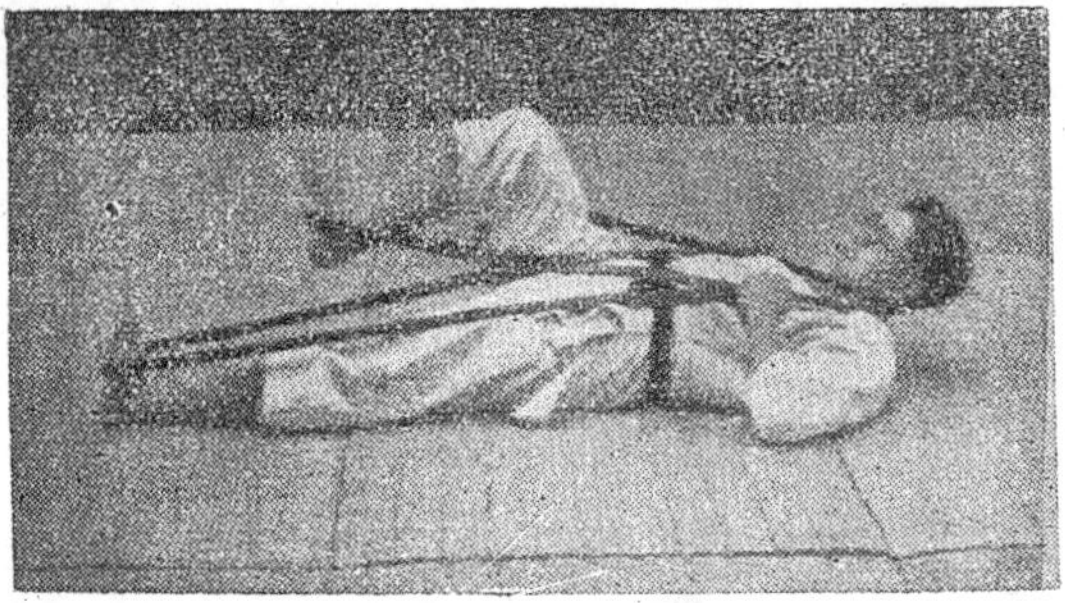

古チューブ利用　第七圖

古チューブ利用　第八圖

古チューブ利用　第九圖

古チューブ利用　第十圖

古チューブ利用　第十一圖

古チューブ利用　第十二圖

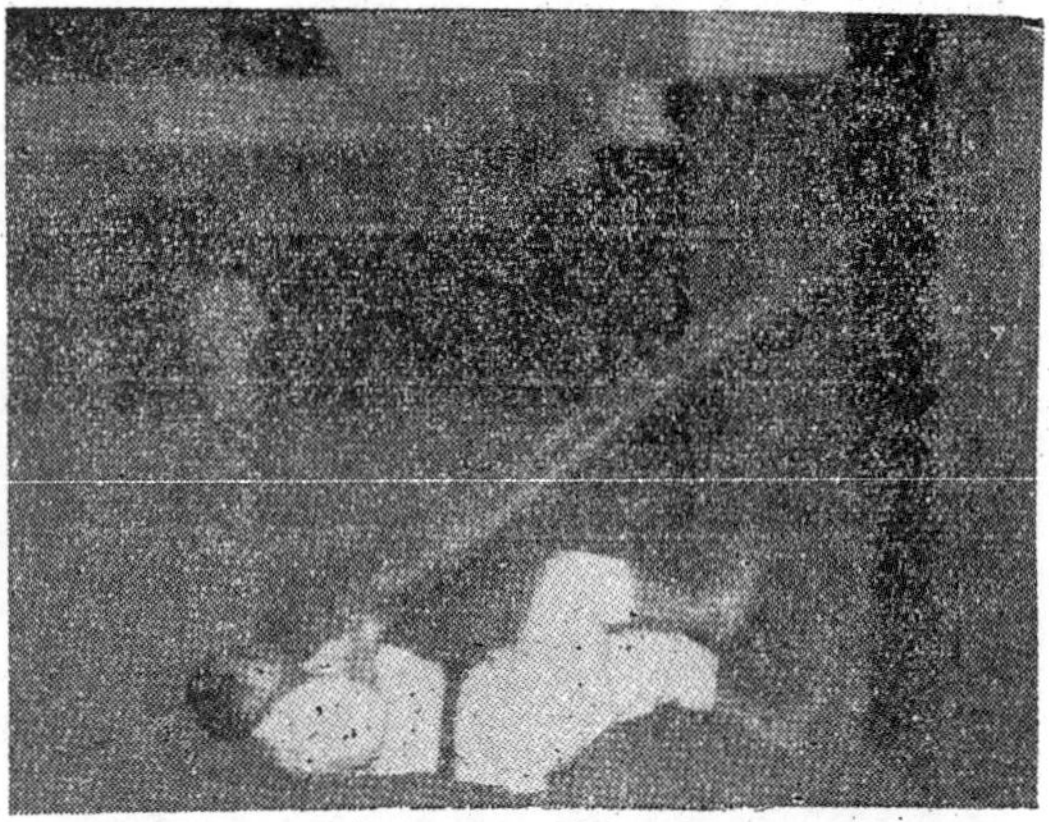

第十三圖　古チューブ利用

㈢　縄跳

西洋に於ける、ボクシング、レスリングに於いては、その準備運動として、又補助運動として古くより縄跳運動の行われていることは世人のよく知るところである。

縄跳は一筋の縄を以て、季節、場所、服装に制限されず、

第一圖　縄　跳

第二圖　縄　跳

容易に行い得る全身運動であつて、機敏性、持久性、巧緻性などを綜合的に養うに適し、柔道の補助運動として好適なものであることを確信するものである。

兩足を揃えて跳ぶ兩足跳、片足を交互にあげて走る如く跳ぶ駈足跳を基準にして種々の跳び方があるが、練習にあたつては種々の仕方を結合し、適當の時間、回數を定めて實施するがよい。

第三圖　跳　繩

學校柔道　終

柔道に關する興味調査

凡例

1. 上段横の數字は年令を示す
2. 左側縦の數字は問題中の質問番號を示す
3. 各欄中の細字は實數を示す
4. 各欄中の太字は百分比を示す
5. 各表は順次に、問題(1)(2)(3)(4)
6. 問題については、第四章第二節第二項「調査その三」參照

23	24	25	26	27	28	29	30	31	32	33	34
19 9.8	13 12.6	12 8.5	10 10.4	4 6.6	3 8.8	3 8.1	4 15.3	2 15.3	1 5.5	2 8.6	5 14.7
2 1.0	0 0	3 2.1	5 5.2	2 3.3	2 5.8	3 8.1	2 7.6	1 7.6	0 0	0 0	2 5.8
6 3.1	2 1.9	3 2.1	6 6.2	3 5.0	3 8.8	4 10.8	1 3.8	1 7.6	0 0	1 4.3	1 2.9
3 1.5	0 0	1 0.7	2 2.0	1 1.6	0 0	2 6.4	1 3.8	1 7.6	0 0	0 0	0 0
41 21.3	20 19.4	23 1.63	18 18.7	12 20.0	5 14.7	4 10.8	5 23.0	3 2.3	6 33.3	4 17.3	5 14.7
7 3.6	7 6.7	12 8.5	7 7.2	8 13.3	5 14.7	4 10.8	2 7.6	1 7.6	5 27.7	1 4.3	7 20.5
0 0	0 0	2 1.4	1 1.0	0 0	0 0	0 0	0 0	0 0	0 0	0 0	0 0
15 7.8	2 1.9	9 6.3	5 5.2	3 5.0	2 5.8	1 2.7	3 11.5	1 7.6	2 11.1	1 4.3	0 0
6 3.1	5 4.8	6 4.2	1 1.0	4 6.6	1 2.9	1 2.7	0 0	0 0	2 11.1	1 4.3	2 5.8
10 5.2	7 6.7	15 10.6	9 9.3	6 10.0	2 5.8	2 5.4	3 11.5	2 15.3	1 5.5	0 0	3 8.8
9 4.6	2 1.9	6 4.2	0 0	2 3.3	1 2.9	1 2.7	0 0	0 0	0 0	2 8.6	1 2.9
3 1.5	3 2.9	6 4.2	1 1.0	1 1.6	0 0	0 0	0 0	0 0	0 0	1 4.3	0 0
25 13.0	13 12.6	11 7.8	9 9.3	6 10.0	5 14.7	6 16.2	1 3.8	0 0	0 0	1 4.3	3 8.8
3 1.5	0 0	2 1.4	2 2.0	0 0	0 0	0 0	0 0	0 0	0 0	1 4.3	0 0
8 4.1	3 2.9	4 2.8	5 5.2	2 3.3	0 0	0 0	2 7.6	0 0	0 0	1 4.3	1 2.9
15 7.8	6 5.8	7 4.9	6 6.2	2 3.3	2 5.8	1 2.7	1 3.8	0 0	0 0	1 4.3	1 2.9
11 5.7	7 6.7	9 6.3	6 6.2	1 1.6	1 2.9	3 8.1	0 0	0 0	0 0	3 13.0	1 2.9
9 4.6	3 0.9	10 7.0	3 3.1	3 5.0	2 5.8	2 5.4	1 3.8	1 7.6	1 5.5	3 13.0	2 5.8

年齢 問題(1)	13	14	15	16	17	18	19	20	21	22
1	10 16.9	22 16.5	9 6.7	16 8.3	31 10.9	15 7.1	11 5.7	11 6.0	16 10.5	20 10.3
2	4 6.7	4 2.8	2 1.5	4 2.0	11 3.8	2 0.9	4 2.1	3 1.6	3 1.9	5 2.5
3	6 10.1	4 2.8	3 2.2	7 3.6	9 3.1	8 3.7	2 1.0	2 1.1	4 2.6	8 4.1
4	4 6.7	3 2.1	5 3.7	3 1.5	3 1.0	2 0.9	1 0.5	2 1.1	2 1.3	2 1.0
5	8 13.5	24 17.1	28 21.0	50 26.1	61 21.4	54 25.5	53 27.8	44 24.3	40 26.3	34 17.5
6	0 0	4 2.8	2 1.5	2 1.0	6 2.1	4 1.8	4 2.1	8 4.4	9 5.9	13 6.7
7	1 1.6	3 2.1	2 1.5	2 1.0	2 0.7	2 0.9	1 0.5	1 0.5	0 0	3 1.5
8	2 3.3	11 7.8	11 8.2	11 5.7	24 8.4	12 5.6	13 6.8	13 7.1	6 3.9	15 7.7
9	0 0	2 1.4	2 1.5	7 3.6	5 1.7	5 2.3	5 2.6	5 2.7	3 1.9	5 2.5
10	5 8.4	3 2.1	11 8.2	11 5.7	18 6.3	8 3.7	4 2.1	16 8.8	6 3.9	11 5.6
11	2 2.3	11 7.8	6 4.5	9 4.7	12 4.2	10 4.7	15 7.8	10 5.5	8 5.2	6 3.0
12	0 0	4 2.8	6 4.5	10 5.2	14 4.9	13 6.1	10 5.0	6 7.7	4 2.1	2 1.0
13	6 10.1	15 11.2	15 11.2	20 10.4	32 11.3	20 9.4	21 11.0	19 10.4	15 9.8	24 12.3
14	1 1.6	0 0	3 2.2	3 1.5	7 2.4	6 2.8	2 1.0	3 1.6	0 0	6 3.0
15	1 1.6	5 3.5	5 3.7	6 3.1	6 2.1	5 2.3	11 5.7	6 3.3	3 1.9	6 3.0
16	7 11.8	12 8.5	11 8.2	15 7.8	19 6.6	25 11.8	15 7.8	12 6.6	12 7.8	15 7.7
17	1 1.6	7 5.0	8 6.0	12 6.2	14 4.9	15 7.1	12 6.3	16 8.8	8 5.2	16 8.2
18	1 1.6	6 4.2	4 3.0	3 1.5	10 3.3	5 2.3	6 3.1	4 2.2	13 8.5	3 1.5

23	24	25	26	27	28	29	30	31	32	33	34
15 4.6	7 4.3	11 4.7	4 2.9	4 5.4	2 3.7	3 6.1	1 4.0	0 0	2 6.7	1 2.4	1 2.2
14 4.3	4 2.4	7 2.9	5 3.2	0 0	2 3.7	1 1.9	1 4.0	0 0	2 6.7	1 2.4	2 4.3
16 4.9	9 5.6	9 3.8	10 6.1	4 5.4	4 7.5	3 6.1	1 4.0	0 0	1 3.4	3 7.4	3 6.5
10 3.1	4 2.4	11 4.7	8 4.9	4 5.4	0 0	2 3.9	2 8.0	1 5.0	1 3.4	2 4.8	2 4.3
13 4.1	5 3.2	11 4.7	6 3.6	1 1.4	2 3.7	1 1.9	0 0	0 0	1 3.4	3 2.4	3 6.5
41 13.1	20 12.4	28 11.9	24 14.5	14	9 17.0	9 17.8	9 36.0	4 20.0	4 13.0	7 17.0	9 19.0
55 17.1	32 19.8	34 14.5	24 14.5	15 19.5	9 17.0	7 13.8	0 0	5 25.0	4 13.0	10 20.4	9 19.0
11 3.3	7 4.3	11 4.7	5 3.1	1 1.4	2 3.7	2 3.9	1 4.0	1 5.0	0 0	1 2.4	0 0
17 5.3	6 3.6	9 3.8	6 4.3	3 4.0	3 5.7	2 3.9	0 0	1 5.0	2 6.7	1 2.4	5 10.1
12 3.8	6 3.6	11 4.7	4 2.9	4 5.4	2 3.7	2 3.9	1 4.0	1 5.0	3 10.0	1 2.4	0 0
43 13.8	20 12.1	32 13.6	22 13.4	6 8.1	9 17.0	5 9.9	2 8.0	3 15.0	3 10.0	5 12.0	5 10.1
23 7.2	13 11.3	11 4.7	9 5.4	6 8.1	3 5.7	4 7.8	0 0	1 5.0	2 6.7	3 7.4	1 2.2
7 2.2	3 1.8	9 3.8	2 1.2	0 0	0 0	1 1.9	1 4.0	0 0	0 0	1 2.4	0 0
18 5.6	6 3.7	14 6.0	9 5.4	2 2.3	2 3.7	2 3.9	2 8.0	0 0	2 6.7	2 4.8	3 6.5
28 8.7	19 11.8	23 9.5	20 12.4	11 10.5	4 7.5	4 7.8	4 4.0	3 15.0	2 6.7	5 12.0	3 6.5
3 0.4	1 0.8	3 1.3	4 2.9	0 0	0 0	1 1.9	0 0	0 0	0 0	0 0	0 0
0 0	0 0	1 0.42	2 1.2	1 1.4	0 0	2 3.9	0 0	0 0	0 0	1 2.4	1 2.2

問題(2) ＼ 年齢	13	14	15	16	17	18	19	20	21	22
1	2 2.0	1 0.4	3 1.2	10 3.8	5 1.0	11 2.3	6 1.8	9 1.25	9 3.4	8 2.7
2	2 2.0	6 2.4	6 2.5	10 3.3	8 1.7	15 3.2	10 3.0	7 1.19	10 3.7	13 4.9
3	3 3.0	5 2.0	8 3.4	17 4.7	19 4.1	27 5.8	20 5.9	26 7.3	14 5.2	21 7.6
4	6 6.0	18 7.3	11 4.7	15 4.2	13 2.8	16 3.4	10 3.0	19 5.4	7 2.6	14 4.8
5	5 5.0	10 4.0	13 5.6	14 3.9	17 4.1	23 4.9	13 3.8	12 3.4	15 5.5	7 5.8
6	14 14.1	44 17.9	36 15.3	52 14.5	74 16.2	59 12.9	66 19.5	55 15.0	43 16.0	46 15.6
7	16 16.1	36 14.6	40 17.3	62 17.3	74 16.2	56 12.1	48 14.2	57 16.1	40 14.8	44 15.0
8	2 2.0	3 1.2	5 2.1	8 2.2	10 2.1	12 2.6	9 2.7	6 0.69	10 3.7	3 1.2
9	3 3.0	6 2.4	7 3.0	15 4.2	23 5.0	23 4.9	17 5.0	14 3.9	16 5.8	14 4.8
10	10 10.1	19 7.7	16 6.9	20 5.6	29 6.3	26 5.6	12 3.6	14 3.9	11 4.1	8 2.7
11	8 8.0	34 13.8	27 11.6	48 13.4	70 16.3	58 12.5	43 12.7	43 12.1	35 13.0	40 13.7
12	6 6.0	15 6.1	10 4.2	17 4.7	23 5.0	28 6.07	22 6.5	20 5.7	13 4.6	22 7.8
13	4 4.0	12 4.3	4 1.7	8 2.2	11 2.3	13 2.8	6 1.8	7 1.9	4 1.45	3 1.4
14	6 6.0	18 7.3	14 6.0	23 6.4	29 6.3	34 7.4	20 5.9	22 6.2	18 6.6	16 5.5
15	10 10.1	16 6.5	16 6.9	36 10.0	41 8.9	30	27 7.9	38 9.7	24 8.8	32 11.9
16	2 2.0	1 0.4	3 1.2	2 0.5	5 1.0	10 2.5	1 0.3	3 0.8	2 0.7	1 0.34
17	0 0	1 0.4	2、 0.8	0 0	3 0.6	0 0	3 0.9	2 0.5	4 1.45	1 0.34

23	24	25	26	27	28	29	30	31	32	33	34
26 23.4	14 27.0	19 21.0	24 40.3	9 21.0	8 33.5	6 40.0	3 23.0	5 65.0	4 33.4	3 23.0	4 22.3
7 6.3	0 0	2 2.2	1 1.3	2 4.6	0 0	0 0	1 7.7	0 0	0 0	0 0	1 5.5
6 5.4	2 3.8	5 5.5	2 3.6	4 9.3	1 4.2	0 0	0 0	0 0	2 16.8	0 0	1 5.51
6 5.4	1 1.9	2 2.0	0 0	0 0	0 0	0 0	1 7.7	0 0	0 0	0 0	0 0
7 6.3	2 3.8	3 3.3	1 1.8	2 4.6	1 4.2	2 13.3	2 15.0	0 0	0 0	0 0	1 5.5
10 9.0	5 9.6	10 11.1	2 3.6	4 9.3	2 8.3	1 6.6	1 7.7	0 0	2 16.8	2 15.2	4 22.3
7 6.3	6 11.5	7 7.7	5 9.9	3 7.0	1 4.2	0 0	2 2.3	0 0	0 0	3 2.3	1 5.5
3 2.7	0 0	4 4.4	0 0	1 2.3	1 4.2	1 6.6	0 0	0 0	0 0	0 0	0 0
6 5.4	3 5.7	5 5.6	3 5.3	4 9.3	2 8.3	2 13.2	0 0	0 0	1 8.4	1 7.7	1 5.5
23 20.1	11 21.0	23 25.5	8 14.3	8 18.7	4 16.7	1 6.6	1 7.7	1 12.5	2 16.8	4 30.8	3 16.7
9 8.1	4 7.7	7 7.7	9 16.6	4 9.3	4 11.7	2 13.2	2 23.0	1 12.5	0 0	0 0	2 11.1
1 0.9	4 9.7	3 3.3	1 1.8	2 4.65	0 0	0 0	0 0	1 12.5	1 8.4	0 0	0 0

問題(3) ＼ 年齢	13	14	15	16	17	18	19	20	21	22
1	5 15.1	16 18.0	15 20.0	16 16.4	29 17.4	22 16.4	22 17.8	25 20.8	22 24.4	19 18.4
2	0 0	4 4.5	4 5.4	1 1.08	13 7.3	8 6.5	3 3.3	4 3.3	1 1.1	4 3.8
3	3 9.1	7 7.9	3 4.1	10 10.0	14 7.9	6 4.8	7 7.7	5 4.1	9 10.0	8 7.7
4	1 3.1	3 3.4	4 5.4	1 1.0	2 1.0	4 3.2	4 4.4	2 1.6	6 6.6	3 2.9
5	1 3.1	3 3.4	0 0	0 0	11 6.2	4 3.2	4 4.4	3 2.5	1 1.1	4 3.8
6	2 6.1	7 7.9	10 13.4	8 8.7	9 5.1	9 7.3	3 3.3	15 12.5	17 7.7	11 10.6
7	1 3.1	5 5.7	8 10.8	9 9.8	19 10.7	9 7.3	7 7.7	11 9.1	7 7.7	9 8.7
8	2 6.1	3 3.4	1 1.3	3 3.2	4 2.2	3 2.4	1 1.1	1 0.8	3 3.3	2 1.9
9	3 9.1	8 9.0	8 10.8	9 9.8	16 9.6	12 9.7	7 7.7	11 9.1	3 3.3	9 8.7
10	13 39.9	22 24.5	11 14.8	21 22.9	39 22.1	31 25.2	23 25.2	28 23.3	25 27.7	28 27.1
11	1 3.1	10 11.1	10 13.0	11 12.3	13 7.3	15 12.1	9 9.9	11 9.1	4 4.4	9 8.7
12	1 3.1	1 1.08	0 0	3 3.25	7 3.9	0 0	1 1.1	4 3.3	2 2.2	1 0.9

23	24	25	26	27	28	29	30	31	32	33	34
27 5.1	19 7.0	23 6.0	15 4.1	8 4.8	7 8.2	2 0.7	4 5.0	5 11.0	3 3.7	5 6.7	8 8.5
38 7.2	21 7.7	30 7.8	22 6.0	12 7.2	10 7.4	7 2.7	3 3.9	4 8.5	8 10.02	4 5.4	5 5.3
10 1.8	3 1.1	8 2.1	7 1.7	3 1.8	4 2.9	1 0.3	3 3.9	1 2.1	2 2.5	0 0	1 1.03
3 0.56	3 1.1	6 1.5	4 1.1	5 3.0	3 2.3	1 0.3	2 2.5	0 0	2 2.5	1 1.3	1 1.3
5 0.9	4 1.4	5 1.3	5 1.3	5 3.0	3 2.3	1 0.3	2 2.5	0 0	2 2.5	2 2.7	0 0
2 0.3	2 0.7	3 0.7	7 0.9	3 1.8	2 1.4	2 0.7	2 2.5	1 2.1	2 2.5	0 0	1 1.03
24 4.5	12 4.4	15 3.7	16 4.3	5 3.0	8 5.9	5 1.7	4 5.0	2 4.4	3 3.7	5 6.7	5 5.3
10 1.8	3 1.1	6 1.59	7 0.9	1 0.06	1 0.74	2 0.75	2 2.5	0 0	2 2.5	0 0	1 1.03
9 1.7	4 1.4	11 2.8	12 3.3	4 2.4	1 0.74	5 1.9	1 1.3	1 2.1	0 0	3 4.0	3 3.2
6 1.1	4 1.4	6 1.5	7 0.9	2 0.12	2 1.49	2 0.75	0 0	1 2.1	3 3.7	1 1.3	1 1.03
12 2.3	7 2.6	8 2.1	11 3.0	3 1.8	4 2.9	2 0.75	2 2.5	0 0	3 3.7	0 0	2 2.1
17 3.2	5 1.85	10 2.6	5 0.38	2 0.12	2 1.49	1 0.39	1 1.3	0 0	1 1.2	1 1.3	2 2.1
1 0.09	1 0.37	3 0.7	4 1.1	2 0.12	1 0.74	1 0.39	1 1.3	0 0	0 0	1 1.3	0 0
4 0.7	3 0.43	2 0.52	4 1.1	1 0.06	0 0	2 0.75	1 1.3	0 0	2 2.5	1 1.3	1 1.03
7 1.3	1 0.31	7 1.8	3 0.82	3 1.8	2 1.49	3 1.1	2 2.5	0 0	2 2.5	2 2.7	1 1.03
5 0.9	2 0.73	1 0.26	3 0.82	1 0.06	0 0	1 0.3	0 0	0 0	1 1.2	0 0	3 3.2
23 4.5	12 4.4	14 3.8	12 3.3	4 2.4	2 2.3	4 1.54	3 3.9	6 13.0	2 2.5	3 4.0	1 1.03
5 0.9	2 0.73	3 1.8	8 2.3	3 1.8	2 1.7	3 1.1	2 2.5	1 2.1	2 2.5	1 1.3	1 1.03

問題(4) ＼ 年齢	13	14	15	16	17	18	19	20	21	22
1	8 5.8	29 7.2	20 5.4	33 6.4	37 5.2	36 5.2	34 6.4	34 5.1	28 6.6	27 4.8
2	10 7.3	23 5.7	18 4.9	27 5.2	36 5.1	42 6.2	31 5.8	33 4.9	26 6.3	45 8.2
3	4 2.9	10 2.2	8 2.2	11 2.1	10 1.4	7 1.1	5 0.9	6 0.8	8 0.2	12 2.2
4	3 2.1	8 2.0	6 1.6	4 0.7	6 0.8	7 1.1	4 0.75	8 1.2	3 0.07	6 0.1
5	1 0.7	4 1.0	4 1.1	2 0.3	6 0.8	3 0.4	3 0.5	8 1.2	0 0	7 0.2
6	5 3.6	6 1.5	2 0.5	4 0.7	6 0.8	7 1.1	5 0.9	4 0.5	3 0.07	12 2.2
7	5 3.6	12 3.0	13 3.5	14 2.7	26 3.8	22 3.2	19 3.6	25 3.7	12 2.9	19 3.8
8	6 4.3	16 4.0	9 2.4	11 2.1	14 1.9	14 2.1	9 0.7	15 2.3	9 0.2	10 0.8
9	2 1.4	4 1.0	4 1.1	14 2.7	9 1.2	11 1.6	14 2.6	15 2.3	10 0.37	13 2.4
10	0 0	4 1.0	3 0.8	7 1.3	8 1.1	7 1.1	12 2.3	11 1.6	7 0.08	12 2.2
11	0 0	0 0	1 0.2	2 0.3	12 1.7	16 2.3	11 2.1	14 2.8	6 0.06	18 3.3
12	5 3.6	18 4.5	16 4.3	23 4.4	27 3.8	20 2.9	20 3.7	13 1.9	12 2.9	15 2.7
13	5 3.6	11 2.8	8 2.2	3 0.5	10 1.4	8 1.6	4 0.7	9 1.3	1 0.02	4 0.7
14	0 0	6 1.5	16 4.3	4 0.7	8 1.1	3 0.4	5 0.9	5 0.75	2 0.04	5 0.9
15	3 2.1	3 0.7	4 1.1	5 0.95	6 0.8	2 0.29	4 0.75	14 0.75	3 0.72	5 0.9
16	1 0.7	1 0.302	1 0.27	4 0.7	5 0.7	4 0.58	4 0.75	5 0.75	1 0.2	4 0.7
17	4 2.9	25 6.2	18 4.9	27 5.2	36 5.1	33 4.8	24 4.3	27 4.1	16 3.8	21 3.9
18	4 2.9	10 2.5	7 1.9	10 1.9	10 1.4	13 0.9	5 0.93	10 1.5	6 0.06	9 0.65

23	24	25	26	27	28	29	30	31	32	33	34
17 3.2	4 1.4	9 2.4	11 3.0	4 2.4	4 2.9	3 1.1	0 0	1 2.1	2 2.5	2 2.7	3 3.2
14 2.6	6 2.2	11 2.7	12 3.3	2 0.12	3 2.3	2 0.75	2 2.5	0 0	2 2.5	3 4.0	4
37 7.0	26 9.5	37 7.3	6.6	11 6.3	10 7.4	6 2.3	7	2 4.4	2 2.5	4 5.9	6
19 3.6	13 4.8	15 3.9	13 3.7	6 3.6	4 2.9	6 2.3	3 3.9	2 4.4	2 2.5	5 6.7	4
38 7.1	24 8.9	30 7.8	22 6.1	10 6.0	11 8.1	16 6.3	4 5.0	5 11.0	5 6.7	3 4.0	6
48 9.0	23 8.7	29 7.8	30 8.3	11 6.6	7 5.2	9 3.5	7	7 15.0	6 7.7	8	7
3 0.54	0 0	2 0.32	2 0.55	1 0.06	0 0	2 0.75	0 0	0 0	1 1.2	1 1.3	1 1.03
9 1.7	10 3.7	9 2.4	11 3.0	3 1.8	2 1.4	3 1.1	0 0	1 2.1	1 1.2	1 1.3	4
18 3.4	5 1.8	8 2.1	10 2.6	5 3.0	4 2.9	4 1.54	0 0	0	1 1.2	2 2.7	2 2.1
16 3.0	5 1.8	8 2.1	9 2.4	6 3.6	3 2.2	4 1.54	2 2.5	1 2.1	1 1.2	0 0	1 1.03
22 4.1	10 3.7	14 3.6	16 4.3	13 7.8	7 5.2	5 1.9	4 5.0	1 2.1	2 2.5	4 5.4	4
11 2.1	4 1.46	5 1.3	5 1.6	2 0.12	1 0.74	1 0.3	2 2.5	0 0	2 2.5	0 0	0
17 3.2	9 3.4	13 3.4	12 3.3	6 3.6	7 5.2	5 1.9	3 3.9	1 2.1	3 3.7	3 4	3 3.2
18 3.4	9 3.4	13 3.4	14 3.8	7 4.2	7 5.2	9 3.5	2 2.5	0 0	2 2.5	2 2.7	2 2.1
5 0.95	0 0	3 0.34	6 1.65	0 0	0 0	1 0.3	0 0	1 2.1	2 2.5	0 0	0 0
20 2.8	7 2.6	15 3.9	9 2.4	10 6.0	7 5.2	9 3.5	5	0 0	3 3.7	4 5.4	5 5.3
8 1.6	6 2.2	8 2.1	6 0.3	2 1.22	3 0.75	2 1.3	1 2.1	1 2.1	1 1.4	3 4.0	3 3.2
3 0.56	3 0.11	2 0.3	0 0	0 0	0 0	0 0	0 0	2 4.4	0 0	0 0	0 0

年齢 / 問題(4)	13	14	15	16	17	18	19	20	21	22
19	4 2.9	12 3.0	18 4.9	18 3.5	22 3.1	24 3.5	15 2.8	22 3.4	11 2.6	17 3.1
20	6 4.4	17 4.2	13 3.5	19 3.8	19 2.7	29 4.2	19 3.6	17 2.5	10 0.27	19 3.8
21	9 6.5	29 7.2	30 8.1	43 8.3	79 11.0	61 8.9	63 8.1	49 7.4	36 7.1	41 7.5
22	8 5.8	19 4.7	16 4.3	26 5.05	36 5.1	45 6.6	30 5.6	29 4.8	22 5.2	25 4.6
23	10 7.3	28 7.0	29 7.8	45 8.7	63 8.8	54 7.9	44 8.2	46 6.8	35 8.3	38 6.9
24	10 7.3	22 8.5	20 5.4	38 7.3	41 6.5	44 6.3	40 7.5	38 5.7	36 8.6	38 8.9
25	1 0.7	3 0.7	3 0.8	5 0.97	8 1.1	10 4.5	6 0.12	8 1.2	3 0.07	6 0.1
26	5 3.6	3 0.7	7 1.9	15 2.9	16 2.25	24 3.5	14 2.6	13 1.9	16 3.8	15 2.71
27	6 4.3	18 4.6	14 3.8	18 3.5	20 2.8	19 2.9	10 0.85	18 2.7	12 2.9	9 0.65
28	1 0.7	5 1.2	2 0.54	5 0.9	5 0.7	8 1.5	4 0.45	7 1.1	9 0.24	8 0.45
29	5 3.5	17 4.4	14 3.8	25 4.8	30 4.4	28 4.1	20 3.7	21 3.1	12 2.9	16 2.9
30	1 0.7	6 1.5	4 1.1	3 0.58	7 1.0	8 1.5	5 0.93	7 1.1	2 0.054	4 0.7
31	1 0.7	9 2.2	15 4.2	17 3.3	18 2.5	30 4.4	16 3.0	26 3.8	12 2.9	18 3.3
32	2 0.4	13 3.3	7 1.9	20 3.9	16 2.25	17 2.5	18 3.4	20 3.0	11 2.6	21 3.8
33	0 0	0 0	3 0.8	2 0.39	15 2.1	3 0.43	7 0.3	1 0.5	4 0.09	1 0.08
34	1 0.73	4 1.0	12 3.9	7 1.3	6 0.85	15 2.2	14 2.25	12 1.8	14 3.4	18 3.3
35	1 0.73	5 1.2	5 1.3	4 0.8	13 1.8	11 1.6	12 2.0	14 2.1	11 2.6	10 0.8
36	0 0	0 0	0 0	0 0	10 1.3	0 0	1 0.83	2 0.3	1 0.02	0 0

柔道年表（敬称略）

西紀	年號	事項
1877	明治 10	○嘉納治五郎萬延元年十月次郎作希芝の三男として兵庫縣武庫郡御影町に生る。幼名、伸之助、福田八之助に入門し天神眞楊流柔術を學ぶ。當時十八才。 ○愛知一中で柔術を課外に採用す。
1879	12	○八月福田八之助病歿、よつて嘉納治五郎は天神眞楊流三代目の家元磯正智に入門す。
1881	14	○嘉納治五郎（二十二才）飯久保恒年について起倒流柔術を學ぶ。
1882	15	○嘉納治五郎（二十三才）講道館柔道を創始す。下谷永昌寺内に道場をつくる。
1883	16	○四月學習院内に柔道場を開設し、柔道科を新設す。 ○九月嘉納治五郎（二十四才）永昌寺より道場を神田今川小路一丁目に移す。 ○文部省柔道を學校體育に採用するかどうかを體操傳習所に研究さす。
1884	17	○體操傳習所文部省の諮問に對し柔道を學校體育に採用することは時期尚早と答申す。 ○講道館行事として元旦式、鏡開式、紅白試合、月次試合、昇段昇級式などこの頃より始まる。

西紀	年號	事項
1885	18	○警視總監三島通庸警察官の士氣を鼓舞せんがため武道大會をひらく。全國柔術各流の諸家集るこの時講道館柔道はじめて柔術と試合す。
1886	19	○三月講道館道場を九段坂上品川邸に移す。 ○六月嘉納塾塾規を制定す。
1887	20	○投の形、柔の形、五の形、固の形など諸種の形制定さる。 ○江田島海軍兵學校に柔道科を設置す。 ○嘉納治五郎（二十八才）講道館柔道の理論と組織を完成す。
1889	22	○講道館道場を本郷區眞砂町に新設し、富士見町の道場を上二番町に移し麹町分場という。 ○九月嘉納治五郎（二十九才）第一回外遊の途につく。
1891	24	○八月嘉納治五郎（三十一才）第五高等學校長兼文部省參事官に任ぜらる。
1863	26	○九月嘉納治五郎（三十三才）東京高等師範學校長兼文部省參事官に任ぜらる。 ○十二月講道館道場を下富坂町に新築移轉す（廣さ百疊）。

1894	27	○東京高等師範學校に、柔道場「右尙館」を創設す。
1895	28	○四月武德會創立。○十月平安神宮に於いて第一回武德祭催さる。○五敎の投技制定さる。
1896	29	○七月講道館最初の暑中稽古を行う。（期間三十日）○文部省、學校衞生顧問會議に柔道正課採用の可否に關する見解を諮問す。
1898	31	○第十二議會において柔道に關し建議す。（學校正課採用の件）
1899	32	○武德會京都に柔道講習所を設置し、磯貝一、敎師として就任す。○東京高等師範學校の體操科に柔道を採用す。
1900	33	○七月講道館、有段者會及び同研究部を組織す。
1902	35	○五月山下義昭渡米し滯米五年。ルーズヴェルト大統領、海軍兵學校その他に柔道を敎授す。
1904	37	○文部省　體操遊戲調査會に柔道に關する見解を諮問す。
1905	38	○武德會　武術敎員養成所を開設す。○第二十一議會において柔道を學校正課に採用するの件に關し建議す。

1906	39	○東京高等師範學校　柔道を正課に採用す。○第二十二議會　柔道を正課に採用するの件を可決す。
1907	40	○一月講道館　舊道場を小石川大塚坂下町に移し、開運坂道場という。○三月講道館下富坂に道場を新築す。○大日本武德會固の形、投の形を制定す。
1908	41	○第二十四議會において柔道を正課に採用すべしと建議し、再び可決さる。
1909	42	○眞劍勝負の形と稱せられしもの極の形と改稱さる。○この頃柔道衣の改良行われ、短袖、短袴のものから、長袖長袴のものとなる。
1911	44	○四月講道館　柔道敎員養成所を新設し中學校、師範學校卒業者を入所せしむ。○文部省　體操要目を改正し、柔道を正課として採用す。
1914	大正 3	○十二月京都帝大主催全國高等專門學校柔道大會第一回開催。
1915	4	○一月講道館　機關誌「柔道」を創刊す。
1917	6	○七月文部省主催中等學校柔道敎師講習會を東京高等師範學校において開催す。（期間一週間）
1919	8	○十一月嘉納塾を閉鎖す。

西暦	年	事項
1920	9	○十一月大日本武德會主催明治神宮奉納柔道大會明治神宮外苑において擧行さる。 ○講道館　五敎の投技を改定す。
1923	12	○五月東京學生柔道聯合會發足し、發會式擧行さる。 參加學校　帝大　早大　明大　慶大　法大　農大　東洋協會專　美校　高師　立大　外語等　（順不同） ○七月東京高等師範學校、第一回全國中等學校夏季柔道講習會を開催す。 ○十一月講道館開運坂道場に女子部及幼年部を設け教授を開始す。
1924	13	○七月東京高等師範學校主催全國中等學校柔道優勝試合擧行さる。 ○十月第一回明治神宮體育大會柔道大會明治神宮外苑において開催さる。 ○十一月東京學生柔道聯合會第一回リーグ戰を行う。
1925	14	○第五十議會において柔道を正課として必修せしめるの件可決さる。
1927	昭和2	○一月攻防式國民體育の形制定さる。 ○二月嘉納治五郎（六十八才）山下義昭、永岡秀一、三船久藏を同伴し、文部省において攻防式國民體育に關する講演と實地指導を行う。 ○六月第一回東京學生柔道聯合對全滿洲の對抗試合、東京高等師範學校大講堂において催さる。
1928	3	○五月第一回警視廳對東京學生柔道聯合會の對抗試合警視廳において催さる。
1929	4	○五月宮內省皇宮警察部主催御大禮記念天覽柔道試合濟寧館において擧行さる。 ○十二月陸軍戶山學校において第一回全國警察官柔道大會開催さる。
1930	5	○十一月講道館主催第一回日本柔道選士權大會、明治神宮外苑相撲場において擧行さる。
1931	6	○柔道學校體育において必修科となる。 ○六月日比谷公會堂において講道館主催選拔選士紅白試合行わる。 ○九月東京學生柔道聯合會主催第一回全國中等學校柔道大會明治大學において擧行さる。 ○十一月中央有段者會主催全國中等學校柔道選士權大會大阪濱寺公園において擧行さる。
1932	7	○二月慈惠會醫科大學において、講道館柔道醫事研究會發會式行わる。 ○七月東京學生柔道聯合對全朝鮮の對抗試合行わる。
1933	8	○十一月東京學生柔道聯合會第一回段別試合を早稻田大學において開催。 ○十二月講道館、大道場を小石川區小石川町一番地水道橋畔に新築す。

1934	9	○五月皇太子殿下生誕奉祝柔道大會、宮内省濟寧館道場において催さる。天皇陛下臨御。 ○九月拓務省主催第一回內地外地對抗柔道試合、明治神宮外苑相撲場において催さる。 ○十一月講道館主催第一回都下小學校柔道大會擧行さる。
1935	10	○六月東京府中等學校體育協會主催第一回學年別柔道大會、講道館道場において催さる。 ○七月講道館主催第一回全國中等學校柔道優勝試合行わる。
1936	11	○文部大臣全國體育運動主事會議に「學校における柔道劍道の實施に關し特に留意すべき事項」を諮問す。 ○文部省　學校體育の要目改正において、はじめて柔道の教授內容を發表す。 ○四月福岡日々新聞社、九州柔道聯盟主催東西對抗柔道試合福岡市外春日ケ原において行わる。
1938	13	○二月嘉納治五郎（七十九才）オリンピックカイロ會議に出席のため渡歐す。 ○五月嘉納治五郎（七十九才）歸朝航海中氷川丸船中において薨去す。 ○五月財部彪講道館長事務取扱となる。 ○十月京都學生柔道聯盟結成さる。 ○十一月國民精神作興體育大會柔道試合、神田國民體育館において行わる。 ○十二月南鄕次郎第二代講道館長となる。
1939	14	○五月小學校柔道教授要目制定さる。（準正課）
1941	16	○國民學校柔道指道實施細目制定さる。
1943	18	○四月學校體錬科教授要目制定さる。
1945	20	○五月學徒體錬特別措置要綱制定さる。 ○十一月學校柔道中止、その旨文部次官通牒を以て全國に指示す。
1946	21	○嘉納履正講道館第三代館長となる。 ○三月柔道教員養成諸機關、それぞれ轉廢校行わる。 ○三月文部省　武道教師の體育教師轉換講習會を東京高等師範學校に於いて催す。（期間十週間） ○十月大日本武德會自主的に解散す。 ○十一月大日本武德會內務大臣より解散を命ぜらる。 ○十一月學校柔道復活のため、司令部の要人を日比谷公會堂に招き實演を行う。
1947	22	○三月極東委員會より日本教育制度改革に關する指令發せらる。 ○五月東日本柔道選手權大會行わる。（於講道館道場） ○五月全日本柔道連盟結成され、嘉納講道館長初代會長となる。 ○八月總理廳令、內務省令を以て、大日本武德會舊役員の追放令發せらる。 ○全關西、全九州對抗柔道試合行わる。（於福岡市） ○全國警察官柔道大會行わる。

1948	1949
23	24
○五月第一回全日本柔道選手權大會行わる。(於講道館道場) ○五月講道館全國高段者試合を催す。(於講道館道場) ○十月第三回國民體育大會公開競技柔道大會行わる(於太宰府相撲場) ○十月全關東全九州對抗柔道試合行わる。(於直方市相撲場)	○七月文部省(東俊郎體育局長)學校柔道復活の懇請書を司令部へ提出す。 ○十月全日本柔道連盟日本體育協會に假加盟す。

1950	1951
26	27
○五月文部大臣天野貞祐よりマッカーサーに對し學校柔道實施の請願書を提出す。 ○九月マッカーサーより學校柔道復活許可さる。 ○十月「文部省學校柔道指導書作成委員會」を設置す。	○一月文部省「學校柔道指導の手引」を發表、東京、大阪において學校柔道指導者講習會を催す。 ○一月全日本柔道連盟、日本體育協會に正式加盟す。

柔道關係文献

	書名	著者	發行所	發行年月
一	柔道教範	横山、大島		一九〇八
二	柔道の眞髓	鈴木安一		〃
三	大日本武德會制定柔術形並解説	便利堂		〃
四	柔道獨習書	古木源之助		一九一一
五	柔道武者修業	前田、薄田		一九一二
六	亂取活法柔術教科書	井口義爲		〃
七	柔道	宗像逸郎		一九一三
八	有馬柔道教範	有馬純臣		〃
九	新柔道武者修業	薄田斬雲		〃

一〇	柔道手引（草）	磯貝一	一九一四
一一	柔道教授書	帝國尚武會	一九一七
一二	女子鍛錬術及護身術	小田綱太郎	〃
一三	婦人護身術	江夏金太郎	〃
一四	柔道膽練法	武術研究會	一九一八
一五	學校柔道	松岡辰三郎	一九二〇
一六	奥傳公開柔道極意	椎尾定吉	〃
一七	柔道は斯くして勝て	小田常胤	〃
一八	柔道叢書	柔道會	一九二一
一九	柔道極意獨習	渥美義雄	〃
二〇	亂取の形	山下、永岡、村上	〃
二一	極の形	右同	〃
二二	小學校柔道教授の實際	須藤孝平	一九二二
二三	柔道と修養	岡善四	一九二三
二四	護身術奥義	小脇四秀	一九二四
二五	柔道教本	嘉納治五郎	〃
二六	精力善用國民體育	右同 講道館	〃
二七	學生柔道の粋	渡部、高根澤	一九二六
二八	柔道教範	井口義爲	〃
二九	柔道入門	服部興覇	〃
三〇	柔道入門より極意まで	圓尾歸心	〃
三一	新式柔道	金光彌一兵衛	〃

三二	警視廳柔道基本捕手形	警視廳		一九二六
三三	柔道正解	南摩紀麿		一九二七
三四	柔道	工藤一三		一九二九
三五	柔道大觀（上、下）	小田常胤	尚志館	〃
三六	殺活自在柔道極意教範	井口義爲		一九三〇
三七	昭和天覽試合武道寶鑑	野間清治	講談社	〃
三八	柔道讀本	岡善次		〃
三九	圖解柔道入門	右同		〃
四〇	最新柔道教範（全三册）	永岡秀一、櫻庭武	東京開成館	〃
四一	近世柔道大試合	宮田勝善		一九三一
四二	新撰日本柔道教典	山下義昭、工藤一三	帝國書院	〃
四三	簡明婦人護身術	藤井常芳		〃
四四	柔道手びき	竹田淺次郎		〃
四五	護身常識初歩より奥義まで柔道	京極大輔		一九三二
四六	圖解説明最新柔道教範	服部興覇	藤谷崇文館	一九三三
四七	新柔道（立技篇）	星崎治名	秋豐園	〃
四八	中學一年柔道講座	松岡辰三郎	柔道醫事普及會	〃
四九	柔道講座	講道館文化會	講道館	〃
五〇	新柔道（寢技篇）	星崎治名	秋豐園	一九三四
五一	講道館今昔物語	古賀殘星	三元堂	〃
五二	柔道審判規程解説	村上邦夫	一成社	〃
五三	武道寶鑑	野間清治	講談社	〃
五四	柔道の心理的研究	中邑幾太	中文館	〃
五五	昭和天覽試合	野間清治	講談社	〃

五六	柔道教典	竹田浅次郎	服部文貴堂	一九三四
五七	講道館柔道修練法	金丸英吉郎	誠文堂	一九三五
五八	昭和の柔道	松岡辰三郎	博文館	〃
五九	柔道新教範	近藤一郎	藤谷崇文館	〃
六〇	柔道史攷	櫻庭武	目黒書店	〃
六一	柔道及劍道の心理	中邑幾太	中文館	一九三六
六二	柔道試合法	竹田浅次郎	大文館	〃
六三	中等學校柔道	鹽谷宗雄	成美堂	一九三七
六四	要説柔道教本	永岡秀一、櫻庭武	東京開成館	一九三八
六五	大日本柔道史	丸山三造	講道館	一九三九
六六	小學校における柔道とその指導	宮脇泰軒	明治圖書會社	〃
六七	小學校武道精義柔道篇	中島、山本春三	東洋圖書會社	〃
六八	柔道要義	櫻庭武	培風館	一九四〇
六九	柔道年鑑	講道館		一九四〇
七〇	嘉納先生傳	横山健堂	講道館	一九四一
七一	國民學校武道の精神	甲佐知定	目黒書店	〃
七二	柔道學習書	細川、寳井	學習館	〃
七三	日本柔道史	鹽谷宗雄	目黒書店	〃
七四	體錬科武道	石黒敬七	旺文社	一九四二
七五	柔道　その本質と方法	丸山三造	大東出版社	〃
七六	月刊雜誌「柔道」	講道館		一九一五より發行
七七	What is judo.	講道館		一九四八
七八	空氣投	石黒敬七	さくら書房	〃
七九	柔道は斯うして進め	小田常胤	小田道場出版部	一九四九
八〇	柔道世界をゆく	丸山三造		一九五〇

ENGLISH

ARIMA SUMIOMI "Judo" Japanese physical culture being a further exposition of ju-jutsu and similar arts: Tokyo, Mitsumura & Co. 1908. 128 p. illus.

BENSON, CLAUDE E. "Everyday Ju Jutsu." London. G. Routledge & Sons 1920. 48 p. illus.

CARCIOFINI, A. P. "American & Japanese Methods of Scientific Self-defense." Minneapolis, Minn. Tribune Printing Co. 24 p. illus.

COGDILL, J. C. "Victory Guide," book on building health & science of Jiu Jitsu. Detroit, Oranson Printing Co. 1942, 135 p. illus.

CUNNINGHAM, A. C. "Cane as a weapon." Army and Navy Register, Washington, D. C. 1912.

DRAYTON, E. "Ju Jitsu, the Japanese physical Training & Self-defense." London Health & Strength. 1907. 4 pts.

FELDENKRAIS "Practical Unarmed Combat." 1.00. 2 s 6 d 1942. Warne.

FERGG, WILLIAM & PAUL ZIPPEL "Judo First for Self-defense." N. Y. 1942. 96 numbers.

GARRUD, W. H. "The Complete Jujitsuan." N. Y. E. P. Dutton & Co. 1914. 125 p. Methuen & Co. Ltd., 36 Essex St. W. C. London.

LANIUS, LEN "American Jiu Jitsu···the new art of Self-defense." Cincinnati, Lanius Pub. Co. 1922. 42 p. illus.

MARRIOTT, ARTHUR E. "Hand to Hand Fighting." a system of personal defense for the soldier. N. Y. McMillon & Co. 1918. 80 p.

MCLAGLAN, L. "Unarmed Attack & Defense for Commandos, Home Guards & Civilians." 5 s 1942. Harrison & Sons 64 p.

MIYAKE, TARO & YUKIO, TANI "The Game of Ju Jutsu." Hazell, Watson & Viney Ltd., London.

OKAZAKI, HENRY S. "The Science of Self-defense for Girls & Women." Henry S. Okazaki, Kahului, Maui, Hawaii, 1929. 72 p. illus.

PRICE, E. E. "Science of Self-defense." N. Y.

SHAW, THOMAS M. "Secrets of Defense & attack, Practiced by Creater N. Y. Police Dept." Chicago, Tom Shaw Institute 1922. 9 Vol. illus.

THORNBERRY, RISHER W. "A General Couree in Jiu Jitsu." Los Angeles, Calir. The American School of Jiu Jitsu 1935. 59 p.

WHEELDON, G. H. "Self-defense." London, J. Kimpton 1905.

WILLIAMS, AL "How to Outthink your Opponent." by Professor Al Williams (Humbert Cottaruzzi) Vital points for officers & men in going over the top. San Francisco, J. J. Newbegin 1918. 86 p. 36 plates.

YOKOYAMA, SAKUJIRO "Judo" Translated into English by Yamakichi Hariguchi, Tokyo 1915.

FAIRBAIRN, W. E. "All-In Fighting" Faber & Faber 24 Russell Square, London.

RIKKO ART CO. CLEVELAND, CHIO. Jiu Jitsu Book 250 p. illus. 2. 50.

GERMAN

FUKUDA, HECO "Jiu–Jitsu, ein System Wirksamer Selbstverteidigung ohne Waff, zum Selbstunterricht." Berlin, B. Sellin. 1916. 30 p.

GROLLER, B. "Dschiu Dschitsu, Sport and Körperpflege." 1908.

GLUCKER, AUGUST "Waffenlos Siegen." Jiu-Jitsu als Selbstverteidigung und Sport. Mit 282 Aufnahmen auf Tafeln und mit Abbildungen im Text. Stuttgart, Frankl. 1934. 96 p.

KROTKI, RUD "Jiu Jitsu, ein Lehrbuch von Selbstverteidigung und sportlichem kampf. Mit 193 Abildungen nach Filmaufnahmen." Berlin. K. J. Koehler 1926. 80 p.

KNORN. "Dar Japanische Jiu–Jitsu" in deutscher Uebung. Rodolph Schee, Dresden.

LIDL (E) KÖGNER "Jiu–Jitsu." Durd und Berlag, Munich.

MAGERLEIN, HEINZ "Jiu–Jitsu." Verlag Hackmeister & Thai, Leipzig.

NAKAMURA, DR. A. "Das Ju Jitsu." Berlin 1920 Manuskript. gewidmet Hernn Geheimrat Bier, im Besitz der Bucherei der D. H. I. F. L. Berlin.

MECTLINGER, J. "Jiu Jitsu."

RAHN, ERICH, "Jiu Jitsu, die unsichtbare Waffe." Berlin, Charlottenburg. L. Alterthum, 1932, 141 p. illus. 2 fold. pl.

REUTER, HANS "Fin Lehrbuch, für Selbstverteidigung." Pössenbacher Buchdruch und Vorlagsanstalt Jos. Giehrl, München, Erstes Buch 1922. Zweites Buch. 1924.

SHUNSKO, DAIJI "Dschiu-Dschiteu." Verlag für Kunst und Wissenschaft. Ab. Otto Paul, Leipzig 1906, Paul Nakert 72 s.

STEPNAN, POLIZEILSUTENANT. "Körperkultur und Selbstverteidigung." Abungen zur Durchbildung der Muskulatur und zur Stählung des Körpers, die wichtigsten Griffe der Jiu-Jitsu-Kampfiweise. Mit Abildungen. Verlag Gerhard Stalling Oldenburg i. o. 1922. Selbstverteidigung im Beld. Flanckhs Sportverlag Dieck u Co. Stuttgart 27 s.

TAKUJI, HOJO. "Die Kunst der Selbstverteidigung bei tätlichen Angriffen nach den Japanischen Dschiu-Dschitsu. 14 verb. Aufl. Mit 40 Abb. Verlag, F. W. Gloeckner u Co. Leipzig. 91 S.

TAGUJI, HOHO. Selbstverteidigung durch Jiu Jitsu.

OPPENHEIMER. Hans Joachim…"Jiu Jitsu."

VOGT, M. Alte u. neue Raufkunst (1925).

THIEL, HANS. "Dschiu-Dschitsu" die Japanische kunst. Sich ohne Waffen gegen tätliche Angriffe erfolgreich zu verteidigen. Mit 10 Abb. 10 Aufl. Verl. Siegbert Schnurpfeil. Leipzig 1923.

TUSTSUMI, MASAO und HIGASHI, KATSUKAMA "Die Selbstverteidigung (Jiu–Jitsu)" nebst einem Anhang über Kuatsu, Mit 72 Abb. Dr. Arthur Tetzloff. Berlin 122 s.

VARY, EDMOND. "Die Kunst der Selbstiwehr auf der Strasse und im Houss, Mit vielen Abb. Grethlein u. Co. Leipzig 128 S.

VOGT, DR. MARTIN. "Dschiu-Dschitsu der Japoner, das alte deutsche Freiringen," Eine Kulturhistrische Studie. Munchen 1909. Wissenschaftliche Beilage zu dem Jahresbericht des Kgl. Theresien Gymnasiums in Munchen. Seyfried u Co. 66 S.

WERNER, WOLFRAM. "Jiu Jitsu-Judo, die hohe Schule zur Reifung des Fortgeschritten." Mit 52 Atelieraufnahmen von kunstphotograph Franz Fiedler, Dresden, Rudolph 1939. 61 p. illus.

WERNER, WOLFRAM. "Die Waffe Jiu Jitsu und Judo Kampf Sport Mit 162 Atelieraufnahmer von kunstphotograph Franz Fiedler, Dresden, Rudolph 1939. 104 p.

WHEELDON, G. H. "Jiu Jitsu" Übersetzt und erweitert von H. Rock. 23 8.

FRENCH

ANDRE, E. (1) "L'Art de Se Defendre Dans la Rue" E. Flammerion, Paris.

BUVAT, A. "Enseignement méthodique et pratique du Jiu Jitsu."

CHERPILLOD. "Manuel de Jiu Jitsu. Coups usuels a l'usage des sociétés de gymnastique de l'arme et du public en général" 1906.

"Je me défends tout seule. Quelques coups, de Jiu Jitsu Japonais à l'usuage des dames."

JOSEPH-RENAUD, JEAN. "La défense dans la rue……ouvrage orné de 48 pages d'illus, photographiques hors texte." Paris. P. Lafitte & Cie. 1912. 419 p. Plats.

PECHARD, JULES. "La Jiu Jitsu pratique." Paris, Jules Rueff 1906?

REGNIER, ERNEST. "Les secrets du Jiu Jitsu." by Be-Nie (pseud). Paris.

HARMOND, C. "Jiu Jitsu Méthodes d'entrainement et de combat." 1909.

SETZER, L. "Du Jiu Jitsu. Méthodes d'entrainement et de combat." 1909.

YOKOYAMA, et OSHIMA. "Judo Manuel de Jiu Jitsu de e'ecole Kano a Tokoi. Traduit du japonais par Le Frieur. Illusts. 1911.

DUTCH

TOEPOEK, P. M .C. "Het origineele Jiu Jitsu (dzjoe dzjutsj). De Japonansche verdedigingsmethode als spors en verweermiddel onderwezen met 15 illustraitis naar fotos sportbibliotheek na 32 Baarn. 1910.

TEOPOEL. "Jiu Jitsu." J. Vlieger. Amsterdam.

SWEDISH

KVINNANS FYSISK. "a Träning enlight Japansk Metod med 32 Illustrationer Oversattning. Stockholm. Bokforlags-Aktiebolaget Puritas 160 p.

LIDBERG, A. "Polismannens jiu-jitsulara (Sweden 1927).
WEIMARK, A. Jiu Jitsu 1922.

PORTUGUESE

A. MINAMI e K. KOYAMA. "Jiu Jitsu." Componhia Brasil Editora. Rio de Janeiro.

ITALIAN

JOSEPH-RENAUD. "La Difesa Personal." Sonzogno. Milan.

SPANISH

CAPTAIN BADENAS. "Deportes de Combate." 2 Volumes Establecinientо Tipografico de Rafael G. Menor. Toledo. Spain.

CZECHOSLOVAKIAN

S. F. DOBO. Zaklady Jiu Jitsu.
KAREL ZRUBEK. Jiu Jitsu (strucny kurs sebeobrany).
MIKULASEK. Jiu Jitsu (Kniha o sebeobrane).

講道館柔道試合審判規程（案）

試合場

第一條　試合場は地床より約一尺五寸の高さに五間四方の台を設け、疊五十枚を敷く。（疊は講道館所定のもの）試合場の外側には危險を防ぐためにマットを置く。

但し、場所その他の關係で充分の設備が出來ない場合には必ずしも第一條の條件を必要としない。しかし試合場と場外との區別は明確に表示しなければならない。又疊表をキャンバスで代用することは差支えない。

服装

第二條　試合者は講道館所定の柔道衣を着用する。試合者が柔道衣を用いる場合には左の條件に叶つたものでなければならない。

(イ)　上衣の身丈は帶を締めた時、臀部を覆う程度。

(ロ)　袖は緩やかで（前膊と袖口との空きが少なくとも一寸以上あること）長さは前膊の半ばを越える程度。

(ハ)　下穿《したばき》は緩やかで（下腿と下穿の最下部との空きが少なくとも一寸以上あること）長さは下腿の半ばを越える程度。

(ニ)　帶は上衣のはだけるのを防ぐために適度の締め方で結んで其の結び目から少なくとも三寸以上餘裕のある長さのものであること。

第三條　試合者は爪を短く切り、金屬類の様な相手に危險を及ぼすものは一切身につけてはならない。

試合

第四條　試合者は試合場の中央に約二間の間隔を置いて向いあつて立ち、同時に禮を行う。禮が終つた後、審判員の「始メ」の掛聲により直ちに試合は始まる。

但し、試合の禮は立禮を本體とするが坐禮を行つても差支えない。その場合は坐禮が終つて双方が向いあつて立ち、審判員の「始メ」の掛聲により直ちに試合は始まる。

第五條　試合が終つた時は試合者は開始前の位置に戻り向いあつて立ち、双方が同時に禮を行う。

第六條　試合は投技又は固技で勝負を決する。

第七條　試合は一本勝負とする。

第八條　試合は立勝負から始める。

第九條　試合者が寢技に移ることが出來るのは次の場合とする。但し、技が繼續しない場合は審判員は見込みによつて之を立たせる。

(イ)　投技が相當の効果があつて引續き寢技に轉じて攻める場合。

(ロ)　投技を施そうとして倒れた時又は倒れかゝるのを利用して他の一方が攻める場合。

(ヘ) 立つた儘絞技又は關節技を施して相當の効果があつて引續き寢技に轉じて攻める場合。

第十條　試合時間は三分から二十分の間とする。但し、試合時間の延長を行う場合もある。

第十一條　試合時間切れの場合は鈴其の他の方法で之を審判員に知らせる。

第十二條　試合時間切れの合圖と同時に施された技は有効とする。又「抑ェ込ミ」の宣告があつた場合はその結末がつくまで試合時間は延長される。

第十三條　試合者の双方又は一方が試合場外に出た場合に施された技は無効とする。

第十四條　投技の効果があつた場合技を施した者がその瞬間に場内に在つて他の一方の體が半身以上場内に殘つた時は其の技を有効とする。

第十五條　宣告された抑え込みの場合には試合者が場外に出ると判斷される時は審判員は「ソノママ」と試合者に宣告して双方の動作を中止させ、その形のまゝ之を場内に引き入れて「ヨシ」と宣告して試合を繼續させる。その場合には「ソノママ」と宣告し、後「ヨシ」と宣告する間の時間は之を抑え込みの時間より除く。

審判

第十六條　審判員の決定は絶對であつて之に抗議する事は許されない。

第十七條　審判員は主審一名副審二名とする。但し、試合の大小及びその内容によつては審判員は一名でも差支えない。又主審に副審一名の方法も差支えない。

第十八條　主審は試合場内に在つて試合の進行並に勝負の判定を司どる。

第十九條　副審は主審を補佐する。副審二名は試合場外の勝負の見易い相隔たつた場所に各々位置する。

第二十條　主審は試合者が禮を終つた後「始メ」と掛聲して試合を開始させる。

第二十一條　主審は試合者の一方が投技又は固技で勝つた時は「一本」と宣告してその試合を止めさせ、双方を試合開始前の位置に戻らしめてのち、手を擧げて勝つた者を指示する。

第二十二條　主審は試合者が「技アリ」をとつた時「技アリ」と宣告する。同一人が「技アリ」を二度とつた時は「技アリ、合セテ一本」と宣告してその試合を止めさせ双方を試合開始前の位置に戻らしめてのち手を擧げて勝つた者を指示する。

第二十三條　主審は抑込技が完全にその體勢に入つたと認めた時は、「抑ェ込ミ」と宣告する。「抑ェ込ミ」と宣告された後で技を外した時は、「抑ェ込ミ解ケタ」と宣告する。

第二十四條　主審の宣告に副審が異議のあつた場合、副審は之を主審に申し出る事が出來る。此の場合、主審は自分の宣告を取り消し、副審の意見を採用する事が出來る。但し、試合者に指示したのちは主審の判定は絶對のものとなる。

第二十五條　主審は一本によつて勝負が決しないで試合時間切れの場合は「ソレマデ」と宣告してその試合を止めさせ試合者双方を試合開始前の位置に戻らしめる。次に主審は試合開始前の位置につき、副審二名に對して「判定」と呼稱して右手を高く擧げる。副審二名はこの合圖により同時に標識を高く掲げて自分の判定を表示する。（副審二名は豫め用意した紅白の標識により試合者の優劣を表示する。引分の場合は紅白の標識を共に擧げる）

第二十六條　主審は副審二名の優劣又は引分の表示に自分の判定を加え三者多數の表決に從つて試合者に優勢勝又は引分を指示或は宣言する。主審及び副審二名の判定がいずれも異る場合は主審は自分の判定によつて之を決定する。

　但し、審判員が主審及び副審一名の場合は主審は副審の意見を徴し優勢勝又は引分の判定を指示或は宣言する。

第二十七條　主審は次の場合には「マテ」と掛聲して試合を一時止めさせる。再び始める場合には「始メ」と唱える。この場合特に「時間」と宣言した時はこの時間は試合時間から除かれる。

(イ)　試合者が場外に出た時、又出ようとした時。

(ロ)　試合者が禁示事項を犯した時。

(ハ)　試合者が負傷したり、又は事故があつた時。

(ニ)　試合者の服装を直させる時。

(ホ)　寢技で双方が足搦等の形になつて試合に變化のない時

(ヘ)　其他審判員が必要と認めた時。

禁止事項

第二十八條　技術並に動作に關しては左の各項は之を禁示する

(イ)　絞技の中で胴絞又は同じ要領で直接に頸又は頭を脚で挾んで絞めること。

(ロ)　肘關節以外の關節技をとること。

(ハ)　初めから寢技に引き込むこと。

(ニ)　寢技に移るために立つたまゝの姿勢から相手の足をとること。

(ホ)　背を疊につけている相手を引き上げた時之を突き落すこと。

(ヘ)　一方が立ち又は跪いていて仰けになつている相手を引き上げられる姿勢の時、下にいる者が脚で相手の頸と脇下を袈裟に挾んで頸を絞めたり又は關節技をかけること

(ト)　試合者の一方が後から搦みついた時之を制しながら故意に同體となつて後方に倒れること。

(チ)　相手の上衣の袖口や下穿の裾に指を入れて握ること。

(リ)　帶の端や上衣の裾で相手を捲きつけて技を施すこと。

(ヌ)、固技の時相手の帶や襟に足をかけること、又相手の指を逆にして引き離すこと。

(ル)　その他相手の體に危險を及ぼすようなこと。

(オ)　故意に相手と取り組まず勝負を決しようとしないこと
(ワ)　立つたままで試合者が互に兩手の指を組み合わす姿勢をつづけること。
(カ)　負けまいとして見苦しい姿勢をとること。
(ヨ)　相手の顔面に直接手や足をかけること。
(タ)　頸の關節及び脊柱に故障を及ぼすような動作をすること。
(レ)　故意に場外に出る事や意味なく相手を場外に押し出すこと。
(ソ)　相手の片襟や片袖をとつたまゝの姿勢又は帶を握つて突張る姿勢を續けること。
(ツ)　審判員の許可を得ず勝手に帶を締め直すこと。
(ネ)　試合中に無意味な發聲や相手の人格を無視するような言動をなすこと
(ナ)　その他、柔道の精神に反するようなこと。

勝負の判定

第二十九條　「一本」の判定は左の各項によつて行う。
(イ)　投　技
(一)　技を掛けるか又は相手の技を外した爲に相當の勢い或ははずみで、大體仰向けに倒れた時。
(二)　仰向けになつている者を凡そ肩の高さに巧みに抱き上げた時。
(ロ)　固　技
(一)　固技は「參ッタ」と發聲するか又は手か足で相手又は自分の體或は疊を二度以上打つて合圖した時。
(二)　抑え込みでは「抑ェ込ミ」と宣言があつてから三十秒間抑えられた者がそれを外す事が出來なかつた時。この場合一つの抑込技から他の抑込技に變化しても完全に相手を制している時は、抑え込みは繼續しているものと認める。
(三)　絞技と關節技では技の効果が充分現れた時。

第三十條　「技アリ」の判定は左の各項によつて行う。
(イ)　投技で完全に「一本」と認め難いが今少しにて「一本」となるような技のあつた時。
(ロ)　抑込技で二十五秒以上經過した時。

第三十一條　「優勢勝」の判定は左の各項によつて行う。
(イ)　試合者の一方が「技アリ」をとるか又は「技アリ」に近い技をとつた時、但し、「技アリ」をとつてもその後その試合者が見苦しい試合をした時は必ずしも「優勢勝」とはならない。
(ロ)　技の効果の上で判然とした判定の資料のない場合は試合態度、技の巧拙等を比較する。

第三十二條　「引分」の判定は左の各項によつて行う。
(イ)　規定の時間内で勝負が決せず、試合態度、技の巧拙其の他を比較しても優劣がきめられない時。
(ロ)　試合者が負傷或はその他の事故のため試合を繼續する

ことが出來ないでその原因が試合者いずれもの責任でない時。

第三十三條　試合者が重大な禁止事項を犯した時、又は審判員から注意を與えられたにも拘わらず禁止事項を繰り返して犯した時は其の者を「反則負」とする。

第三十四條　試合者の一方が棄權した時は他の一方を「不戰勝」とする。

第三十五條　試合者が負傷のため試合を繼續する事が出來ない時は次の各項によつて勝負を判定する。

(イ)　負傷の原因が負傷者自身の不注意による場合は負傷した方を負とする。

(ロ)　負傷が相手の不注意による場合は負傷をさせた方を負とする。

第三十六條　本規程にしるされておらない事態が生じた場合は審判員の合議によつて之を處置する。

○　疊、柔道衣の圖並に說明は之を略す。

全日本柔道連盟規約

昭和二十四年五月六日評議員會決定
昭和二十五年五月六日改正

第一章　名稱及び本部所在地

第一條　本連盟は全日本柔道連盟と稱する。

第二條　本連盟は本部を東京都文京區春日町一の一講道館内に置く。

第二章　目的及び事業

第三條　本連盟は柔道の普及發展並に斯界の親睦融和を圖るのを目的とする。

第四條　本連盟は前條の目的を達成する爲に左の事業を行ふ。

一、全國的大會等の開催並に後援
二、國際的選手權大會に日本を代表する選手の派遣
三、講習會、講演會等の開催並に後援
四、柔道に關する調査研究
五、指導者の養成並に資格檢定
六、資材並に施設の斡旋助成
七、試合並に審判規定の作成
八、刊行物の發行
九、前各號の外必要と認められる事業

右の事業施行規則は別に之を定める。

第三章　組　織

第五條　本連盟は全國各都道府縣每に自主的に組織されたアマチュア柔道團體によつて構成される。

第六條　前條の各都道府縣團體は左の地域別に地方連合體を組織する。

北海道、東北、關東、東京、信越、東海、近畿、中國、四國、九州

第七條　前二條の團體は加入に當り其組織內容並に役員を屆出で理事會の議を經て會長の承認を要する。
加入團體の組織內容並に役員に變動を生じた場合も亦之に同じ。
第八條　本連盟よりの脫退は理事會の議を經て會長の承認を要する。

第四章　機　關

第九條　本連盟に左の役員を置く。
一、會　長　一　名
一、理　事　若干名　內若干名を常任理事とする。
一、監　事　若干名
一、評議員　若干名
一、幹　事　若干名
第十條　本連盟役員の選定及び任期は左の通りとする。
一、會長は評議員會で選定し其任期を三年とする。
但し重任を妨げない。
一、理事は評議員會で互選する。
一、會長は評議員會に諮つて別に理事若干名を指名する事が出來る。
但し其數は總員の三分の一を越えてはならない。
一、常任理事は理事會の互選による。理事の任期は二年とする。
一、監事は評議員會で選定し其任期は二年とする。
一、評議員は各府縣團體每に一名又別に各地方連合體每に二名を選出するものとしその任期は二年とする。
但し東京都連盟は九名北海道連盟は五名とする。
一、幹事は會長が理事會に諮つて之を委囑する。
役員が其任期中交迭する場合後任者の任期は前任者の殘餘任期とする。
役員は原則として次の役員が決定するまで其職務を遂行しなければならない。
第十一條　本連盟役員の任務は左の通りとする。
一、會長は本會を統裁し本會を代表する。
會長事故あるときは會長指定の理事が代理する。
一、理事は理事會を構成し評議員會の決議に基き企畫立案實施の任に當る。
理事會の議長は會長とし其議決は出席者の過半數の同意を要する。可否同數のときは議長が之を決定する。
一、監事は會計の監査に當る。
一、評議員は評議員會を構成し重要な議事を議決する。評議員會の議長は會長とし其議決は出席者の過半數の同意を要する。可否同數のときは議長が之を決定する。評議員會は年一回定例會議を開く。評議員の三分の一以上から要求があつたときは會長は遲滯なく評議員會を招集しなければならない。
一、幹事は會長の命を受け會務を處理する。

第十二條　本連盟に顧問を置くことが出來る。

顧問は評議員會の議を經て會長が之を委囑し重要な會務につき會長の諮問に應える。

第十三條　本連盟に參與を置くことが出來る。

參與は理事會の議を經て會長が之を委囑する。

參與は會長の諮問に應え又理事會に意見を提出することが出來る。

第十四條　本連盟にアマチュア資格審査委員若干名を置き、アマチュア資格審査委員會を構成する。

アマチュア資格審査委員は理事會の議を經て會長が之を委囑する。

第五章　段　位

第十五條　本連盟加入團體に屬する者の段位は講道館の段位による。
段位推薦の手續に關する規程は別に之を定める。

第六章　事　務　局

第十六條　本連盟の事務を處理するため本部に事務局を置く。
事務局に關する規程は別に之を定める。

第七章　會　計

第十七條　本連盟の經費は會費、寄附金其他の收入を以て之に充てる。
第十八條　本連盟の會計年度は毎年四月一日に始り翌年三月三十一日に終る。
第十九條　本會計の決算は四月三十日迄に終了し監事の監査を經て遲滯なく決算書を評議員會に報告するものとする。

第八章　本規約の改正

第二十條　本連盟規約を改正する場合は總評議員の三分の二以上の承認を得なければならない。評議員事故あるときは代理出席人を定めなければならない。其所屬團體の役員が代理する場合の外は委任狀を提出しなければならない。

（終）

昭和二十六年　三月八日印刷
昭和二十六年　三月十日發行

學校柔道　定價　四八〇円
送料　六五円

著者　大瀧忠夫
〃　松本芳三
〃　小川長治郎

發行者　東京都文京區大塚仲町二
宮脇泰軒

印刷所　濱松市上池川町八八
株式會社　開明堂

發行所　株式會社　不昧堂書店
東京都文京區大塚仲町二
電話大塚(86)二七〇三番
振替東京六八七三九番

体育・スポーツ書集成
第Ⅱ回　戦後学校武道指導書
第一巻　学校柔道(1)
2017年11月25日　発行

編　集　民和文庫研究会
発行者　椛　沢　英　二
発行所　株式会社 クレス出版
東京都中央区日本橋小伝馬町 14-5-704
☎ 03-3808-1821　FAX 03-3808-1822
印刷・製本　株式会社 栄　光
乱丁・落丁本はお取り替えいたします。
ISBN978-4-87733-984-5　C3337　¥17000E